Udo Buscher · Anke Daub
Uwe Götze · Barbara Mikus
Folker Roland

Produktion und Logistik

Einführung mit Fallbeispielen

2. durchgesehene und aktualisierte Auflage

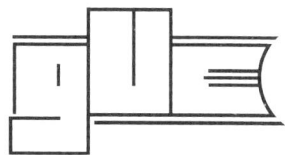

GUC - Verlag der Gesellschaft für
Unternehmensrechnung und Controlling m.b.H.
Chemnitz 2010

Die Deutsche Bibliothek - CIP-Einheitsaufnahme
http://www.ddb.de

Buscher, Udo; Daub, Anke; Götze, Uwe; Mikus, Barbara; Roland, Folker:
Produktion und Logistik. Einführung mit Fallbeispielen / Udo Buscher, Anke Daub, Uwe Götze, Barbara Mikus, Folker Roland - 2. Aufl. - Chemnitz, Lößnitz: Verlag der GUC, 2010
(Lehrbuchreihe; 11)
ISBN 978-3-934235-87-8

© 2010 by Verlag der GUC - Gesellschaft für Unternehmensrechnung und Controlling m.b.H.
GUC m.b.H. · Chemnitz - Lößnitz
http://www.guc-verlag.de

Alle Rechte vorbehalten. Dieses Werk einschließlich aller seiner Teile ist urheberrechtlich geschützt. Jede Verwertung außerhalb der engen Grenzen des Urheberrechtsgesetzes ist - wenn sie ohne Zustimmung des Verlages erfolgt - unzulässig und strafbar. Dies gilt insbesondere für Vervielfältigungen, Bearbeitungen, Übersetzungen, Mikroverfilmungen sowie die Einspeicherung und Verarbeitung in elektronischen Systemen.

Druck und Bindung: www.friedrich-bedrich.de
Gedruckt auf säurefreiem, chlorfrei gebleichtem Papier

Printed in Czech Republic
ISBN 978-3-934235-87-8

Vorwort zur 2. Auflage

Die erste Auflage dieses Lehrbuches hat eine erfreulich positive Resonanz gefunden und ist bereits nach relativ kurzer Zeit vergriffen.

Die vorliegende Neufassung weist gegenüber der vorherigen Auflage nur wenige Änderungen auf, die sich auf die Aktualisierung von Literaturverweisen sowie das Verbessern von kleinen Fehlern beschränken.

Dresden, im August 2010
Udo Buscher, Anke Daub, Uwe Götze
Barbara Mikus und Folker Roland

Vorwort

Mit diesem Lehrbuch werden Studierende und Dozenten an Universitäten, Fachhochschulen und Berufsakademien angesprochen, die sich im Rahmen von Studiengängen wie Betriebswirtschaftslehre, Wirtschaftsingenieurwesen oder Wirtschaftsinformatik die betriebswirtschaftlichen Grundlagen der Produktion und der Logistik aneignen oder diese vermitteln wollen.

Die Produktion und die Logistik stellen zum einen wichtige Gegenstände der betriebswirtschaftlichen Lehre und Forschung dar, zum anderen sind sie eng, ja untrennbar miteinander verbunden, so dass sich ihre gemeinsame Vermittlung anbietet. Die bestehenden Verknüpfungen werden in dem vorliegenden Lehrbuch verdeutlicht: Während sich einige der behandelten Bereiche eindeutig der Produktion (Produktions- und Kostentheorie sowie Programmplanung) oder der Logistik (Distributionslogistik) zuordnen lassen, beziehen sich andere auf Produktion *und* Logistik (Bereitstellungsplanung/Beschaffungslogistik, Durchführungsplanung/Produktionslogistik, Produktions-/Logistikcontrolling). Das Supply Chain Management schließlich hat zwar logistische Ursprünge und Schwerpunkte, umfasst aber auch produktionswirtschaftliche Aufgabenbereiche.

Neben diesen inhaltlichen Merkmalen ist das Buch durch ein spezifisches didaktisches Konzept gekennzeichnet: Es erfolgt eine Fokussierung auf zentrale Problemstellungen und Lösungsansätze von Produktion und Logistik, die unter Rückgriff auf typische, praxisorientierte Aufgabenstellungen behandelt werden. Mit der Formulierung eines solchen Fallbeispiels wird jedes Kapitel eingeleitet. Anschließend werden inhaltliche Grundlagen, Methoden und Hintergründe erläutert, auf deren Basis der Themenbereich eingeordnet und die anfangs gestellten Aufgaben bearbeitet werden können. Durch die Vorgabe der Lösungen zu den Aufgaben wird den Studierenden danach die Möglichkeit gegeben, den eigenen Lernerfolg zu überprüfen. Insgesamt soll durch das Zusammenspiel von Fallbeispiel mit Aufgaben, Vermittlung von Wissen sowie Angabe der Lösungen und Lösungswege ein wesentlicher Beitrag zur Entwicklung von Problemlösungskompetenz geleistet werden. Dieser wird durch Literaturhinweise am Ende der jeweiligen Kapitel abgerundet, die die Basis für eine selbstständige Festigung und Vertiefung des Wissens bilden.

Wenn fünf Autoren gemeinsam ein Lehrbuch verfassen, stellt man sich vielleicht die Frage nach dem sie verbindenden Element. In diesem Fall sind dies vor allem die gemeinsamen akademischen Wurzeln – nach einem Studium der Betriebswirtschaftslehre an der Georg-August-Universität Göttingen waren wir alle Mitarbeiter am dortigen Institut für Betriebswirtschaftliche Produktions- und Investitionsforschung bei Prof. Dr. Dr. h.c. J. Bloech und kamen dort in unterschiedlicher Weise erstmalig mit dem Themenfeld der Produktion und Logistik in Berührung. Wir haben Jürgen Bloech in fachlicher wie persönlicher Hinsicht sehr viel zu verdanken. Daher widmen wir ihm dieses Buch anlässlich der Vollendung seines siebzigsten Lebensjahres.

Schließlich danken wir den Personen, die Beiträge zum Entstehen dieses Werkes geleistet haben. Hervorzuheben ist hier Herr Dipl. Wirt.-Ing. Kirsten Seeger, der die redaktionellen Arbeiten in hervorragender Weise ausgeführt hat.

Dresden, im September 2008   Udo Buscher, Anke Daub, Uwe Götze
                                Barbara Mikus und Folker Roland

Inhaltsübersicht

Produktion	Logistik
1 Einführung mit Definitionen und Abgrenzungen	
2 Ziele von Produktion und Logistik	
Produktions- und Kostentheorie 3 Ertragsgesetzliche Produktions- und Kostenfunktion 4 Technische und ökonomische Effizienz 5 Gutenberg-Produktions- und Kostenfunktionen	
Programmplanung 6 Operative Produktionsprogrammplanung 7 Aggregierte Planung	
Bereitstellungsplanung	Beschaffungslogistik
8 Verbrauchsorientierte Bedarfsermittlung 9 Programmorientierte Bedarfsermittlung 10 Analyse und Disposition von Beschaffungsgütern 11 Bestellmengenplanung	
Durchführungsplanung	Produktionslogistik
12 Fertigungslosgrößenplanung 13 Ablaufplanung	
	Distributionslogistik 14 Standortplanung 15 Transportplanung
Produktionscontrolling	Logistikcontrolling
16 Kosten- und Erlösrechnung 17 Kennzahlen und Kennzahlensysteme	
	18 Supply Chain Management 19 Joint Economic Lot Size Model
20 Ausgewählte Analyse- und Optimierungsmethoden	

Inhaltsverzeichnis

1	Einführung	1
1.1	Definitionen und Abgrenzungen	1
1.2	Konzeption und Aufbau des Lehrbuches	8
2	Ziele von Produktion und Logistik	11
2.1	Fallbeispiel	11
2.2	Ableitung der Ziele von Produktion und Logistik	12
2.3	Lösung des Fallbeispiels	16
3	Ertragsgesetzliche Produktions- und Kostenfunktionen	23
3.1	Fallbeispiel	23
3.2	Produktions- und Kostenfunktionen mit ertragsgesetzlichem Verlauf	24
3.3	Lösung des Fallbeispiels	30
4	Technische und ökonomische Effizienz	35
4.1	Fallbeispiel	35
4.2	Effizienz und Produktionsfaktorbeziehungen	37
4.3	Effizienz bei substitutionalen Produktionsprozessen	40
4.4	Effizienz bei limitationalen Produktionsprozessen	43
4.5	Lösung des Fallbeispiels	46
5	GUTENBERG-Produktions- und -Kostenfunktionen	53
5.1	Fallbeispiel	53
5.2	Ableitung einer leistungsabhängigen Stückkostenfunktion	55
5.3	Formen der Anpassung	57
5.4	Ermittlung der Niedrigstkostenfunktion	58
5.5	Lösung des Fallbeispiels	62
6	Operative Produktionsprogrammplanung	69
6.1	Fallbeispiel	69
6.2	Produktionsprogrammplanung als Bestandteil der Produktionsplanung und -steuerung	72
6.3	Programmplanung bei einem Engpass	74

6.4	Programmplanung bei mehreren Engpässen sowie linearen Umsatz- und Kostenverläufen	79
6.5	Lösung des Fallbeispiels	83
7	Aggregierte Planung	89
7.1	Fallbeispiel	89
7.2	Grundlagen der aggregierten Planung	91
7.3	Methoden der aggregierten Planung	92
7.4	Lösung des Fallbeispiels	97
8	Verbrauchsorientierte Bedarfsermittlung	103
8.1	Fallbeispiel	103
8.2	Bedarfsprognose als Zeitreihenprognose	105
8.3	Prognosequalität	107
8.4	Prognose bei Bedarfsverläufen ohne Trend	109
8.5	Prognose bei Bedarfsverläufen mit Trend	111
8.6	Prognose bei Bedarfsverläufen mit saisonalen Schwankungen	114
8.7	Lösung des Fallbeispiels	115
9	Programmorientierte Bedarfsermittlung	127
9.1	Fallbeispiel	127
9.2	Anwendungsbereiche und Beurteilung der programmorientierten Bedarfsermittlung	128
9.3	Abbildung von Erzeugnisstrukturen	129
9.4	Bedarfsermittlung mit dem Gozintolistenverfahren	133
9.5	Lösung des Fallbeispiels	135
10	Analyse und Disposition von Beschaffungsgütern	139
10.1	Fallbeispiel	139
10.2	ABC- und XYZ-Analyse	140
10.3	Zuliefer- und Bestellstrategien	143
10.4	Lösung des Fallbeispiels	148
11	Bestellmengenplanung	155
11.1	Fallbeispiel	155

11.2	Grundmodell der optimalen Bestellmenge	157
11.3	Berücksichtigung von der Bestellpolitik abhängiger Preise	161
11.4	Lösung des Fallbeispiels	166
12	Fertigungslosgrößenplanung	171
12.1	Fallbeispiel	171
12.2	Grundlagen der Fertigungslosgrößenplanung	173
12.3	Fertigungslosgrößenplanung bei endlicher Produktions- und Abnahmegeschwindigkeit	178
12.4	Mehrstufige Losgrößenmodelle	184
12.5	Lösung des Fallbeispiels	186
13	Ablaufplanung	193
13.1	Fallbeispiel	193
13.2	Planungsfragen bei der Festlegung des Fertigungsablaufs	195
13.3	Ablaufplanung für ein Mehr-Maschinen-Problem	196
13.4	Lösung des Fallbeispiels	202
14	Standort- und Standortstrukturplanung	211
14.1	Fallbeispiel	211
14.2	Standortplanung	214
14.3	Planung der Standortstruktur	221
14.4	Lösung des Fallbeispiels	225
15	Transportplanung	233
15.1	Fallbeispiel	233
15.2	Klassisches Transportproblem	235
15.3	Modellformulierung für das Transportproblem	236
15.4	Lösung des Fallbeispiels	242
16	Kosten- und Erlösrechnung	251
16.1	Fallbeispiel	251
16.2	Kosten- und Erlösrechnung als Instrument des Produktions- und Logistikcontrolling	254
16.3	Bereiche der Kosten- und Erlösrechnung	255

16.4	Weiterführende Verfahren und Systeme der Kostenrechnung	259
16.5	Lösung des Fallbeispiels	263
17	Kennzahlen und Kennzahlensysteme	269
17.1	Fallbeispiel	269
17.2	Kennzahlen	273
17.3	Kennzahlensysteme	276
17.4	Beurteilung von Kennzahlen(-systemen)	283
17.5	Lösung des Fallbeispiels	284
18	Konzept des Supply Chain Management	289
18.1	Fallbeispiel	289
18.2	Begriff des Supply Chain Managements	291
18.3	Strukturen und Prozesse im SCM	293
18.4	Supply-Chain-Strategie und ausgewählte SCM-Konzepte	298
18.5	Informations- und Kommunikationstechnologien im SCM	302
18.6	Lösung des Fallbeispiels	306
19	Joint Economic Lot Size Model	309
19.1	Fallbeispiel	309
19.2	Planungssituation	310
19.3	Individuelle Optimierung der Akteure	313
19.4	Gemeinsame Optimierung	316
19.5	Lösung des Fallbeispiels	317
20	Ausgewählte Analyse- und Optimierungsmethoden	321
20.1	Simplexmethode	321
20.2	Einfache lineare Regression mit EXCEL	336
20.3	Verfahren von VAZSONYI	339
20.4	Modifizierte Distributionsmethode (MoDi-Methode)	346

1 Einführung

1.1 Definitionen und Abgrenzungen

Betriebswirtschaftliche Betrachtungen der „Produktion" und der „Logistik" haben verschiedene Ausgangspunkte, was auch durch ihre Definitionen und Abgrenzungen deutlich wird.

Definitionen zur Produktion

Unter „Produktion" wird der gelenkte Einsatz von Gütern und Dienstleistungen, den sogenannten Produktionsfaktoren, zum Abbau von Rohstoffen oder zur Herstellung bzw. Fertigung von Gütern und zur Erzeugung von Dienstleistungen verstanden (vgl. Abbildung 1.1).

Zu den Produktionsfaktoren können neben der menschlichen Arbeit und Werkstoffen, die direkt in die produzierten Güter eingehen, auch Betriebsmittel (z. B. Maschinen und Anlagen), Dienstleistungen wie Instandhaltungs-, Versicherungs- und Speditionsdienstleistungen, freie (natürliche Ressourcen wie Licht und Luft) und öffentliche Güter (staatliche Leistungen) sowie Informationen/Wissen gezählt werden.

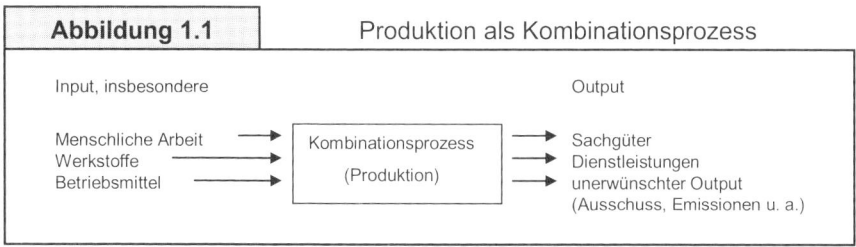

Abbildung 1.1 — Produktion als Kombinationsprozess

Die Lenkung des Einsatzes erfolgt durch Planung, Organisation, Steuerung und Überwachung der Produktion einschließlich der Auswahl der Mittel zur Erreichung der Produktionsziele, die aus dem System der Unternehmensziele abzuleiten sind. Typische Produktionsziele sind geringe (Stück)-Kosten, hohe Outputmengen, eine hohe Produktqualität, eine weit gehende Termineinhaltung, eine hohe Auslastung der Fertigungsbereiche (oder einzelner Anlagen/Maschinen) sowie geringe Durchlaufzeiten. Auf Ziele in Produktion und Logistik und mögliche Zielkonflikte wird in Kapitel 2 näher eingegangen.

Die Produktion ist eine der Grundfunktionen eines Unternehmens (Funktionen umfassen in diesem Sinne einen klar beschriebenen Aufgabenbereich). Als weitere Funktionen können entsprechend des Verlaufs der betrieblichen Wertschöpfung die Beschaffung und der Absatz genannt werden. Darüber hinaus lässt sich eine Reihe sonstiger Funktionen aufführen, z. B. Finanzierung, Investition, Personalwirtschaft, Forschung und Entwicklung sowie auch die Logistik, die später noch detailliert beleuchtet wird. Zwischen den Lieferanten, den Grundfunktionen und den Kunden verlaufen – z. T. in unterschiedlichen Richtungen – Güter-, Finanzmittel- und Informationsflüsse.

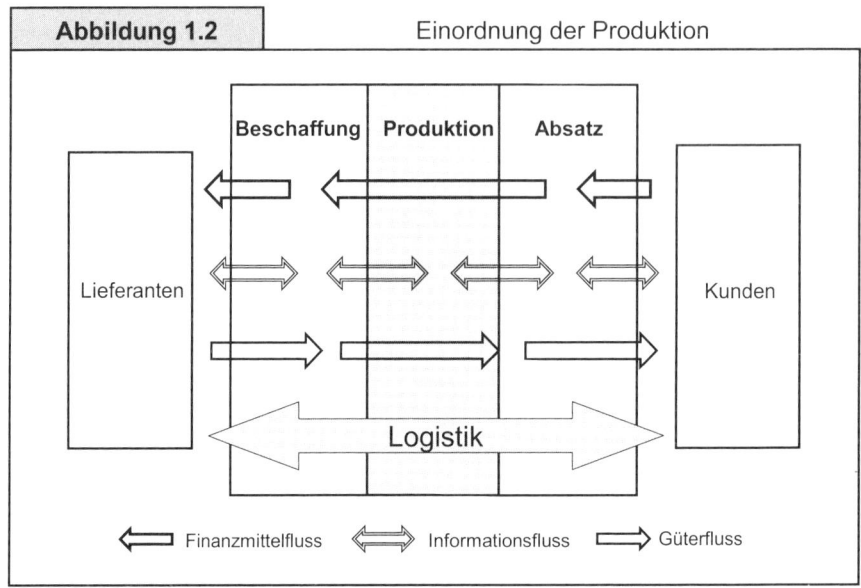

Abbildung 1.2   Einordnung der Produktion

Die wirtschaftlichen Fragestellungen der Produktion und die Ansätze zu ihrer wissenschaftlich fundierten Beantwortung können – wenn auch nicht überschneidungsfrei – zwei Teilbereichen zugeordnet werden: der Produktions- und Kostentheorie sowie der Produktionsplanung und -steuerung.

Produktions- und Kostentheorie

In der Produktionstheorie werden die mengenmäßigen Beziehungen zwischen dem Einsatz von Faktoren und der Ausbringung von Produkten erklärt und Einflussgrößen auf den Faktorverbrauch identifiziert. Dazu wird der Zusammenhang zwischen dem Faktoreinsatz und der Ausbringung mit Hilfe von Produktionsfunktionen beschrieben. Im Rahmen der Produktionstheorie kann auch die (technische) Effizienz bestimmter Produktionsverfahren untersucht werden.

Bei den Analysen der Kostentheorie finden zusätzlich die Preise der Produktionsfaktoren Berücksichtigung. Es können Kostenfunktionen formuliert werden, die die Höhe der Kosten in Abhängigkeit von der Ausbringungsmenge und/oder anderen Bestimmungsgrößenangeben. Außerdem lässt sich untersuchen, mit welchen Produktionsverfahren bestimmte Produktionsmengen zu minimalen Kosten hergestellt werden (Minimalkostenkombination, ökonomische Effizienz, vgl. hierzu Kapitel 4).

In der Produktions- und Kostentheorie werden die theoretischen Grundlagen für die Analyse von Produktionsvorgängen und Kostenveränderungen geschaffen. Auf Grund unterschiedlicher Annahmen und Erweiterungen lassen sich hierbei verschiedene Produktions- und Kostenfunktionen unterscheiden. Neben ertragsgesetzlichen Produktions- und Kostenfunktionen (auch als Produktionsfunktion vom Typ A bezeichnet), auf die im dritten Kapitel eingegangen wird, und GUTENBERG-Produktionsfunktionen (Typ B, vgl. Kapitel 5) existieren weitere betriebswirtschaftliche Produktionsfunktionen (die Typen C, D, E und F), die in diesem Buch nicht näher behandelt werden sollen.

Parallel werden Beziehungen zwischen mehreren Fertigungsstellen mit Hilfe von Input-Output-Modellen abgebildet. Vorteile dieses Ansatzes, der auch in die Produktionsfunktionen vom Typ D, E, und F integriert ist, liegen in der gleichzeitigen Berücksichtigung von Mengenrechnungen, Kalkulationen und Optimierungsrechnungen. Auf Aspekte der Input-Output-Analyse wird in Kapitel 4 im Zusammenhang mit Überlegungen zur technischen und ökonomischen Effizienz bei ertragsgesetzlichen und limitationalen Produktionsfunktionen eingegangen.

Die Produktionsprogrammplanung kann sowohl als weiterer Bereich der Produktions- und Kostentheorie als auch als Planungsbereich der Produktionsplanung und -steuerung aufgefasst werden. Im Zusammenhang mit der Produktions- und Kostentheorie lassen sich die Planungsrechnungen durch die Einbeziehung von Preisen für die abzusetzenden Produkte erweitern. Hierdurch können ausgehend von definierten Unternehmenszielen wie der Gewinn- oder Deckungsbeitragsmaximierung optimale Produktionsprogramme beispielsweise in Form von Mengenvorgaben der verschiedenen Produktarten ermittelt werden, die in bestimmten Zeiträumen zu fertigen sind.

Produktionsplanung und -steuerung

Die Produktionsplanung und -steuerung dient der ziel- und zukunftsorientierten Festlegung von Handlungsanweisungen (Plänen) für den Produktionsbereich von Unternehmen sowie deren Überwachung und Anpassung. Bei der Produktionsplanung wird angestrebt, wirtschaftliche Vorgehensweisen zur Lösung der in Unternehmen auftretenden Problemstellungen im Produktionsbereich vorzugeben. Ihr können drei Bereiche zugeordnet werden:

A) Die **Programmplanung** legt fest, welche Produktarten in welchen Mengen in bestimmten Perioden herzustellen sind. Insbesondere operative Aspekte der

Programmplanung werden im sechsten Kapitel erläutert, auf einen Ansatz der aggregierten Programmplanung geht Kapitel 7 ein.

2) Im Rahmen der **Bereitstellungsplanung** wird bestimmt, wie die für die Fertigung des Produktionsprogramms erforderlichen Produktionsfaktoren in der benötigten Menge und Qualität zur richtigen Zeit am richtigen Ort zu möglichst geringen Kosten verfügbar gemacht werden können. Wesentliche Fragestellungen der Bereitstellungsplanung, die im weiteren Verlauf behandelt werden, sind die verbrauchsorientierte (Kapitel 8) und programmorientierte (9. Kapitel) Bedarfsermittlung, die Festlegung von Zuliefer- und Bestellstrategien auf der Basis der ABC- und der XYZ-Analyse (Kapitel 10) sowie die Bestellmengenplanung (Kapitel 11).

3) Die **Durchführungsplanung** beschäftigt sich mit der Frage, in welcher Weise Produktionsprozesse unter Wirtschaftlichkeitsgesichtspunkten gestaltet werden sollten. Zentrale Aufgaben sind hierbei u. a. die Festlegung von Fertigungslosgrößen (Kapitel 12) und die Ablaufplanung (Kapitel 13).

Die **Produktionssteuerung** dient der Durchsetzung der Ergebnisse der Produktionsplanung unter Berücksichtigung von Störereignissen, wobei unter Umständen eine Anpassung der Planung an die sich verändernde Situation vorzunehmen ist oder die Planungen sogar revidiert werden müssen.

Ein weiterer wichtiger Aspekt der betriebswirtschaftlich orientierten Betrachtung der Produktion ist das Produktionscontrolling. Seine Aufgabe als Funktionsbereichscontrolling kann in der Sicherstellung der ergebnisorientierten Planung, Steuerung und Kontrolle der Herstellungsprozesse von Produkten gesehen werden. Wesentliche Instrumente des Controllings sind die Kosten- und Erlösrechnung (Kapitel 16) sowie Kennzahlen und Kennzahlensysteme, auf die im 17. Kapitel eingegangen wird.

Sichtweisen und Aspekte der Logistik

Die Entwicklung der Logistik lässt sich anhand der folgenden vier Stufen beschreiben, die sich an den Ausführungen von WEBER und KUMMER orientieren (vgl. Abb. 1.3).

In der **ersten Stufe** wird Logistik als material- und warenflussbezogene Funktionsspezialisierung beschrieben, die vorrangig der Sicherung der physischen Verfügbarkeit von Gütern, insbesondere Material und Waren, unter Beachtung des Wirtschaftlichkeitsprinzips dient. Dabei umfasst sie als Querschnittsfunktion Aktivitäten wie Transport (Raumüberbrückung), Umschlag (Vorgänge im Zusammenhang mit der Be- und Entladung sowie dem Wechsel von Transportmitteln) und Lagerung (Zeitüberbrückung). Sie wird daher auch häufig als TUL-Logistik bezeichnet. Daneben gehören auch die Kommissionierung, die Verpackung und Etikettierung sowie die Bereitstellung und Verarbeitung von Informationen zu den Logistikaufgaben. Unter Kommissionierung wird dabei die Zusammenstellung von Gütern auf Grund von gegebenen Anforderungen verstanden. Als Logistikaufgabe wird häufig auch Handhabung/Handling genannt, eine Hilfsfunktion z. B. des Be- und Entladens oder der Weitergabe durch Menschen, Roboter oder andere Hilfsmittel, ohne die der Transport oder die Lagerung nicht möglich wären. Das Ziel der Logistik ist in dieser Stufe die Erhöhung der Effizienz der material- und warenflussbezogenen Aktivitäten durch größere Spezialisierung und eine integrierte Betrachtung der Aufgaben.

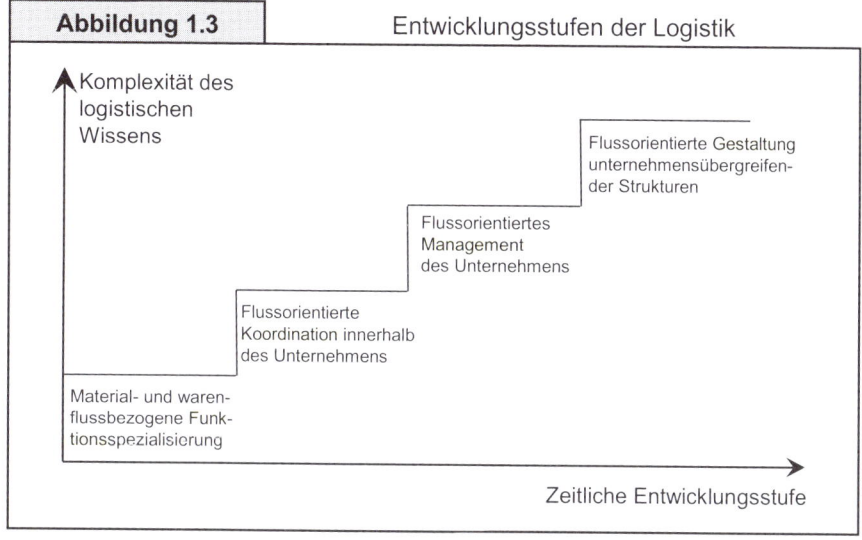

Abbildung 1.3 Entwicklungsstufen der Logistik

In der **zweiten Stufe** wird die Logistik als Koordinationsfunktion betrachtet. Der Schwerpunkt der Aufgaben liegt hier in der Abstimmung der an den Güterflüssen beteiligten Unternehmensbereiche und Unternehmen. Im Unternehmen soll eine isolierte Betrachtung des Güter- und Informationsflusses durch die Beschaffung, die Produktion und den Absatz/die Distribution vermieden und der Güterfluss über die gesamte Kette optimiert werden. Dabei ist neben der Beschaffungs-, Produktions- und Absatz-/Distributionslogistik auch die Entsorgungslogistik angesprochen (vgl. Abb. 1.4 nach Pfohl). Lieferanten und Kunden werden in die Abstimmung einbezogen, um auch im Hinblick auf die unternehmensübergreifenden Güterflüsse Rationalisierungseffekte erzielen zu können.

Als *Beschaffungslogistik* wird dabei die Gestaltung und Steuerung von Material- und Informationsflüssen zwischen den Beschaffungsmärkten und dem betrachteten Unternehmen verstanden. Wichtige Aufgaben der Beschaffungslogistik sind die Bedarfsermittlung (Kapitel 8 und 9), die Festlegung von Zuliefer- und Bestellstrategien (Kapitel 10) sowie die Bestellmengenplanung (Kapitel 11).

Die *Produktionslogistik* steht für Aktivitäten, die im Zusammenhang mit der Versorgung der Fertigung sowie der Gestaltung und Steuerung von Güter- und zugehörigen Informationsflüssen in der Produktion sowie der Abgabe der Halbfertig- und Fertigerzeugnisse an den Absatzbereich stehen. Typische operative Aufgaben der Produktionslogistik sind die Festlegung des Materialflusses nach Art, Menge und Zeit für den Produktionsbereich, z. B. in Form der Losgrößen- (12. Kapitel) und der Ablaufplanung (Kapitel 13).

Gegenstand der *Distributionslogistik* ist die Überbrückung räumlicher und zeitlicher Differenzen zwischen der Güterproduktion und -konsumtion. Typische Aufgaben der Distributionslogistik liegen in der Standortplanung, auf die im 14. Kapitel eingegangen wird und der Transportplanung (Kapitel 15).

Im Rahmen der *Entsorgungslogistik* werden die Rückstandsströme gestaltet. Dabei fasst die Entsorgung alle Maßnahmen zusammen, die der erneuten Nutzung eines Stoffes (Verwertung) oder dessen umweltverträglicher Beseitigung dienen.

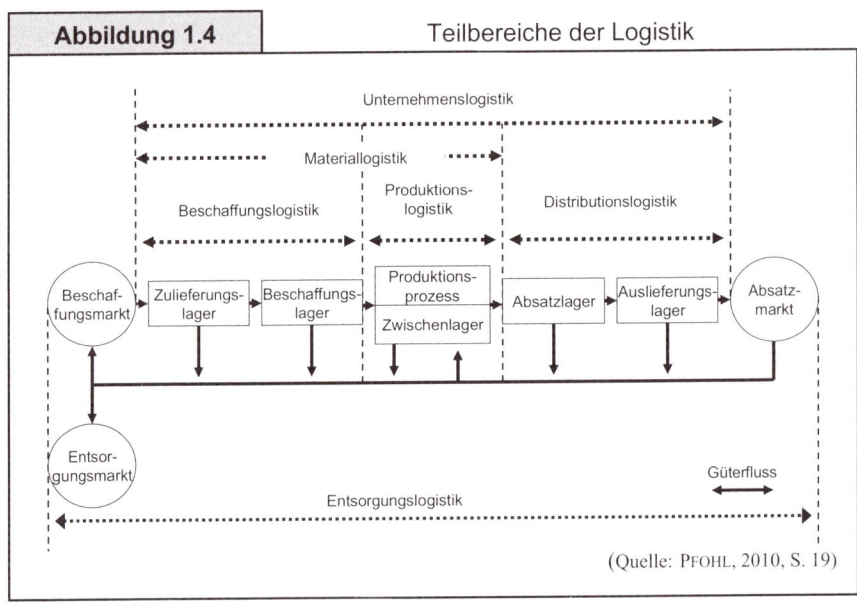

Abbildung 1.4 — Teilbereiche der Logistik

(Quelle: PFOHL, 2010, S. 19)

In der **dritten Stufe** wird Logistik auch als flussorientiertes Management des Unternehmens verstanden. Die Logistik beschränkt sich dabei nicht nur auf die Dienstleistung der Koordinierung und Durchführung material- und informationsflussorientierter Aktivitäten in verschiedenen Unternehmensbereichen. Vielmehr sollen Führungsstrukturen und -abläufe selbst flussorientiert gestaltet werden, um die Führungsaufgaben rationell zu erfüllen und das Führungssystem auf die flussorientierte Erbringung von Leistungen in den verschiedenen Unternehmensbereichen auszurichten. Ziel ist es dabei, das Unternehmen als Ganzes flussorientiert auszugestalten.

Bei der **vierten Stufe** der Logistik wird die Gestaltung unternehmensübergreifender Flüsse und Strukturen in die Betrachtung einbezogen. Damit berührt diese Stufe das Supply Chain Management (SCM), ein strategisches Unternehmensführungskonzept, das darauf abzielt, die Geschäftsprozesse, die entlang einer Versorgungskette (Supply Chain) vom ersten Rohstofflieferanten bis zum Endverbraucher auftreten, vor allem zur Zufriedenheit der Kunden zu gestalten. Bei der unternehmensübergreifenden Sichtweise der Logistik teilt sich diese mit dem SCM die Aufgabe, einen reibungslosen Material- und Informationsfluss entlang der gesamten Versorgungskette zu gewährleisten. Auf Grund dieser sich überschneidenden Aufgaben werden die Begriffe des Logistikmanagements der vierten Stufe und des SCM teilweise synonym verwendet. Dieser Sichtweise wird hier nicht gefolgt, da sich das SCM bei einer ganzheitlichen Betrachtung der Geschäftsprozesse nicht auf logistische Aktivitäten beschränkt. Beispielsweise werden auch die Gestaltung der Geldflüsse oder die Entwicklung, Erstellung und Verwertung von Gütern und Dienstleistungen, die hier nicht als Kernaufgabe der Logistik aufgefasst werden, als Aufgabe des SCM verstanden. Mit dem SCM beschäftigen sich das 18. Kapitel, in dem Konzept und Bestandteile des Supply Chain Management im Mittelpunkt stehen, sowie das letzte Kapitel des Buches, in dem das Joint Economic Lot Size Model vorgestellt wird.

Im Zusammenhang mit den diskutierten Logistikdefinitionen ist zu betonen, dass bei der Logistik ähnlich wie bei der Produktion auch andere als rein betriebswirtschaftliche Sichtweisen existieren. So haben Logistik und Produktion auch eine technische und eine informationstechnische Dimension. Für die betriebswirtschaftlich orientierte Betrachtung der Logistik ist (ähnlich wie bei der Produktion) das Controlling ein wichtiger Aspekt. Das Logistikcontrolling kann Informationsversorgungsaufgabe, als spezifische Form von Logistikplanung und -kontrolle und/oder als Koordination der Führungsaufgaben der Logistik aufgefasst werden. Die bereits in Verbindung mit dem Produktionscontrolling genannten Instrumente der Kosten- und Leistungsrechnung (Kapitel 16) sowie Kennzahlen und Kennzahlensysteme, auf die im 17. Kapitel eingegangen wird, spielen bei allen genannten Interpretationen des Logistikcontrolling eine wichtige Rolle.

Einordnung der Materialwirtschaft

Zum Abschluss dieses Gliederungspunktes soll kurz auf Überschneidungen zwischen der Logistik und der Materialwirtschaft eingegangen werden: Die Materialwirtschaft kann als Funktion verstanden werden, die alle Aufgaben zusammenfasst, die mit dem Produktionsfaktor „Material" in Verbindung stehen. Objekte der Materialwirtschaft können daher neben Roh-, Hilfs- und Betriebsstoffen sowie Zulieferteilen ggf. auch Handelswaren sein. Zu den Aufgaben der Materialwirtschaft gehören die Beschaffung, die Lagerwirtschaft, das Transportwesen sowie die Reststoffverwertung und Entsorgung. Dabei lässt sich die Beschaffung wiederum in den Einkauf und die Disposition des Materials unterteilen. Zu den Aufgaben des Einkaufs gehören u. a. die Erarbeitung von Beschaffungsstrategien, die Beschaffungsmarktforschung, die Anfrage und der Angebotsvergleich, die Verhandlung und die Lieferantenauswahl, die Bestellerteilung und -abwicklung sowie die Gewährleistungsverfolgung. Die Materialdisposition beschäftigt sich dagegen mit eher materialflussrelevanten Aufgaben wie der Bedarfsmengenbestimmung, der Festlegung von Bestellmengen und -zeitpunkten, der Bestimmung von Sicherheitsbeständen, dem Auslösen von Lieferabrufen sowie der Lieferterminüberwachung.

Durch die Aufzählung der Aufgaben der Materialwirtschaft werden Überschneidungen zu denen der Logistik deutlich: Die Materialdisposition, die Lagerwirtschaft, das Transportwesen sowie die Reststoffverwertung und Entsorgung sind gleichzeitig Aufgaben der Materialwirtschaft und der Beschaffungs-, Produktions- sowie Entsorgungslogistik. Unterschiede hinsichtlich des Aufgabenumfangs bestehen vor allem hinsichtlich der Absatz-/Distributionslogistik, die im Rahmen der hier verwendeten Definition auf Grund ihrer Beschäftigung mit Fertigprodukten nicht Teil der Materialwirtschaft ist, und des Einkaufs, der mangels direktem Materialflussbezug nicht zum engeren Aufgabengebiet der Logistik gehört.

1.2 Konzeption und Aufbau des Lehrbuches

Das Konzept des Lehrbuches besteht darin, zentrale grundlegende Fragestellungen der Produktion und der Logistik auf der Basis von Fallbeispielen zu erläutern. Die Hauptzielgruppe sind Studierende und Dozenten an Universitäten, Fachhochschulen und Berufsakademien, die sich im Rahmen von Studiengängen wie Betriebswirtschaftslehre, Wirtschaftsingenieurwesen oder Wirtschaftsinformatik die betriebswirtschaftlichen Grundlagen von Produktion und Logistik erarbeiten oder diese vermitteln wollen.

Jedes Kapitel wird mit einer typischen Aufgabenstellung aus dem jeweiligen Themenbereich – zumeist mit einem betrieblichen Hintergrund – eingeleitet. Hierdurch soll das Interesse der Studierenden an dem Themengebiet geweckt und deutlich gemacht werden, dass es sich um eine konkrete praxisbezogene (und nicht etwa nur abstrakte) Problemstellung handelt. Anschließend werden inhaltliche Grundlagen und Hintergründe erläutert, auf deren Basis der Themenbereich eingeordnet und die Fragen beantwortet werden können. Schließlich wird durch die Vorgabe der Lösungen zu den anfangs gestellten

Aufgaben den Studierenden die Möglichkeit gegeben, den eigenen Lernerfolg zu überprüfen. Insgesamt soll durch das Zusammenspiel von praxisbezogenen Aufgaben, Vermittlung von Wissen sowie Angabe der Lösungen und Lösungswege ein wesentlicher Beitrag zur Entwicklung von Problemlösungskompetenz geleistet werden.

Ziel ist es, auf diese Weise die Möglichkeit zu schaffen, die Grundlagen jedes Themengebiets in ein bis maximal zwei Doppelstunden vermitteln zu können. In einigen der Kapitel werden weiterführende Fragestellungen behandelt, die den Rahmen einer reinen Einführungsveranstaltung sprengen. Hier kann alternativ eine Vertiefung des Themengebietes vorgenommen oder die Behandlung des Kapitels nach dem Grundlagenteil beendet werden.

In einem Methodenteil am Ende des Buches werden weitere Verfahren zur Lösung der Planungsprobleme aus der Produktion und der Logistik wie die Simplexmethode (Produktionsprogrammplanung), Regressionsanalysen (verbrauchsorientierte Bedarfsermittlung), das Verfahren von VAZSONYI (programmorientierte Bedarfsermittlung) und die Modifizierte Distributionsmethode (Transportplanung) an ausgewählten Beispielen erläutert. Außerdem wird verdeutlicht, wie sich einige dieser Fragestellungen mit Hilfe von Standardsoftware lösen lassen.

Wie oben erläutert gibt es große inhaltliche Überschneidungen zwischen Planungsfragen der Produktion und der Logistik. Eine mögliche Zuordnung zu den Bereichen Produktion und Logistik gibt die Inhaltsübersicht. Auch sie ist nicht eindeutig, wie am Beispiel des Supply Chain Managements deutlich wird, das zwar dem Bereich der Logistik zugeordnet wurde, aber auch Fragen der Produktionsplanung behandelt.

Die Zuordnung soll es zum einen den Dozenten erleichtern, eine stärker auf Produktion oder Logistik fokussierte Veranstaltung auf der Basis der behandelten Themengebiete zu konzipieren, und zum anderen verdeutlicht sie den Studierenden, wie eng die Bereiche Produktion und Logistik miteinander vernetzt sind.

Literaturhinweise

BLOECH, J.; BOGASCHEWSKY, R.; BUSCHER, U.; DAUB, A.; GÖTZE, U.; ROLAND, F.: Einführung in die Produktion, 6. Aufl., Berlin, Heidelberg 2008.

CORSTEN, H.; GÖSSINGER, R.: Einführung in das Supply Chain Management, 2. Aufl., München 2008.

GÖPFERT, I.: Stand und Entwicklung der Logistik. Herausbildung einer betriebswirtschaftlichen Teildisziplin, in: Logistik Management, 1. Jg. (1999), Heft 1, S. 19-33.

HOITSCH, H.-J.: Produktionswirtschaft, 2. Aufl., München 1993.

PFOHL, H.-C.: Logistiksysteme, 8. Auf., Berlin, Heidelberg 2010.

SCHULTE, C.: Logistik, 5. Aufl., München 2009.

SIMCHI-LEVI, D.; KAMINSKY, P.; SIMCHI-LEVI, E.: Designing and Managing the Supply Chain, 3rd ed., Boston et al. 2008.

WEBER, J.; DEHLER, M.; WERTZ, B.: Supply Chain Management und Logistik, in: WiSt, Heft 5/2000, S. 264-269.

WEBER, J.; KUMMER, S.: Logistikmanagement, 2. Aufl., Stuttgart 1998.

2 Ziele von Produktion und Logistik

2.1 Fallbeispiel

Eine Produktionsabteilung eines Automobilzulieferers stellt Kunststoffteile im Spritzgussverfahren her. Die Teile werden im Einschichtbetrieb an 5 Tagen pro Woche gefertigt. Benötigt werden jeweils 1.000 Teile pro Woche in den Farben rot, gelb, grün, blau und schwarz, insgesamt also 5.000 Teile pro Woche. Bislang erfolgte an jedem Arbeitstag die Fertigung des Wochenbedarfs genau einer Farbe der Kunststoffteile. Diese wurden am Ende der Schicht in Gitterboxen mit einem Gabelstapler in einen Lagerbereich der benachbarten Fertigungshalle transportiert und von dort kontinuierlich durch die folgende Fertigungsstufe weiter verarbeitet.

Aufgabe 1
a) Bestimmen Sie mit Hilfe eines geeigneten, möglichst einfachen Modells, wie viele der Teile sich durchschnittlich im Lager befinden und wie lange die Kunststoffteile durchschnittlich lagern.

b) Inwiefern entsprechen die dem gewählten Modell zu Grunde liegenden Prämissen der vorliegenden Fertigungssituation?

Aufgabe 2
Ein Berater schlägt vor, zur Verringerung des durchschnittlichen Lagerbestandes und der durchschnittlichen Lagerdauer Kunststoffteile aller Farben an jedem Arbeitstag zu fertigen.

a) Bestimmen Sie den durchschnittlichen Lagerbestand und die durchschnittliche Lagerdauer der Kunststoffteile nach der Umsetzung dieses Vorschlags.

b) Welche Probleme können durch die Umsetzung dieses Vorschlags entstehen?

Aufgabe 3
Als Kompromiss wird vorgeschlagen, an jedem Arbeitstag jeweils Kunststoffteile in zwei Farben zu fertigen.

a) Bestimmen Sie den durchschnittlichen Lagerbestand und die durchschnittliche Lagerdauer der Kunststoffteile nach der Umsetzung dieses Kompromissvorschlags.

b) Versuchen Sie, die erzielten Ergebnisse miteinander zu vergleichen. Welche zusätzlichen Informationen werden zur Festlegung einer optimalen Fertigungspolitik benötigt?

2.2 Ableitung der Ziele von Produktion und Logistik

Zielarten

Im Produktions- und Logistikbereich von Unternehmen können eine Reihe verschiedener Ziele verfolgt werden, die auf unterschiedliche Weise miteinander in Beziehung stehen können. Im Sinne einer Zielhierarchie lassen sich **Ober-, Zwischen- und Unterziele** unterscheiden. Ziele können sich gegenseitig fördern, miteinander konkurrieren oder indifferent zueinander sein. Abzuleiten sind die Ziele von Produktion und Logistik aus dem Zielsystem des Unternehmens. Die Unternehmensziele lassen sich nach mehreren Kriterien in Zielarten untergliedern, die zunächst allgemein beschrieben werden sollen.

Unterschieden werden können beispielsweise Formalziele und Sachziele des Unternehmens. **Formalziele** stellen Beurteilungsmaßstäbe für die Vorteilhaftigkeit von Handlungen und Zuständen des Unternehmens dar, die aus den Motiven der Entscheidungsträger resultieren und den Sinn des unternehmerischen Handelns zum Ausdruck bringen. Beispiele für Formalziele sind Gewinn-, Wachstums-, Autonomie, Prestige- und Machtstreben oder soziale Ziele wie Erhaltung von Arbeitsplätzen, Vermeidung von Umweltschäden etc. **Sachziele** werden aus den Formalzielen abgeleitet; sie stellen Wege zur Erfüllung der Formalziele dar. Bei ihnen handelt es sich beispielsweise um spezifische Vorstellungen bezüglich der zu fertigenden Produktarten, -qualitäten und -mengen sowie der zu verwendenden Faktorarten, -qualitäten und -mengen.

Eine weitere Unterscheidung stellt die zwischen **monetären** und **nicht-monetären Zielen** dar. Zu den monetären Zielen gehören das Gewinnstreben, das Umsatzstreben, die Sicherung der Zahlungsfähigkeit, die Kapitalerhaltung, die Maximierung von Eigenkapital-, Gesamtkapital- und Umsatzrentabilität sowie die Kostenminimierung. Die monetären Ziele sind sämtlich auch **quantitative Ziele**, wohingegen sich die nicht-monetären Ziele in quantitative (wie Maximierung des Marktanteils, Wachstum) und **nicht-quantitative Ziele** (z. B. Streben nach Unabhängigkeit, Sicherung von Arbeitsplätzen, Vermeidung von Umweltlasten) einteilen lassen.

Häufig sind Ziele zunächst zu operationalisieren, also z. B. für einzelne Abteilungen oder Mitarbeiter zu spezifizieren und/oder in quantitative Größen zu transformieren, um ihre Erreichbarkeit im Detail prüfen zu können. Derartige

operationale Ziele unterscheiden sich von **nicht-operationalen**, deren Messung in Größen wie Anzahl, Geld, Gewicht oder Nutzen nicht möglich ist.

Im Rahmen einer weiteren Einteilung werden **ökonomische** (z. B. Gewinn, Kosten, Wirtschaftlichkeit) von **nicht-ökonomischen Zielen** abgegrenzt. Diese wiederum lassen sich in die Kategorien der technisch orientierte Ziele (z. B. Einhaltung von Toleranzen) sowie der human- und sozialorientierten Ziele (z. B. Bedarfsdeckung, Humanisierung, Umweltschutz) einteilen.

Die **Wirtschaftlichkeit** als eine der zentralen ökonomischen Zielgrößen wird oft als Verhältnis von wertmäßigem Output zu wertmäßigem Input definiert. Auf die Wirtschaftlichkeit lässt sich das sogenannte ökonomische Prinzip beziehen, das in zwei Ausprägungen existiert: nach dem **Maximalprinzip** wird ausgehend von einem gegebenen Input der Output maximiert, demgegenüber wird bei Verfolgung des **Minimalprinzips** versucht, einen gegebenen Output mit dem geringst möglichen Input zu erzielen.

Eine weitere für die Produktion und die Logistik besonders relevante und die Wirtschaftlichkeit beeinflussende Zielgröße ist die **Produktivität**. Diese stellt das Verhältnis zwischen der Ausbringungsmenge und der Faktoreinsatzmenge dar, wobei lediglich auf eine Produkt- und eine Faktorart Bezug genommen wird. Da in die Produktivität Mengengrößen eingehen, wird sie auch den technischen Zielen zugeordnet.

Ziele der Produktion

Bei der im Folgenden vorgenommenen Zuordnung von Zielen des Produktionsbereichs zu den angegebenen Kategorien wird vornehmlich die operative bzw. taktische Produktionsplanung und -steuerung betrachtet. Der Grund hierfür liegt darin, dass kaum spezifische strategische Produktionsziele existieren, sondern vielmehr bei strategischen Entscheidungen im Produktionsbereich allgemeine Unternehmensziele wie der Aufbau von Erfolgspotentialen oder die Steigerung des Unternehmenswerts verfolgt werden. Langfristig – und damit auch mit Auswirkungen auf strategische Ziele – lassen sich durch Maßnahmen im Produktionsbereich auch der Umsatz und damit der Gewinn beeinflussen, indem z. B. durch den Einsatz Flexibler Fertigungssysteme Aufträge angenommen und bearbeitet werden können, die sich mit traditionellen Maschinen nicht termingerecht ausführen lassen.

Mit Blick auf die Orientierung an der operativen Planung kann als zentrales monetäres Ziel im Produktionsbereich die **Kostenminimierung** angesehen werden. Hierbei wird davon ausgegangen, dass vorgegebene Produktionsmengen in der jeweils gegebenen Situation möglichst kostengünstig hergestellt werden sollen. Zur Umsetzung dieses Zieles sind eine Reihe nichtmonetärer Ziele, wie z. B. **Mengenziele**, **Terminziele** etc., zu formulieren. Neben diesen quantitativen Zielen sind auch qualitative Zielsetzungen – gedacht sei hier beispielsweise an eine **Minimierung der Umweltbelastung** – relevant.

In dem beschriebenen Bereich dominieren die operationalen Ziele, da sich die meisten Ziele in Form von **Qualitäten, Mengen, Kosten** oder **Zeitpunkten** bezüglich ihres Zielerreichungsgrades beurteilen lassen. Neben den ökonomischen Zielen (vor allem Kosten und Wirtschaftlichkeit) existieren im Produktionsbereich häufig auch nicht-ökonomische Zielsetzungen, wobei sowohl technische als auch human-/sozialorientierte Ziele anzutreffen sind.

Als typische Ziele der Produktionswirtschaft können **geringe Kosten, ein hoher Output, eine hohe Produktqualität, eine hohe Termineinhaltung und Auslastung** der Fertigungsbereiche (oder einzelner Maschinen) sowie **geringe Durchlaufzeiten** genannt werden. Unter der Durchlaufzeit wird dabei die Zeitspanne von der Freigabe eines Auftrags (frühester Startzeitpunkt der Produktion) bis zu seiner Fertigstellung verstanden (vgl. auch Kapitel 13.).

Ziele der Logistik

Die Festlegung der relevanten Logistikziele ist auch von der betrachteten Stufe der Logistiksichtweise abhängig (vgl. hierzu die Definitionen und Abgrenzungen im ersten Kapitel). Im Zusammenhang mit der in der ersten Stufe angestrebten **Erhöhung der Effizienz der material- und warenflussbezogenen Aktivitäten** stehen z. B. Ziele wie die Senkung der Transportkosten pro Ladeeinheit, der Ein- und Auslagerungskosten pro Palette oder der durchschnittlichen Kommissionierkosten pro Kundenpaket.

Bei der **Koordination von Material- und zugehörigem Informationsfluss** (zweite Stufe) kann als Ziel die Bereitstellung der richtigen Güter in der richtigen Menge und Qualität zur richtigen Zeit am richtigen Ort zu den richtigen Kosten genannt werden. Bei der Einschätzung, was hierbei „richtig" ist, sind die **Serviceziele der Logistik** zu beachten. Zu ihnen zählen

- die **Lieferzeit** (Zeitspanne von der Erteilung des Auftrags bis zur Verfügbarkeit beim Kunden),
- die **Lieferzuverlässigkeit** (Wahrscheinlichkeit, mit der die zugesagte Lieferzeit eingehalten wird),
- die **Lieferflexibilität** (kurzfristiges Eingehen auf besondere Kundenwünsche z. B. im Hinblick auf Mengen oder Termine),
- die **Lieferqualität** (Liefergenauigkeit nach Art und Menge sowie Zustand der Lieferung),
- die **Informationsfähigkeit** (Möglichkeit, Kundenanfragen vor und nach der Auftragserteilung schnell und genau beantworten zu können).

Verbinden lassen sich diese Aspekte zu dem Ziel der Erreichung der Effizienz von Logistikprozessen, wobei allerdings die relevanten Kriterien **Zeit** (z. B. Lieferzeit), **Kosten** (z. B. im Hinblick auf die Auftragsabwicklung), **Qualität** (z. B. Lieferqualität) und **Flexibilität** teilweise in Konkurrenz zueinander stehen. So kann beispielsweise eine flexible Anpassung an veränderte Kundenwünsche in Form einer notwendig gewordenen kürzeren Lieferzeit zu erhöhten Transportkosten durch eine Expresslieferung führen. Unterscheiden lassen sich Kundenziele (z. B. kurze Lieferzeit und Termineinhaltung) und interne Ziele (wie geringe Lagerkosten), wobei zu beachten ist, dass auch andere Abteilungen oder Standorte eines Unternehmens typischerweise Kundenziele verfolgen.

Im Rahmen der **Flussorientierung des gesamten Unternehmens** (dritte Stufe) wird die Logistik als Instrument zur Erreichung von Wettbewerbsvorteilen stärker in den Mittelpunkt der Betrachtung gerückt. Als Ziel kann die **Maximierung der Differenz der** durch eine solche Orientierung **beeinflussbaren Erlöse und Kosten** genannt werden. So kann z. B. bei einer Wertanalyse unter Beteiligung der Absatz-, Entwicklungs-, Produktions- und Logistikabteilung die Konstruktion eines Produktes so verändert werden, dass die Differenz zwischen den Erlösen (abhängig z. B. von der Zahl der lieferbaren Varianten, den Produktfunktionen und dem Design) und den Kosten (z. B. für die Konstruktionsänderung, die Produktion, die Lagerhaltung und den Transport) erhöht wird.

Die vierte Stufe der Logistik betrachtet zusätzlich weitere Aspekte der **Abstimmung des Materialflusses entlang der gesamten Wertschöpfungskette**. Dabei werden z. B. (kleinere) Kostenerhöhungen beim Zulieferer eines Teils als gerechtfertigt angesehen, wenn dadurch die Kosten beim betrachteten Unternehmen (stärker) sinken und/oder die erzielbaren Umsätze (stärker) steigen. Als – allerdings auf ein Unternehmen bezogenes – Beispiel hierfür kann die Abstimmung von Losgrößen entlang der Wertschöpfungskette dienen, die im Mittelpunkt des 19. Kapitels steht.

Zielkonflikte

Im Rahmen der Produktions- und Logistikplanung können Zielkonflikte hinsichtlich einiger der genannten Ziele bestehen. In dem vorliegenden Fallbeispiel wird ein möglicher Zielkonflikt zwischen einigen klassischen operativen produktionsorientierten Zielen und typischen operativen flussorientierten Zielen diskutiert. Zu den erst genannten Zielen können

- die Maximierung der Produktionsmenge,
- die Minimierung der (Stück-)Kosten,
- die Minimierung der Ausschussquote und
- die Maximierung der Maschinenauslastung gezählt werden.

Typische operative flussorientierte Ziele sind

- die Minimierung von Prozessdauern (z. B. die Durchlaufzeit oder die Lagerzeit) und
- die Minimierung des Lagerbestandes und damit der Lagerkosten.

Zielkonflikte zwischen diesen beiden Gruppen lassen sich am Beispiel der Losgröße verdeutlichen. Unter einer Losgröße wird die Menge eines Objektes verstanden, die gemeinsam

- gefertigt (Produktion- oder Fertigungslos),
- gelagert (Lagerlos),
- transportiert (Transportlos) oder
- bestellt (Bestellmenge) wird.

Wie sich unterschiedliche Fertigungslosgrößen auf die Erreichung der genannten Ziele auswirken können und inwiefern hier Zielkonflikte bestehen, wird im Folgenden erläutert.

2.3 Lösung des Fallbeispiels

Aufgabe 1

a) Im vorliegenden Fall wird eine „geschlossene" Produktion unterstellt (vgl. hierzu Kapitel 12), d. h., dass das Los komplett erstellt wird, bevor der Transport ins Lager erfolgt. Werden z. B. am Montag ausschließlich rote Kunststoffteile gefertigt, so werden diese am Ende der Schicht (z. B. gegen 16.00 Uhr) in Gitterboxen mit einem Gabelstapler ins benachbarte Lager gebracht und stehen dort dann für die Weiterverarbeitung bereit. In die Betrachtung werden hier ausschließlich die Arbeitstage Montag bis Freitag aufgenommen, das Wochenende bleibt unberücksichtigt. Bei kontinuierlichem Verbrauch der roten Teile ergibt sich der nachstehende Lagerbestandsverlauf bis zur nächsten Lieferung am folgenden Montagnachmittag:

Maximal liegen in dieser Situation 1.000 rote Teile im Lager, kurz vor dem nächsten Transport ist das Lager geräumt, so dass der durchschnittliche Lagerbestand an roten Teilen 500 beträgt. Gleiches gilt für die übrigen Farben, so dass sich insgesamt durchschnittlich 2.500 Kunststoffteile im Lager befinden. Die durchschnittliche Lagerdauer beträgt 2,5 Arbeitstage (einige Teile werden sofort nach dem Transport ins Lager entnommen, andere erst kurz vor Eintreffen der nächsten Lieferung nach 5 Arbeitstagen).

Lösung des Fallbeispiels 17

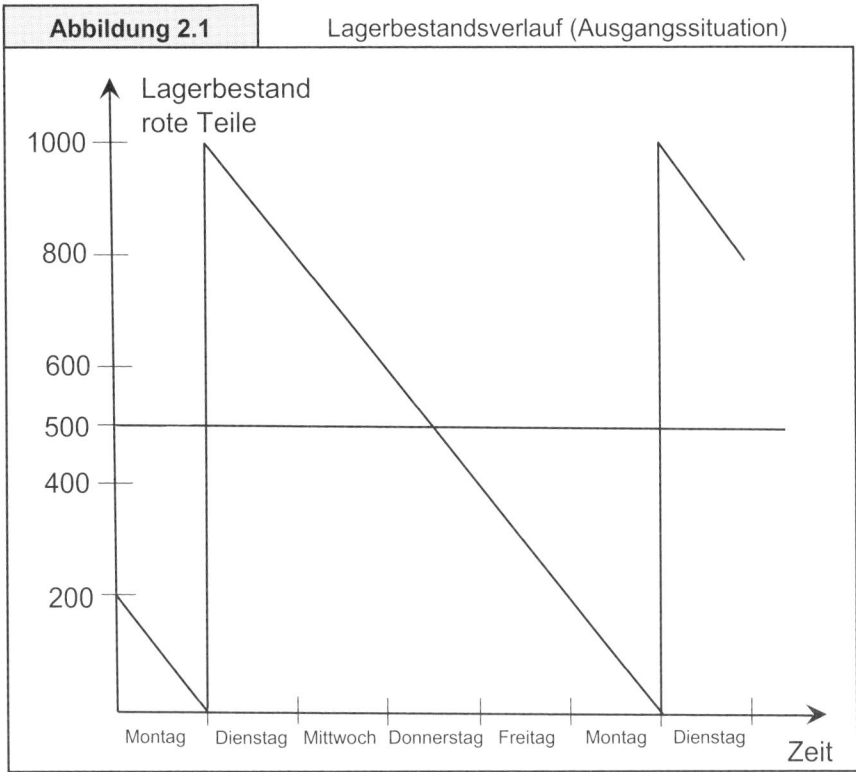

Abbildung 2.1 — Lagerbestandsverlauf (Ausgangssituation)

b) Im Zusammenhang mit dem hier verwendeten Modellansatz ergeben sich verschiedene Fragen:
- Wie sieht der Verbrauch der eingelagerten Teile genau aus: Produziert die nächste Stufe an den gleichen Tagen wie die betrachtete Produktionsabteilung oder auch an Wochenenden? Kann angesichts notwendiger Wartungszeiten überhaupt durchgehend gefertigt werden? Dann nämlich würden außerhalb der Fertigungszeit keine Teile aus dem Lager entnommen und der Lagerbestandsverlauf wäre in diesen Zeiträumen konstant. Werden die Teile im Lager einzeln entnommen und z. B. auf ein Fließband gelegt, das sie zur nächsten Maschine bringt?
- Warum beschränkt sich die Betrachtung auf das eine Lager? Beispielsweise werden fertige Kunststoffteile ja auch in der betrachteten Produktionsabteilung gelagert, bevor sie am Nachmittag in die benachbarte Halle transportiert werden.
- Wird wirklich ohne jeden Sicherheitsbestand gearbeitet, d. h. ist das Lager hinsichtlich der roten Teile völlig leer geräumt, wenn der nächste Transport kommt? Was passiert dann, wenn es zu Verzögerungen bei der Belieferung mit roten Teilen kommt?

Die Beantwortung dieser Fragen lässt den Schluss zu, dass der tatsächliche Lagerbestandsverlauf durch den gewählten Modellansatz nicht exakt abgebildet wird. Hieraus können unterschiedliche Konsequenzen gezogen werden:
- Das Modell wird verändert (und dabei in der Regel komplizierter), um den angenommenen Verlauf dem tatsächlichen Verlauf anzunähern.
- Man gibt sich mit dem gewählten Modell zufrieden, da man davon ausgeht, dass die Abweichungen zwischen Wirklichkeit und Modell im Hinblick auf den Untersuchungsgegenstand (hier die Lagerdauern und die Lagerbestände) keine entscheidende Bedeutung haben. Um die Wahrscheinlichkeit zu erhöhen, dass diese Vermutung stimmt, sind die Differenzen zwischen Wirklichkeit und Modell genau zu analysieren, was im Folgenden nicht geschieht, da hierfür detailliertere Informationen über die Fertigungsabläufe nötig wären.

Aufgabe 2
a) Wenn an jedem Arbeitstag Kunststoffteile aller Farben gefertigt werden sollen, müssen täglich von jeder Farbe 200 Teile produziert werden, um damit den Tagesbedarf der nachfolgenden Stufe befriedigen zu können. Es wird angenommen, dass die Teile einer Farbe in einem Los von 200 Stück produziert werden (Gründe hierfür werden später erläutert). Wird z. B. an jedem Arbeitstag mit der Produktion von roten Teilen begonnen, so wird die Fertigung des Loses von 200 Teilen am Vormittag beendet sein. Der nächste Transport roter Teile ins Lager erfolgt dann zur gleichen Zeit des nächsten Arbeitstages. Unter den ansonsten gleichen Annahmen, die den Berechnungen in Aufgabe 1 zu Grunde gelegt wurden, ergibt sich nun folgender Lagerbestandsverlauf für die roten Kunststoffteile:

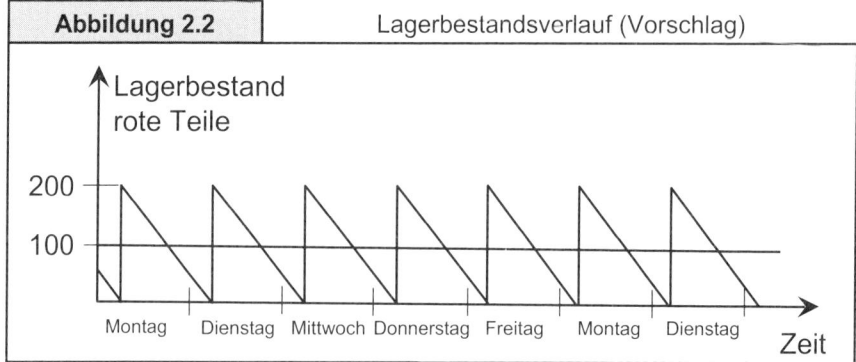

Bei Umsetzung des Vorschlags liegen maximal 200 rote Teile im Lager, kurz vor dem nächsten Transport wäre das Lager wieder leer, so dass der durchschnittliche Lagerbestand an roten Teilen 100 beträgt. Unter Berücksichtigung aller fünf Farben beträgt der durchschnittliche Lagerbestand 500 Kunststoffteile. Durchschnittlich liegen die Teile einen halben Tag im Lager (maximale Lagerdauer 1 Tag, die zuerst entnommenen Teile werden überhaupt nicht gelagert). Durch die Umsetzung des Vorschlags können Lagerbestand und -dauer auf 20 % des Wertes der Ausgangssituation reduziert werden.

b) Bei Umsetzung des Vorschlags ließen sich die Kennzahlen hinsichtlich der flussorientierten Ziele deutlich verbessern. Anders sähe dies hinsichtlich der klassischen operativen produktionsorientierten Ziele aus: Vor jedem Produktionslauf mit einer anderen Farbe ist die Maschine umzurüsten. Dies bedeutet, die Fertigung zu stoppen, die Werkzeuge zu wechseln und die Maschine wieder hochzufahren, bevor die Produktion des nächsten Loses beginnen kann. Geht man davon aus, dass ein Rüstvorgang ca. eine Stunde dauert, beanspruchen die Rüstvorgänge für fünf Lose mit unterschiedlichen Farben zusätzliche vier Stunden (im Vergleich zur Ausgangssituation). Wenn die Produktion eines Loses von 1.000 roten Teilen eine 8-Stunden Schicht in der Ausgangssituation ausgefüllt hat, lässt sich die angestrebte Menge von 200 Teilen jeder Farbe bei fünf Rüstvorgängen sicher nicht innerhalb von acht Stunden realisieren. Es werden somit entweder die Mengenziele verfehlt oder aber z. B. durch die Verlängerung der Produktionszeiten in Form von Überstunden zusätzliche Kosten verursacht, die dem Ziel der Minimierung der (Stück-)Kosten widersprechen. Kostensteigerungen ergeben sich auch durch die Rüstvorgänge, in denen z. B. Kosten für neue Werkzeuge, den erhöhten Verschleiß von Maschinen und Personalkosten für die Maschineneinrichter anfallen. Hierbei ist zu prüfen, welche dieser Kosten entscheidungsrelevant sind. Zusätzliche Kosten für Maschineneinrichter fallen z. B. dann nicht an, wenn die Mitarbeiter diese Aufgaben im Rahmen der Arbeitszeit erledigen, für die sie sowieso bezahlt werden.

Durch die zahlreichen Anlaufphasen besteht die Gefahr, dass die Ausschussquote steigt, die typischerweise am Anfang einer Produktionsphase eines Loses höher ist als im späteren Verlauf der Fertigung. In jedem Fall sinkt der Auslastungsgrad der Maschinen, da der Anteil der effektiven Fertigungszeit durch die Zunahme der Rüstzeiten sinkt.

Aufgabe 3
a) Werden an jedem Arbeitstag Kunststoffteile in zwei Farben produziert, ergibt sich eine Losgröße von 500 Teilen pro Farbe. Startet die Woche z. B. mit der Fertigung von roten Teilen, so kann das produzierte Los am Montagmittag eingelagert werden. Die zweite Hälfte der Wochenproduktion dieser Teile würde dann am Mittwochnachmittag anstehen, so dass sich für den Kompromissvorschlag folgender Lagerbestandsverlauf für die roten Kunststoffteile ergibt:

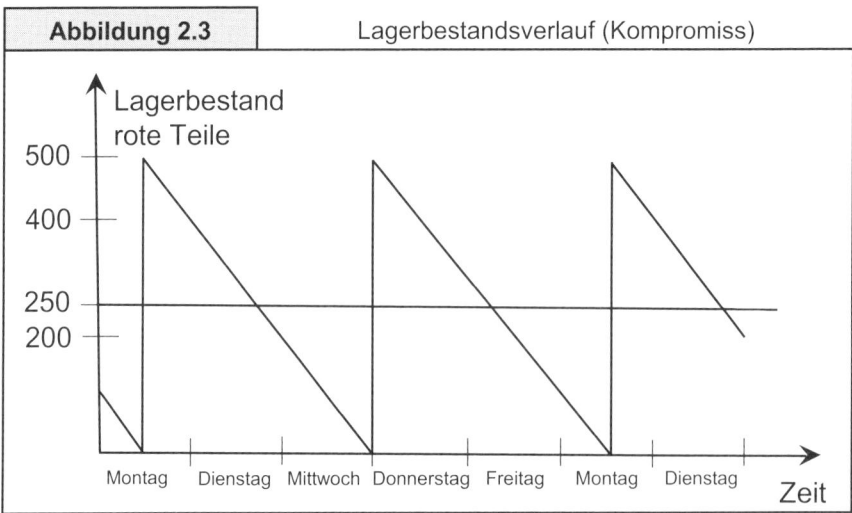

Für den Kompromissvorschlag bedeutet dies, dass nach jedem Produktionslauf 500 rote Teile eingelagert werden, die dann innerhalb der nächsten 2,5 Arbeitstage verbraucht werden. Im Lager liegen durchschnittlich 250 rote Teile, der durchschnittliche Bestand der Teile sämtlicher fünf Farben beträgt 1.250. Durchschnittlich befinden sich die Teile 1,25 Arbeitstage in dem Lagerbereich.

b) Auf den ersten Blick erscheint der Kompromissvorschlag vernünftig, da mit nur einem zusätzlichen Rüstvorgang pro Tag Lagerbestand und Lagerdauer der Ausgangssituation halbiert werden. Es ist allerdings zu klären, ob sich zwei Rüstvorgänge pro Tag in Einklang mit den Mengen-, Kosten-, Qualitäts- und Auslastungszielen bringen lassen. Unter Umständen ist hierfür eine Verbesserung der Rüstprozesse mit dem Ziel der Verringerung der Rüstzeiten notwendig. Durch den Einsatz zusätzlicher Maschineneinrichter während des Rüstvorgangs oder die bessere Vorbereitung der Rüstvorgänge (während die Produktion noch läuft), können die Rüstzeiten z. T. erheblich (teilweise um ca. 50 %) gesenkt werden.

Ob diese Vorgehensweise einer optimalen Fertigungspolitik nahe kommt, kann allerdings anhand der vorliegenden Daten nicht abschließend bewertet werden. Zum einen sind hierfür aus der Menge der verschiedenen denkbaren Ziele die für die Planungssituation relevanten zu identifizieren, nach ihrer Priorität zu sortieren und zueinander in Beziehung zu setzen. Häufig wird die Minimierung der mit der Fertigung in Verbindung stehenden Kosten eine wichtige Rolle spielen. Um die Fertigungsstrategie zu ermitteln, bei der diese Kosten minimal sind, müssen zum anderen z. B. die entscheidungsrelevanten Rüst- und Lagerhaltungskosten, die Kosten des Ausschusses, Kostenauswirkungen möglicher Produktionsausfälle für den weiteren Fertigungsprozess (mit der möglichen Folge der Einrichtung von Sicherheitsbeständen) sowie die Kosten der Transport- und Einlagerungsprozesse berücksichtigt werden.

Literaturhinweise

BLOECH, J.; BOGASCHEWSKY, R.; BUSCHER, U.; DAUB, A.; GÖTZE, U.; ROLAND, F.: Einführung in die Produktion, 6. Aufl., Berlin, Heidelberg 2008.

KUMMER, S. (HRSG.), GRÜN, O.; JAMMERNEGG, W.: Grundzüge der Beschaffung, Produktion, Logistik, München u. a. 2006.

PFOHL, H.-C.: Logistiksysteme, 8. Aufl., Berlin, Heidelberg 2010.

3 Ertragsgesetzliche Produktions- und Kostenfunktionen

3.1 Fallbeispiel

Ein Landwirt betreibt eine Anlage, mit der er Biogas erzeugt. Eingesetzt wird eine feste Mischung aus Gras-, Mais- und Getreideganzpflanzensilage sowie Gülle von Schweinen und Rindern. Unter den gegebenen Bedingungen im Fermenter (Verweilzeit dieser Biomasse, Temperatur etc.) entstehen abhängig von den eingesetzten Mengen an Biomasse unterschiedliche Gasmengen. Für den technisch relevanten Bereich von Einsatzmengen zwischen 15 Tonnen (t) und 75 t pro Tag hat der Landwirt folgende Ertragsfunktion ermittelt, die den Zusammenhang zwischen der Einsatzmenge r pro Tag (angegeben in der Dimension [t]) und der Ausbringungsmenge x des täglich erzeugten Biogases (Dimension [m³]) beschreibt:

$$x = -\frac{3}{200}r^3 + \frac{8}{5}r^2 + \frac{1}{2}r + 3.400$$

Aufgabe 1
a) Bestimmen Sie die Grenz- und die Durchschnittsertragsfunktion. Ermitteln Sie näherungsweise die Einsatzmengen und die zugehörigen Ausbringungsmengen, bei denen die tägliche Biogasmenge, der Durchschnitts- und der Grenzertrag maximal sind.

b) Vergleichen Sie die im Fallbeispiel beschriebene Situation mit der klassischen ertragsgesetzlichen Produktionsfunktion (Produktionsfunktion vom Typ A). Inwiefern bestehen Parallelen, welche Unterschiede gibt es?

Aufgabe 2
Auf Grund langfristiger Lieferverträge kann der Landwirt das verwendete Gemisch für 16 €/t einkaufen (frei Anlage). Die weiteren Kosten der Produktion (insbesondere Abschreibungen auf die Anlagenkomponenten, Kapitalbindungskosten, Kosten für Energie, Wartung und Instandhaltung, Personal und Versicherungen) belaufen sich insgesamt auf 900 €/Tag. Ermitteln Sie mit Hilfe eines Kalkulationsprogramms eine Wertetabelle für den relevanten Bereich der Ausbringungsmengen. Führen Sie in ihr auch die näherungsweise bestimmten Minima der durchschnittlichen variablen Kosten und der durchschnittlichen Gesamtkosten auf. Die Wertetabelle soll die Einsatzmengen der Biomasse r, die variablen Kosten K_v, die fixen Kosten K_f, die Gesamtkosten K sowie die durchschnittlichen variablen (k_v) und die durchschnittlichen Gesamtkosten (k) in Abhängigkeit von den Ausbringungsmengen x beinhalten.

Aufgabe 3
Der Landwirt verkauft das Biogas zu einem Preis von 0,33 €/m³ an einen Betrieb, der das Gas aufbereitet und anschließend an ein Energieversorgungsunternehmen weiter vertreibt.

a) Bestimmen Sie mittels einer Erweiterung der in Aufgabe 2 erstellten Tabelle den Umsatz und den Gewinn für die in Aufgabe 2 berücksichtigten Ausbringungsmengen.

b) Ermitteln Sie näherungsweise die täglich zu produzierende Biogasmenge sowie die zugehörige Einsatzmenge an Biomasse, bei denen der tägliche Gewinn maximiert wird.

3.2 Produktions- und Kostenfunktionen mit ertragsgesetzlichem Verlauf

Produktionsfunktion vom Typ A

Für das betrachtete Fallbeispiel sind die Zusammenhänge des Ertragsgesetzes (Produktionsfunktion vom Typ A) mit **einem variablen Faktor** von Interesse. Um die Wirkung des Einsatzes dieser Faktorart auf die Outputmenge (Ertrag) bestimmen zu können, wird nur dieser Einsatz als variabel angenommen, die Einsätze aller übrigen Faktorarten werden konstant gehalten. Damit kann die allgemeine Produktionsfunktion

$$x = f(r_1, r_2, ..., r_i, ..., r_n) \qquad (1)$$

unter Zusammenfassung aller Einsatzfaktormengen mit Ausnahme des zu variierenden Faktors i in einem Vektor c wie folgt formuliert werden:

$$x = f(r_i, c) \quad ; c = (r_1, ..., r_{i-1}, r_{i+1}, ..., r_n) \qquad (2)$$

Ertragsgesetzliche Verläufe der Produktionsfunktion setzen folgende Bedingungen voraus:

a) Es wird in einem einstufigen Fertigungsprozess eine Produktart hergestellt.
b) Die Einsatzmenge des betrachteten Faktors ist variierbar und beliebig teilbar.
c) Die Einsatzmengen der übrigen Faktoren lassen sich konstant halten.
d) Die Substituierbarkeit der Einsatzfaktoren ist begrenzt.
e) Die Qualität der Produktionsfaktoren und des Outputs ist konstant.
f) Die Produktionstechnik, -zeit und -intensität werden nicht verändert.

Das Ertragsgesetz sagt aus, dass die sukzessive Vergrößerung der Einsatzmenge eines Produktionsfaktors bei konstantem Einsatz der anderen Produktionsfaktoren zunächst zu steigenden, dann zu sinkenden und schließlich zu negativen Ertragszuwächsen führt. Da ein eindeutiger, funktionaler Zusammenhang zwischen der Faktoreinsatzmenge r_i und der Ausbringungsmenge x unterstellt wird, führt jede gegebene Einsatzmenge $r_{i,a}$ unter den vorliegenden Prämissen zu genau einer Outputmenge x_a.

Die Abbildung 3.1 zeigt die charakteristischen vier Phasen des ertragsgesetzlichen Verlaufs für die Gesamtertragskurve x, die Durchschnittsertragsfunktion e und die Grenzertragskurve x' sowie deren Ableitung x''. Im Folgenden werden die einzelnen Funktionsverläufe näher erläutert:

Die **Gesamtertragskurve** x (r_i,c) zeigt die Wirkung einer sukzessiven Erhöhung der Einsatzmenge des Faktors r_i auf den Ertrag x bei Konstanz der übrigen Einsatzmengen. Die Funktion steigt bis zu ihrem Wendepunkt (Ende der Phase I) progressiv, in den Phasen II und III dagegen degressiv, d. h. es sind weitere Ertragssteigerungen durch einen zusätzlichen Faktoreinsatz möglich. Das Ertragsmaximum legt den Beginn der Phase IV fest, in der die Ertragsfunktion fällt. Hier ist eine Produktion nicht mehr sinnvoll (ineffizient), da mit einem größeren Faktoreinsatz ein geringerer Ertrag erzielt wird bzw. der gleiche Ertrag mit einem geringeren Faktoreinsatz erzielt werden könnte.

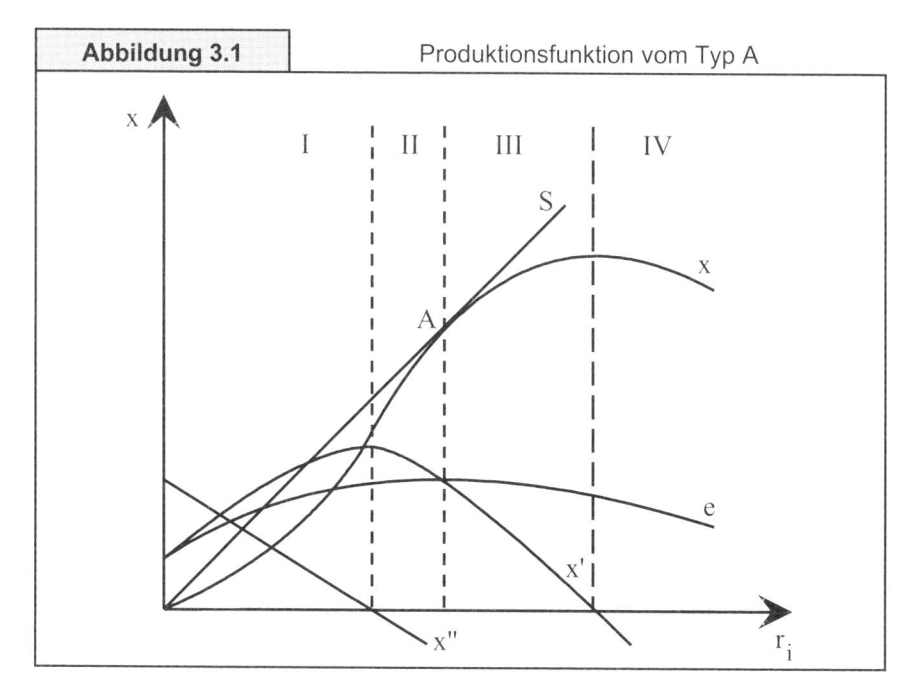

| Abbildung 3.1 | Produktionsfunktion vom Typ A |

Der **Grenzertrag** $x' = dx/dr_i$ zeigt die Outputänderung bei einer infinitesimal kleinen Veränderung der Faktoreinsatzmenge an. Die Grenzertragskurve nimmt bei derjenigen Faktoreinsatzmenge ihr Maximum an, bei der die Gesamtertragskurve ihren Wendepunkt aufweist, und fällt danach. In Phase IV wird sie negativ.

Die **Durchschnittsertragskurve** $e = x(r_i,c)/r_i$ ergibt sich als Quotient aus Output- und Faktoreinsatzmenge. Der Durchschnittsertrag (Produktivität) kann graphisch ermittelt werden, indem von einem beliebigen Punkt auf der Ertragskurve ein Fahrstrahl S zum Ursprung gezogen wird. Die Steigung dieses Fahrstrahls ist dann gleich der Produktivität in diesem Punkt. Die Durchschnittsertragskurve e schneidet die Gesamtertragskurve bei $r_i = 1$, dort gilt $x = x/r_i$. Sie steigt an, bis der Fahrstrahl S zur Tangente wird, womit das Ende der Phase II festgelegt ist. In diesem Punkt schneiden sich die Kurven e und x'. Der Winkel zwischen dem Fahrstrahl S und der Abszisse wird maximal, und e nimmt damit ein Maximum an. Solange der Grenzertrag größer ist als der Durchschnittsertrag, steigt dieser mit jeder zusätzlichen Faktoreinheit. Ist der Grenzertrag kleiner als der Durchschnittsertrag, fällt dieser. Daraus folgt, dass die Durchschnittsertragskurve dort ihr Maximum hat, wo die Grenzertragskurve sie von oben schneidet.

Das Steigungsmaß der Grenzertragskurve ($x'' = d^2x/dr_i^2$) entspricht der zweiten Ableitung der Gesamtertragskurve. Sie verläuft immer fallend und zwar bis zum Wendepunkt der Gesamtertragskurve im positiven Bereich, danach im negativen.

Kostenfunktion vom Typ A

Bislang wurden funktionale Zusammenhänge zwischen den Produktionsfaktoren und dem Produkt erläutert. Neben diesen Produktionsbeziehungen sind für Unternehmen vor allem die Kosten K interessant, die beim Einsatz der Produktionsfaktoren entstehen. Beziehungen zwischen der Outputmenge und der durch diese verursachten Kosten sind Gegenstand der Kostentheorie.

Die **variablen Kosten** (angegeben in der Dimension Geldeinheiten (GE)) erhält man, indem man die für eine gegebene Ausbringungsmenge x_a benötigte Faktoreinsatzmenge $r_{i,a}$ (Dimension: Mengeneinheiten (ME)) mit dem als konstant angenommenen Faktorpreis q_i multipliziert. Die – aus der Ertragsfunktion mathematisch in der Regel nur aufwändig herleitbare – Funktion der variablen Kosten K_v lautet dann:

$$K_v(x) = r_i(x) \cdot q_i \quad \text{(Dimension: } [GE] = [ME_i] \cdot \frac{[GE]}{[ME_i]}\text{)} \tag{3}$$

Kostenbestandteile, deren Höhe kurzfristig – unabhängig von der Ausbringungsmenge – konstant sind, werden als **fixe Kosten** K_f bezeichnet (z. B. zeitliche Abschreibungen auf Maschinen und Gebäude etc.).

Die **Gesamtkosten** $K(x)$ setzen sich wie folgt zusammen:

$$K(x) = K_f + K_v(x) = K_f + r_i(x) \cdot q_i \qquad (4)$$

Werden die von der Ausbringungsmenge x direkt abhängigen und mit der Faktoreinsatzmenge r_i variierenden Kosten pro Stück mit $k_v(x)$ bezeichnet, so ergibt sich:

$$K(x) = K_f + r_i(x) \cdot q_i = K_f + k_v(x) \cdot x \qquad (5)$$

Der obere Teil der Abbildung 3.2 verdeutlicht diese Zusammenhänge graphisch.

Bei Berücksichtigung der fixen Kosten K_f verschiebt sich die Gesamtkostenkurve $K(x)$ gegenüber der Kurve der variablen Kosten $K_v(x)$ um den Betrag der fixen Kosten nach oben.

Auch bei den hier dargestellten, aus ertragsgesetzlichen Produktionsfunktionen abgeleiteten Kostenfunktionen (**Gesamtkosten, variable Kosten, fixe Kosten**) lässt sich der Verlauf in vier Phasen einteilen. Die Abbildung 3.2 zeigt unten die zu der Gesamtkostenfunktion gehörenden Funktionen der **Grenzkosten**, der **variablen** und der **totalen Kosten pro Stück** sowie der **Stückkosten aus Fixkosten**.

Im Folgenden werden die einzelnen Funktionsverläufe der Abbildung 3.2 näher erläutert.

Die Kurve der **variablen Kosten** $K_v(x)$ zeigt die Beziehung zwischen der produzierten Menge und den direkt daraus resultierenden Kosten. Sie verläuft zuerst degressiv und nach ihrem Wendepunkt, der das Ende der Phase I determiniert, progressiv steigend. Die Funktion der **fixen Kosten** K_f verläuft parallel zur Abszisse. Die **Gesamtkostenkurve** $K(x)$ setzt sich aus den Kurven der fixen und variablen Kosten additiv zusammen.

Die **Grenzkostenkurve** $K'(x) = dK(x)/dx$ bildet die Steigung der Gesamtkostenkurve ab (erste Ableitung). Grenzkosten geben die Veränderung der Kosten bei Vergrößerung/Reduzierung des Outputs um eine infinitesimal kleine Einheit bezogen auf die aktuelle Ausbringungsmenge an. Die Funktion fällt bis zum Wendepunkt der Gesamtkostenkurve und steigt danach.

Die Kurve der **Stückkosten aus Fixkosten** $k_f(x) = K_f/x$ verläuft hyperbolisch und nähert sich bei größerem/geringerem Output immer mehr der Abszisse/Ordinate. Dies lässt sich dadurch erklären, dass der Anteil der auf ein Stück zu verrechnenden fixen Kosten bei größerer/geringerer Ausbringung immer geringer/höher wird. Für $x = 1$ entsprechen sich $k_f(x)$ und K_f.

Die Kurve der **durchschnittlichen variablen Kosten** $k_v(x) = K_v(x)/x$ ergibt sich als Quotient aus variablen Kosten und Ausbringungsmenge; $k_v(x)$ lässt sich mit Hilfe von Fahrstrahlen an die Funktion $K_v(x)$ konstruieren. Das Minimum von $k_v(x)$ legt das Ende der Phase II fest.

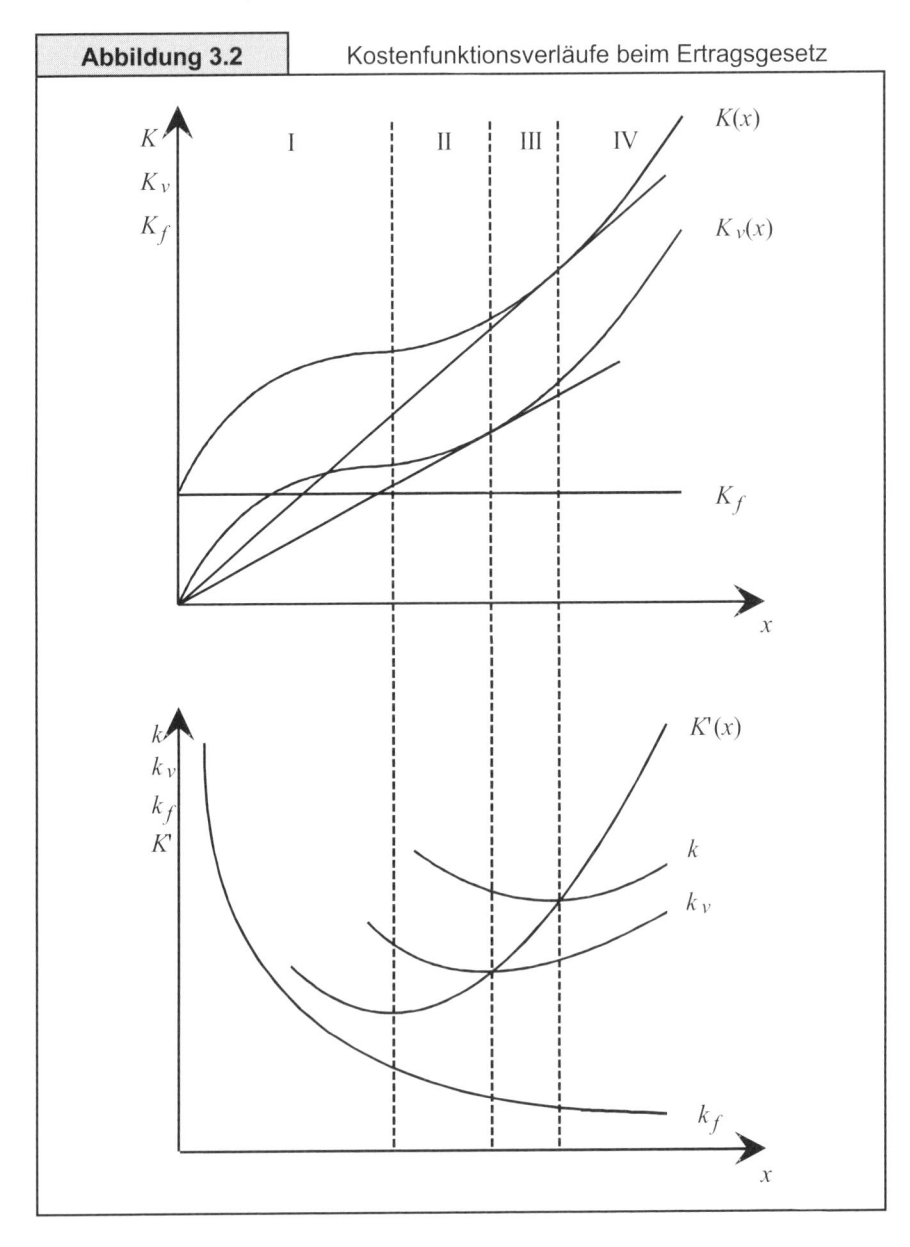

Abbildung 3.2 — Kostenfunktionsverläufe beim Ertragsgesetz

Die Kurve der **durchschnittlichen totalen Kosten** $k(x) = K(x)/x$ ergibt sich aus der vertikalen Addition der Kurve der Stückkosten aus Fixkosten und der durchschnittlichen variablen Kosten ($k(x) = k_f(x) + k_v(x)$). Sie lässt sich durch Fahrstrahlen – hier an die Gesamtkostenfunktion $K(x)$ – konstruieren. Ihr Minimum determiniert den Übergang von Phase III zu Phase IV. Für $x = 1$ entsprechen sich $k(x)$ und $K(x)$. Da sich $k_f(x)$ bei zunehmender Ausbringungsmenge asymptotisch der x-Achse nähert und sich $k(x)$ additiv aus $k_f(x)$ und $k_v(x)$ zusammensetzt, nähern sich $k_v(x)$ und $k(x)$ bei wachsendem x immer mehr an.

Sowohl die Kurve der durchschnittlichen variablen Kosten als auch die Kurve der durchschnittlichen totalen Kosten werden in ihrem Minimum von der Grenzkostenkurve geschnitten. Dieses lässt sich graphisch dadurch zeigen, dass bei diesen Ausbringungsmengen jeweils der Fahrstrahl zur Tangente wird.

Gewinnmaximale Produktionsmenge

Der **Gewinn G** stellt die Differenz aus dem **Umsatz U** und den zur Erzielung des Umsatzes anfallenden **Kosten K** dar.

Den **Umsatz** für eine gegebene Ausbringungsmenge x_a erhält man, indem man die Menge mit dem hier als konstant angenommenen Produktpreis p multipliziert. Die Umsatzfunktion $U(x)$ lautet damit:

$$U(x) = x \cdot p \quad \text{(Dimension:} [GE] = [ME] \cdot \frac{[GE]}{[ME]} \text{)} \tag{6}$$

Die Gewinnfunktion $G(x)$ ergibt sich wie folgt:

$$G(x) = U(x) - K(x) \tag{7}$$

Der größte Gewinn wird bei der Produktionsmenge realisiert, bei der die Gewinnfunktion ihr Maximum aufweist. Der Grenzgewinn $G'(x)$ beträgt hier 0, so dass der Grenzumsatz $U'(x)$ den Grenzkosten $K'(x)$ entspricht. Da angenommen wurde, dass der Produktpreis p gegeben und konstant ist, entspricht der Grenzumsatz in diesem Fall dem Produktpreis. Somit stellt sich das Gewinnmaximum bei der Produktionsmenge ein, bei der der Produktpreis und die Grenzkosten $K'(x)$ gleich groß sind (vgl. hierzu auch Kapitel 6).

3.3 Lösung des Fallbeispiels

Aufgabe 1

Die Grenzertragsfunktion x' ergibt sich durch Ableitung der Ertragsfunktion x

$$x' = -\frac{9}{200}r^2 + \frac{16}{5}r + \frac{1}{2}$$

und die Durchschnittsertragsfunktion e durch die Bildung des Quotienten aus der Ertragsfunktion x und der Einsatzmenge r:

$$e = \frac{x}{r} = -\frac{3}{200}r^2 + \frac{8}{5}r + \frac{1}{2} + \frac{3.400}{r}$$

Zur Ermittlung der Einsatzmenge, bei der die täglich produzierte Biogasmenge maximiert wird, ist x' gleich null zu setzen. Die beiden Nullstellen dieser Gleichung liefert die Berechnung des folgenden Terms:

$$r_{1,2} = \frac{320}{9} \pm \sqrt{\left(\frac{320}{9}\right)^2 + \frac{100}{9}}$$

Das Ergebnis $r_1 = 71{,}27$ führt durch Einsetzen in die Ertragsfunktion zur maximalen täglichen Biogasmenge von 6.132,55 m^3, $r_2 = -0{,}16$ ist hier nicht relevant, da die Ertragsfunktion nur für Einsatzmengen zwischen 15 t und 75 t gültig ist.

Der Grenzertrag ist dort maximal, wo die Ableitung der Grenzertragsfunktion x'' eine Nullstelle aufweist:

$$x'' = -\frac{9}{100}r + \frac{16}{5} = 0$$

Diese Gleichung ist für $r = 35{,}56$ erfüllt, die zugehörige Ausbringungsmenge beträgt 4.766,51 m^3. Problematischer als diese Berechnungen ist die Bestimmung der Einsatzmenge, bei der der Durchschnittsertrag maximal ist. Dies liegt zum einen daran, dass sich nach dem Ableiten ein Term ergibt, dessen Nullstellen sich nicht auf einfache Weise bestimmen lassen. Zum anderen liegen diese Nullstellen auch nicht im relevanten Bereich (das wird auch Wertetabelle 3.1 (Aufgabe 2) zeigen). Der Durchschnittsertrag nimmt bei der Betrachtung von Einsatzmengen zwischen $r = 15$ und $r = 75$ kontinuierlich ab. Damit führt die Einsatzmenge $r = 15$ (die zugehörige Ausbringungsmenge beträgt 3.716,88 m^3), die am linken Rand des relevanten Intervalls liegt, zu dem größtmöglichen Durchschnittsertrag. Damit liegt in diesem Fallbeispiel das Maximum des Durchschnitterstrags – anders als im idealtypischen Verlauf (vgl. Abb. 3.1) – bei einer geringeren Faktoreinsatzmenge als das Maximum des Grenzertrags.

b) Der Vergleich soll auf der Basis der in Kapitel 3.2 genannten Prämissen sowie des definierten Verlaufs der Produktionsfunktion vom Typ A vorgenommen werden:

- Abhängig vom eingesetzten Verfahren kommt die Biogasproduktion einem einstufigen Fertigungsprozess zumeist nahe. Auch wenn als Kuppelprodukt verwertbarer Gärrest entsteht, handelt es sich hier im Kern auch um die Herstellung einer Produktart.
- Es werden zwar mehrere Arten an Biomasse (Mais, Getreide, Gülle etc.) eingesetzt, aber durch die Festlegung auf ein konstantes Verhältnis kann die Mischung als ein Produktionsfaktor angesehen werden, der (fast) beliebig teilbar ist.
- Dass sich der Einsatz aller übrigen eingesetzten Produktionsfaktoren konstant halten lässt, muss bezweifelt werden. So ist von einem umfangreicheren Einsatz z. B. von Mitarbeitern und/oder Fördergeräten bei der Beschickung der Anlage mit größeren Biomassemengen auszugehen.
- Vollständig lassen sich wesentliche Produktionsfaktoren wie Biomasse, menschliche Arbeit oder Energie nicht substituieren, so dass wie beim Ertragsgesetz angenommen auch in dem Fallbeispiel eine begrenzte Substituierbarkeit der Einsatzfaktoren besteht.
- Da z. B. die Qualität der eingesetzten landwirtschaftlichen Ausgangsstoffe nicht völlig gleich ist und auch der Produktionsprozess nicht vollständig beherrscht werden kann, kommt es zu (geringen) Schwankungen hinsichtlich der Qualität der eingesetzten Produktionsfaktoren und des Outputs. Dieser Punkt steht in engem Zusammenhang mit der Produktionstechnik, die im Zeitablauf (beispielsweise durch Verschleiß) Veränderungen unterworfen ist. Auch die Produktionszeit und die Produktionsintensität können z. B. durch vorgeschriebene oder nötige Wartungs- und Reparaturprozesse variieren.

Ein wesentlicher Unterschied zwischen dem betrachteten Fallbeispiel und der klassischen ertragsgesetzlichen Produktionsfunktion liegt in der Beschränkung des Definitionsbereichs der Funktion und der Lage der Kurve. Zwar weist die Funktion in diesem Fallbeispiel wie beim Ertragsgesetz erst steigende, dann sinkende und schließlich negative Ertragszuwächse auf, doch ist sie im Gegensatz zum klassischen Ertragsgesetz nur im Bereich von täglichen Einsatzmengen zwischen 15 t und 75 t gültig. Wäre sie auch für kleinere Einsatzmengen definiert, so würde sie (im Gegensatz zur Produktionsfunktion vom Typ A) nicht im Nullpunkt starten. Dies führt insbesondere zu untypischen Ergebnissen hinsichtlich des Durchschnittsertrags.

Trotz dieser Abweichungen hinsichtlich der Prämissen und des Verlaufs der Funktion ist davon auszugehen, dass die Biogasproduktion sich als Beispiel für ertragsgesetzliche Produktionsstrukturen eignet.

Aufgabe 2

In Tabelle 3.1 sind die zu berechnenden Werte zusammengestellt. Der relevante Bereich der Ausbringungsmengen x beginnt bei 3.716,88 m³ (Outputmenge bei einem Einsatz von 15 t Biomasse) und endet bei der maximal möglichen täglichen Biogasmenge von 6.132,55 m³. Die den Einsatzmengen zwischen $r = 71{,}27$ und $r = 75$ zugeordneten Erträge sind für diese Funktion deswegen nicht relevant, weil sie unterhalb des Ertragsmaximums liegen. Die variablen Kosten K_v lassen sich durch Multiplikation der eingesetzten Faktormenge r mit dem Faktorpreis (16 € pro t) berechnen, die variablen Stückkosten k_v durch Division der gesamten variablen Kosten durch die jeweilige Ausbringungsmenge. Auf die gleiche Weise werden die totalen Stückkosten k ermittelt (Quotient aus Gesamtkosten K und Outputmenge x). Als fixe Kosten K_f werden in dieser Berechnung alle Kosten außer denen des variablen Faktors (Biomasse) berücksichtigt.

Tabelle 3.1		Kostenwerte in Abhängigkeit von Ausbringungs- und Einsatzmengen				

x [m³]		r [t]	K_v [€]	K_f [€]	K [€]	k_v [€/m³]	k [€/m³]
3716,88		15,00	240,00	900,00	1140,00	0,065	0,30671
4178,13		25,00	400,00	900,00	1300,00	0,096	0,31114
4734,38		35,00	560,00	900,00	1460,00	0,118	0,30838
4766,51	(2)	35,56	568,96	900,00	1468,96	0,119	0,30818
5295,63		45,00	720,00	900,00	1620,00	0,136	0,30591
5357,99	(3)	46,18	738,88	900,00	1638,88	0,138	0,30588
5532,64	(4)	49,64	794,24	900,00	1694,24	0,144	0,30623
5771,88		55,00	880,00	900,00	1780,00	0,152	0,30839
6073,13		65,00	1040,00	900,00	1940,00	0,171	0,31944
6132,55	(1)	71,27	1140,32	900,00	2040,32	0,186	0,33270

Die Tabelle umfasst alle Ausbringungsmengen, die den Einsatzmengen von 15 bis 65 t (im Abstand von jeweils 10 t) zuzuordnen sind, und zusätzlich die Mengen, die das Maximum des Ertrags (1), das Maximum des Grenzertrags (2), das Minimum der durchschnittlichen totalen Kosten (3) und das Gewinnmaximum (4) repräsentieren (Letzteres wird sich in Aufgabe 3 ergeben). Das Minimum der durchschnittlichen totalen Kosten (näherungsweise bei $x = 5.357{,}99$) wurde durch Einschachteln mit Hilfe eines Tabellenkalkulationsprogramms ermittelt. Die durchschnittlichen variablen Kosten sind im relevanten Intervall monoton steigend, so dass ihr Minimum am linken Rand des definierten Bereichs ($x = 3.716{,}88$) liegt.

Aufgabe 3

a) Tabelle 3.2 zeigt für die in Aufgabe 2 genannten Outputmengen zusätzlich den Umsatz U und den Gewinn G. Der Umsatz wird durch Multiplikation der Ausbringungsmenge x mit dem Verkaufspreis des Biogases (0,33 € pro m^3) ermittelt, der tägliche Gewinn ist die Differenz zwischen dem Umsatz und den Kosten.

Tabelle 3.2	Gewinn-, Umsatz- und Kostenwerte in Abhängigkeit von Ausbringungs- und Einsatzmengen			
x [m^3]	r [t]	K [€]	U [€]	G [€]
3716,88	15,00	1140,00	1226,57	86,57
4178,13	25,00	1300,00	1378,78	78,78
4734,38	35,00	1460,00	1562,34	102,34
4766,51	35,56	1468,96	1572,95	103,99
5295,63	45,00	1620,00	1747,56	127,56
5357,99	46,18	1638,88	1768,14	129,26
5532,64	49,64	1694,24	1825,77	131,53
5771,88	55,00	1780,00	1904,72	124,72
6073,13	65,00	1940,00	2004,13	64,13
6132,55	71,27	2040,32	2023,74	-16,58

b) Wie bei den anderen Extremwerten zuvor wird die gewinnmaximale Einsatz- und Ausbringungsmenge durch Einschachteln ermittelt. Der Grund für diese Vorgehensweise besteht darin, dass hier keine Kostenfunktion vorliegt und die Kostenwerte folglich nur für definierte Punkte bestimmt werden können. Der maximale tägliche Gewinn beträgt in der durch das Fallbeispiel beschriebenen Situation 131,53 € pro Tag und wird durch eine Ausbringungsmenge in Höhe von 5.532,64 m^3 (zugehörige Faktoreinsatzmenge: 49,64 t Biomasse) erzielt.

Dies zeigt, dass in der dem Fallbeispiel zu Grunde liegenden Situation durch den Betrieb der Biogasanlage neben anderen positiven (z. B. ökologischen) Effekten ein Überschuss erreicht werden kann.

Literaturhinweise

ADAM, D.: Produktions-Management, 9. Aufl., Wiesbaden 1998.

BLOECH, J.; BOGASCHEWSKY, R.; BUSCHER, U.; DAUB, A.; GÖTZE, U.; ROLAND, F.: Einführung in die Produktion, 6. Aufl., Berlin, Heidelberg 2008.

ELLINGER, T.; HAUPT, R.: Produktions- und Kostentheorie, 3. Aufl., Stuttgart 1996.

GUTENBERG, E.: Grundlagen der Betriebswirtschaftslehre, Band 1: Die Produktion, 24. Aufl., Berlin, Heidelberg, New York 1983.

STEVEN, M.: Produktionstheorie, Wiesbaden 1998.

4 Technische und ökonomische Effizienz

4.1 Fallbeispiel

Der international tätige Produzent von Duftstoffen, LA GRENOUILLE, benötigt für die Herstellung seiner Parfumöle diverse natürliche Rohstoffe, menschliche Arbeitskraft sowie spezielle maschinelle Anlagen und Vorrichtungen zur Aufbereitung und Mischung der Rohstoffe. Im Produktionsbereich des Unternehmens wird das Ziel verfolgt, gegebene Mengen bestimmter Produkte zu möglichst geringen Kosten herzustellen, um - bei ebenfalls gegebenen Erlösen - das operative Ziel der Gewinnmaximierung zu realisieren. Die Erreichung dieses Ziels ist vor allem von dem effizienten Einsatz der erforderlichen Produktionsfaktoren abhängig, da deren Mengen zum einen den angestrebten Output und zum anderen die Höhe der Kosten determinieren. Von dieser allgemeinen Aufgabenstellung ausgehend, sind nun für verschiedene, durch bestimmte Produktionsverfahren und -mengen charakterisierte Problemsituationen effiziente Faktoreinsatzmengen zu bestimmen.

Aufgabe 1
Bei der Herstellung eines Rosenduftes kann in gewissem Umfang natürliches Rosenöl durch einen künstlichen, etwas günstigeren Rohstoff substituiert werden: Die Rezeptur des Parfums ist so konzipiert, dass das Einsatzverhältnis beider Rohstoffe in bestimmten Grenzen variiert werden kann, ohne die Qualität erkennbar zu beeinflussen. Da die Mischung beider Rohstoffe zu positiven Effekten auf die Duftwirkung und die damit verbundene Ergiebigkeit führt, werden beide Faktoren im Unternehmen bereitgestellt und in der Produktion verarbeitet. Die beiden Komponenten bestimmen neben der Qualität auch die Herstellkosten des Rosenduftes maßgeblich, so dass die Erreichung geringer Kosten vor allem von ihnen abhängig ist. Daher sollen sie nun einer Effizienzanalyse unterzogen werden. Dabei werden die Kosten für die weiteren notwendigen Faktoren aufgrund geringerer Relevanz vereinfachend vernachlässigt.

Die variablen Faktorkosten pro Liter des natürlichen Rosenöls belaufen sich auf 12.500 €, die pro Liter des künstlichen Rohstoffs auf 10.000 €. Die Rezeptur lässt sich in eine Produktionsfunktion $x = x(r_1, r_2)$ überführen, in der x die Produktionsmenge des Rosenduftes angibt, die durch die Einsatzmengen r_1 des Rosenöls und r_2 des künstlichen Rohstoffs in der folgenden Form bestimmt wird:

$$x = 3/2\, r_1 + 3/4\, r_1 r_2 - 3/10\, r_2$$

Es ist geplant, eine Produktionsmenge von $x = 15$ Liter Rosenparfum herzustellen. Ermitteln Sie rechnerisch die Faktorkombination, die zu minimalen Kosten führt, sowie die Höhe dieser Kosten.

Aufgabe 2
Bei der Herstellung eines Fichtennadelduftstoffes, der in größeren Mengen für den Einsatz in Schaumbad produziert wird, kann das Unternehmen zwischen zwei Produktionsverfahren wählen, bei denen jeweils das Verhältnis der Einsatzfaktoren nicht verändert werden kann und außerdem eine konstante Relation zwischen Einsatz- und Ausbringungsmengen besteht. Bei beiden Verfahren stellen die menschliche Arbeitskraft sowie der Einsatz einer Extraktionsanlage die für die Kostenminimierung relevanten Produktionsfaktoren dar. Die Kosten der weiteren einzusetzenden Faktoren (vor allem künstliche Rohstoffe) sind hier durch die Rezeptur fest vorgegeben und werden daher durch die Verfahrenswahl nicht beeinflusst. Die Herstellung eines Liters dieses Produktes erfordert bei Verfahren I zwei Arbeitsstunden und drei Maschinenstunden, bei Verfahren II sind hierfür vier Arbeitsstunden und zwei Maschinenstunden notwendig.

Die variablen Faktorkosten betragen 30 € pro Arbeitsstunde und 40 € pro Maschinenstunde. Sie sind unabhängig von den Faktoreinsatzmengen konstant.

a) Bestimmen Sie rechnerisch und graphisch die optimalen Faktoreinsatzmengen für eine Produktionsmenge von $x = 500$ Liter, und ermitteln Sie die daraus resultierenden minimalen Kosten.

b) Bisher wurde nur die Fertigung in der inländischen Produktionsstätte betrachtet. Dem Unternehmen bietet sich aber auch die Möglichkeit, das arbeitsintensivere Verfahren II mit gleicher Produktivität in einer ausländischen Produktionsstätte anzuwenden. Es ist dabei von geringeren Kosten des Faktors Arbeit auszugehen, die Kosten der Extraktionsanlage sind dagegen unverändert. Wie hoch dürften in dieser Situation die Kosten für eine Arbeitsstunde maximal sein, damit die Fertigung im Ausland vorteilhaft wäre?

c) Im Folgenden sei die verfügbare Maschinenzeit in der inländischen Produktionsstätte aufgrund der Fertigung weiterer Produktarten auf 1.200 Stunden beschränkt. Eine Produktion am ausländischen Standort wird wegen einer ungünstigen politischen Entwicklung nicht mehr in Erwägung gezogen. Es sei möglich, beide Verfahren gemeinsam zur Herstellung der benötigten 500 Liter des Fichtennadelduftstoffes zu nutzen. Wie viele Liter sollten mittels Verfahren I, wie viele mit Prozess II gefertigt werden? Wie viele Einheiten der relevanten Produktionsfaktoren sind dann einzusetzen, und wie hoch sind die

Kosten insgesamt? Veranschaulichen Sie die Zusammenhänge in einer Graphik.

Zusatzaufgabe
Weitere Überlegungen zur Anlagenkapazität haben ergeben, dass sich diese auf über 1.200 Stunden ausweiten lässt. Ab dieser Stundenzahl entstehen aber zusätzliche Opportunitätskosten in Höhe von 25 € pro Stunde, da die Extraktionsanlage dann nur in geringerem Ausmaß für die Herstellung anderer rentabler Produkte verfügbar ist.

Diese Erkenntnis regt eine genauere Analyse der Kosten des Arbeitseinsatzes an, bei der sich ergibt, dass der bisher zugrunde gelegte Kostensatz von 30 € pro Stunde nur bis zu einer Anzahl von 1.300 Stunden gilt. Für die darüber hinausgehenden Stunden fallen Überstundenzuschläge von 6 € pro Stunde an.

Bestimmen Sie für eine Produktionsmenge von $x = 500$ Liter die unter diesen Bedingungen optimale Verfahrenskombination und die zugehörigen Faktoreinsatzmengen. Verdeutlichen Sie sich dazu die Faktoreinsatzmengenbereiche, in denen es zu Faktorkostenerhöhungen kommt, anhand einer geeigneten Graphik.

4.2 Effizienz und Produktionsfaktorbeziehungen

Arten der Effizienz

Für den Produktionsbereich von Unternehmen sind zwei verschiedene Arten der Effizienz relevant. **Technische Effizienz** eines Produktionsverfahrens bzw. -prozesses liegt vor, wenn eine gegebene Produktionsmenge hergestellt wird, ohne dass Produktionsfaktoren verschwendet werden. Dies ist dann der Fall, wenn für die Produktionsmenge keine andere Produktionsmöglichkeit existiert, bei der von einer Faktorart eine geringere Menge und gleichzeitig von keiner anderen Faktorart eine höhere Menge eingesetzt wird.

Bei der Betrachtung der **ökonomische Effizienz** werden neben den Einsatzmengen von Produktionsfaktoren auch deren Preise sowie die daraus resultierenden Kosten einbezogen. Eine ökonomisch effiziente Produktionsweise liegt vor, wenn eine bestimmte Produktionsmenge mit der kostengünstigsten Faktoreinsatzmengenkombination, der „Minimalkostenkombination", erstellt wird.

Die technische Effizienz eines Produktionsprozesses ist – von Ausnahmefällen abgesehen (wie ggf. bei Ausnutzung von Rabatten) – die Voraussetzung für dessen ökonomische Effizienz.

Zur Analyse der Effizienz können Input-Output-Modelle von Produktionsprozessen gebildet werden. Diese beschreiben den Produktionsprozess anhand der in ihm eingesetzten Mengen von Gütern (Input) sowie der aus ihm resultierenden Ausbringungsmengen (Output), während der eigentliche Transformationsprozess (Throughput) nicht explizit erfasst wird.

Substitutionale und limitationale Produktionsprozesse

Produktionsprozesse lassen sich im Hinblick auf die Beziehungen zwischen den erforderlichen Produktionsfaktoren voneinander differenzieren. So können in manchen Prozessen Erzeugnisse mit unterschiedlichen Mengenverhältnissen der eingesetzten Faktoren hergestellt werden. Die Faktoren sind dann – zumindest bis zu einem gewissen Grad – gegeneinander austauschbar. Derartige Produktionsverfahren, wie sie vor allem in der chemischen Industrie anzutreffen sind, werden als **substitutionale Produktionsprozesse** bezeichnet.

Bei diesen Prozessen ist entweder eine totale (vollständige) oder eine partielle (teilweise) Substituierbarkeit der Faktoren möglich. Merkmal eines vollständig substitutionalen Produktionsprozesses ist, dass die Einsatzmenge eines Produktionsfaktors bis auf den Wert Null gesenkt werden kann, da er sich komplett durch einen anderen Faktor ersetzen lässt; z. B. kann ein Industrieofen mit Heizöl und/oder Gas betrieben, ein Haus aus Holzbalken und/oder Steinen gebaut werden. Bei partieller Substituierbarkeit hingegen kann auf keinen der erforderlichen Faktoren vollständig verzichtet werden, beispielsweise lässt sich bei der Stahlherstellung das Einsatzverhältnis zwischen Schrott und Roheisen nur bis zu einem bestimmten Grad verändern.

Die beschriebenen Zusammenhänge zwischen Input und Output werden auch bei der Betrachtung von **Isoquanten** deutlich. Bei diesen handelt es sich jeweils um eine Abbildung derjenigen Faktormengenkombinationen, die zu einem bestimmten Output ($x = x^*$) führen. In Abbildung 4.1 sind für zwei variable Produktionsfaktoren (mit den Mengen r_1 und r_2) mögliche Isoquantenverläufe bei substitutionalen Produktionsprozessen dargestellt.

Effizienz und Produktionsfaktorbeziehungen

Abbildung 4.1 Isoquantenverläufe bei substitutionalen Produktionsprozessen

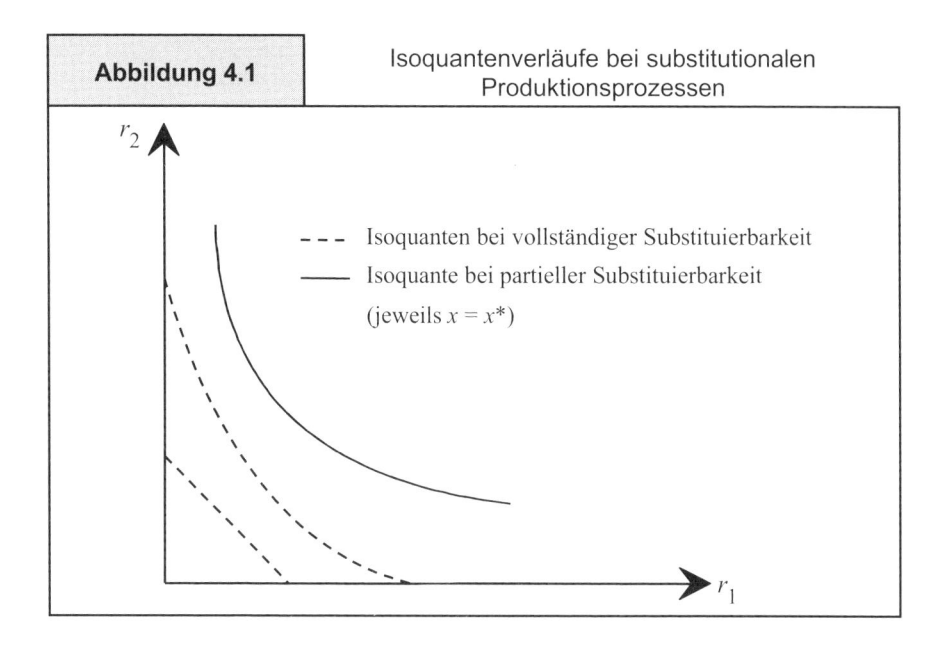

- - - Isoquanten bei vollständiger Substituierbarkeit
—— Isoquante bei partieller Substituierbarkeit
(jeweils $x = x^*$)

Bei **limitationalen Produktionsprozessen** stehen die Faktormengen zueinander und zur Ausbringungsmenge in einem eindeutigen Verhältnis, wie es für die meisten Bereiche der industriellen Produktion typisch ist. Es ist unter diesen Bedingungen nicht möglich, von einer effizienten Produktionsweise ausgehend die Produktionsmenge zu steigern, indem lediglich die Einsatzmengen einzelner Faktoren erhöht werden; eine entsprechende Erhöhung würde nur zu unnötigem Einsatz des entsprechenden Faktors und damit zu einer Verschwendung führen. Eine effiziente Produktion ist nur realisierbar, wenn die für ein Verfahren vorgegebenen Relationen zwischen den Produktionsfaktoren erhalten bleiben. In Abb. 4.2 wird der sich daraus ergebende Isoquantenverlauf für einen Produktionsprozess mit zwei limitationalen Faktoren für zwei verschiedene Produktionsmengen dargestellt. Die Isoquanten für unterschiedliche Outputmengen bestehen hier aus Parallelen zu den Achsen, die von den Punkten des sog. Prozessstrahls ausgehen; dieser stellt alle Kombinationen mit dem gleichen Faktoreinsatzverhältnis $r_2 : r_1$ dar.

Bei linear-limitationalen Produktionsprozessen (die in der sog. Leontief-Produktionsfunktion unterstellt werden) liegt zusätzlich eine proportionale Beziehung zwischen den Faktoreinsatzmengen und der Ausbringungsmenge vor; d. h., eine Erhöhung der Einsatzmengen aller Produktionsfaktoren um einen bestimmten Prozentsatz führt zu einer Steigerung der Produktionsmenge um den gleichen Satz, wie in Abb. 4.2 dargestellt. Verändert sich hingegen bei einer Variation der Ausbringungsmenge bei mindestens einem Faktor das Input-Output-Verhältnis $r_i : x$ (d. h. die für eine Produkteinheit erforderliche Faktoreinsatzmenge), so liegt nichtlineare Limitationalität vor.

In diesem Fall führt eine proportionale Erhöhung der Einsatzmengen aller Produktionsfaktoren zu einer im Vergleich zur Niveauerhöhung der Faktoren über- oder unterproportionalen Steigerung der Produktionsmenge.

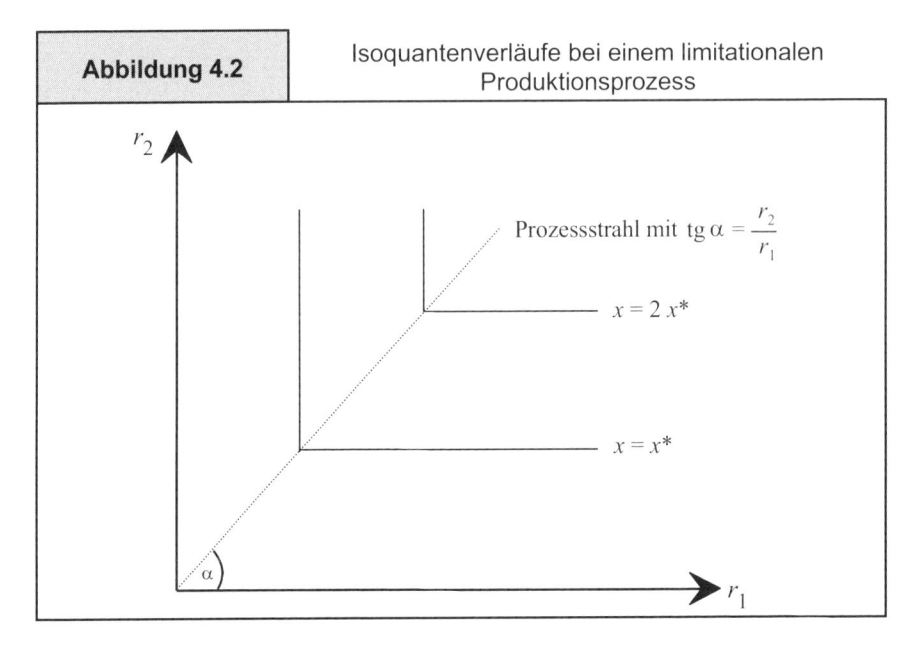

Abbildung 4.2 — Isoquantenverläufe bei einem limitationalen Produktionsprozess

Prozessstrahl mit $\tan \alpha = \dfrac{r_2}{r_1}$

$x = 2\,x^*$

$x = x^*$

4.3 Effizienz bei substitutionalen Produktionsprozessen

Technische Effizienz

Betrachtet sei die Isoquante eines Produktionsprozesses mit zwei partiell substituierbaren Faktoren (vgl. Abb. 4.3). Der technisch effiziente Bereich dieser Funktion, d. h. diejenigen Faktormengenkombinationen, die die Herstellung einer bestimmten Ausbringungsmenge ohne Faktorverschwendung ermöglichen, wird durch die waagerechte und die senkrechte Tangente an die Isoquante begrenzt und bildet das sog. Substitutionsgebiet. Die darüber hinausgehenden (gestrichelt eingezeichneten) Faktormengenkombinationen stellen ineffiziente Lösungen dar. Ein Merkmal des technisch effizienten Bereichs ist, dass die Grenzrate der Substitution des Faktors r_2 durch den Faktor r_1 – ausgedrückt als Differenzialquotient dr_2/dr_1 – in allen Punkten negativ ist. Die Grenzrate der Substitution gibt an, auf wie viele Mengeneinheiten des Faktors 2 bei konstanter Ausbringungsmenge verzichtet werden kann, wenn vom Faktor 1 eine infinitesimale Menge mehr eingesetzt wird, und entspricht damit der Steigung der Isoquante.

Effizienz bei substitutionalen Produktionsprozessen

Abbildung 4.3 Technisch effiziente Faktormengenkombinationen bei einem substitutionalen Produktionsprozess

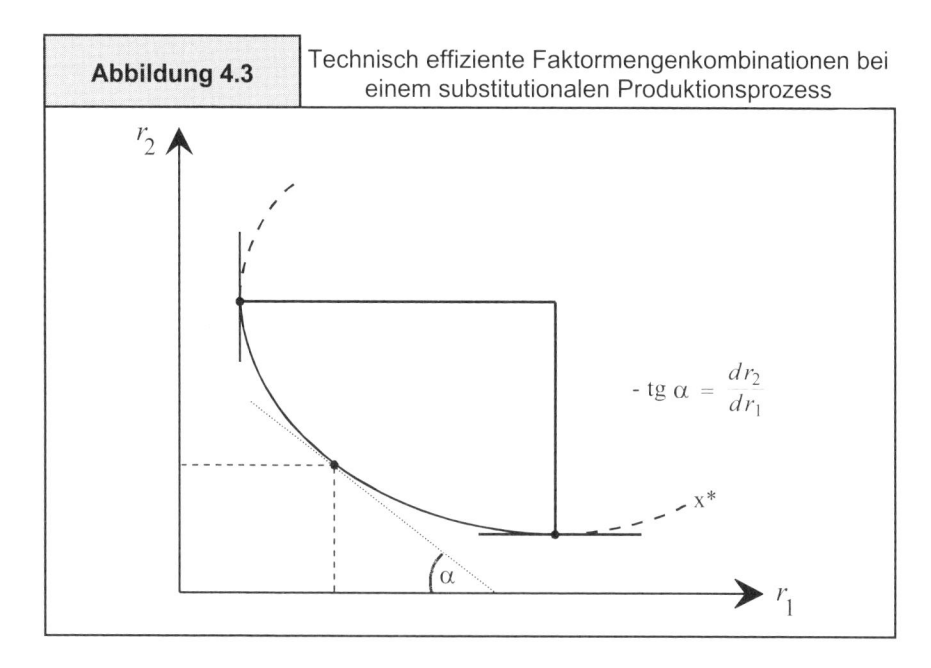

$$-\operatorname{tg} \alpha = \frac{dr_2}{dr_1}$$

Ist die Produktionsfunktion, die der Isoquante zugrunde liegt, bekannt und eine bestimmte Ausbringungsmenge x^* vorgegeben ($x = f(r_1, r_2, c) = x^*$; mit c als Symbol für die konstanten Einsatzmengen anderer Faktoren), lässt sich die Grenzrate der Substitution über das totale Differential der Funktion bestimmen:

$$dx = \frac{\partial x}{\partial r_1} \cdot dr_1 + \frac{\partial x}{\partial r_2} \cdot dr_2 = 0 \implies \frac{dr_2}{dr_1} = -\frac{\left(\dfrac{\partial x}{\partial r_1}\right)}{\left(\dfrac{\partial x}{\partial r_2}\right)} \qquad (1)$$

Der Differenzialquotient dr_2/dr_1 entspricht demzufolge dem negativ reziproken Verhältnis der Grenzproduktivitäten der beiden betrachteten Faktoren.

Ökonomische Effizienz

Wenn der Bereich technisch effizienter Faktoreinsatzmengen für eine Produktionsfunktion bestimmt ist, stellt sich die Frage, mit welcher der möglichen Faktoreinsatzmengenkombinationen eine gegebene Produktionsmenge am kostengünstigsten hergestellt werden kann. Dazu sind die Faktorpreise in die

Analyse einzubeziehen. Bei mengenunabhängigen Preisen q_1 und q_2 der beiden betrachteten Faktoren ergibt sich die Kostenfunktion

$$K = q_1 \cdot r_1 + q_2 \cdot r_2, \qquad (2)$$

die sich für einen bestimmten Kostenbetrag K_b nach r_2 auflösen lässt:

$$r_2 = \frac{K_b}{q_2} - \frac{q_1}{q_2} \cdot r_1. \qquad (3)$$

Es handelt sich in einem $r_1 r_2$-Diagramm um eine Gerade mit der Steigung $-q_1/q_2$, deren Achsenschnittpunkte von dem Kostenbudget K_b abhängen. Da die durch eine Gerade abgebildeten Faktormengenkombinationen jeweils zu gleich hohen Kosten führen, werden die Geraden als **Isokostenlinien** bezeichnet.

Werden nun Isoquanten und Isokostenlinien gemeinsam betrachtet und damit Produktionsmengen- und Kostenüberlegungen zusammengeführt, lässt sich die für eine vorgegebene Produktionsmenge optimale Faktoreinsatzmengenkombination bestimmen. In Abbildung 4.4 sind eine Isoquante (mit der herzustellenden Produktionsmenge $x = x^*$) sowie drei Isokostenlinien K_1, K_2 und K_3 dargestellt.

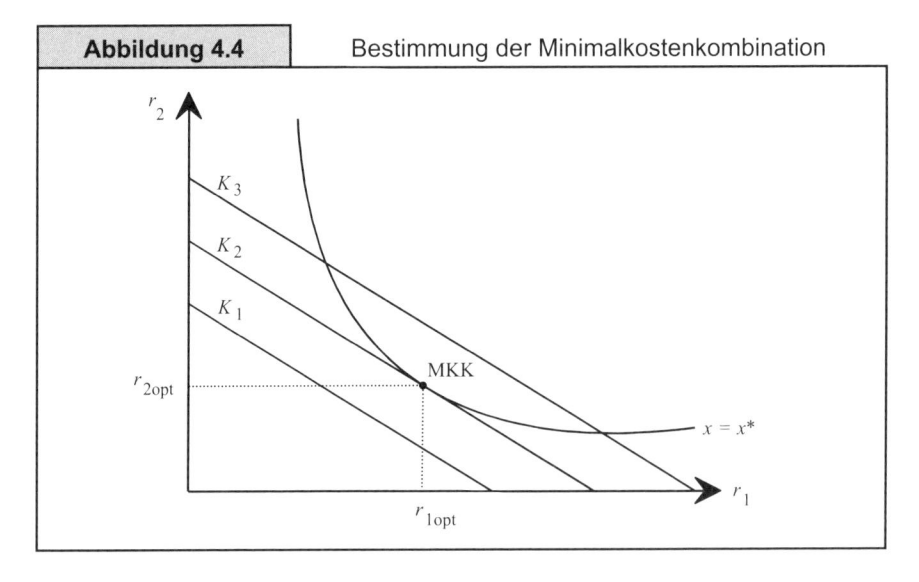

| Abbildung 4.4 | Bestimmung der Minimalkostenkombination |

Es zeigt sich, dass

- das Kostenbudget K_1 nicht ausreicht, um die Produktionsmenge fertigen zu können (da keine gemeinsamen Punkte von Isoquante und Isokostenlinie existieren),

- mit dem Betrag K_3 die Produktionsmenge x^* zwar hergestellt werden kann, mit diesem Budget aber auch weiter außen liegende Isoquanten erreichbar und damit höhere Produktionsmengen produzierbar wären, der Einsatz von K_3 zur Produktion von x^* also ökonomisch ineffizient ist,
- die Isokostenlinie für ein Niveau K_2 die Isoquante tangiert und damit sowohl x^* die höchste Produktionsmenge ist, die mit diesem Kostenbudget realisiert werden kann, als auch K_2 die minimalen Kosten der Herstellung von x^* darstellt. Der Tangentialpunkt (MKK) repräsentiert die ökonomisch effiziente Faktoreinsatzmengenkombination bzw. die **Minimalkostenkombination**.

Da es sich um einen Tangentialpunkt handelt, sind bei der Minimalkostenkombination die Steigungen der Isokostenlinie und der Isoquante identisch:

$$-\frac{q_1}{q_2} = \frac{dr_2}{dr_1} \tag{4}$$

Damit entspricht bei der ökonomisch effizienten Faktormengenkombination die Grenzrate der Substitution dem negativ reziproken Faktorpreisverhältnis. Da die Grenzrate der Substitution zugleich als negativ reziprokes Verhältnis der Grenzproduktivitäten der beiden Faktoren darstellbar ist (vgl. Formel (1)), stimmt auch das Preisverhältnis der Faktoren mit dem Verhältnis ihrer Grenzproduktivitäten überein:

$$-\frac{q_1}{q_2} = \frac{dr_2}{dr_1} = -\frac{\left(\frac{\partial x}{\partial r_1}\right)}{\left(\frac{\partial x}{\partial r_2}\right)} \quad \Rightarrow \quad \frac{q_1}{q_2} = \frac{\left(\frac{\partial x}{\partial r_1}\right)}{\left(\frac{\partial x}{\partial r_2}\right)} \tag{5}$$

4.4 Effizienz bei limitationalen Produktionsprozessen

Technische Effizienz

Bei limitationalen Produktionsprozessen ist, wie erwähnt, ein bestimmtes Einsatzverhältnis der Produktionsfaktoren vorgegeben. Wird zunächst davon ausgegangen, dass nur *ein* Produktionsverfahren existiert, dann müssen die Faktoren gemäß diesem Verhältnis eingesetzt werden, damit effizient produziert werden kann. Daraus ergibt sich, dass für eine Produktionsmenge nur ein technisch effizienter Punkt existiert. Sämtliche technisch effizienten Punkte liegen auf dem durch das Einsatzverhältnis der Faktoren definierten Prozessstrahl (vgl. Abb. 4.2).

Nun ist es aber auch denkbar, dass *mehrere* Produktionsverfahren einzeln und/oder gemeinsam genutzt werden können, für die jeweils gilt, dass das Einsatzverhältnis der Faktoren konstant ist. Abbildung 4.5 stellt dies beispielhaft für drei Verfahren I, II und III und eine Produktionsmenge x^* dar.

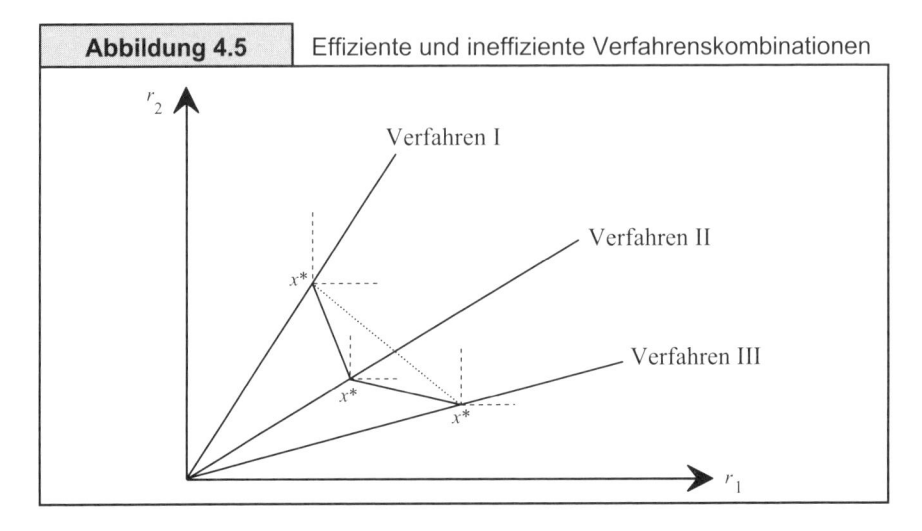

Abbildung 4.5 | Effiziente und ineffiziente Verfahrenskombinationen

Hier ist unterstellt, dass ein kombinierter Einsatz der Verfahren möglich ist. Die entsprechenden Faktoreinsatzmengenkombinationen werden durch die Verbindungslinien zwischen den Eckpunkten der verfahrensbezogenen Isoquanten abgebildet (wie sich mithilfe der Strahlensätze nachweisen lässt). Es zeigt sich, dass manche Verfahrenskombinationen zu einer Reihe technisch effizienter Lösungen führen (im Beispiel die der Verfahren I und II sowie II und III), andere hingegen ineffizient sind (im Beispiel die Kombination von I und III, die zu unnötig hohem Faktoreinsatz führen würde).

Ökonomische Effizienz

Auch hinsichtlich der ökonomischen Effizienz sei zunächst von der Existenz nur eines Produktionsverfahrens ausgegangen. In diesem Fall ergibt sich die ökonomische Effizienz unmittelbar aus der technischen: Da es nur eine technisch effiziente Lösung gibt, ist diese Lösung – von den in Abschnitt 4.2 angesprochenen Sonderfällen abgesehen – unabhängig von den Faktorpreisen zugleich ökonomisch effizient und stellt damit die Minimalkostenkombination dar. Abbildung 4.6 zeigt dies für unterschiedliche Faktorpreisverhältnisse, repräsentiert durch die Steigungen der dargestellten Isokostenlinien.

Effizienz bei limitationalen Produktionsprozessen 45

Abbildung 4.6 — Minimalkostenkombination bei unterschiedlichen Faktorpreisverhältnissen

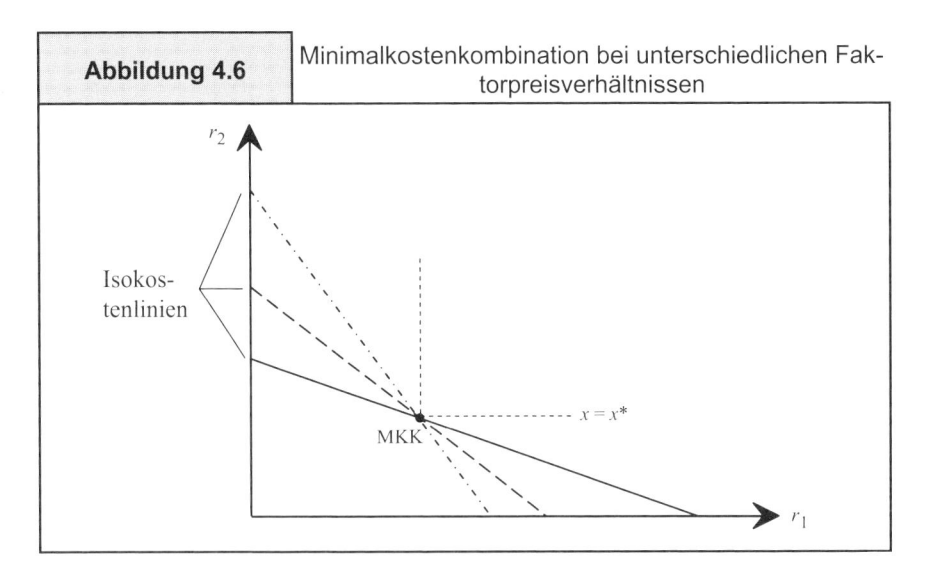

Sind hingegen mehrere Produktionsverfahren verfügbar, die sich miteinander kombinieren lassen, dann existieren auch mehrere technisch effiziente Lösungen, von denen lediglich eine ökonomisch effizient ist (von dem Sonderfall einer mehrdeutigen Lösung abgesehen). Diese lässt sich identifizieren, indem eine Isokostenlinie mit beliebigem geringen Kostenniveau so lange parallel in Richtung der Isoquante verschoben wird, bis sie diese tangiert. Der Tangentialpunkt repräsentiert wiederum die Minimalkostenkombination (vgl. Abb. 4.7).

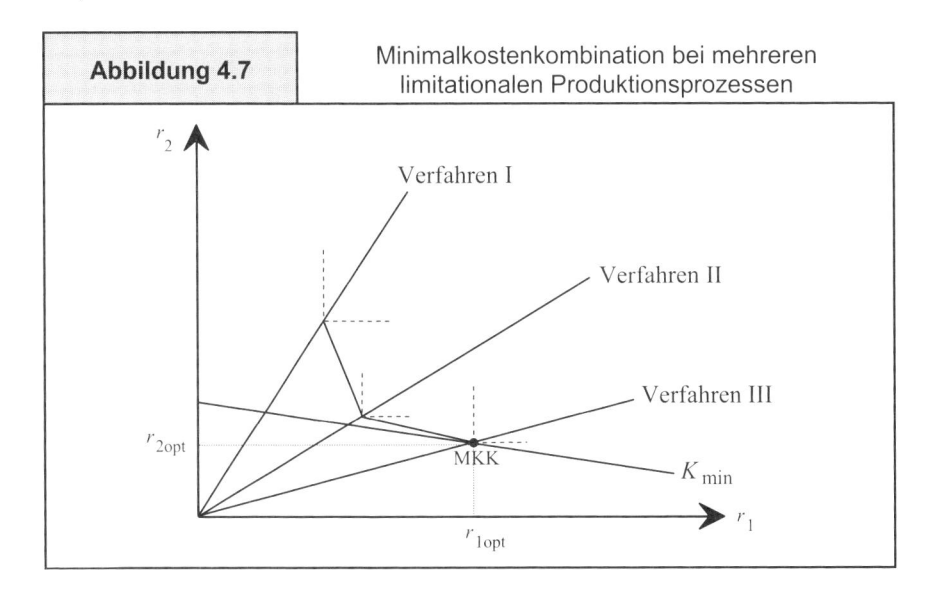

Abbildung 4.7 — Minimalkostenkombination bei mehreren limitationalen Produktionsprozessen

Charakteristisch ist, dass die minimalen Kosten immer allein mittels eines Verfahrens, d. h. ohne eine Verfahrenskombination, erreichbar sind (im Beispiel mit Verfahren III). Dies ändert sich allerdings, wenn ein wirksamer Engpass bezüglich mindestens eines der Produktionsfaktoren existiert. In diesem, in Abbildung 4.8 mit einer Obergrenze für den ersten Faktor (r_1^*) dargestellten Fall kann die vorgegebene Produktionsmenge nicht allein mit dem entsprechenden Verfahren erzeugt werden. Es sollte daher die Prozesskombination realisiert werden, die von der ursprünglich optimalen Lösung möglichst wenig abweicht. Im Beispiel wird die Minimalkostenkombination durch eine Kombination der Verfahren II und III erreicht.

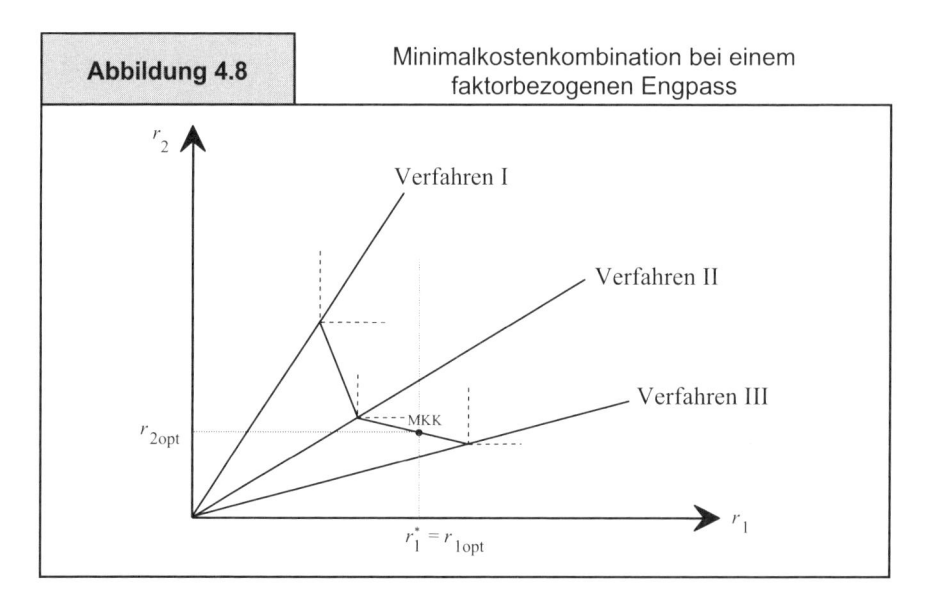

Abbildung 4.8 Minimalkostenkombination bei einem faktorbezogenen Engpass

4.5 Lösung des Fallbeispiels

Aufgabe 1
Zur Bestimmung der ökonomisch effizienten Faktormengenkombination ist das Verhältnis der Grenzproduktivitäten mit dem Verhältnis der Faktorpreise gleichzusetzen (Optimalitätsbedingung des zugrunde liegenden Kostenminimierungsproblems):

$$\frac{\dfrac{\partial x}{\partial r_1}}{\dfrac{\partial x}{\partial r_2}} = \frac{q_1}{q_2} \quad \Rightarrow \quad \frac{\dfrac{3}{2} + \dfrac{3}{4}r_2}{\dfrac{3}{4}r_1 - \dfrac{3}{10}} = \frac{12.500}{10.000}$$

Die Auflösung dieser Gleichung nach r_1 gibt an, in welchem Verhältnis die Faktormengen bei den effizienten Lösungen zueinander stehen:

$$r_1 = 2 + 0{,}8r_2.$$

Die entsprechende Gleichung wird nun in die Produktionsfunktion für $x = 15$ eingesetzt, um in dieser r_1 durch r_2 zu substituieren:

$$x = 15 = \frac{3}{2}(2 + 0{,}8r_2) + \frac{3}{4}(2 + 0{,}8r_2)r_2 - \frac{3}{10}r_2.$$

Nach einigen Umformungsschritten erhält man die folgende quadratische Gleichung:

$$0 = r_2^2 + 4r_2 - 20 \quad \text{mit der Lösung}$$

$r_1 = 4{,}32$ und $r_2 = 2{,}89$ (jeweils in Litern).

Die minimalen Kosten betragen $4{,}32 \cdot 12.500 + 2{,}89 \cdot 10.000 = 82.900$ €.

Aufgabe 2

a) Pro Liter des zu fertigenden Produktes betragen die Kosten:

bei Verfahren I: $2 \cdot 30 + 3 \cdot 40 = 180$ €
bei Verfahren II: $4 \cdot 30 + 2 \cdot 40 = 200$ €

Es ist kostengünstiger, mit Verfahren I zu fertigen. Für eine Produktionsmenge von 500 Liter werden dann 1.000 Arbeitsstunden und 1.500 Maschinenstunden eingesetzt; die daraus resultierenden Kosten belaufen sich auf 90.000 €.

Graphisch lässt sich jedes Verfahren in Form eines „Prozessstrahls" in einem Diagramm mit den Achsenbezeichnungen „Arbeitsstunden" (A) und „Maschinenstunden" (M) abbilden. Der Prozessstrahl repräsentiert alle Kombinationen von Arbeits- und Maschinenstunden mit dem verfahrensspezifischen Einsatzverhältnis (2:3 bzw. 4:2). Bei jedem Verfahren ist für jede Ausbringungsmenge nur eine Einsatzmengenkombination technisch effizient; für eine Menge von $x = 500$ sind diese Kombinationen in Abbildung 4.9 durch die Punkte T bzw. U kenntlich gemacht.

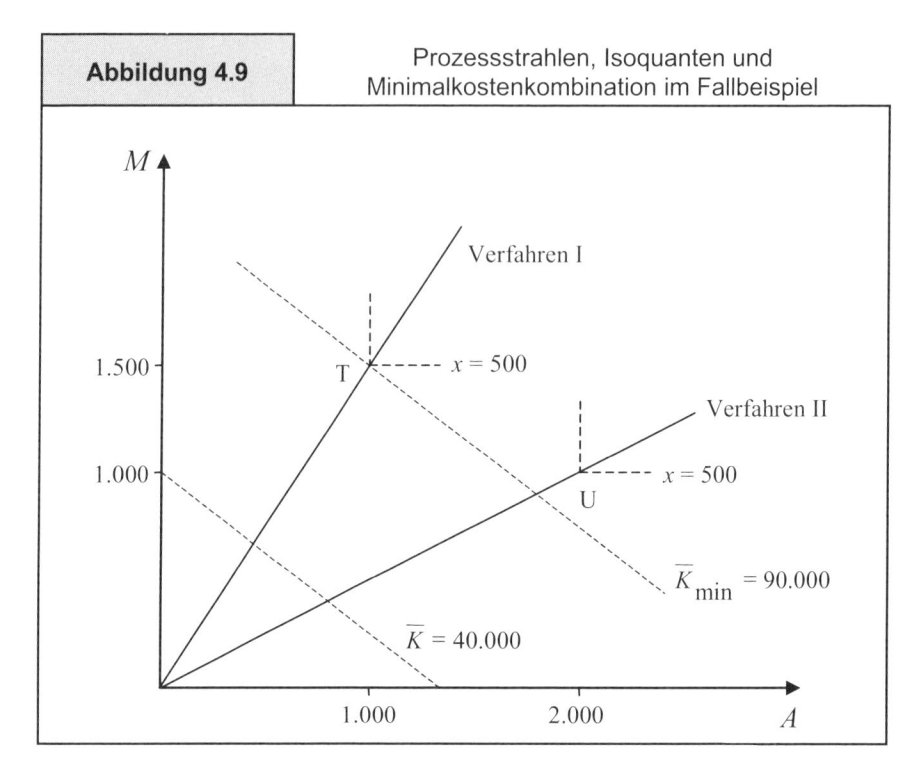

| Abbildung 4.9 | Prozessstrahlen, Isoquanten und Minimalkostenkombination im Fallbeispiel |

Figure: Graph with axes A (horizontal) and M (vertical), showing Verfahren I and Verfahren II as process rays, isoquants at $x = 500$, points T and U, isocost lines $\overline{K} = 40.000$ and $\overline{K}_{min} = 90.000$.

Eine graphische Optimierung ist möglich, indem eine Isokostenlinie

$$\overline{K} = 30 \cdot A + 40 \cdot M \quad \text{bzw.} \quad M = \frac{\overline{K}}{40} - \frac{3}{4} A$$

eingezeichnet und parallel verschoben wird (vgl. Abb. 4.9). Der Tangentialpunkt mit einer der beiden Isoquanten, der dem Koordinatenursprung am nächsten liegt, gibt die Minimalkostenkombination an (Punkt T).

b) Für den kritischen Wert der variablen Kosten einer Einheit des Produktionsfaktors Arbeit im Ausland (q_{Ak}) gilt, dass die Kosten des Verfahrens II gleich denen des Verfahrens I im Inland sind:

$$4 \cdot q_{Ak} + 2 \cdot 40 = 180 \quad \Rightarrow \quad q_{Ak} = 25$$

Bei einem geringeren Kostensatz für den Faktor Arbeit ist das arbeitsintensive Verfahren II (im Ausland) vorteilhaft, bei einem höheren das maschinenintensive Verfahren I (im Inland).

c) Die Maschinenkapazität stellt nun einen Engpass dar; die alleinige Nutzung des ersten Verfahrens ist nicht mehr möglich (dafür benötigte Kapazität:

Lösung des Fallbeispiels

1.500 Stunden, verfügbare Kapazität: 1.200 Stunden). Kostenminimal ist eine Prozessmischung, d. h. der Einsatz beider Verfahren, bei der die Maschinenkapazität vollständig ausgeschöpft und damit so wenig wie möglich von der Lösung abgewichen wird, die ohne Beschränkung der Maschinenkapazität optimal wäre. Aus dieser Forderung und der Produktionsmengenvorgabe von 500 Litern lässt sich ein Gleichungssystem ableiten, dessen Lösung zur kostenminimalen Prozessmischung führt:

$$3x_I + 2x_{II} = 1.200 \quad \text{mit} \quad x_I = \text{Produktionsmenge des Verfahrens I}$$
$$x_I + x_{II} = 500 \quad \quad x_{II} = \text{Produktionsmenge des Verfahrens II}$$

$$\Rightarrow x_I = 200; \; x_{II} = 300$$

Die Einsatzmengen der Produktionsfaktoren und die entstehenden Kosten betragen nun:

$$A = 2 \cdot 200 + 4 \cdot 300 = 400 + 1.200 = 1.600;$$

$$M = 3 \cdot 200 + 2 \cdot 300 = 600 + 600 = 1.200;$$

$$K = 96.000 \, €$$

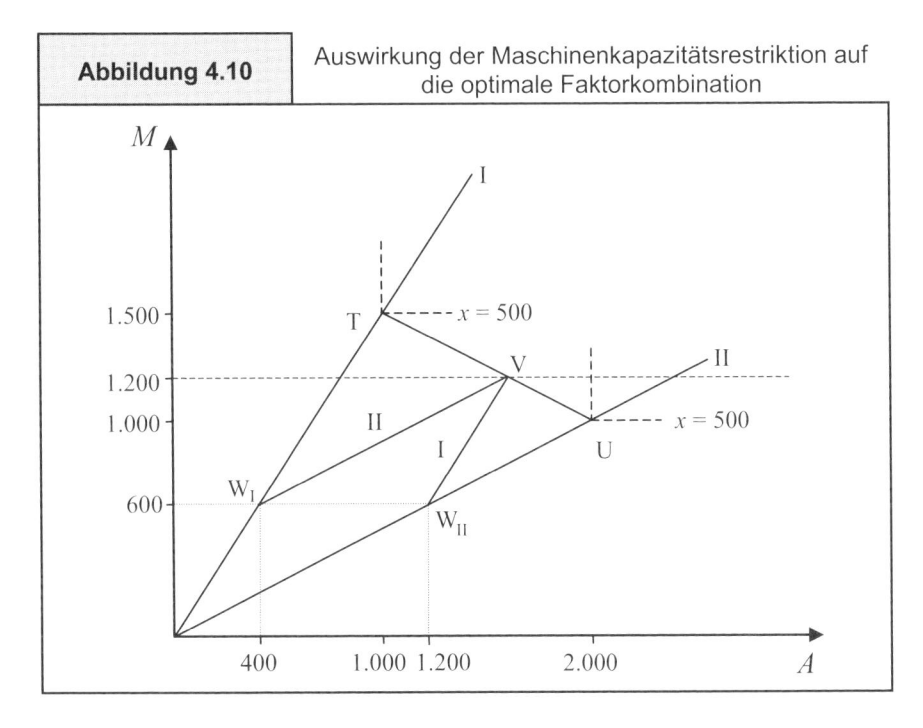

Abbildung 4.10 — Auswirkung der Maschinenkapazitätsrestriktion auf die optimale Faktorkombination

Abbildung 4.10 zeigt die Restriktion, die hinsichtlich der Maschinenkapazität vorliegt. Die technisch effizienten Mengenkombinationen befinden sich bei einer Prozessmischung auf der Verbindungslinie zwischen den isoliert effizienten Punkten T und U. Die Minimalkostenkombination ergibt sich dann als Schnittpunkt zwischen Verbindungslinie und Restriktion. Mit Hilfe von Parallelen zu den Prozessstrahlen lassen sich die Mengen, die mit den einzelnen Prozessen hergestellt werden sollten, ermitteln. Sie werden durch die Punkte W_I und W_{II} determiniert.

Zusatzaufgabe
Abbildung 4.11 zeigt die Faktoreinsatzmengenbereiche, in denen unterschiedliche Stückkosten entstehen:

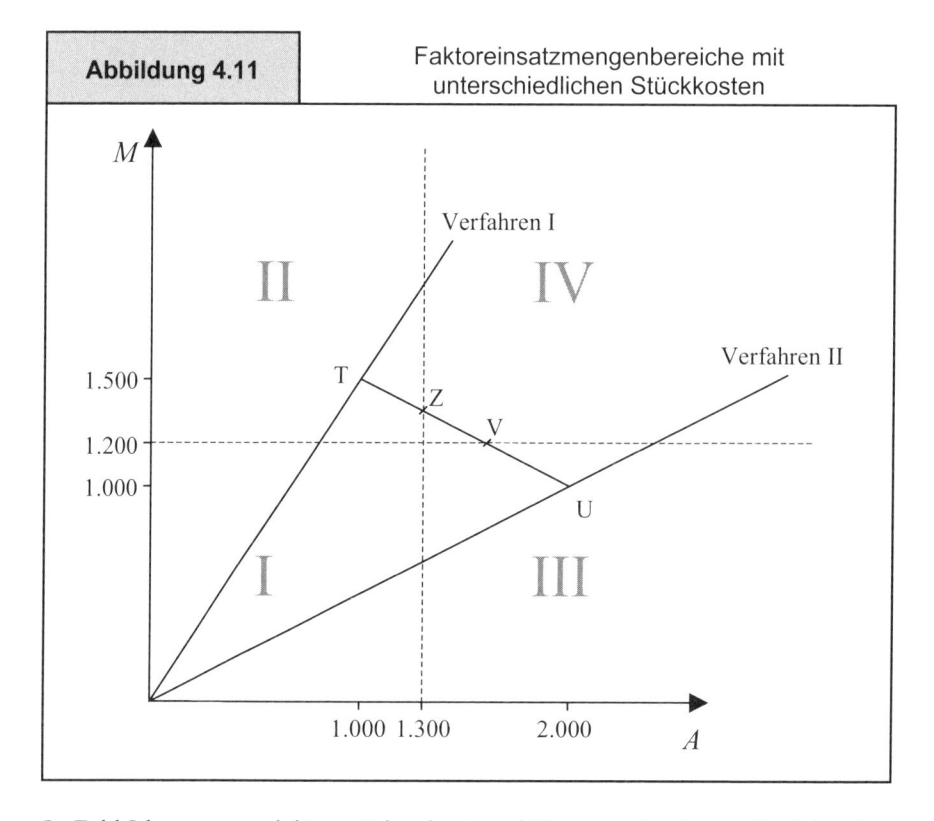

Abbildung 4.11 — Faktoreinsatzmengenbereiche mit unterschiedlichen Stückkosten

In Feld I kommt es nicht zu Faktorkostenerhöhungen; in diesem Feld ist aber keine Faktormengenkombination enthalten, mit der 500 Liter hergestellt werden können. Feld II (Feld III) beinhaltet Faktoreinsatzmengenkombinationen, bei denen zusätzliche Opportunitätskosten für Maschinenstunden (Überstundenzuschläge für Arbeitsstunden) anfallen. In Feld IV entstehen Stückkostenerhöhungen für beide Faktoren.

Bei der vorliegenden Problemstellung mit – von den Stückkostensprüngen abgesehen – ausschließlich linearen Beziehungen (hinsichtlich Kosten und Verhältnis von Output zu Input) ist es ausreichend, einige Punkte auf der Verbindungslinie zwischen T und U auf Optimalität zu prüfen. Dies sind neben diesen beiden Punkten diejenigen, bei denen Stückkostensprünge auftreten (V und Z). Zwischen jeweils zwei benachbarten dieser vier Punkte kann keine Lösung existieren, die besser ist als die zugehörigen Randpunkte.

Die Kostenermittlung für die vier Punkte ergibt folgendes Resultat:

Punkt T: $M = 1.500; A = 1.000$
           $K = 1.200 \cdot 40 + 300 \cdot 65 + 1.000 \cdot 30 = 97.500$ €

Punkt Z: $A = 1.300 \Rightarrow x_I = 350; x_{II} = 150; M = 1.350$
           (zum Vorgehen bei der Ermittlung vgl. die Lösung zu 2c))
           $K = 1.200 \cdot 40 + 150 \cdot 65 + 1.300 \cdot 30 =$ **96.750 €**

Punkt V: $M = 1.200; A = 1.600$ (vgl. die Lösung zu 2c))
           $K = 1.200 \cdot 40 + 1.300 \cdot 30 + 300 \cdot 36 = 97.800$ €

Punkt U: $M = 1.000; A = 2.000$
           $K = 1.000 \cdot 40 + 1.300 \cdot 30 + 700 \cdot 36 = 104.200$ €

Die kostenminimale Lösung lautet, 350 Einheiten mit dem Verfahren I und 150 Einheiten mit dem Verfahren II herzustellen. Dabei werden 1.350 Maschinenstunden und 1.300 Arbeitsstunden eingesetzt, und es entstehen Kosten in Höhe von 96.750 €.

Literaturhinweise

BLOECH, J.; BOGASCHEWSKY, R.; BUSCHER, U.; DAUB, A.; GÖTZE, U.; ROLAND, F.: Einführung in die Produktion, 6. Aufl., Berlin, Heidelberg 2008.

ELLINGER, T., HAUPT, R.: Produktions- und Kostentheorie, 3. Aufl., Stuttgart 1996.

FANDEL, G.: Produktion I – Produktions- und Kostentheorie, 7. Aufl., Berlin u.a. 2007.

SCHWEITZER, M., KÜPPER, H.-U.: Produktions- und Kostentheorie, 2. Aufl., Wiesbaden 1997.

STEFFEN, R.; SCHIMMELPFENG, K.: Produktions- und Kostentheorie, 4. Aufl., Stuttgart 2002.

STEVEN, M.: Produktionstheorie, Wiesbaden 1998.

5 GUTENBERG-Produktions- und -Kostenfunktionen

5.1 Fallbeispiel

Der Zeitungsverlag DRUCKFRISCH setzt für ein Anzeigenblatt, das einmal wöchentlich (am Samstag) erscheint, eine Druckmaschine ein, die bis zu 30.000 Exemplare pro Stunde erstellen kann. Das Anzeigenblatt umfasst i. d. R. 10 Doppelseiten und wird jeweils am Freitag gedruckt, wobei man die Druckmaschine dann bis zu 22 Stunden nutzen kann.

Für den Betrieb der Druckmaschine werden, wenn sie läuft, durchgehend sechs Mitarbeiter benötigt. Diese erhalten einen einheitlichen Lohn von 25 GE/Stunde und werden nur für die benötigten Zeiten beschäftigt.

Je nach Druckgeschwindigkeit können drei verschiedene Papiersorten genutzt werden, die für den Leser nicht unterscheidbar, deren Verarbeitungseigenschaften (insbesondere mit Blick auf die Reißfestigkeit) aber unterschiedlich sind. Die erste Papiersorte kann bis zu einer Druckgeschwindigkeit von 10.000 Exemplaren pro Stunde eingesetzt werden. Bei höheren Druckgeschwindigkeiten steigt das Risiko von Rissen stark an, so dass sie in diesem Fall nicht genutzt wird. Bei ihrem Einsatz sind Papierkosten in Höhe von 0,020 GE pro Doppelseite anzusetzen. Die zweite Papiersorte ist reißfester und auch für eine Druckgeschwindigkeit von bis zu 20.000 Exemplaren pro Stunde ohne Qualitätseinbußen geeignet. Aufgrund der besseren Verarbeitung ist sie teurer, wodurch die Papierkosten auf 0,021 GE pro Doppelseite ansteigen. Die dritte Papiersorte kann bis zur maximalen Druckgeschwindigkeit eingesetzt werden und verursacht Kosten in Höhe von 0,024 GE pro Doppelseite.

Bei den Druckfarben stehen zwei mögliche Varianten zur Auswahl. Die erste Druckfarbenvariante garantiert schmierfreie Exemplare bei einer Druckgeschwindigkeit von bis zu 20.000 Exemplaren und verursacht bei ihrem Einsatz Kosten von 0,34 GE pro Exemplar. Die zweite Variante kann bis zur maximalen Druckgeschwindigkeit eingesetzt werden. Ihre Nutzung kostet jedoch 0,40 GE pro Exemplar.

Sowohl für die Papiersorte als auch für die Druckfarbenvariante ist zu beachten, dass eine Auswahl für die gesamte Auflage getroffen wird und ein Wechsel an diesem Tag nicht möglich ist.

Für den Energieverbrauch v_E (in kWh pro Exemplar) kann näherungsweise eine lineare Verbrauchsfunktion unterstellt werden. Sie beläuft sich auf

$$v_E = 0,05 + \frac{d}{1.000.000},$$

wobei d der Druckgeschwindigkeit (in Exemplaren pro Stunde) entspricht. Die Kosten einer kWh liegen bei 0,10 GE.

Der Verbrauch an Schmiermitteln v_S (in Litern pro Exemplar) variiert ebenfalls mit der Druckgeschwindigkeit d und lässt sich näherungsweise mit der folgenden Verbrauchsfunktion wiedergeben:

$$v_S = \frac{15\,d}{1.000.000.000} - 0,0004 + \frac{8}{d}.$$

Ein Liter Schmiermittel kostet 15 GE.

Aufgabe 1
Nennen Sie die für die Planung relevanten Produktionsfaktoren und ermitteln Sie für jeden Produktionsfaktor die Stückkostenfunktion in Abhängigkeit von der Druckgeschwindigkeit.

Aufgabe 2
Bestimmen Sie die Niedrigstkostenfunktion der Druckmaschine für einen Tag.

Aufgabe 3
Wie entwickeln sich Durchschnitts- und Grenzkosten in Abhängigkeit von der Produktionsmenge?

Aufgabe 4
Der Verlag DRUCKFRISCH verfügt über eine weitere Druckmaschine dieses Typs, die allerdings zurzeit nicht im Einsatz ist. Wie stellt sich die Kostensituation dar, wenn die Maschine jeweils freitags in Betrieb genommen würde? Die mit der Reinigung und Justierung verbundenen Kosten sollen dabei nicht berücksichtigt werden.

Zusatzaufgabe
Ein Mitarbeiter hat festgestellt, dass die zweite (ältere) Druckmaschine auf Grund einer etwas anderen Technik zwar die gleichen Leistungsdaten, aber andere Verbrauchsfunktionen aufweist, und hat (bei einer stückkostenminimalen Druckgeschwindigkeit von 28.823 Exemplaren pro Stunde) die folgende Stückkostenfunktion $k_{v,M2}(x)$ ermittelt:

$$k_{v,M2}(x) = \begin{cases} 0{,}658 & \text{für } 0 \leq x \leq 634{.}107 \\ \dfrac{325 \cdot x}{22{.}000{.}000{.}000} + 0{,}675 + \dfrac{5{.}940}{x} & \text{für } 634{.}107 < x \leq 660{.}000 \end{cases}$$

Wie würde sich die Entscheidungssituation angesichts dieser Daten ändern, wenn weiterhin keine Inbetriebnahmekosten zu berücksichtigen sind?

5.2 Ableitung einer leistungsabhängigen Stückkostenfunktion

Die in dem Fallbeispiel dargestellte Situation greift die Problematik auf, dass für den Fall eines Aggregates, dessen Produktionsgeschwindigkeit d sich (im Bereich zwischen der minimalen Geschwindigkeit d_{min} und der maximal einstellbaren Fertigungsrate d_{max}) stufenlos verändern lässt, die Kosten der Fertigung von dem Verbrauch v_i verschiedener Produktionsfaktoren i abhängen und dieser jeweils mit der Produktionsgeschwindigkeit variieren kann ($v_i = v_i(d)$). Daraus ergeben sich zwei Problembereiche: auf der einen Seite ist für das Leistungsspektrum des betrachteten Aggregats der Verbrauchsverlauf der einzelnen Faktoren in Abhängigkeit von der Produktionsgeschwindigkeit empirisch zu ermitteln. Auf der anderen Seite sind die unterschiedlichen Messgrößen der Faktoren (z. B. Liter, Kilowattstunde, Tonnen) so aggregierbar zu machen, dass eine gemeinsame Verbrauchsfunktion entstehen kann.

Zunächst aber soll kurz auf verschiedene typische Verbrauchsverläufe von Produktionsfaktoren eingegangen werden, wobei zu beachten ist, dass sich dieser Verbrauch auf eine normierte Ausbringungsmenge beziehen sollte (typischerweise eine verwertbare Mengeneinheit (ME) des herzustellenden Endprodukts), damit eine Vergleichbarkeit gewährleistet ist. Das bedeutet gleichzeitig, dass der Faktorverbrauch für nicht verwertbare Produkte (Ausschuss) auf die „guten Stücke" umgelegt wird, so dass der Verbrauch pro ME entsprechend hoch ist, wenn bei einer hohen Produktionsgeschwindigkeit viel Ausschuss anfällt.

Analysiert man den Bedarf eines Betriebsstoffes wie Schmiermittel und ermittelt beispielsweise, wie viel Liter pro ME des Produkts benötigt werden, je nachdem, mit welcher Produktionsgeschwindigkeit das betrachtete Aggregat arbeitet, so zeigt sich häufig ein parabelförmiger Verlauf (vgl. Abbildung 5.1 a). Das heißt, der Verbrauch pro ME des Produktes sinkt zunächst mit zunehmender Leistung des Aggregates, bei weiterer Erhöhung der Geschwindigkeit steigt er schließlich aber auch wieder an. Anders stellt sich das beispielsweise bei Rohstoffen dar, die direkt in das Produkt eingehen. Hier verläuft die Verbrauchsfunktion oft auf einem einheitlichen Niveau; lediglich in der Nähe der maximalen Produktionsgeschwindigkeit steigt sie dann oft an, weil der zunehmende Ausschuss den Verbrauch pro Stück anwachsen lässt (vgl. Abbildung 5.1 b). Über den gesamten Leistungsbereich des Aggregates konstant verläuft der Akkordlohn (Produktionsfaktor objektbezogene Arbeit), bei dem die Vergütung direkt an der Zahl der produzierten verwertbaren Stücke ausgerichtet ist. Liegt dagegen ein Faktorverbrauch vor, der nicht mit der Produktionsgeschwindigkeit des Aggregates variiert, wie es beispielsweise bei einer zeitlichen Abschreibung oder einem Festgehalt für einen Mitarbeiter der Fall ist, so ergibt sich eine (hyperbolisch) fallende Verbrauchsfunktion (vgl. Abbildung 5.1 c).

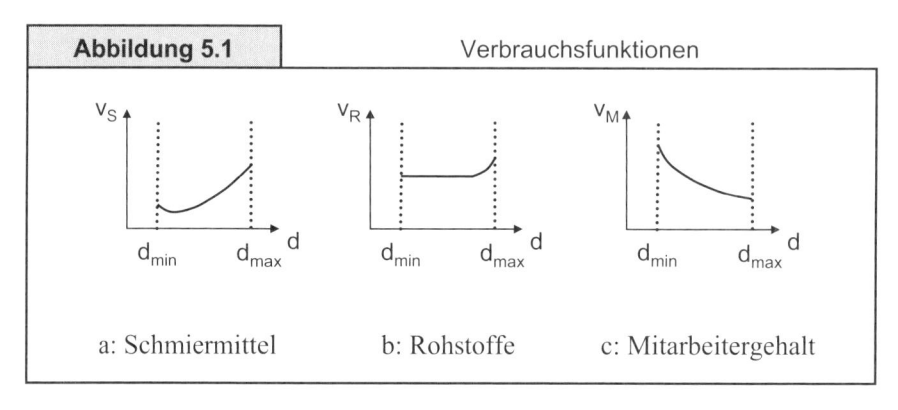

Abbildung 5.1 — Verbrauchsfunktionen

a: Schmiermittel   b: Rohstoffe   c: Mitarbeitergehalt

Um nun für die jeweilige Produktionsgeschwindigkeit die verschiedenen Verbrauchsarten mit ihren unterschiedlichen Dimensionen zu einer gemeinsamen Größe zusammenfassen zu können, werden die einzelnen Faktorpreise q_i einbezogen und mit der zugehörigen Verbrauchsfunktion multipliziert. So lässt sich der mengenbezogene in einen wertmäßigen Verbrauch überführen, der in einer bewerteten Verbrauchsfunktion für jede der Faktorarten ausgedrückt wird. Da der Verbrauch auf eine Ausbringungseinheit bezogen ist, stellt diese Funktion die variablen Stückkosten der betrachteten Faktorart dar.

$$k_{vi}(d) = v_i(d) \cdot q_i \tag{1}$$

Die gesamte Funktion der variablen Stückkosten in Abhängigkeit von der Produktionsgeschwindigkeit ergibt sich dann, indem die bewerteten Verbrauchsfunktionen aller einzubeziehenden Faktorarten addiert werden:

$$k_v(d) = \sum_{i=1}^{I} k_{vi}(d) = \sum_{i=1}^{I} v_i(d) \cdot q_i \tag{2}$$

Zeigt sich nach der Bewertung und Aggregation ein u-förmiger Verlauf (vgl. Abbildung 5.2), so lässt sich (durch Bilden der ersten Ableitung nach d und

Nullsetzen) die Produktionsgeschwindigkeit d_{opt} identifizieren, bei deren Auswahl zu minimalen Stückkosten produziert werden kann.

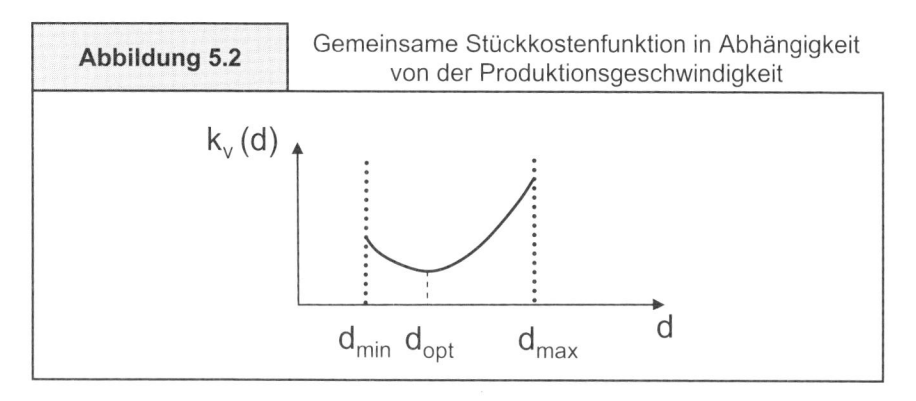

Abbildung 5.2 Gemeinsame Stückkostenfunktion in Abhängigkeit von der Produktionsgeschwindigkeit

[Diagramm: $k_v(d)$ als U-förmige Kurve über d, mit den Punkten d_{min}, d_{opt}, d_{max} auf der d-Achse]

5.3 Formen der Anpassung

Auf der Basis der ermittelten Stückkostenfunktion und der Produktionsrate, bei der die entstehenden Stückkosten minimal sind, ist im Rahmen des weiteren Entscheidungsprozesses dann festzulegen, mit welcher Produktionsgeschwindigkeit gefertigt werden soll, wobei naturgemäß die Leistung d_{opt} gewählt wird, wenn sie sich realisieren lässt. Ob dies der Fall ist, hängt primär davon ab, welche Produktmenge hergestellt werden soll, aber auch von der verfügbaren Betriebszeit des Aggregates und seinen Leistungsdaten (d. h. die Produktionsrate muss innerhalb seines Leistungsspektrums liegen).

Mit Blick auf die Mengenvorgabe und die Fertigungsbedingungen ergeben sich verschiedene Möglichkeiten der Anpassung, bei der die Produktionsgeschwindigkeit und die damit einhergehenden Kosten festgelegt werden. Gegebenenfalls stehen auch zusätzliche Aggregate zur Verfügung, die dann in die Überlegungen einzubeziehen sind.

Die erste Möglichkeit der so genannten **zeitlichen Anpassung** ist dadurch gekennzeichnet, dass – ausgehend von dem Zusammenhang, dass die produzierte Menge (x) sich als Produkt aus Produktionsgeschwindigkeit und Produktionszeit (t) ergibt –

$$x = d \cdot t \qquad (3)$$

die Produktions*geschwindigkeit*, i. d. R. die stückkostenminimale (d_{opt}), festgelegt wird. Die Produktions*zeit* ist dann an die gewünschte Produktionsmenge anzupassen, so dass gilt:

$$t = \frac{x}{d_{opt}} \qquad (4)$$

Realisierbar ist diese Form der Anpassung bis zu einer Mengenobergrenze (x_{kap}^z), die durch die maximale Betriebszeit des Aggregates im Planungszeitraum determiniert wird ($x_{kap}^z = d_{opt} \cdot t_{max}$).

Bei der **intensitätsmäßigen Anpassung** (auch als Leistungsanpassung bezeichnet) wird die maximale Betriebszeit ausgenutzt, und die Leistung des Aggregats (Produktionsgeschwindigkeit) richtet sich nach der zu produzierenden Menge:

$$d = \frac{x}{t_{max}} \qquad (5)$$

Das bedeutet, dass mit Blick auf eine Stückkostenfunktion, die jenseits von d_{opt} bei zunehmendem Leistungsgrad progressiv steigt, das Aggregat durchgehend arbeiten sollte, um nur die maximal notwendige Produktionsgeschwindigkeit zur Erstellung der gewünschten Produktionsmenge einstellen zu müssen. Die maximal herstellbare Menge (x_{kap}) ergibt sich dann aus der maximalen Betriebszeit und der größtmöglichen Produktionsgeschwindigkeit ($x_{kap} = d_{max} \cdot t_{max}$).

Besteht die Option, ein weiteres Aggregat zur Produktion des Gutes heranzuziehen, weil es im Unternehmen verfügbar ist oder kurzfristig verfügbar gemacht werden kann, so lassen sich wiederum zwei Fälle unterscheiden. Wenn es sich um ein funktions- und kostengleiches Aggregat handelt, so spricht man bei dessen Inbetriebnahme von einer **quantitativen Anpassung**, bei einer kostenverschiedenen Maschine von **selektiver Anpassung**. Zur Erläuterung weiterer Anpassungsformen wie der multiplen oder der mutativen Anpassung oder der Möglichkeit, mit Überstunden zu arbeiten, sei auf die Literatur verwiesen.

5.4 Ermittlung der Niedrigstkostenfunktion

Die Niedrigstkostenkurve macht deutlich, mit welchen Produktionsgeschwindigkeiten gewünschte Fertigungsmengen möglichst kostengünstig hergestellt werden können, wobei sich die Kosten aus einer variablen Komponente sowie den Kosten der Inbetriebnahme des Aggregates (K_{IBK}) zusammensetzen. Die letztgenannten haben Fixkostencharakter und umfassen Kosten, die durch die Einrichtung der Maschine, Probeläufe etc. verursacht werden. Darüber hinaus können betriebs- bzw. unternehmensfixe Kosten anfallen, die aber, da sie unabhängig von der Inbetriebnahme des Aggregates und der gewählten Produktionsgeschwindigkeit anfallen, nicht entscheidungsrelevant sind und aus diesem Grund hier unberücksichtigt bleiben.

Die variablen Kosten ergeben sich aus der oben erläuterten Stückkostenfunktion, die zunächst für eine zu produzierende Mengeneinheit den Zusammenhang zwischen der gewählten Fertigungsgeschwindigkeit und den entstehenden Kosten für die erforderlichen Produktionsfaktoren abbildet.

In dem Bestreben, möglichst kostengünstig zu produzieren, wird für alle diejenigen Produktionsmengenvorgaben (x), bei denen dies möglich ist (d. h. für $x \leq x_{kap}^z$), die stückkostenminimale Leistung gewählt, so dass sich ein erster Bereich der Kostenfunktion – der Bereich zeitlicher Anpassung – aus der Multiplikation der mit dieser Leistung verbundenen Stückkosten ($k_v(d_{opt})$) und der Produktionsmenge (ergänzt um die Inbetriebnahmekosten) ergibt:

$$K_z(x) = k_v(d_{opt}) \cdot x + K_{IBK} \quad \text{für } 0 \leq x \leq x_{kap}^z \quad (6)$$

Für Produktionsmengen, die über dieser Grenze liegen, wird das Aggregat intensitätsmäßig angepasst, so dass nicht mehr die Leistung, sondern die Betriebszeit konstant ist. Dementsprechend wird zur Ermittlung der zugehörigen Kostenfunktion K_{int} die oben aufgeführte Definitionsgleichung der Produktionsgeschwindigkeit in die Stückkostenfunktion (in Abhängigkeit von d) eingesetzt, um zunächst die Stückkosten in Abhängigkeit von der Produktionsmenge ($k_v(x)$) zu erhalten:

$$k_v(x) = k_v(d = \frac{x}{t_{max}}) \quad \text{für } x_{kap}^z < x \leq x_{kap} \quad (7)$$

Multipliziert mit der Produktionsmenge und unter Berücksichtigung der Inbetriebnahmekosten lässt sich dann der zweite Bereich der Niedrigstkostenfunktion wie folgt formulieren:

$$K_{int}(x) = k_v(\frac{x}{t_{max}}) \cdot x + K_{IBK} \quad \text{für } x_{kap}^z < x \leq x_{kap} \quad (8)$$

Die Niedrigstkostenkurve für ein Aggregat, dessen Leistung stufenlos innerhalb eines bestimmten Spektrums variiert werden kann, lautet schließlich insgesamt:

$$K(x) = \begin{cases} k_v(d_{opt}) \cdot x + K_{IBK} & \text{für } 0 \leq x \leq x_{kap}^z \\ k_v(\frac{x}{t_{max}}) \cdot x + K_{IBK} & \text{für } x_{kap}^z < x \leq x_{kap} \end{cases} \quad (9)$$

Graphisch lässt sich eine so definierte Gesamtkostenfunktion folgendermaßen darstellen:

Abbildung 5.3 — Niedrigstkostenfunktion

Bereich zeitlicher Anpassung | Bereich intensitätsmäßiger Anpassung

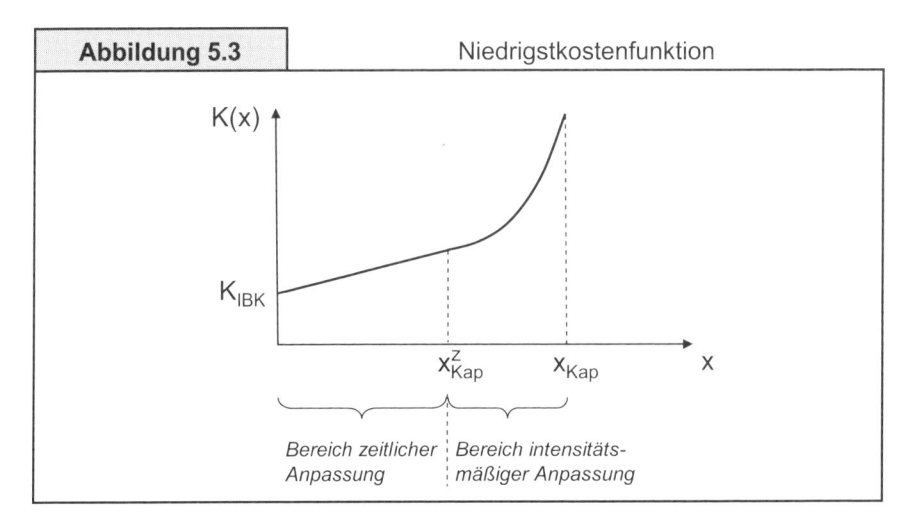

Aus dieser Niedrigstkostenkurve können mit Hilfe der **Durchschnittskostenfunktion** $k(x)$ die Kosten pro produzierter Mengeneinheit berechnet werden. Zur Herleitung dieser Funktion, die auch als totale Stückkostenfunktion bezeichnet wird, sind sowohl die variable als auch die fixe Komponente der Kosten durch die Produktionsmenge zu dividieren, und es ergibt sich folgende Funktion der totalen Stückkosten:

$$k(x) = \begin{cases} k_v(d_{opt}) + \dfrac{K_{IBK}}{x} & \text{für } 0 \leq x \leq x_{kap}^z \\ k_v(\dfrac{x}{t_{max}}) + \dfrac{K_{IBK}}{x} & \text{für } x_{kap}^z < x \leq x_{kap} \end{cases} \quad (10)$$

Graphisch lassen sich für jede Produktionsmenge die zugehörigen Stückkosten ermitteln, indem an der entsprechenden Stelle die Steigung des Fahrstrahls (Ursprungsgerade durch den relevanten Punkt der Kostenfunktion) betrachtet wird. Stellt man sich eine Vielzahl solcher Fahrstrahlen an die Kostenfunktion vor, so wird deutlich, dass deren Steigungen (und damit die Durchschnittskosten) mit wachsenden Mengen zunächst abnehmen, um dann – nach Erreichen eines Stückkostenminimums (bei der Menge x*) – wieder zu steigen (vgl. die gestrichelt gezeichnete Durchschnittskostenkurve in Abbildung 5.4).

Interessant erscheint in diesem Zusammenhang auch, welche Kosten – ausgehend von einer bestimmten Produktionsmenge – die Fertigung eines zusätzlichen Stückes verursachen würde. Diese als **Grenzkosten** $K'(x)$ bezeichnete Kostengröße entspricht der Steigung der Kostenfunktion in dem betrachteten Punkt und lässt sich über die erste Ableitung der Niedrigstkostenkurve ermitteln.

Ermittlung der Niedrigstkostenfunktion 61

$$K'(x) = \begin{cases} k_v(d_{opt}) & \text{für } 0 < x \leq x_{kap}^z \\ K'_{int}(x) & \text{für } x_{kap}^z < x \leq x_{kap} \end{cases} \quad (11)$$

Graphisch ergeben sich die Grenzkosten aus der Steigung der Kostengeraden im Bereich zeitlicher Anpassung und der jeweiligen Tangentensteigung im nichtlinearen Teil der Niedrigstkostenkurve, so dass sich die Grenzkostenfunktion im ersten Teil als konstant (auf der Höhe der *variablen* Stückkosten) darstellt und im zweiten Teil als progressiv steigend (vgl. die Grenzkostenkurve in Abbildung 5.4). Sie schneidet die Durchschnittskostenkurve von unten bei der Menge x^*, bei der der Fahrstrahl an die Niedrigstkostenkurve gerade zur Tangente wird.

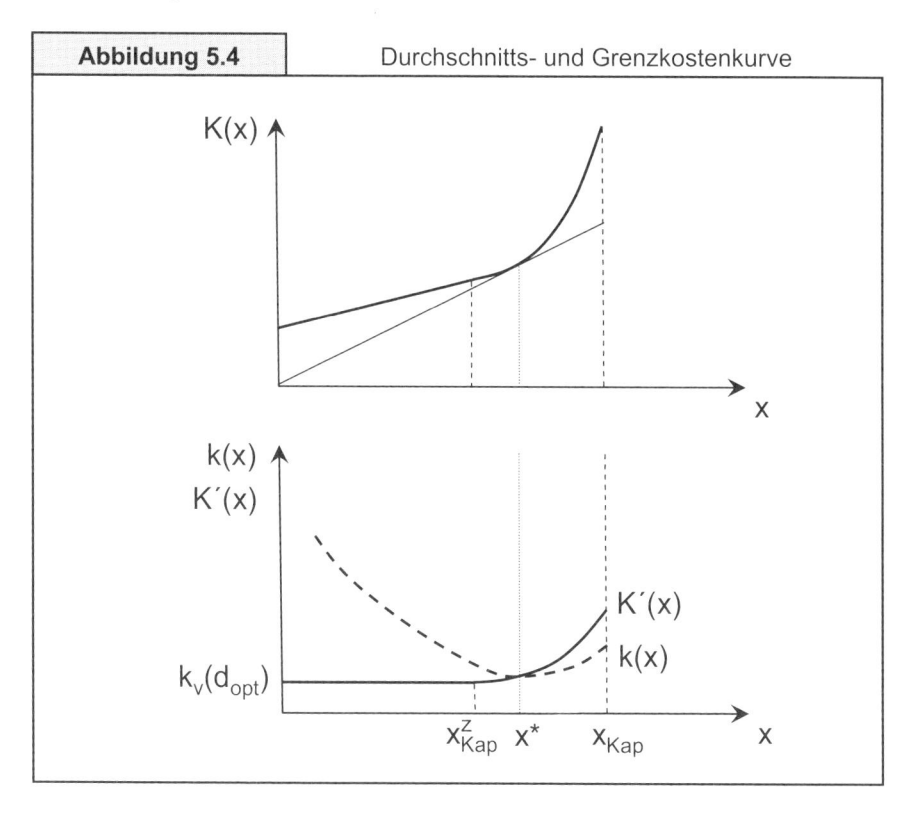

| Abbildung 5.4 | Durchschnitts- und Grenzkostenkurve |

Die Ermittlung der Niedrigstkostenkurve (und damit auch der Durchschnitts- und Grenzkosten) kann deutlich komplexer werden, wenn die Möglichkeit besteht, ein zusätzliches Aggregat für die Produktion einzusetzen, und es hängt von den Gegebenheiten ab, wie aufwändig es ist, diese Funktion zu bestimmen.

Im Fall einer quantitativen Anpassung ändern sich lediglich die Kapazitätsgrenzen des Bereichs zeitlicher und intensitätsmäßiger Anpassung, wenn beim Einsatz eines solchen zusätzlichen Aggregates keine Kosten der Inbetriebnahme anfallen, und der Kostenverlauf im zweiten Teil der Niedrigstkostenkurve wird flacher, weil die doppelte Zeit an Maschinenstunden zur Verfügung steht. Sind dagegen Inbetriebnahmekosten in die Betrachtung einzubeziehen, so ist im Rahmen eines Kostenvergleichs abzuwägen, bei welcher Menge eine Zuschaltung sinnvoll ist. Die zusätzlichen Inbetriebnahmekosten sind dabei der Kostenersparnis durch die geringeren Stückkosten gegenüberzustellen, denn im Falle des Einsatzes eines weiteren Aggregats können beide Maschinen bis zur Mengengrenze von $x = 2 \cdot x_{kap}^z$ zeitlich angepasst werden. Die Gesamtkostenfunktion besteht in diesem Fall aus vier Bereichen.

Eine weitere Steigerung der Komplexität ergibt sich, wenn das Zusatzaggregat kostenverschieden ist (selektive Anpassung), denn dann sind sowohl Kostenvergleiche als auch Grenzkostenvergleiche vorzunehmen, und die Zahl der Funktionsabschnitte der Niedrigstkostenkurve nimmt im Vergleich zur quantitativen Anpassung weiter zu.

5.5 Lösung des Fallbeispiels

Aufgabe 1
Als Produktionsfaktoren sind in die Planung einzubeziehen die Mitarbeiter mit ihrer Zeitlohn-Vergütung, das einzusetzende Papier mit seinen unterschiedlichen Qualitäten, die Druckfarben in den zwei Varianten sowie Energie und Schmiermittel als Betriebsstoffe. Im Einzelnen ergeben sich folgende (bewertete) Verbrauchsfunktionen in Abhängigkeit von der Druckgeschwindigkeit d, die stufenlos im Bereich von 0 bis 30.000 Exemplare pro Stunde variiert werden kann:

Mitarbeiter:

Pro Stunde (und damit bezogen auf die Zahl der in dieser Zeitspanne erstellten Exemplare) werden 6 Mitarbeiter eingesetzt, die unabhängig von der Produktionsgeschwindigkeit mit 25 GE pro Stunde vergütet werden, so dass sich ein hyperbolischer Verlauf der Verbrauchsfunktion v_M bzw. der bewerteten Verbrauchsfunktion k_{vM} ergibt.

$$v_M = \frac{6}{d} \quad \Rightarrow \quad k_{vM} = 25 \cdot \frac{6}{d} = \frac{150}{d}$$

Papier:

Der Papierverbrauch v_P bezieht sich direkt auf das Druckexemplar, indem er 10 Doppelseiten pro Exemplar beträgt und daher als konstante Funktion zu formulieren ist. Bei der Bewertung mit dem Faktorpreis muss beachtet werden, dass die Papierqualität und damit der Preis in Abhängigkeit von der Produktionsgeschwindigkeit variiert, so dass eine Untergliederung in drei Teilfunktionen notwendig ist.

$$v_P = 10 \quad \Rightarrow \quad k_{vP} = \begin{cases} 0{,}20 & \text{für} \quad 0 \le d \le 10.000 \\ 0{,}21 & \text{für } 10.000 < d \le 20.000 \\ 0{,}24 & \text{für } 20.000 < d \le 30.000 \end{cases}$$

Druckfarbe:

Auch der Verbrauch an Druckfarbe v_F ist pro Exemplar konstant. Die beiden verfügbaren Varianten führen zu einer vergleichbaren Unterteilung der Stückkostenfunktion wie der für den Papierverbrauch.

$$v_F = 1 \quad \Rightarrow \quad k_{vF} = \begin{cases} 0{,}34 & \text{für } 0 \le d \le 20.000 \\ 0{,}40 & \text{für } 20.000 < d \end{cases}$$

Energie:

Da der Energieverbrauch v_E bereits als (linear steigende) Funktion vorliegt, muss lediglich die Bewertung mit dem Faktorpreis erfolgen.

$$k_{vE} = 0{,}005 + \frac{d}{10.000.000}$$

Schmiermittel:

Entsprechendes gilt für die Schmiermittel, deren Verbrauchsfunktionsverlauf allerdings die Gestalt einer Parabel hat.

$$k_{vS} = \frac{225 \cdot d}{1.000.000.000} - 0{,}006 + \frac{120}{d}$$

Aufgabe 2

Die Aggregation der fünf bewerteten Verbrauchsfunktionen führt zu der folgenden gemeinsamen Stückkostenfunktion in Abhängigkeit von der Produktionsgeschwindigkeit. In ihr sind die variablen Stückkosten aller angegebenen Produktionsfaktoren zusammengefasst, so dass sie als Grundlage für die Ermittlung der stückkostenminimalen Leistung dient.

$$k_v(d) = \begin{cases} \dfrac{325 \cdot d}{1.000.000.000} + 0,539 + \dfrac{270}{d} & \text{für } 0 \leq d \leq 10.000 \\[2ex] \dfrac{325 \cdot d}{1.000.000.000} + 0,549 + \dfrac{270}{d} & \text{für } 10.000 < d \leq 20.000 \\[2ex] \dfrac{325 \cdot d}{1.000.000.000} + 0,639 + \dfrac{270}{d} & \text{für } 20.000 < d \leq 30.000 \end{cases}$$

Durch Ableiten und Nullsetzen dieser gemeinsamen Stückkostenfunktion ergibt sich diejenige Produktionsgeschwindigkeit (d_{opt}), bei der die geringsten Stückkosten anfallen. Eine getrennte Betrachtung der Teilfunktionen ist deswegen hier zunächst nicht notwendig, weil sie sich lediglich im Hinblick auf das absolute Element unterscheiden, das bei der Ableitung wegfällt.

$$k_v'(d) = \frac{325}{1.000.000.000} - \frac{270}{d^2} = 0$$

$$d_{opt} = 28.823,07$$

$$k_v(d_{opt}) = \frac{325 \cdot 28.823,07}{1.000.000.000} + 0,639 + \frac{270}{28.823,07}$$
$$= 0,6577$$

Für alle drei Teilfunktionen liegt das Minimum der Stückkosten bei einer Geschwindigkeit von d=28.823,07 Exemplaren pro Stunde. Einzusetzen ist dieser Wert für d in die dritte Teilfunktion, weil hier der entsprechende Definitionsbereich gilt, und es ergeben sich Stückkosten in Höhe von 0,6577 GE.

Auf Grund der bereichsweise definierten Stückkostenfunktion sind allerdings auch die Stückkosten, die an den einzelnen Bereichsgrenzen entstehen, zu ermitteln und mit den oben berechneten zu vergleichen.

$$k_v(20.000) = 0,5690$$
$$k_v(10.000) = 0,5693$$

Es zeigt sich, dass die Stückkosten bei einer Produktionsgeschwindigkeit von 20.000 Exemplaren pro Stunde – bedingt durch die Sprungstellen in der Stückkostenfunktion – am niedrigsten sind, so dass diese Geschwindigkeit für den (ersten) Bereich zeitlicher Anpassung gewählt wird, der sich – bei einer

Einsatzzeit der Druckmaschine von 22 Stunden am Tag – bis zu einer Produktionsmenge von (20.000 · 22 =) 440.000 Exemplaren erstreckt. Für einen Produktionsumfang bis zu (28.823,07 · 22 =) 634.107 Exemplaren wird mit einer Leistung von 28.823,07 Exemplaren pro Stunde gearbeitet zu Stückkosten von 0,6577 GE (zweiter Teil der zeitlichen Anpassung).

Der Bereich intensitätsmäßiger Anpassung liegt dann bei Mengen bis zur Kapazitätsgrenze von (30.000 · 22 =) 660.000, und die Leistung wird – unter Nutzung der maximalen Betriebszeit von 22 Stunden – je nach Mengenvorgabe angepasst mit $d = x/22$. Entsprechend ist für diesen Teil der Kostenfunktion d durch den angegebenen Term zu ersetzen, und es ergibt sich die folgende Stückkostenfunktion in Abhängigkeit von der Produktionsmenge:

$$k_v(x) = \begin{cases} 0,5690 & \text{für } 0 \leq x \leq 440.000 \\ 0,6577 & \text{für } 440.000 < x \leq 634.107 \\ \dfrac{325 \cdot x}{22.000.000.000} + 0,639 + \dfrac{5.940}{x} & \text{für } 634.107 < x \leq 660.000 \end{cases}$$

In Anbetracht der Tatsache, dass Unternehmensfixkosten und auch Inbetriebnahmekosten zunächst nicht zu berücksichtigen sind, lässt sich die tägliche Niedrigstkostenfunktion aus der Stückkostenfunktion herleiten, indem die einzelnen Teilfunktionen mit der Produktionsmenge multipliziert werden.

$$K(x) = \begin{cases} 0,5690x & \text{für } 0 \leq x \leq 440.000 \\ 0,6577x & \text{für } 440.000 < x \leq 634.107 \\ \dfrac{325 \cdot x^2}{22.000.000.000} + 0,639x + 5.940 & \text{für } 634.107 < x \leq 660.000 \end{cases}$$

Aufgabe 3
Die Durchschnittskostenfunktion als Funktion der *totalen* Stückkosten entspricht der *variablen* Stückkostenfunktion oben, weil im vorliegenden Fall keine Fixkosten (Inbetriebnahmekosten oder Unternehmensfixkosten) zu berücksichtigen sind.

Zur Ermittlung der Grenzkostenfunktion sind die ersten Ableitungen der einzelnen Bereiche der Gesamtkostenfunktion zu bilden; es ergibt sich die folgende Funktionsgleichung:

$$K'(x) = \begin{cases} 0{,}5690 & \text{für } 0 \leq x \leq 440.000 \\ 0{,}6577 & \text{für } 440.000 < x \leq 634.107 \\ \dfrac{325 \cdot x}{11.000.000.000} + 0{,}639 & \text{für } 634.107 < x \leq 660.000 \end{cases}$$

Im Bereich zeitlicher Anpassung (für $0 \leq x \leq 634.107$) stimmt sie mit der (variablen) Stückkostenfunktion überein; wenn intensitätsmäßig angepasst wird, stellt sich die Grenzkostenfunktion hier als Gerade dar. Häufig findet sich im Bereich der intensitätsmäßigen Anpassung aber auch ein progressiv steigender Grenzkostenverlauf, wie er im Rahmen der allgemeinen Erläuterungen in Abbildung 5.4 dargestellt ist.

Aufgabe 4
Besteht die Möglichkeit, ein weiteres funktionsgleiches Aggregat zusätzlich für den Druck des Anzeigenblattes einzusetzen, so dehnt sich in den Bereichen zeitlicher Anpassung lediglich der Geltungsbereich der Teilfunktionen um die entsprechende zusätzliche Kapazität aus.

Im Bereich der intensitätsmäßigen Anpassung ist eine neue mengenbezogene Stückkostenfunktion zu ermitteln, indem in der ursprünglichen, leistungsbezogenen Funktion für d der Term $x/44$ eingesetzt wird, weil die doppelte Zahl von Maschinenstunden pro Tag zur Verfügung steht. Es ergibt sich dann die folgende Gesamtkostenfunktion:

$$K^{neu}(x) = \begin{cases} 0{,}5690x & \text{für } 0 \leq x \leq 880.000 \\ 0{,}6577x & \text{für } 880.000 < x \leq 1.268.215 \\ \dfrac{325 \cdot x^2}{44.000.000.000} + 0{,}639x + 11.880 & \text{für } 1.268.215 < x \leq 1.320.000 \end{cases}$$

Zusatzaufgabe
Weist das funktionsgleiche Aggregat eine andere Stückkostenfunktion auf, so stellt sich die Situation etwas anders dar als in Aufgabe 4. Die höheren Stückkosten der älteren Maschine im Bereich zeitlicher Anpassung führen dazu, dass bei einer Auflage, die geringfügig über 634.107 liegt, die intensitätsmäßige Anpassung zunächst noch günstiger ist als die Einbeziehung der zweiten Maschine, da die Grenzkosten, d. h. die Kosten des nächsten zu druckenden Exemplars noch geringer sind. Erst wenn der Druck eines weiteren Exemplars

auf der ersten Maschine teurer wird als sein Druck auf dem zweiten Aggregat, ist dessen Einsatz vorteilhaft.

Das bedeutet, dass diejenige Auflage ermittelt werden muss, bei der die Grenzkosten der ersten Maschine genauso hoch sind wie die der zweiten. Daher sind die beiden Grenzkostenfunktionen gleichzusetzen

$$K_1'(x) = K_2'(x)$$
$$\Rightarrow \frac{325 \cdot x}{11.000.000.000} + 0,639 = 0,658$$
$$\Leftrightarrow x = 643.077$$

und es ergibt sich mit einer Zahl von 643.077 Exemplaren die Auflagenhöhe, ab der die zweite Maschine in Betrieb genommen wird. Dies lässt sich bis zu einer Menge von (643.077 + 634.107 =) 1.277.184 Exemplaren umsetzen; bei einer größeren Auflage ist eine weitere intensitätsmäßige Anpassung vorzunehmen. Eine solche Anpassung erfolgt dann im Allgemeinen derart, dass die Mengenaufteilung auf die beiden Druckmaschinen so vorgenommen wird, dass die Grenzkosten jeweils gleich sind.

Im vorliegenden Fall liegt allerdings ein Sprung in der Grenzkostenfunktion des zweiten Aggregats vor, und die Grenzkosten jenseits der Menge von 634.107 sind mit mindestens 0,6937 im Vergleich zu denen auf der ersten Druckmaschine ($K_1'(660.000) = 0,6585$) so hoch, dass die zusätzlichen Exemplare zunächst nur auf dieser gedruckt werden, bis deren Kapazitätsgrenze erreicht ist. Lediglich bei Auflagen von mehr als (634.107 + 660.000 =) 1.294.107 wird die Leistung der zweiten Druckmaschine erhöht.

Die Kostenfunktion $K_{1+2}(x)$, bei der beide Aggregate in die Betrachtung einbezogen werden, hat in Abhängigkeit von der gewünschten Auflage dann folgendes Aussehen:

$$K_{1+2}(x) = \begin{cases} 0,5690x & \text{für } 0 \leq x \leq 440.000 \\ 0,6577x & \text{für } 440.000 < x \leq 634.107 \\ \dfrac{325 \cdot x^2}{22.000.000.000} + 0,639x + 5.940 & \text{für } 634.107 < x \leq 643.077 \\ 422.975,44 + 0,658 \cdot (x - 643.077) & \text{für } 643.077 < x \leq 1.277.184 \\ 417.242,41 + \dfrac{325 \cdot (x - 634.107)^2}{22.000.000.000} + 0,639 \cdot (x - 634.107) + 5.940 & \text{für } 1.277.184 < x \leq 1.294.107 \\ 434.115 + \dfrac{325 \cdot (x - 660.000)^2}{22.000.000.000} + 0,675 \cdot (x - 660.000) + 5.940 & \text{für } 1.294.107 < x \leq 1.320.000 \end{cases}$$

Es ist zu sehen, dass die ersten drei Funktionsbereiche denen der Kostenfunktion aus Aufgabe 2 entsprechen; der vierte Bereich setzt sich zusammen aus den Kosten, die für den Druck von 643.077 Exemplaren auf Maschine 1 anfallen, ergänzt um die Druckkosten für die über diese Zahl hinausgehenden Exemplare ($x-643.077$), die zu Stückkosten von 0,658 auf der zweiten Maschine erstellt werden. Entsprechend ergibt sich die fünfte Teilfunktion aus den Kosten auf Maschine 2 ($K_2(634.107)$) und denjenigen für die über 634.107 hinausgehende Zahl von Exemplaren auf Maschine 1 ($K_1(x-634.107)$). Der sechste Funktionsbereich lässt sich schließlich darstellen als Summe aus $K_1(660.000)$ und $K_2(x-660.000)$.

Literaturhinweise

BLOECH, J.; LÜCKE, W.: Produktionswirtschaft, in: BEA, F.X., FRIEDL, B.; SCHWEITZER, M. (Hrsg.): Allgemeine Betriebswirtschaftslehre, Bd. 3: Leistungsprozess, 9. Aufl., Stuttgart, New York 2006, S. 183-252.

BLOECH, J.; BOGASCHEWSKY, R.; BUSCHER, U.; DAUB, A.; GÖTZE, U.; ROLAND, F.: Einführung in die Produktion, 6. Aufl., Heidelberg, Berlin 2008.

BOGASCHEWSKY, R.; SIERKE, B.: Optimale Aggregatkombination bei zeitlich-intensitätsmäßiger Anpassung und bei Kosten der Inbetriebnahme, in: ZfB, 57. Jg. (1987), S. 978-1000.

GUTENBERG, E.: Grundlagen der Betriebswirtschaftslehre, Bd. 1: Die Produktion, 24. Aufl., Berlin, Heidelberg, New York 1983.

STEVEN, M.: Handbuch Produktion. Theorie, Management, Logistik, Controlling, Stuttgart 2007.

6 Operative Produktionsprogrammplanung

6.1 Fallbeispiel

In einem kleinen erzgebirgischen Unternehmen werden in dessen Sparte Kunsthandwerk Schwibbögen („Schwibbugn"), Weihnachtspyramiden („Peremetten") und Räuchermännchen („Raachermannln") vor allem für den Export in die USA und nach Asien hergestellt. Das inhabergeführte Unternehmen hat sein Sortiment bisher nicht systematisch mit Blick auf die Erzielung hoher Erfolgsbeiträge geplant. Da kommt es wie gerufen, dass HELLA KOPF, Studentin der Betriebswirtschaftslehre an der nahe gelegenen Hochschule, ein Praktikum in dem Unternehmen absolvieren möchte. Sie wird eingestellt und damit beauftragt, das Produktions- und Absatzprogramm für das nächste Quartal systematisch zu planen.

Da eine ausgefeilte Teilkostenrechnung nicht vorhanden ist, analysiert sie zunächst die Eingangsrechnungen, Lohnabrechnungen sowie Abläufe und Verbräuche in der Fertigung, um die variablen Stückkosten der verschiedenen Produkte zu ermitteln. Dabei kommt ihr entgegen, dass der in dieser Hinsicht vorausschauend agierende Unternehmer zur Reduzierung der Komplexität die Variantenvielfalt verringert hat und nur noch jeweils eine Art von Schwibbogen (S) und Weihnachtspyramide (W) sowie drei Varianten von Räuchermännchen ($R1$, $R2$, $R3$) herstellt und anbietet. Für diese kann sie die folgenden Daten bestimmen:

	S	W	$R1$	$R2$	$R3$
Materialkosten pro Stück [€]	115,–	365,–	3,50	6,50	8,50
Lohnkosten pro Stück [€]	125,–	550,–	7,–	13,–	17,–

Sie geht davon aus, dass diese Werte sich nicht in Abhängigkeit von der Produktionsmenge verändern.

Außerdem befragt sie den einzigen Vertriebsmitarbeiter nach den maximal erzielbaren Absatzmengen (bezogen auf das nächste Quartal) und den durchschnittlichen Preisen der Produkte. Dieser zögert zunächst, präzise Angaben zu machen, und verweist auf die hohe Unsicherheit der Marktentwicklung; schließlich prognostiziert er aber doch die folgenden Werte:

	S	W	R1	R2	R3
Preis pro Stück [€]	320,–	1.115,–	15,50	28,50	35,50
Maximale Absatzmenge [Stück]	60	40	1.500	1.800	2.000

Frau KOPF ist nach dem erfolgreichen Absolvieren der Grundlagenveranstaltungen in Allgemeiner Betriebswirtschaftslehre, Marketing und Mikroökonomie bewusst, dass verschiedene Marktformen existieren, bei denen unterschiedliche Zusammenhänge zwischen Preis und Absatzmenge vorliegen. Ohne sehr intensiv nachzufragen, schließt sie aus dem Hinweis des Verkäufers, es gebe viele Konkurrenten, dass Preis und Absatzmenge wie bei einer vollkommenen Konkurrenz unabhängig voneinander sind. Außerdem nimmt sie die Informationen auf, dass angesichts des hohen Exportanteils von gleichmäßig über das Jahr verteilten Absatzmengen ausgegangen werden kann und dass das Unternehmen die Maxime verfolgt, die Produktions- jeweils den Absatzmengen anzupassen.

Abschließend beschäftigt sie sich mit der Frage, welche Beziehungen zwischen den verschiedenen Produkten existieren. Hierzu wird ihr mitgeteilt, dass hinsichtlich der Kosten, der Preise und der maximalen Absatzmengen von Unabhängigkeit ausgegangen werden kann. Es liege aber ein gemeinsamer Engpass an den beiden Drehmaschinen vor, die alternativ zur Herstellung sämtlicher Produkte verwendet werden. Diese können jeweils 50 Stunden je Arbeitswoche bei 13 Arbeitswochen im Quartal zum Einsatz kommen (bei Urlaubs- und Krankheitszeiten ist eine Übernahme der Arbeiten durch andere Mitarbeiter möglich). Die Drehmaschinen werden von den einzelnen Produktarten bei der Fertigung eines Stücks im nachfolgend angegebenen Ausmaß zeitlich beansprucht:

	S	W	R1	R2	R3
Fertigungszeit [Minuten]	250	700	8	15	16

Über weitere relevante Engpässe für eine oder mehrere Produktarten wird zunächst nicht berichtet.

Aufgabe 1

a) Versetzen Sie sich in die Lage von HELLA KOPF, und ermitteln Sie das optimale Produktions- und Absatzprogramm sowie den maximalen Deckungsbeitrag für ein Quartal.

b) Angesichts der Unsicherheit, die bezüglich der erzielbaren Preise besteht, sollen die Preisuntergrenzen bestimmt werden. Übernehmen Sie diese Aufgabe und gehen Sie dabei vereinfachend davon aus, dass lediglich die Produktions- und Absatzmenge einer Produktart verändert wird.

c) Der Vertriebsmitarbeiter erhält die Anfrage eines potenziellen Großkunden aus dem asiatischen Raum, der 20 Weihnachtspyramiden abnehmen möchte und bereit ist, 1.150 € pro Stück dafür zu zahlen. Die Lieferung einer kleineren Menge lehnt er ab. Sollte dieser Auftrag angenommen werden? Wie lautet die Preisuntergrenze für den Auftrag (bezogen auf eine Weihnachtspyramide)?

Lange Diskussionen mit der Geschäftsleitung und dem Vertriebsmitarbeiter führen zu dem Ergebnis, dass einerseits ein Wachstumskurs verfolgt werden soll und andererseits sämtliche Produkte hergestellt und veräußert werden sollen, um ein attraktives und umfassendes Produktions- und Absatzprogramm anzubieten, Kompetenzen zu bewahren und auch die negativen Effekte von Absatzeinbrüchen mindern zu können. Daraufhin wird die Kapazität durch die Anschaffung einer weiteren Drehmaschine (mit der selben zeitlichen Verfügbarkeit wie bei den beiden in der Ausgangssituation vorhandenen Drehmaschinen) und die Einstellung von Mitarbeitern erhöht. Außerdem erfolgt eine Aufteilung der Produktion und der darauf bezogenen Produktions- und Absatzprogrammplanung: Die neue Drehmaschine soll allein für die Herstellung von Schwibbögen und Weihnachtspyramiden eingesetzt werden, während die beiden bereits vorhandenen Maschinen für die Fertigung der Räuchermännchen reserviert werden.

Bei der für diese veränderte Konstellation erfolgenden Planung des Produktions- und Absatzprogramms sollen nun aktuelle Eindrücke des Vertriebsmitarbeiters berücksichtigt werden, der von einer verstärkten Preissensitivität der Kunden bei Räuchermännchen berichtet und anregt, die Preise für diese zu senken, um den Absatz anzukurbeln. Nach intensiven Gesprächen mit ihm gelingt es, die folgenden Preis-Absatz-Funktionen zur (näherungsweisen) Abbildung des vermuteten Zusammenhangs zwischen Preisen p_i ($i = 1, 2, 3$) und Absatzmengen x_i ($i = 1, 2, 3$) zu formulieren (die Absatzhöchstmengen ergeben sich nun aus diesen Funktionen):

$R1: p_1(x_{R1}) = 18 - 1/600 \cdot x_{R1}$
$R2: p_2(x_{R2}) = 32{,}50 - 1/400 \cdot x_{R2}$
$R3: p_3(x_{R3}) = 39{,}50 - 1/500 \cdot x_{R3}$

Aufgabe 2
a) Ermitteln Sie – auf der Basis dieser neuen Informationen, ansonsten aber weiterhin von den Daten der Ausgangssituation ausgehend – das optimale Produktions- und Absatzprogramm für die Räuchermännchen für ein Quartal.

b) Leiten Sie aus den Berechnungen zur Bestimmung der Optimallösung eine Aussage zu den maximalen Kosten einer Kapazitätserweiterung ab.

Kaum sind die Überlegungen zu den Produktions- und Absatzmengen der Räuchermännchen abgeschlossen, da ergibt sich neuer Planungsbedarf bei den Schwibbögen und Weihnachtspyramiden. Diese werden von handwerklich sehr geschickten und erfahrenen Mitarbeitern des Unternehmens kunst- und liebevoll bemalt – im Gegensatz zu den Räuchermännchen, bei denen die entsprechende Aufgabe nicht so anspruchsvoll ist, so dass eine Fremdvergabe dieser Tätigkeit erfolgt ist. Nun steht einer der langjährigen Mitarbeiter krankheitsbedingt für einen längeren Zeitraum nicht zur Verfügung, so dass sich ein zweiter potenzieller Engpass ergibt.

Für das Bemalen eines Schwibbogens benötigen die Mitarbeiter durchschnittlich 6 Stunden, bei einer Weihnachtspyramide sind es 8 Stunden. Im Planungszeitraum steht nach dem Ausfall des Mitarbeiters noch eine Kapazität von 560 Stunden zur Verfügung.

Aufgabe 3
Formulieren Sie – unter der Annahme, dass die anderen bisher verwendeten Daten weiterhin gelten und insbesondere die neu angeschaffte Drehmaschine allein für die Fertigung von Schwibbögen und Weihnachtspyramiden vorgesehen ist, – ein lineares Optimierungsmodell für die vorliegende Problemstellung, und bestimmen Sie mithilfe einer Graphik das optimale Produktions- und Absatzprogramm sowie den maximalen Deckungsbeitrag für ein Quartal.

6.2 Produktionsprogrammplanung als Bestandteil der Produktionsplanung und -steuerung

Mit dem Produktionsprogramm eines Unternehmens wird festgelegt, welche Produktarten in welchen Mengen in bestimmten Perioden hergestellt werden sollen. Es ist eng mit dem Absatzprogramm, d. h. den in einer Periode abgesetzten Mengen der Produkte, verbunden, kann aber generell von diesem aufgrund der Fertigung nicht direkt für den Absatz bestimmter Güter (Halbfabrikate, selbst genutzte Anlagen etc.), des Einkaufs von Fertigfabrikaten (Handelswaren) sowie aufgrund von Lagerbestandsveränderungen in gewissem Maße abweichen.

Das Produktionsprogramm stellt eine Vorgabe für die Bereitstellungs- und die Produktionsdurchführungsplanung dar. Die Möglichkeiten der Bereitstellung von Produktionsfaktoren sowie der Produktionsdurchführung bedingen ihrerseits aber wiederum die Realisierbarkeit sowie die Vorteilhaftigkeit von Produktionsprogrammen. Die demgemäß existierenden Interdependenzen sind im Rahmen der Produktionsplanung und -steuerung adäquat zu berücksichtigen (vgl. Kapitel 1).

Die Planung des Produktionsprogramms erfolgt – analog zu Unternehmensplanungen allgemein – auf einer strategischen, taktischen und operativen Ebene, von denen im Folgenden allein die operative betrachtet wird. Bei der auf dieser Ebene vorgenommenen kurzfristigen Planung des Produktionsprogramms wird oftmals davon ausgegangen, dass der Gewinn die durch die Festlegung von Produktionsmengen zu maximierende Zielgröße ist. Dies wird auch in den nachfolgenden Ausführungen unterstellt. Weiterhin wird angenommen, dass die Produktionsmenge stets gleich der Absatzmenge ist, so dass keine Lagerbestandsveränderungen auftreten, die sich auf die Gewinnhöhe auswirken.[1] Unter anderem dadurch bedingt, sollen die Umsatzerlöse die einzige relevante Erlöskomponente darstellen, so dass sich der Gewinn durch Subtraktion der Kosten von den Umsätzen ermitteln lässt. Die fixen Kosten werden zwar im Folgenden bei der Darstellung von Kosten- und Gewinnfunktionen zum Teil berücksichtigt, sie sind jedoch für die hier betrachteten kurzfristigen Entscheidungen mit den auf eine Periode begrenzten Auswirkungen nicht relevant und können daher bei der Optimierung außer Acht gelassen werden. Es wird dann eine Maximierung des Deckungsbeitrags bzw. Bruttogewinns (Gewinn zuzüglich der fixen Kosten) vorgenommen, die auch zu einem maximalen Gewinn führt.

Die Situationen, in denen Unternehmen eine Produktionsprogrammplanung vornehmen, können sich in mehrfacher Hinsicht unterscheiden und dann jeweils den Einsatz unterschiedlicher Vorgehensweisen erfordern. Relevant sind hierfür insbesondere die Anzahl der Produktarten, die Art der Umsatz- und Kostenverläufe, die Beziehungen zwischen den Produktarten (unabhängig, in unterschiedlichen Formen voneinander abhängig) sowie die Anzahl relevanter Engpässe. Nachfolgend werden verschiedene Situationen betrachtet, bei denen aber jeweils eine Alternativproduktion vorliegt. Dies heißt, dass grundsätzlich mehrere Produktarten unabhängig voneinander hergestellt werden können (im Gegensatz zu einer Kuppelproduktion), aber eine Verbindung zwischen diesen in Form eines potenziellen Engpasses oder mehrerer solcher Engpässe besteht, um dessen Kapazität bzw. deren Kapazitäten die Produkte konkurrieren. Dabei wird jeweils unterstellt, dass die Kapazitätsbeanspruchung pro Einheit der einzelnen Produktarten unabhängig von der Produktionsmenge konstant ist.

---

[1] Daher wird im Folgenden allein der Begriff Produktionsmenge verwendet.

6.3 Programmplanung bei einem Engpass

Lineare Umsatz- und Kostenverläufe

Zunächst wird erörtert, in welcher Weise eine operative Produktionsprogrammplanung durchgeführt werden kann, wenn ein potenzieller gemeinsamer Engpass für zwei oder mehrere Produkte gegeben ist und die für den Deckungsbeitrag bzw. kurzfristig auch für den Gewinn maßgeblichen Preise sowie variablen Stückkosten von der Verkaufs- bzw. Ausbringungsmenge unabhängig und konstant sind.

Als Basis für die entsprechende Bestimmung optimaler Produktionsmengen ist zunächst darzustellen, wie sich der Gewinn (G) in einer solchen Situation in Abhängigkeit von Preis (p), variablen Stückkosten (k_v) sowie Produktionsmenge (x) bei einer einzelnen Produktart verhält. Aus der Annahme der Konstanz des Preises und der variablen Stückkosten resultiert eine lineare Funktion des Gewinns – als Differenz des Umsatzes (U) und der Kosten (K), bestehend aus variablen (K_v) und fixen Kosten (K_f) – in Abhängigkeit von der Produktionsmenge:

$$G(x) = U(x) - K(x) = p \cdot x - k_v \cdot x - K_f = (p - k_v) \cdot x - K_f \qquad (1)$$

Bei einer graphischen Betrachtung ergibt sich diese Gewinnfunktion als vertikale Differenz zwischen einer Umsatz- und einer Kostengerade, wie die Abbildung 6.1 zeigt.

In der Abbildung ist unterstellt worden, dass der Preis des Produktes höher ist als dessen variable Stückkosten (vgl. zur Ermittlung von Stückkosten Kapitel 16). Die Differenz aus beiden, der **Stückdeckungsbeitrag** ($db = p - k_v$), ist positiv. In diesem Fall steigt der Gewinn mit zunehmender Produktionsmenge. Aus dieser Erkenntnis lässt sich ableiten, dass hier die Menge produziert und abgesetzt werden sollte, die in Anbetracht von Produktions- oder Absatzbeschränkungen maximal realisierbar ist. Es ist allerdings nicht sichergestellt, dass mit dieser Menge auch ein positiver Gewinn erzielt wird. Dies gilt nur, falls die Menge, die zu einem Gewinn von Null führen würde (Break-Even-Menge, Gewinnschwelle), wie im Beispiel der Abbildung 6.1 kleiner ist als die maximale Produktionsmenge (zur Bestimmung von Break-Even-Mengen vgl. Coenenberg/Fischer/Günther, 2007, S. 283 ff.). Ist hingegen der Stückdeckungsbeitrag negativ, dann sind Herstellung und Absatz eines Produktes nicht lohnend, sie senken den Gewinn bzw. erhöhen den Verlust.

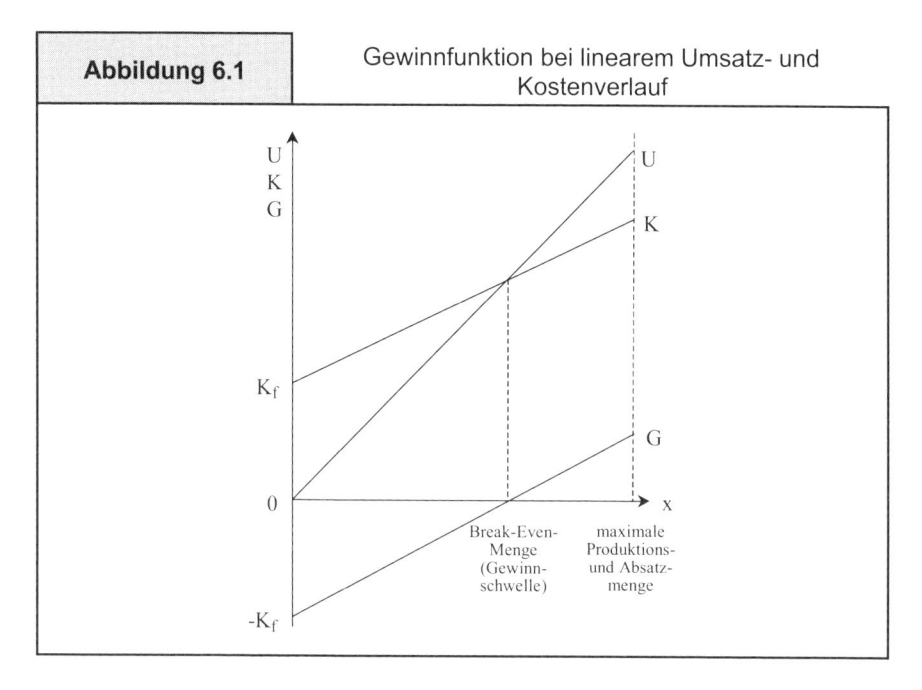

Programmplanung bei einem Engpass 75

Abbildung 6.1 — Gewinnfunktion bei linearem Umsatz- und Kostenverlauf

(Achsen: U, K, G; K_f; $-K_f$; x-Achse mit Break-Even-Menge (Gewinnschwelle) und maximale Produktions- und Absatzmenge)

Diese Überlegungen stellen eine Basis für die Bestimmung des optimalen Produktionsprogramms bei einem Engpass dar. In dieser Situation kann es aufgrund des gemeinsamen Engpasses für mehrere Produktarten auch bei positivem Stückdeckungsbeitrag einer Produktart sinnvoll sein, auf deren Produktion und Absatz zu verzichten. Ein weiterer Grund hierfür ist gegeben, falls durch einen relativ geringen Preis des betrachteten Produktes die Preise anderer Produkte des Unternehmens beeinflusst werden. Dieser Fall wird hier vernachlässigt.

Zur Bestimmung des gewinnmaximalen Produktionsprogramms kann nun wie folgt vorgegangen werden:

- Berechnung der Stückdeckungsbeiträge,
- Ermittlung der für die Produktarten mit positivem Stückdeckungsbeitrag benötigten Kapazität unter der Annahme, dass jeweils deren maximale Absatzmenge hergestellt und abgesetzt wird,
- Vergleich der benötigten mit der vorhandenen Kapazität,
- Ableitung des optimalen Produktionsprogramms:
  - Falls die vorhandene Kapazität ausreicht, um alle Produktarten mit positivem Stückdeckungsbeitrag bis zur Absatzhöchstmenge zu produzieren, stellen die entsprechenden Absatzhöchstmengen das optimale Produktionsprogramm dar.
  - Falls die Kapazität nicht ausreicht, wird eine Rangfolge der Produkte im Hinblick auf eine bestmögliche Ausnutzung des Engpasses gebildet

und anschließend gemäß dieser Rangfolge das optimale Produktionsprogramm unter Ausnutzung der maximalen Kapazität festgelegt.

Das Vorgehen bei der Bildung der Rangfolge ist davon abhängig, ob der Engpass im Absatz-, Produktions- oder Beschaffungsbereich vorliegt. Bei einem Engpass im Absatzbereich in Form einer gemeinsamen Absatzhöchstmenge für mehrere Produktarten lässt sich die Güte der Ausnutzung am Stückdeckungsbeitrag messen; er gibt an, zu welcher Gewinnerhöhung die Nutzung einer Einheit des Engpasses „gemeinsame Absatzmenge" durch die Produktarten führt. Es kann damit nach der Höhe der **Stückdeckungsbeiträge** (db) eine Rangfolge in Bezug auf die Vorteilhaftigkeit der Produkte gebildet werden. Entsprechend dieser Rangfolge lässt sich das optimale Produktionsprogramm zusammensetzen.

Das geschilderte Vorgehen ist abzuwandeln, falls der gemeinsame Engpass im Produktions- oder Beschaffungsbereich besteht. Zwar wird zur Bildung einer Rangfolge bezüglich der Produktarten wiederum nach der bestmöglichen Ausnutzung des Engpasses gefragt, die Güte der Nutzung eines Engpasses wird nun aber durch sogenannte **engpassbezogene oder relative Deckungsbeiträge** (db_r) angegeben, da die einzelnen Produktarten die Kapazitäten i. d. R. in unterschiedlichem Ausmaß beanspruchen. Ein engpassbezogener Deckungsbeitrag lässt sich berechnen, indem der Stückdeckungsbeitrag einer Produktart durch die – beispielsweise in Zeiteinheiten gemessene – Inanspruchnahme der Kapazität des Engpasses durch eine Mengeneinheit der Produktart dividiert wird. Er gibt an, welcher Deckungsbeitrag pro Engpasseinheit mit einer bestimmten Produktart erzielt werden kann und weist demgemäß die Dimension €/Engpasseinheit auf.

An die Bestimmung des optimalen Programms kann sich eine Analyse des Einflusses von Preisveränderungen anschließen. Es lässt sich unter der Annahme, dass die Preise anderer Produktarten unverändert bleiben, eine **Preisuntergrenze** für jede Produktart, die abgesetzt werden soll, bestimmen. Wird durch die Aufnahme einer Produktart in das Produktionsprogramm oder deren Eliminierung aus dem Programm lediglich die Menge einer anderen Produktart (eines „Grenzproduktes" k) verändert, ergibt sich die Preisuntergrenze einer Einheit der Produktart i aus den variablen Stückkosten (k_{vi}) zuzüglich dem pro Einheit verdrängten Deckungsbeitrag.

Preisuntergrenze = variable Stückkosten + verdrängter Deckungsbeitrag pro Einheit

Dieser verdrängte Deckungsbeitrag wiederum setzt sich aus dem Produkt der benötigten Kapazität pro Einheit (a_i) und des relativen Deckungsbeitrags der verdrängten Produktart (db_{rk}) zusammen, so dass sich insgesamt die folgende Formel für die Preisuntergrenze (PUG_i) ergibt:

$$PUG_i = k_{vi} + a_i \cdot db_{rk} \qquad (2)$$

Werden durch eine Produktart oder einen Auftrag die Mengen mehrerer anderer Produktarten k verringert, dann sind sämtliche Mengenveränderungen (Δx_k) bei der Ermittlung der Preisuntergrenze zu berücksichtigen. Dazu wird die Summe der verdrängten Deckungsbeiträge (mit db_k als Stückdeckungsbeitrag der Produktart k) bestimmt und zu den variablen Kosten eines Auftrags (Preisuntergrenze für den Auftrag) bzw. – wie in der folgenden Formel dargestellt – anteilig zu den variablen Stückkosten einer Produkteinheit (Preisuntergrenze für die Produkteinheit) addiert:

$$PUG_i = k_{vi} + \frac{\sum_{k=1}^{K} db_k \cdot \Delta x_k}{x_i} \qquad (3)$$

Nicht-lineare Umsatz- und/oder Kostenverläufe

Nicht-lineare Verläufe der Umsatzfunktion können aus einer Monopol- oder Oligopolsituation resultieren, nicht-lineare Kostenverläufe sind für bestimmte Produktionsfunktionen (wie die ertragsgesetzliche Produktionsfunktion oder den Bereich intensitätsmäßiger Anpassung bei einer GUTENBERG-Produktionsfunktion, vgl. die Kapitel 3 und 5) charakteristisch. Auch als Basis für die Optimierung des Produktionsprogramms bei Konstellationen mit nicht-linearen Umsatz- und/oder Kostenverläufen ist zunächst darzulegen, welche Bedingungen für die gewinnmaximale Produktionsmenge einer einzelnen Produktart gelten. Die gewinnmaximale Produktionsmenge (x_{opt}) lässt sich nun – Stetigkeit und Differenzierbarkeit der Gewinnfunktion ($G(x) = U(x) - K(x)$) vorausgesetzt – bestimmen, indem deren erste Ableitung gebildet und gleich Null gesetzt wird (notwendige Bedingung für ein Gewinnmaximum).

$$\frac{dG}{dx} = \frac{dU}{dx} - \frac{dK}{dx} = 0 \quad \Rightarrow \quad \frac{dU}{dx} = \frac{dK}{dx} \qquad (4)$$

Bei der gewinnmaximalen Menge entspricht der Grenzumsatz den Grenzkosten. Um sicherzustellen, dass es sich auch um ein Gewinnmaximum handelt, ist zudem die zweite Ableitung zu überprüfen, die einen negativen Wert annehmen muss (hinreichende Bedingung für ein Gewinnmaximum). Damit liegt die gewinnmaximale Menge einer Produktart nicht notwendigerweise an der Kapazitäts- bzw. Absatzgrenze.

Bei mehreren Produktarten lässt sich das optimale Produktionsprogramm in einer Schrittfolge bestimmen, die der ähnelt, die für lineare Verläufe dargestellt worden ist. Allerdings sind einzelne Schritte zu modifizieren:

- Bestimmung der Mengen, die für die einzelnen Produktarten jeweils isoliert betrachtet optimal sind (wie oben beschrieben),

- Ermittlung der insgesamt benötigten Kapazität unter der Annahme, dass diese isoliert optimalen Mengen hergestellt und abgesetzt werden,
- Vergleich der benötigten mit der vorhandenen Kapazität,
- Ableitung des optimalen Produktionsprogramms:
  - Falls die vorhandene Kapazität ausreicht, um alle Produktarten mit der isoliert optimalen Menge zu produzieren, stellen die entsprechenden Mengen das optimale Produktionsprogramm dar.
  - Falls die Kapazität nicht ausreicht, kann die Optimierung mit Hilfe einer Lagrange-Funktion vorgenommen werden, wie nachfolgend dargestellt wird.

Im Gegensatz zum linearen Fall ist eine Optimierung des Produktionsprogramms mittels relativer Deckungsbeiträge nun nicht mehr möglich, da keine konstanten Stückdeckungsbeiträge vorliegen, damit auch die relativen Deckungsbeiträge von der Menge abhängen und deshalb keine stabile Rangfolge der Produktarten gebildet werden kann. Stattdessen lässt sich eine **Lagrange-Funktion** nutzen. Diese enthält den durch die Produktionsmengen (symbolisiert durch X) bestimmten Deckungsbeitrag (DB), der angesichts der Irrelevanz fixer Kosten für kurzfristige Programmentscheidungen eine geeignete Zielgröße darstellt und sich ergibt als über alle Produktarten i gebildete Summe der Produkte aus den (von den zu optimierenden Produktionsmengen (x_i) abhängigen) Stückdeckungsbeiträgen der einzelnen Produktarten ($db_i(x_i)$) sowie den Produktionsmengen:

$$DB(X) = \sum_{i=1}^{I} db_i(x_i) \cdot x_i \tag{5}$$

Die zweite Komponente der Lagrange-Funktion stellt die mit dem Lagrange-Multiplikator (λ) gewichtete Nebenbedingung dar, wobei davon ausgegangen wird, dass diese als Gleichung erfüllt ist, d. h. die Summe der für die einzelnen Produktarten erforderlichen Kapazität (jeweils das Produkt aus Kapazitätsbeanspruchung pro Stück (a_i) sowie Produktionsmenge (x_i)) der vorhandenen Kapazität (T) entspricht.

Die Lagrange-Funktion

$$L(X,\lambda) = \sum_{i=1}^{I} db_i(x_i) \cdot x_i - \lambda \left(\sum_{i=1}^{I} a_i \cdot x_i - T \right) \tag{6}$$

ist zu maximieren. Für die optimale Lösung muss gelten, dass die ersten partiellen Ableitungen der Lagrange-Funktion gleich Null sind (notwendige Bedingung für das Vorliegen einer Optimallösung; die hinreichende Bedingung ist immer erfüllt, falls die Zielfunktion – wie hier für die Deckungsbeitragsfunktion unterstellt – konkav ist). Zur Optimierung können daher die ersten partiellen Ableitungen gebildet und gleich Null gesetzt werden:

$$\frac{\delta L}{\delta x_i} = \frac{\delta db_i}{\delta x_i} \cdot x_i + db_i(x_i) - \lambda \cdot a_i = 0 \text{, für } i = 1,...,I \tag{7}$$

$$\frac{\delta L}{\delta \lambda} = -\left(\sum_{i=1}^{I} a_i \cdot x_i - T\right) = 0 \tag{8}$$

Durch Lösung des entstehenden Gleichungssystems lassen sich die optimalen Produktionsmengen bestimmen.

Die „relativen Grenzdeckungsbeiträge" der im optimalen Produktionsprogramm enthaltenen Produkte (Grenzdeckungsbeitrag dividiert durch Kapazitätsbeanspruchung pro Stück) sind im Optimum gleich. Der – mit den relativen Grenzdeckungsbeiträgen übereinstimmende – Wert des Lagrange-Multiplikators im Optimum gibt einen Hinweis auf die Bewertung der knappen Kapazität des Engpasses. Er sagt aus, wie sich der Deckungsbeitrag verändern würde, wenn eine (infinitesimal kleine) Einheit der Kapazität mehr zur Verfügung stünde (allerdings ohne Berücksichtigung etwaiger dadurch entstehender Kosten). Dieser Wert gilt aufgrund des Vorliegens nichtlinearer Funktionen aber nur für die Optimallösung.

6.4 Programmplanung bei mehreren Engpässen sowie linearen Umsatz- und Kostenverläufen

Bei Vorliegen mehrerer betrieblicher Engpässe sowie linearer Umsatz- und Kostenverläufe kann ein optimales Produktionsprogramm in der Regel ebenfalls nicht mehr mit Hilfe relativer Deckungsbeiträge ermittelt werden. Dies ist nur dann möglich, wenn sich eindeutig feststellen lässt, welcher Engpass am stärksten begrenzend wirkt, oder wenn sich bei allen Engpässen die gleiche aus den relativen Stückdeckungsbeiträgen abgeleitete Rangfolge der Produktarten ergibt. Um eine allgemeine Lösungsmöglichkeit zu erhalten, lässt sich für diese Konstellation ein lineares Optimierungsmodell, das sog. **Grundmodell der Produktionsprogrammplanung**, formulieren.

Bei diesem Modell wird wiederum die Zielsetzung „Gewinnmaximierung" verfolgt. Restriktionen können sich u. a. aus maximalen Absatzmengen, bestimmten Mengenverhältnissen zwischen den Produktarten oder maximal verfügbaren Rohstoffmengen ergeben. Hier konzentriert sich die Betrachtung auf die im Produktionsbereich vorhandenen Kapazitäten als potenzielle Engpässe. Eine mögliche Produktionsstruktur mit beispielhaft drei entsprechenden Engpässen und zwei Produktarten wird durch die folgende Abbildung veranschaulicht:

Abbildung 6.2	Produktionsstruktur im Grundmodell der Produktionsprogrammplanung

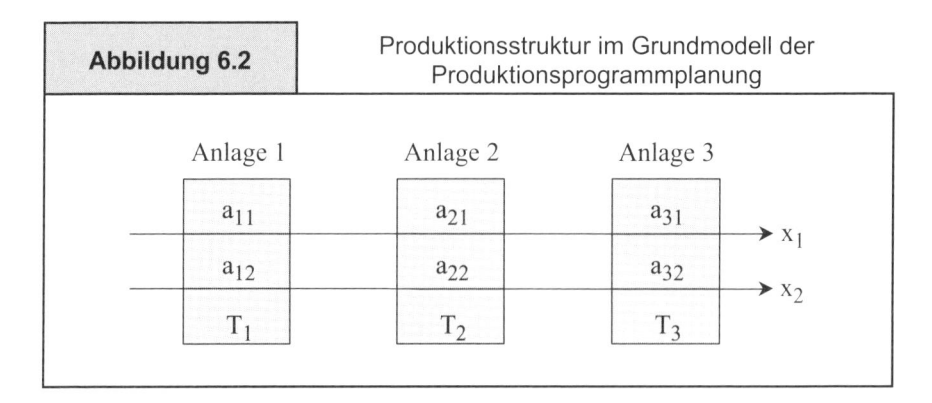

Anlage 1	Anlage 2	Anlage 3	
a_{11}	a_{21}	a_{31}	→ x_1
a_{12}	a_{22}	a_{32}	→ x_2
T_1	T_2	T_3	

Im Beispiel durchlaufen die Produkte drei Anlagen, wobei für die Produktion einer Einheit eines bestimmten Produktes bei jeder Anlage ein spezifischer, konstanter Kapazitätsbedarf (a_{ji}, j = 1, 2, 3; i = 1, 2) auftritt. Dieser stückbezogene Kapazitätsbedarf wird ebenso wie die vorhandene Kapazität der Anlagen (T_j, j = 1, 2, 3) in Zeiteinheiten angegeben. Der Zeitbedarf für die Fertigung einer Einheit einer Produktart auf einer Anlage wird auch als Produktionskoeffizient bezeichnet.

Die betrieblichen Beschränkungen resultieren aus dem Zeitbedarf für die Produktion und den gegebenen Kapazitäten der Anlagen. Die Zeit, die für die Fertigung der – noch zu bestimmenden – Produktionsmengen der beiden Produktarten erforderlich ist, darf bei jeder Anlage die vorhandene Kapazität nicht überschreiten. Die formale Struktur dieser Nebenbedingungen lautet allgemein:

$$\sum_{i=1}^{I} a_{ji} \cdot x_i \leq T_j \quad \text{für } j = 1,...,J \quad (9)$$

beanspruchte Kapazität $\leq$ vorhandene Kapazität

Neben diesen Restriktionen sind Nichtnegativitätsbedingungen für alle Produktarten zu berücksichtigen:

$$x_i \geq 0 \quad \text{für } i = 1,...,I \quad (10)$$

Die Gesamtheit der Nebenbedingungen legt eine Menge zulässiger Lösungen fest. Aus dieser Menge ist gemäß der bei der operativen Produktionsprogrammplanung verfolgten Zielsetzung die optimale Lösung zu bestimmen. In der Regel existiert nur ein einziges optimales Produktionsprogramm; in Sonderfällen liegen mehrere optimale Produktionsprogramme vor, die zum gleichen Zielfunktionswert führen. Die Deckungsbeitragsfunktion ergibt sich wiederum als Summe der über alle Produktarten gebildeten Produkte aus

Stückdeckungsbeitrag sowie Produktionsmenge; sie ist durch eine entsprechende Wahl der Werte der Variablen (x_i) zu maximieren:

$$DB(X) = \sum_{i=1}^{I} (p_i - k_{vi}) \cdot x_i \Rightarrow \text{Max!} \tag{11}$$

Eine Lösung dieses linearen Optimierungsproblems ist im speziellen Fall von nur zwei Produktarten auf graphischem Wege möglich. Generell anwenden lässt sich die **Simplexmethode**: Eine mit der Simplexmethode ermittelte optimale Lösung enthält die gewinnmaximalen Produktionsmengen der zur Wahl stehenden Produktarten sowie den maximal erzielbaren Deckungsbeitrag. Zusätzlich gibt sie Hinweise auf den Grad der Auslastung der einzelnen Restriktionen sowie die Vorteilhaftigkeit von Kapazitätserweiterungen. Zur Simplexmethode sei auf den Methodenteil des Buches verwiesen.

Hier soll zunächst allein die **graphische Optimierung** betrachtet werden. Diese wird in einem x_1x_2-Diagramm durchgeführt, in dem sowohl die Zielfunktion als auch die aus dem Beschränkungssystem resultierende Menge zulässiger Lösungen zu erfassen sind.

Für die Darstellung der Beschränkungen wird davon ausgegangen, dass die Kapazitäten vollkommen ausgeschöpft und die Beschränkungen damit als Gleichungen erfüllt sind. Im Koordinatensystem werden diese Gleichungen durch Geraden repräsentiert. Auf einer entsprechenden Geraden liegen die Produktmengenkombinationen (mit zulässigen Lösungen im ersten Quadranten), welche eine Beschränkung gerade vollständig ausschöpfen. Neben diesen Punkten sind im Hinblick auf die jeweilige Beschränkung auch alle diejenigen Punkte zulässig, die im ersten Quadranten links unterhalb dieser Geraden liegen (und damit die Beschränkung nicht vollständig ausnutzen). Da für die betriebliche Produktionsplanung die Kapazitätsbeschränkungen aller Anlagen gleichzeitig beachtet werden müssen, sind nur diejenigen Produktmengenkombinationen zulässig, die keine der Kapazitätsrestriktionen verletzen.

Zur graphischen Optimierung ist auch die zu maximierende Zielfunktion im Koordinatensystem abzubilden. Sie lautet für zwei Produktarten 1 und 2:

$$DB = (p_1 - k_{v1}) x_1 + (p_2 - k_{v2}) x_2 \Rightarrow \text{Max!} \tag{12}$$

Diese Gleichung, die den Deckungsbeitrag in Abhängigkeit von den Produktionsmengen x_1 und x_2 angibt, lässt sich im zweidimensionalen Raum nicht allgemein darstellen, da sie drei veränderliche Größen (DB, x_1, x_2) enthält. Es kann aber für den Deckungsbeitrag ein konkreter Wert vorgegeben und in die Gleichung eingesetzt werden, so dass sich diese ebenfalls als Gerade in einem x_1x_2-Diagramm abbilden lässt. Alle Punkte dieser Geraden, einer sog. Isodeckungsbeitragslinie, entsprechen Produktmengenkombinationen der Produktarten 1 und 2, die zu einem bestimmten Deckungsbeitrag (bzw. Bruttogewinn) führen. Für die Gesamtheit der Isodeckungsbeitragslinien gelten bei der hier vorliegenden Annahme konstanter Stückdeckungsbeiträge zwei Gesetzmäßigkeiten:

- die Geraden verlaufen parallel zueinander und
- je weiter rechts oben eine Gerade verläuft, desto höher ist der Deckungsbeitrag, der mit den durch sie abgebildeten Produktmengenkombinationen erreicht werden kann.

Diese Gesetzmäßigkeiten lassen sich nutzen, um das optimale Produktionsprogramm zu bestimmen. Dazu wird eine Isodeckungsbeitragslinie mit beliebigem Deckungsbeitragsniveau – sofern sie zulässige Lösungen abbildet – parallel so weit nach rechts oben verschoben, bis der aus den Beschränkungen resultierende Polyeder gerade noch berührt wird. Der Tangentialpunkt repräsentiert die optimale Lösung.

Wie die in Abschnitt 6.3 erörterten Modelle stellen auch Modelle des hier beschriebenen Typs vereinfachte Abbildungen der Realität dar, so dass ihre Ergebnisse nicht vorbehaltlos zur Entscheidungsfindung herangezogen werden sollten. Insbesondere wird angenommen, dass

- alle Daten sicher sind,
- nur das Ziel „Gewinnmaximierung" verfolgt wird,
- nur eine Planungsperiode relevant ist,
- eine gegebene Anzahl und Art von Produkten vorliegt,
- die Kapazitäten gegeben sind,
- die produzierten Mengen zum einen beliebig teilbar sind und zum anderen auch abgesetzt werden,
- die Preise, die variablen Stückkosten und die Produktionskoeffizienten gegeben und – unabhängig von der Produktionsmenge – konstant sind.

Gemäß diesen Annahmen bleiben diverse Aspekte wie Entscheidungen über die Einführung neuer Produkte, die Veränderung der Kapazitäten durch Überstunden oder Investitionen sowie Leistungsvariationen oder produktionsprogrammabhängige Rüstzeiten und -kosten sowie die Abhängigkeit der Beschaffungspreise für Material von den Produktions- und damit Materialbedarfsmengen im Grundmodell der Produktionsprogrammplanung unberücksichtigt. Dieses wird sich daher oftmals nicht in der beschriebenen Form auf Problemstellungen der Unternehmenspraxis anwenden lassen. Es sind aber Modellvariationen und -erweiterungen realisierbar, die zu einer stärkeren Annäherung des Modells an die Realität führen und damit die Aussagekraft der Modellergebnisse und deren Eignung zur Entscheidungsvorbereitung erhöhen.

6.5 Lösung des Fallbeispiels

Aufgabe 1
a) Das optimale Produktionsprogramm kann bei dieser Konstellation mit einem potenziellen Engpass sowie linearen Umsatz- und Kostenverläufen gemäß der in Abschnitt 6.3 dargestellten Schrittfolge berechnet werden:

Berechnung der Stückdeckungsbeiträge:

	S	W	R1	R2	R3
Preis pro Stück [€]	320,–	1.115,–	15,50	28,50	35,50
Variable Kosten pro Stück [€]	240,–	915,–	10,50	19,50	25,50
Stückdeckungsbeitrag [€]	80,–	200,–	5,–	9,–	10,–

Da alle Stückdeckungsbeiträge positiv sind, sollten – isoliert betrachtet – sämtliche Produkte in möglichst hoher Anzahl hergestellt und abgesetzt werden.

Ermittlung der zur Fertigung der Absatzhöchstmengen aller Produkte benötigten Kapazität (in Minuten):
250 · 60 + 700 · 40 + 8 · 1.500 + 15 · 1.800 + 16 · 2.000 = 114.000

Prüfung auf Vorliegen eines Engpasses:
Da die benötigte Kapazität mit 114.000 Minuten höher ist als die vorhandene Kapazität von 78.000 Minuten (2 · 13 · 50 · 60), liegt ein wirksamer Engpass vor.

Bildung einer Rangfolge:
Als Kriterium für die Bildung einer Rangfolge, gemäß der die Produkte in das Produktionsprogramm aufgenommen werden, dient der relative bzw. engpassbezogene Deckungsbeitrag.

	S	W	R1	R2	R3
Stückdeckungsbeitrag [€]	80,–	200,–	5,–	9,–	10,–
Fertigungszeit [Minuten]	250	700	8	15	16
Relativer Deckungsbeitrag [€]	0,32	0,29	0,625	0,6	0,625
Rang	4	5	1	3	1

Festlegung des optimalen Produktionsprogramms:
Gemäß der Rangfolge werden die Produkte nun so lange mit ihren maximal möglichen Mengen in das Produktionsprogramm aufgenommen, bis die Kapazität vollständig ausgenutzt ist, d. h. der kumulierte Kapazitätsbedarf (in Minuten) der vorhandenen Kapazität entspricht. Im hier vorliegenden Sonderfall, dass zwei Produkte denselben relativen Deckungsbeitrag und damit Rang aufweisen, ist es in monetärer Hinsicht unerheblich, welches zuerst aufgenommen wird (nachfolgend *R1*):

	S	W	R1	R2	R3
Produktionsmenge [Stück]	28	-	1.500	1.800	2.000
Kumulierter Kapazitätsbedarf [Min.]	78.000	-	12.000	71.000	44.000

Demgemäß sollten die drei Varianten von Räuchermännchen mit der maximalen Absatzmenge hergestellt, aber nur 28 Schwibbögen produziert werden. Auf die Fertigung von Weihnachtspyramiden sollte nach dieser rein monetären Betrachtung ganz verzichtet werden (dem könnten allerdings absatzpolitische Gründe wie das Angebot einer attraktiven Produktpalette oder die Befriedigung der Wünsche wichtiger Kunden entgegen stehen). Mit diesem Produktionsprogramm wird ein Deckungsbeitrag von 45.940 € erwirtschaftet.

b) Das „Grenzprodukt", d. h. das Produkt, dessen Produktionsmenge sich aufgrund von Preisveränderungen bei anderen Produkten als erstes verändert, ist hier der Schwibbogen (der zwar in das Produktionsprogramm aufgenommen wird, aber nicht mit der maximalen Absatzmenge). Dessen relativer Deckungsbeitrag markiert eine Vorteilhaftigkeitsschwelle für die anderen Produktarten, aus der sich die Preisuntergrenze (in €) gemäß der in Abschnitt 6.3 beschriebenen Formel ableiten lässt:

$$PUG_W = 915 + 0{,}32 \cdot 700 = 1.139{,}-$$
$$PUG_{R1} = 10{,}50 + 0{,}32 \cdot 8 = 13{,}06$$
$$PUG_{R2} = 19{,}50 + 0{,}32 \cdot 15 = 24{,}30$$
$$PUG_{R3} = 25{,}50 + 0{,}32 \cdot 16 = 30{,}62$$

Bei Produktarten, die vollständig im optimalen Produktionsprogramm enthalten sind, ist die Preisuntergrenze geringer als der erzielbare Preis, da diese Produktarten die Vorteilhaftigkeitsschwelle übertreffen (hier ist dies bei allen Räuchermännchen der Fall). Bei nicht in das optimale Produktionsprogramm aufgenommenen Produkten verhält es sich gegensätzlich, d. h. der Preis ist geringer als die Preisuntergrenze (hier bei der Weihnachtspyramide).

Für den Schwibbogen können zwei Preisuntergrenzen berechnet werden: eine untere (PUG_{SU}), ab der dieses Produkt weniger vorteilhaft ist als die

Lösung des Fallbeispiels 85

Weihnachtspyramide und daher aus dem Produktionsprogramm entfernt wird, und eine obere (PUG_{SO}), bei der das Produkt die Variante $R2$ der Räuchermännchen partiell aus dem Programm verdrängt.

PUG_{SU} = 240 + 0,29 · 250 = 312,50
PUG_{SO} = 240 + 0,60 · 250 = 390,-

c) Zur Beurteilung der Vorteilhaftigkeit einer Annahme des Großauftrags für die Weihnachtspyramiden ist der mit diesem erzielte Deckungsbeitrag den Deckungsbeiträgen der dadurch aus dem Produktionsprogramm verdrängten Produkte gegenüberzustellen:

Zusätzlicher Deckungsbeitrag: 20 · (1.150 – 915) = 4.700 €.

Entstehender Kapazitätsbedarf: 20 · 700 = 14.000 Minuten.

Verdrängte Produkte:
28 S (mit einer Kapazitätsfreisetzung von insgesamt 7.000 Minuten) sowie 467 R2 (mit einer Kapazitätsfreisetzung von (etwas mehr als) 7.000 Minuten).

Deckungsbeitrag der verdrängten Produkte: 28 · 80 + 467 · 9 = 6.443 €.

Da der verdrängte Deckungsbeitrag höher ist als der zusätzlich erwirtschaftete, sollte der Auftrag nicht angenommen werden.

Die für den Auftrag relevante Preisuntergrenze (PUG_{AW}) ergibt sich – bezogen auf eine Weihnachtspyramide – aus der in Abschnitt 6.3 für den Fall der Beeinflussung der Mengen mehrerer Produkte aufgeführten Formel (3):

$$PUG_{AW} = 915 + \frac{28 \cdot 80 + 467 \cdot 9}{20} = 1.237,15 \text{ €}.$$

Aufgabe 2
a) Analog zu Aufgabe 1 lässt sich das optimale Produktionsprogramm gemäß der Schrittfolge berechnen, wie sie in Abschnitt 6.3 für eine Konstellation mit nun nicht-linearen Umsatz- und damit auch Gewinnverläufen dargestellt ist.

Berechnung der isolierten optimalen Mengen:
R1:
$DB(x_{R1}) = (18 - 1/600 \, x_{R1}) \cdot x_{R1} - 10,50 \, x_{R1} = 7,50 \, x_{R1} - 1/600 \, x_{R1}^2$
$DB(x_{R1})' = 7,50 - 1/300 \, x_{R1} = 0 \Rightarrow x_{R1opt} = 2.250$ Stück

R2:
$DB(x_{R2}) = (32,50 - 1/400 \, x_{R2}) \cdot x_{R2} - 19,50 \, x_{R2} = 13 \, x_{R2} - 1/400 \, x_{R2}^2$
$DB(x_{R2})' = 13 - 1/200 \, x_{R2} = 0 \Rightarrow x_{R2opt} = 2.600$ Stück

R3:
$DB(x_{R3}) = (39{,}50 - 1/500\ x_{R3}) \cdot x_{R3} - 25{,}50\ x_{R3} = 14\ x_{R3} - 1/500\ x_{R3}^2$
$DB(x_{R3})' = 14 - 1/250\ x_{R3} = 0 \Rightarrow x_{R3opt} = 3.500$ Stück

Der Wert der zweiten Ableitung ist bei den ermittelten Mengen jeweils negativ, so dass auch die hinreichende Bedingung für ein Deckungsbeitragsmaximum erfüllt ist.

Ermittlung des Kapazitätsbedarfs:
$8 \cdot 2.250 + 15 \cdot 2.600 + 16 \cdot 3.500 = 113.000$ Minuten

Prüfung auf Vorliegen eines Engpasses:
Da die benötigte Kapazität mit 113.000 Minuten höher ist als die vorhandene Kapazität von 78.000 Minuten, liegt ein wirksamer Engpass vor.

Optimierung mittels einer Lagrange-Funktion:
Lagrange-Funktion:

$L(x_{R1}, x_{R2}, x_{R3}, \lambda) = 7{,}50\ x_{R1} - 1/600\ x_{R1}^2 + 13\ x_{R2} - 1/400\ x_{R2}^2 + 14\ x_{R3}$
$\quad - 1/500\ x_{R3}^2 - \lambda\ (8\ x_{R1} + 15\ x_{R2} + 16\ x_{R3} - 78.000)$

Aus den partiellen Ableitungen der Lagrange-Funktion resultierendes Gleichungssystem:
$\partial L / \partial x_{R1} = 7{,}50 - 1/300\ x_{R1} - 8\ \lambda = 0$
$\partial L / \partial x_{R2} = 13 - 1/200\ x_{R2} - 15\ \lambda = 0$
$\partial L / \partial x_{R3} = 14 - 1/250\ x_{R3} - 16\ \lambda = 0$
$\partial L / \partial \lambda = -(8\ x_{R1} + 15\ x_{R2} + 16\ x_{R3} - 78.000) = 0$

Durch Lösung des Gleichungssystems werden die folgenden optimalen Produktionsmengen ermittelt (gerundet):
R1: 1.595 Stück
R2: 1.781 Stück
R3: 2.408 Stück

Damit kann ein maximaler Deckungsbeitrag von 45.060,63 € erzielt werden. Ebenfalls aus der Lösung des Gleichungssystems ergibt sich der Wert des Lagrange-Multiplikators im Optimum in Höhe von 0,273 (€/Minute).

b) Dieser Wert des Lagrange-Multiplikators im Optimum sagt aus, welche Deckungsbeitragserhöhung eine (infinitesimal kleine) zusätzliche Einheit der Kapazität des Engpasses bewirken würde und spiegelt damit – allerdings auf die unmittelbare Umgebung der Optimallösung begrenzt – die maximal akzeptablen Kosten einer Kapazitätserweiterung pro Einheit wider.

Aufgabe 3
Das Optimierungsmodell lautet:

Zielfunktion:
$DB = 80\, x_S + 200\, x_W \Rightarrow$ Max!

Nebenbedingungen:
I: $250\, x_S + 700\, x_W \leq 39.000$ (Kapazität Drehmaschine)
II: $6\, x_S + 8\, x_W \leq 560$ (Kapazität „Bemalen")
III: $x_S \leq 60$ (Absatzhöchstmenge Schwibbögen)
IV: $x_W \leq 40$ (Absatzhöchstmenge Weihnachtspyramiden)
V: $x_S \geq 0,\ x_W \geq 0$ (Nichtnegativitätsbedingungen)

Das sich bei der graphischen Optimierung ergebende Bild mit den Restriktionen I – IV, der (gepunkteten) Isodeckungsbeitragslinie für ein Deckungsbeitragsniveau von 4.000 € sowie der Parallelen zu dieser Linie, die den zulässigen Bereich tangiert und damit das maximale Deckungsbeitragsniveau repräsentiert, ist in Abbildung 6.3 dargestellt.

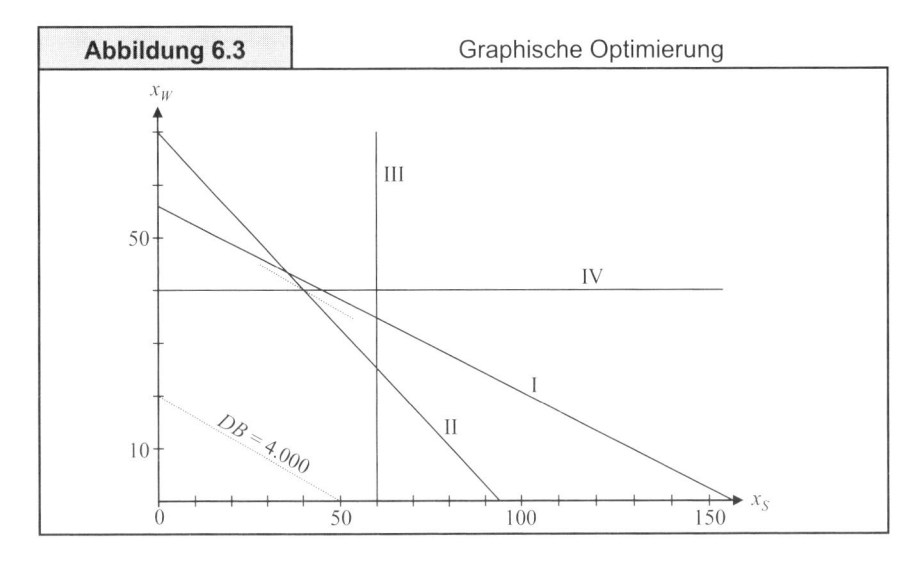

Abbildung 6.3 Graphische Optimierung

Das Optimum liegt im Schnittpunkt der Restriktionen II und IV. Demgemäß wird die Absatzhöchstmenge der Weihnachtspyramiden produziert (40 Stück). Angesichts der begrenzten Mitarbeiterkapazität, die für das Bemalen vorhanden ist, können und sollten außerdem 40 Schwibbögen hergestellt und abgesetzt werden. Damit lässt sich ein Deckungsbeitrag in Höhe von 11.200 € erzielen.

Literaturhinweise

BLOECH, J.; BOGASCHEWSKY, R.; BUSCHER, U.; DAUB, A.; GÖTZE, U.; ROLAND, F.: Einführung in die Produktion, 6. Aufl., Berlin, Heidelberg 2008.

COENENBERG, A.G.; FISCHER, T.M.; GÜNTHER, T.: Kostenrechnung und Kostenanalyse, 7. Aufl., Stuttgart 2009.

GÖTZE, U.: Kostenrechnung und Kostenmanagement, 5. Aufl., Berlin u. a. 2010.

HILKE, W.: Zielorientierte Produktions- und Programmplanung, 3. Aufl., Neuwied 1988.

7 Aggregierte Planung

7.1 Fallbeispiel

Die REHER GMBH ist ein kleiner Pumpenhersteller, der sich auf die Fertigung von Flüssigpumpen spezialisiert hat. Zur Produktpalette des in Dresden angesiedelten Unternehmens gehören Umwälz-, Tauch- und Verdrängerpumpen. Bei diesen Produkten hält REHER in Sachsen einen Marktanteil von ungefähr 5 %.

Bei den Herstellern von Pumpen und ihren Abnehmern spielt das Thema Energieeffizienz eine immer größer werdende Rolle. Auch die REHER GMBH fühlt sich explizit dem Leitbild der Nachhaltigkeit verpflichtet und arbeitet mit großem Nachdruck daran, die Produkte energieeffizienter zu machen. So ist es bspw. in Zusammenarbeit mit der TU Dresden gelungen, den Energieverbrauch der zu den Umwälzpumpen zählenden Heizungspumpe „REHER Eco" um 60% gegenüber dem Vorgängermodell zu senken. Auch unabhängige Verbraucherschutzorganisationen sehen REHER hier klar vor den Wettbewerbern.

Zur Besprechung der Geschäftsleitung hat der Produktionsleiter BRÜNING für das nächste Jahr eine so genannte aggregierte Planung durchzuführen. In der Tabelle 7.1 sind für die Hauptproduktgruppen der Umwälz-, Tauch- und Verdrängerpumpen die erwarteten Nachfragen sowie die zur Verfügung stehenden Arbeitstage quartalsweise erfasst worden.

Tabelle 7.1   Planungsdaten der REHER GmbH

Quartal	I	II	III	IV
Nachfrage Umwälzpumpen	500	700	600	900
Nachfrage Tauchpumpen	400	500	400	550
Nachfrage Verdrängerpumpen	300	300	300	350
Arbeitstage	64	59	66	55

Die REHER GMBH beschäftigt insgesamt 12 Mitarbeiter, wobei vier nur über Verträge mit 50% der regulären Arbeitszeit von acht Stunden verfügen. Eine Arbeitsstunde wird inklusive Nebenkosten mit 15 € vergütet. Bei Bedarf kann jeder Arbeitnehmer zu Überstunden verpflichtet werden. Die Anzahl der

Überstunden richtet sich nach den tariflichen Regelungen, wobei ein vollbeschäftigter Mitarbeiter maximal zwei Überstunden pro Tag und eine Teilzeitkraft maximal eine Überstunde pro Tag absolvieren dürfen. Pro Überstunde fallen Kosten in Höhe von 20 € an.

Zu Beginn des Planungszeitraumes liegen noch 20 Umwälzpumpen und 10 Tauchpumpen auf Lager. Für die Lagerung der Pumpen fallen unabhängig vom Pumpentyp 20 € je Quartal an. Bei Bedarf besteht die Möglichkeit, maximal drei Leiharbeiter zu beschäftigen, die maximal acht Stunden pro Tag arbeiten. Für die Montage einer Pumpe wird vereinfachend angenommen, dass sie unabhängig von der Produktgruppe fünf Stunden in Anspruch nimmt. Da die Leiharbeiter zumeist nicht eingearbeitet sind, benötigen sie für die Montage sechs Stunden. An die Zeitarbeitsfirma sind 18 € pro geleisteter Arbeitsstunde zu zahlen. Zur Rekrutierung von neuen fest anzustellenden Mitarbeitern bedient sich die REHER GMBH eines Personalvermittlers. Für die erfolgreiche Vermittlung eines Mitarbeiters verlangt dieser ein Honorar von 1.000 €.

Aufgabe 1
Die Geschäftsführung möchte wissen, ob die auf die REHER GMBH zukommende Nachfrage mit der aktuellen (Personal-)Kapazität befriedigt werden kann. Deshalb bittet der Geschäftsführer den Produktionsleiter BRÜNING darum, quartalsweise die maximale Anzahl von Pumpen zu bestimmen, die die REHER GMBH produzieren kann, ohne dass neues Personal fest eingestellt werden muss.

Aufgabe 2
a) BRÜNING wird beauftragt die aggregierte Planung der Kapazität und deren Inanspruchnahme bei gegebenem Mitarbeiterstamm durchzuführen. Als Planungsgrundlage dient die gesamte Nachfrage nach Pumpen, ohne die einzelnen Produktgruppen differenziert zu betrachten.

b) Aufgrund der verschärften Wettbewerbssituation sieht sich die REHER GMBH genötigt, die Kosten auf 495.000 € zu beschränken. Um wie viel € muss der Lohn einer Normalarbeitstunde gekürzt werden, um unter sonst gleichen Bedingungen das gesetzte Kostenziel zu erreichen?

Aufgabe 3
Der arbeitnehmerfreundlich eingestellte BRÜNING möchte auf eine Kürzung des Normalarbeitsstundensatzes verzichten und schlägt die Einstellung eines zusätzlichen vollbeschäftigten Mitarbeiters vor. Kann BRÜNING die vom Vorschlag wenig begeisterte Geschäftsführung überzeugen, die allein auf die im nächsten Jahr entstehenden Kosten achtet?

7.2 Grundlagen der aggregierten Planung

Die aggregierte Planung widmet sich der mittelfristigen Planung der Kapazität und ihrer Inanspruchnahme durch die Fertigung von Produkten. Der Planungszeitraum variiert zwischen 3 und 18 Monaten. Die aggregierte Planung steht damit zwischen der strategischen Planung einerseits, in der die Produktpalette und die dafür notwendige Betriebsmittelausstattung festgelegt werden, und der operativen Planung andererseits, die sich der Produktionsplanung und -steuerung im Tages- und Wochenbereich (bis hin zum Quartal) widmet.

Im Unterschied zum Grundmodell der Produktionsprogrammplanung (vgl. Kapitel 6) wird der Produktionsprozess zeitlich gegliedert und eine Kapazitätsabstimmung vorgenommen. Die zeitliche Gliederung erfolgt noch vergleichsweise grob, so dass ein Monat oder sogar ein Quartal das kleinste Planungsintervall darstellen. Damit wird eine übergeordnete Planung angestrebt, in der zumeist nicht die Produktionsmengen einzelner Produkte, sondern von Produktgruppen bzw. Produkttypen geplant werden. Die Wahl eines geeigneten Aggregationsgrads hängt vom betrachteten Unternehmen und dem Ziel der Planung ab. Zum Teil lassen sich die Produkte sogar zu einer Planungsgröße zusammenfassen. So wird bspw. in der Automobilindustrie auf der höchsten Aggregationsebene die Nachfrage bezogen auf die Größe „Fahrzeuge" ausgedrückt.

Die Aufgabe der aggregierten Planung besteht darin, die mittelfristige Kapazität auf die im Zeitablauf schwankenden Bedarfe abzustimmen. Ein wesentliches Element der mittelfristigen Kapazität stellt die Personalkapazität dar. Im Rahmen der aggregierten Planung ist damit bspw. die Anzahl der zu Produktionszwecken eingesetzten Mitarbeiter zu planen. Hiermit in Verbindung steht auch die Beantwortung der Frage, wie viel das Personal in einer bestimmten Periode zu arbeiten hat, ob also z. B. Überstunden notwendig sind. Eine weitere Möglichkeit, die Personalkapazität kurzfristig anzupassen, besteht in der Nutzung von Zeitarbeitskräften.

Eine alternative Reaktion auf zukünftige Nachfragespitzen wird darin gesehen, in früheren Perioden, in denen Kapazitätsreserven vorhanden sind, mehr zu produzieren. Dies setzt natürlich voraus, dass das zu verkaufende Produkt entsprechend lagerfähig ist. Mit der Lagerung kann ein gewisser Ausgleich zwischen den Perioden hergestellt werden, so dass die Produktion nicht direkt auf jede Bedarfsschwankung reagieren muss. Durch die Lagerung von Fertigprodukten wird eine **Emanzipation** (Entkopplung) von Produktions- und Absatzprogramm ermöglicht. Bei einer reinen Emanzipationsstrategie bleibt das Produktionsniveau – unabhängig von der Nachfrage – im Zeitablauf konstant. Werden aufgrund einer kundenindividuellen Fertigung nur geringe Mengen in dem Fertigproduktlager gehalten, so erfolgt die Emanzipation oft bereits in den sogenannten Hauptzwischenlagern. Die dort gelagerten Erzeugnisse der Vorfertigung gehen dann zumeist erst über eine Montagestufe in marktfähige Produkte ein.

Auf eine Lagerung lässt sich nahezu gänzlich verzichten, wenn das Produktionsprogramm an das Absatzprogramm angepasst ist (**Synchronisation**). Häufig stellt sich jedoch heraus, dass weder die reine Emanzipations- noch die reine Synchronisationsstrategie zu den geringsten Kosten führt, sondern vielmehr eine gemischte Strategie zielführend ist.

7.3 Methoden der aggregierten Planung

Aggregierte Planung bei totaler Emanzipation bzw. Synchronisation

Die heuristische Planung der aggregierten Kapazität und ihrer Inanspruchnahme soll an einem kleinen Beispiel demonstriert werden: Ein Unternehmen, das sich auf die Herstellung hochwertiger Lederkoffer spezialisiert hat, möchte am Ende des Jahres für die nächsten vier Monate des kommenden Jahres eine aggregierte Planung durchführen. Die monatliche Nachfrage nach Koffern sowie die Anzahl der Arbeitstage je Monat sind in der Tabelle 7.2 erfasst.

Tabelle 7.2		Beispieldaten		
Monat	Januar	Februar	März	April
Erwartete Nachfrage	330	360	300	290
Arbeitstage	21	19	20	20

In dem Unternehmen wird täglich sieben Stunden gearbeitet. Die Arbeitnehmer erhalten je Arbeitstag eine tägliche Vergütung, die unabhängig von den tatsächlichen Arbeitsleistungen in Höhe von 70 € anfällt. Jeder Arbeiter kann nach Bedarf täglich zu einer Überstunde verpflichtet werden, die dann zusätzlich mit 14 € vergütet wird. Über eine Zeitarbeitsfirma kann die aktuelle Anzahl von 8 Mitarbeitern variiert werden. Während eine Einstellung zu einmaligen Kosten in Höhe von 300 € führt, zieht eine Entlassung einmalige Kosten in Höhe von 600 € nach sich.

Weiter ist zu berücksichtigen, dass die Herstellung eines Koffers vier Arbeitsstunden in Anspruch nimmt. Zu Anfang des Jahres liegen noch 20 Koffer auf Lager. Für die Lagerung eines Koffers fallen 10 € je Monat an. Kann der Kofferbedarf nicht aus der eigenen Produktion gedeckt werden, so wird das dafür notwendige Leder zu einem Sublieferanten gebracht, der auch in der Lage ist, die Koffer zu fertigen. Der Sublieferant kann im Monat maximal 20

Koffer herstellen. Für einen in Fremdvergabe produzierten Koffer fallen Kosten in Höhe von 70 € an.

Bei einer Betrachtung des gesamten Planungszeitraumes von vier Monaten lässt sich die notwendige **durchschnittliche Produktionsleistung** bestimmen, indem die Gesamtnachfrage durch die Anzahl der zur Verfügung stehenden Arbeitstage dividiert wird. Demnach hat das Unternehmen durchschnittlich 1.280 / 80 = 16 Koffer pro Tag zu produzieren. Würde aber diese tägliche Produktionsleistung realisiert, könnte die hohe Nachfrage im Februar nicht gedeckt werden, wie eine kumulierte Betrachtung der Nachfrage und der Produktion sowie deren Vergleich zeigen (vgl. Tabelle 7.3 und Abbildung 7.1).

Tabelle 7.3		Kumulierte Nachfrage- und Produktionsdaten			
Monat	Nach-frage	Kum. Nachfrage	Produktionstage	Produktion bei 16 Koffern/Tag	Kum. Produktion
Januar	330	330	21	336	336
Februar	360	690	19	304	640
März	300	990	20	320	960
April	290	1.280	20	320	1.280

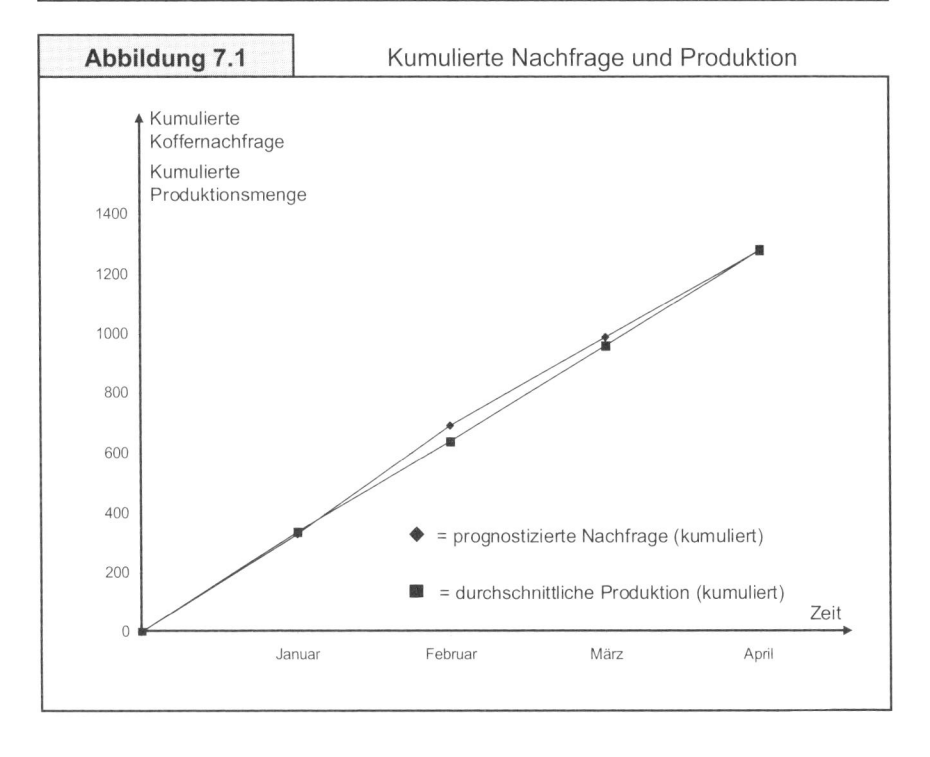

Abbildung 7.1 — Kumulierte Nachfrage und Produktion

Im Folgenden werden mit der totalen Emanzipation und der totalen Synchronisation zwei Kapazitätsstrategien vorgestellt, die zu zulässigen Produktionsplänen führen.

1. Emanzipationsstrategie:
Das Unternehmen entscheidet, so viele Arbeitskräfte einzustellen, dass die alleinige Nutzung der Normalarbeitszeit für die Nachfragebefriedigung ausreicht. Dies bedeutet hier, dass für den Monat mit der stärksten täglichen Nachfrage (bezogen auf die im Monat zur Verfügung stehenden Produktionstage) die Nutzung der Normalarbeitszeit den Nachfragebedarf abdeckt. Im vorliegenden Fall ist der Februar der Monat mit der stärksten täglichen Nachfrage, die 360/19 = 18,95 und damit knapp 19 Koffer beträgt. Da die Fertigung eines Koffers 4 Stunden in Anspruch nimmt, werden täglich 76 Arbeitsstunden benötigt. Bei einer täglichen (Normal-)Arbeitszeit von 7 Stunden ergibt sich ein Bedarf von 11 Mitarbeitern. Bei dieser Strategie sind die Kosten für die Einstellung von drei zusätzlichen Mitarbeitern (3 · 300 = 900 €) und die Vergütung für die Mitarbeiter zu berücksichtigen. Da keine Überstunden bezahlt werden müssen und die Mitarbeiter täglich 70 € vergütet bekommen, ergeben sich bei 80 Arbeitstagen und 11 Mitarbeitern Kosten in Höhe von 61.600 €. Insgesamt fallen bei dieser Strategie damit Kosten in Höhe von 62.500 € an.

2. Synchronisationsstrategie:
Die Umsetzung dieser Strategie möge hier so erfolgen, dass der schwankenden Nachfrage im Wesentlichen durch eine Anpassung der Personalkapazität Rechnung getragen wird, d.h. Mitarbeiter eingestellt bzw. entlassen werden. Wiederum soll die Normalarbeitszeit ausreichen, um den monatlichen Bedarf zu decken. Ein analoges Vorgehen wie bei der Emanzipationsstrategie führt im Januar zu einem Bedarf von 9 Mitarbeitern. Im Februar werden 11, im März 9 und im April 9 Mitarbeiter benötigt. Dies bedeutet, dass – ausgehend von der aktuellen Zahl von 8 Mitarbeitern – im Januar ein Mitarbeiter und im Februar nochmals zwei zusätzliche Mitarbeiter eingestellt werden. Dies führt zu Einstellungskosten von (3 · 300) = 900 €. Zum März sind wieder zwei Mitarbeiter zu entlassen, so dass diesbezügliche Kosten in Höhe von (2 · 600) = 1.200 € anfallen. Da mit den geplanten Mitarbeitern keine Fertigung auf Lager erfolgt und zudem keine Überstunden bezahlt werden müssen, ist bei der Ermittlung der Gesamtkosten dieser Strategie noch die Vergütung der Normalarbeitszeit zu berücksichtigen. Hierfür fallen im Januar 13.230 € (21 Arbeitstage · 9 Mitarbeiter · 70 € je Arbeitstag und Mitarbeiter) an. Die entsprechenden Kosten sind im Februar 14.630 €, und im März und April entstehen jeweils Kosten in Höhe von 12.600 €, so dass für die Vergütung der Normalarbeitszeit insgesamt 53.060 € anzusetzen sind. In der Summe führt die Synchronisationsstrategie damit zu Kosten in Höhe von 55.160 €, so dass sie bei

ausschließlicher Betrachtung der hier als entscheidungsrelevant erachteten Kosten der Emanzipationsstrategie vorzuziehen ist.

Optimierung mit Tableauberechnungen

Grundsätzlich kann das der aggregierten Planung zugrundeliegende Problem auch als gemischtganzzahlige lineare Planungsaufgabe formuliert und mit den hierfür geeigneten Verfahren gelöst werden. An dieser Stelle soll hingegen ein einfaches Tableaurechenverfahren vorgestellt werden, das für eine gegebene Anzahl von Mitarbeitern eine optimale Planung der Kapazität und ihrer Inanspruchnahme ermöglicht. In diesem Fall kann das Planungsproblem von seiner Struktur her als Transportproblem interpretiert werden, wie es in Kapitel 15 vorgestellt wird.

Bei der aggregierten Planung wurde bei der Umsetzung der Synchronisationsstrategie festgestellt, dass in jedem Monat mindestens 9 Mitarbeiter notwendig sind, um in der (Normal-)Arbeitszeit die Nachfrage zu befriedigen. Mithin entscheidet sich das Koffer produzierende Unternehmen einen weiteren Mitarbeiter fest anzustellen, so dass nunmehr 9 fest angestellte Mitarbeiter zur Verfügung stehen. Die Illustration des Tableaurechenverfahrens erfolgt mit Hilfe der Tabelle 7.4.

Tabelle 7.4 — Optimaltableau der aggregierten Planung des Kofferherstellers

		Januar		Februar		März		April		Kapazität	Rest
		Kosten	Menge	Kosten	Menge	Kosten	Menge	Kosten	Menge		
Jan.	Lager	0	20	0		0		0		20	0
	Norm.	40	310	50	20	60		70		330	0
	Über.	56		66		76		86		47	47
	Fremd.	70		80		90		100		20	20
Feb.	Norm.			40	299	50		60		299	0
	Über.			56	41	66		76		42	1
	Fremd.			70		80		90		20	20
Mrz.	Norm.					40	300	50		315	15
	Über.					56		66		45	45
	Fremd.					70		80		20	20
Apr.	Norm.							40	290	315	25
	Über.							56		45	45
	Fremd.							70		20	20
	Bedarf		330		360		300		290		
	Summe		330		360		300		290		

In der zweiten Spalte befinden sich die in den jeweiligen Monaten bestehenden Handlungsoptionen, den Bedarf zu decken (sogenannte Bedarfdeckungsalternativen). In den folgenden Spalten sind die Nachfrageperioden aufgeführt, wobei jeder Periode zwei Spalten zugeordnet sind. In der ersten Spalte sind die mit der gewählten Bedarfsdeckungsalternative verbundenen Kosten erfasst, die anfallen, wenn eine Einheit des Periodenbedarfes befriedigt wird. Die zweite Spalte gibt hingegen an, wie viel Einheiten des Bedarfs durch die gewählte Alternative gedeckt werden. Die vorletzte Spalte enthält die Maximalkapazität der betrachteten Bedarfsdeckungsoption, während die letzte Spalte die in der gewählten Alternative nicht genutzte Kapazität der Bedarfsdeckungsoption aufnimmt.

Zum Ausfüllen des Tableaus sind insbesondere die Stückkosten zu ermitteln, die bei Inanspruchnahme einer bestimmten Bedarfsdeckungsalternative anfallen. Da die Fertigung eines Koffers 4 Stunden in Anspruch nimmt und eine Stunde (Normal-)Arbeitszeit mit 10 € vergütet wird, sind für die Fertigung eines Koffers in der (Normal-)Arbeitszeit 40 € anzusetzen. Wird der Koffer nicht im gleichen Monat zur Bedarfsbefriedigung herangezogen, sondern erst im darauffolgenden, so fallen zusätzlich 10 € für die Lagerung des Koffers an, und der Stückkostensatz wird auf 50 € angepasst. Entsprechende Überlegungen sind im Hinblick auf die Überstunden und die Fremdvergabe anzustellen. Um die Lagerhaltungskosten möglichst gering zu halten, werden die Kosten für die Nachfragebefriedigung aus dem vorhandenen Lagerbestand in der ersten Periode auf null gesetzt. Dies führt einerseits dazu, dass der Wertverzehr des Einsatzes des auf Lager liegenden Bestandes nicht berücksichtigt wird. Andererseits ergibt sich der gewünschte Effekt, dass die Nachfragebefriedigung aus dem Lager heraus favorisiert wird.

Die Berechnung der Maximalkapazität einer Bedarfsdeckungsoption sei exemplarisch für die Normalarbeitszeit des Januars dargelegt. In diesem Monat stehen 9 Mitarbeiter an 21 Arbeitstagen jeweils 7 Stunden zur Verfügung. Da ein Koffer 4 Stunden für die Fertigung benötigt, beläuft sich die maximale Anzahl von Koffern, die im Januar hergestellt werden können, auf $1.323/4 \approx 330$ Koffer.

Nach der Ermittlung und der Erfassung der Stückkosten und der Maximalkapazitäten kann mit der Berechnung der Optimallösung begonnen werden. Zu Beginn wird die erste Bedarfsperiode näher betrachtet. Die Bedarfsdeckungsalternative, die die geringsten Stückkosten verursacht, wird bis zur Maximalkapazität ausgenutzt, sofern der Bedarf der Periode dies erfordert. Andernfalls stellt der Periodenbedarf die Obergrenze dar, und es kann zur nächsten Periode gewechselt werden. Konnte der Periodenbedarf noch nicht gedeckt werden, so ist die Bedarfsdeckungsalternative mit dem zweitgünstigsten Stückkostensatz auszuwählen. Sie wird in dem Ausmaß in Anspruch genommen, wie der verbliebene Periodenbedarf gedeckt werden kann. Lässt sich das auch auf diesem Weg nicht vollständig realisieren, so wird die nächste Alternative genutzt, bis keine Nachfragelücke mehr auftritt. Diese Vorgehensweise ist nacheinander für alle Perioden zu wählen. Eine unzulässige Lösung ergibt sich, wenn der Periodenbedarf nicht durch die in der Periode zur Verfügung stehenden Optionen gedeckt werden kann.

Aus Tabelle 7.4 lässt sich erkennen, dass im Januar zunächst die auf Lager liegenden 20 Koffer der Nachfragebefriedigung dienen. Zudem werden 310 von den im Januar produzierten 330 Koffern benötigt, während 20 Koffer für die Erfüllung der Februarnachfrage zur Verfügung stehen. Der hohe im Februar auftretende Bedarf wird einerseits durch diese und die 299 Koffer gedeckt, die in der (Normal-)Arbeitszeit gefertigt werden, und andererseits durch 41 Koffer abgedeckt, die in Überstunden produziert werden. Die Nachfragebefriedigung im März und April kann hingegen im Rahmen der Produktion in der regulären Arbeitszeit erfolgen.

Zur Kostenberechnung werden für alle in Anspruch genommenen Bedarfsdeckungsalternativen, die Stückkosten mit den realisierten Mengen multipliziert und anschließend summiert.

$$K = 310 \cdot 40 + 20 \cdot 50 + 299 \cdot 40 + 41 \cdot 56 + 300 \cdot 40 + 290 \cdot 40$$
$$= 51.256 \text{ €}$$

Es ist festzustellen, dass im März noch 15 und im April noch 25 Koffer in der (Normal-)Arbeitszeit zusätzlich hätten produziert werden können. Dies bedeutet, dass bei den Arbeitnehmern in dieser Zeit noch zeitliche Reserven bestehen, um weitere 40 Koffer zu produzieren. Da die Fertigung eines Koffers 4 Stunden in Anspruch nimmt, stehen noch 160 (Normal-)Arbeitsstunden zur Verfügung, die annahmegemäß noch mit dem Stundensatz von 10 € bewertet werden müssen, damit die tägliche Vergütung der Arbeitnehmer in Höhe von insgesamt 70 € berücksichtigt wird. Die hierfür anfallenden Kosten sind 1.600 €. Zusätzlich müssen für die Einstellung eines Mitarbeiters einmalige Kosten in Höhe von 300 € berücksichtigt werden, weil im Unternehmen aktuell 8 Mitarbeiter arbeiten, für die aggregierte Planung aber 9 Mitarbeiter für sinnvoll erachtet wurden. Insgesamt ist bei dieser Alternative mit Kosten in Höhe von 53.156 € zu rechnen. Bei einem Kostenvergleich stellt sich heraus, dass die zuletzt vorgestellte Alternative zu geringeren Kosten führt als die Extremstrategien der totalen Emanzipation und der totalen Synchronisation.

7.4 Lösung des Fallbeispiels

Aufgabe 1

Zur Berechnung der maximalen Anzahl herstellbarer Pumpen bestimmt BRÜNING zunächst die Anzahl der Pumpen, die in der Normalarbeitszeit hergestellt werden können. Für das erste Quartal ergibt sich:

$$\underbrace{\left[\dfrac{8\text{ Mitarbeiter}\cdot 8\,\dfrac{\text{Stunden}}{\text{Tag}}+4\text{ Mitarbeiter}\cdot 4\,\dfrac{\text{Stunden}}{\text{Tag}}}{5\,\dfrac{\text{(Mitarbeiter-)Stunden}}{\text{Stück}}}\right]}_{\text{tägliche Produktionsleistung in Normalarbeitszeit}}\cdot 64\text{ Tage}=1.024\text{ Stück}$$

Im ersten Quartal können in der Normalarbeitszeit damit 1.024 Pumpen hergestellt werden. Bei einer entsprechenden Berechnung ergibt sich eine Produktionsmenge von 944 für das zweite Quartal, von 1.056 für das dritte Quartal und von 880 für das vierte Quartal. Weitere Pumpen können in den Überstunden hergestellt werden. Für das erste Quartal resultiert eine Überstundenkapazität von 256 Pumpen.

$$\underbrace{\left[\dfrac{8\text{ Mitarbeiter}\cdot 2\,\dfrac{\text{Stunden}}{\text{Tag}}+4\text{ Mitarbeiter}\cdot 1\,\dfrac{\text{Stunde}}{\text{Tag}}}{5\,\dfrac{\text{(Mitarbeiter-)Stunden}}{\text{Stück}}}\right]}_{\text{tägliche Produktionsleistung während der Überstunden}}\cdot 64\text{ Tage}=256\text{ Stück}$$

Die Überstundenkapazitäten in den Quartalen II, III und IV betragen 236, 264 und 220 Pumpen. Schließlich ist es noch möglich, maximal drei Leiharbeitnehmer der Zeitarbeitsfirma einzusetzen. Es ist allerdings zu beachten, dass sie für die Montage einer Pumpe sechs Stunden benötigen. Für das erste Quartal ergibt sich folgende Berechnung:

$$\underbrace{\left[\dfrac{3\text{ Mitarbeiter}\cdot 8\,\dfrac{\text{Stunden}}{\text{Tag}}}{6\,\dfrac{\text{(Mitarbeiter-)Stunden}}{\text{Stück}}}\right]}_{\text{tägliche Produktionsleistung der Leiharbeiter}}\cdot 64\text{ Tage}=256\text{ Stück}$$

Für die Quartale II, III und IV ergeben sich Produktionskapazitäten durch die Leiharbeiter in Höhe von 236, 264 und 220 Pumpen. Die maximalen quartalsweisen Gesamtproduktionskapazitäten sind in der Tabelle 7.5 zusammengestellt.

Tabelle 7.5	Maximale Produktionskapazitäten			
Quartal	I	II	III	IV
maximale Produktionskapazität	1.536	1.416	1.584	1.320

Offensichtlich ist die REHER GMBH bei isolierter Betrachtung der Quartale nicht in der Lage, in jedem Quartal die Pumpennachfrage zu befriedigen. So beträgt die Nachfrage bspw. im zweiten Quartal 1.500 Einheiten und liegt damit deutlich über der Produktionskapazität von 1.416 Einheiten. Da aber in anderen Quartalen Kapazitätsreserven bestehen, ist zur Beantwortung der Frage, ob die Nachfrage nicht dennoch, und zwar durch Vorratsproduktion gedeckt werden kann, eine kumulierte Betrachtungsweise geeignet. In Abbildung 7.2 lässt sich erkennen, dass die kumulierte Produktionsmenge stets oberhalb der kumulierten Nachfragemenge verläuft, so dass bei quartalsübergreifender Betrachtung im nächsten Jahr eine vollständige Nachfragebefriedigung möglich ist.

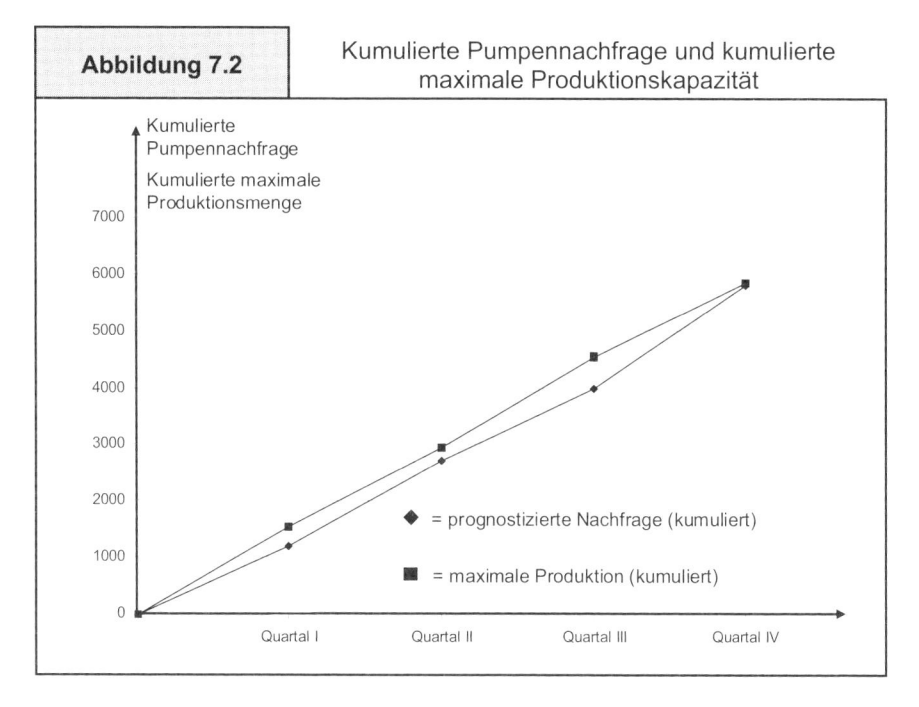

Abbildung 7.2	Kumulierte Pumpennachfrage und kumulierte maximale Produktionskapazität

♦ = prognostizierte Nachfrage (kumuliert)
■ = maximale Produktion (kumuliert)

Aufgabe 2

a) BRÜNING entscheidet sich, die optimale mittelfristige Kapazität und ihre Inanspruchnahme mit dem Tableaurechenverfahren zu bestimmen. Als Bedarfsdeckungsalternativen kommen die Fertigung in der Normalarbeitszeit und in den Überstunden sowie der Einsatz von Leiharbeitern in Frage. Zudem kann eine Bedarfsbefriedigung aus dem Lager erfolgen.

Für das in Tabelle 7.6 wiedergegebene Rechentableau sind zunächst die Stückkosten der verschiedenen Alternativen zu berechnen. Da die Montage einer Pumpe 5 Stunden in Anspruch nimmt und eine Stunde (Normal-)Arbeitszeit mit 15 € vergütet wird, fallen für die Fertigung einer Pumpe in der

Normalarbeitszeit 75 € an. Aufgrund der höheren Vergütung von 20 € in den Überstunden sind für die Produktion einer Pumpe in dieser Zeit 100 € anzusetzen. Sogar 108 € müssen für die Fertigung einer Pumpe kalkuliert werden, wenn die Leiharbeiter zum Einsatz kommen. Wird eine Pumpe nicht im gleichen Quartal abgesetzt, so sind die Stückkosten um den Lagerhaltungskostensatz von 20 € je Pumpe und Quartal zu erhöhen.

Dem Rechentableauverfahren entsprechend werden die Quartale einzeln – beginnend mit dem ersten – betrachtet und die Mengen der einzelnen Bedarfsdeckungsalternativen unter Beachtung der bestehenden Restriktionen sukzessive bestimmt. Wie nach der kumulierten Analyse zu erwarten war, kann der Bedarf in jedem Quartal befriedigt werden. Gleichwohl ist festzustellen, dass in allen Quartalen die Überstunden vollständig genutzt werden. Zudem muss in den Quartalen II bis IV sogar auf die vergleichsweise teure Fertigung durch die Leiharbeiter zurückgegriffen werden.

Tabelle 7.6 Optimaltableau

		Quartal I Kosten	Menge	Quartal II Kosten	Menge	Quartal III Kosten	Menge	Quartal IV Kosten	Menge	Kapazität	Rest
Q. I	Lager	0	30	20		40		60		30	0
	Norm.	75	1024	95		115		135		1024	0
	Über.	100	146	120	84	140		160	26	256	0
	Fremd.	108		128		148		168	170	256	86
Q. II	Norm.			75	944	95		115		944	0
	Über.			100	236	120		140		236	0
	Fremd.			108	236	128		148		236	0
Q. III	Norm.					75	1056	95		1056	0
	Über.					100	244	120	20	264	0
	Fremd.					108		128	264	264	0
Q. IV	Norm.							75	880	880	0
	Über.							100	220	220	0
	Fremd.							108	220	220	0
	Bedarf	1200		1500		1300		1800			
	Summe	1200		1500		1300		1800			

Die Kosten für die von BRÜNING ermittelte Lösung können berechnet werden, indem die Mengen der im jeweiligen Quartal in Anspruch genommenen Bedarfsdeckungsalternativen mit den entsprechenden Stückkosten multipliziert werden. Hier ergibt sich:

$$K = 1.024 \cdot 75 + 146 \cdot 100 + 84 \cdot 120 + 944 \cdot 75 + 236 \cdot 100 + 236 \cdot 108$$
$$+ 1.056 \cdot 75 + 244 \cdot 100 + 26 \cdot 160 + 170 \cdot 168 + 20 \cdot 120 + 264 \cdot 128$$
$$+ 880 \cdot 75 + 220 \cdot 100 + 220 \cdot 108 = 505.640 \text{ €}$$

b) Aufgrund der Kostenbeschränkung auf 495.000 € sind 10.640 € über den Stundenlohn für die (Normal-)Arbeitszeit einzusparen. Die täglich verfügbare (Normal-)Arbeitszeit beträgt 80 Stunden (8 Mitarbeiter à 8 Stunden zuzüglich

Lösung des Fallbeispiels 101

4 Mitarbeiter à 4 Stunden). Da im kommenden Jahr insgesamt (64 + 59 + 66 + 55) = 244 Arbeitstage zur Verfügung stehen, ergibt sich eine jährliche (Normal-)Arbeitszeit von 19.520 Stunden. Sollen in der (Normal-)Arbeitszeit 10.640 € eingespart werden, so bedarf es einer Kürzung des Stundensatzes um (10.640/19.520) = 0,55 €.

Aufgabe 3
BRÜNING möchte unbedingt die demotivierende Wirkung der Stundensatzkürzung auf die Arbeitnehmer vermeiden. Bei der Analyse des Rechentableaus aus Tabelle 7.6 stellt er fest, dass häufig auf die teure Fertigung mit Leiharbeitern zurückgegriffen werden muss. Deshalb prüft BRÜNING in einem weiteren Rechentableau (vgl. Tabelle 7.7), ob sich die Einstellung eines zusätzlichen vollbeschäftigten Mitarbeiters lohnt. Auf bekannte Art und Weise ermittelt er die neuen Kapazitätsgrenzen für die Normalarbeitszeit und die Überstunden. Die auf ganze Zahlen gerundeten Kapazitätswerte sind dem Rechentableau zu entnehmen.

Tabelle 7.7 Optimaltableau bei einem zusätzlichen in Vollzeit beschäftigten Mitarbeiter

		Quartal I Kosten	Menge	Quartal II Kosten	Menge	Quartal III Kosten	Menge	Quartal IV Kosten	Menge	Kapazität	Rest
Q. I	Lager	0	30	20		40		60		30	0
	Norm.	75	1126	95		115		135		1126	0
	Über.	100	44	120		140		160		281	237
	Fremd.	108		128		148		168		256	256
Q. II	Norm.			75	1038	95		115		1038	0
	Über.			100	259	120		140		259	0
	Fremd.			108	203	128		148		236	33
Q. III	Norm.					75	1161	95		1161	0
	Über.					100	139	120	151	290	0
	Fremd.					108		128	219	264	45
Q. IV	Norm.							75	968	968	0
	Über.							100	242	242	0
	Fremd.							108	220	220	0
	Bedarf		1200		1500		1300		1800		
	Summe		1200		1500		1300		1800		

Aus der Tabelle 7.7 können Kosten in Höhe von 482.211 € abgeleitet werden, die anfallen, wenn ein Mitarbeiter zusätzlich in Vollzeit beschäftigt wird. Zusätzlich ist allerdings noch das Honorar (1.000 €) für den Personalvermittler zu berücksichtigen. Damit entstehen bei der von BRÜNING vorgeschlagenen Lösung Kosten in Höhe von 483.211 €. Da damit das vorgegebene Kostenziel von 495.000 € sogar übererfüllt wird, fällt es BRÜNING leicht, die Geschäftsführung von der Neueinstellung bei gleichzeitigem Verzicht auf die Lohnkürzung zu überzeugen.

Literaturhinweise

GAITHER, N./FRAZIER, G.: Operations Management, 9. Aufl., Mason 2002.

HEIZER, J./RENDER, B.: Operations Management, 9. Aufl., Upper Saddle River 2009.

SCHNEEWEIß, C.: Einführung in die Produktionswirtschaft, 8. Aufl., Berlin, Heidelberg, New York 2002.

THONEMANN, U.: Operations Management, 2. Aufl., München u.a. 2009.

8 Verbrauchsorientierte Bedarfsermittlung

8.1 Fallbeispiel

Die traditionsreiche Molkerei MILA zählt zu den modernsten Milch verarbeitenden Betrieben in Deutschland. Die jährliche Liefer- und Verarbeitungsmenge an Milch beträgt durchschnittlich 140 Millionen Liter. In drei Produktionsbereichen wird Milch zu Basis- und Frischeprodukten sowie Käse verarbeitet. Aktuell beschäftigt MILA rund 200 Mitarbeiter und weist einen Umsatz von 80 Millionen Euro auf.

Im Bereich Frischeprodukte werden Joghurt-, Buttermilch- und verschiedene Milchmisch-Produkte hergestellt. Die Abfüllkapazität liegt bei 160 Millionen Bechern pro Jahr. Die neu errichtete PET-Flaschenabfüllanlage hat eine Jahreskapazität von 29 Millionen Einheiten. Über eine angegliederte Früchteverarbeitung werden jährlich 1.700 Tonnen Fruchtzusatz hergestellt. Wesentliche Zutaten für die Herstellung der Frischeprodukte sind neben der Milch insbesondere die tiefgekühlt angelieferten Industriefrüchte und der Zucker. Da in nächster Zeit Verhandlungen mit den Lieferanten anstehen, muss der zukünftige Bedarf an tiefgekühlten Früchten und Zucker auf Basis des in der Vergangenheit aufgetretenen Verbrauchs prognostiziert werden. Für die letzten zwei Jahre liegen die monatlich erfassten Verbrauchsdaten für Zucker und tiefgekühlte Früchte vor (siehe Tabelle 8.1 und Tabelle 8.2).

Tabelle 8.1 Monatlicher Zuckerverbrauch in Tonnen

Jahr	Jan.	Feb.	Mär.	Apr.	Mai	Jun.
01	27,2	27,4	26,7	27,7	27,1	27,3
02	27,0	27,1	27,7	26,8	27,1	26,4
Jahr	Jul.	Aug.	Sep.	Okt.	Nov.	Dez.
01	26,8	27,4	27,2	27,1	26,8	26,9
02	27,2	26,9	27,2	27,2	27,5	27,3

Aufgabe 1
Zur Prognose beauftragt der Einkaufsleiter den Praktikanten FRANKE. Zunächst soll für den nächsten Januar der Zuckerbedarf bestimmt werden. Die Prognose soll auf Basis des Verfahrens der exponentiellen Glättung erster Ordnung durchgeführt werden. Der für die Berechnungen zu verwendende Glättungsparameter möge den Wert $\alpha = 0,1$ aufweisen. Zur Initialisierung des Verfahrens wird zudem angenommen, dass der Prognosewert der ersten Peri-

ode dem ersten Verbrauchswert entspricht. Die Ergebnisse sollen dem Einkaufsleiter in einer Grafik präsentiert werden, in der die tatsächlichen Verbrauchswerte und die Ex-Post-Prognosewerte sowie der Ex-Ante-Prognosewert abgebildet sind. Ergänzend hierzu bittet der Einkaufsleiter um die Berechnung des mittleren absoluten Fehlers im Betrachtungszeitraum.

Aufgabe 2
Nach der aus Sicht des Einkaufsleiters überzeugenden Präsentation FRANKES zur Prognose des Zuckerbedarfs beauftragt er ihn auch mit der Prognose des zukünftigen Früchtebedarfs, der für die nächsten drei Monate des kommenden Jahres bestimmt werden soll. Der Einkaufsleiter überlässt es FRANKE, ein geeignetes Prognoseverfahren auszuwählen. Gleichwohl hat FRANKE die Eignung des gewählten Verfahrens zu begründen. Wiederum wünscht sich der Einkaufsleiter eine grafische Aufbereitung der Prognoseergebnisse. Zudem möchte er von FRANKE die Wirkungsweise des Tracking Signal an dem Beispiel des Früchtebedarfs erläutert bekommen.

Tabelle 8.2		Monatlicher Früchteverbrauch in Tonnen				
Jahr	Jan.	Feb.	Mär.	Apr.	Mai	Jun.
01	130	133	137	131	141	139
02	145	144	147	148	150	147
Jahr	Jul.	Aug.	Sep.	Okt.	Nov.	Dez.
01	144	145	144	145	148	144
02	155	151	152	149	153	156

Aufgabe 3
Auch mit der zweiten Präsentation FRANKES ist der Einkaufsleiter zufrieden und entscheidet sich, FRANKE den besonders wichtigen Milchbedarf für das erste Quartal des kommenden Jahres prognostizieren zu lassen. Der Milchbedarf der letzten vier Jahre wurde quartalsweise erfasst und ist in Tabelle 8.3 wiedergegeben.

Tabelle 8.3	Milchverbrauch in den Jahren 01 bis 04			
Jahr	Jahr 01	Jahr 02	Jahr 03	Jahr 04
Quartal I	30	32	35	37
Quartal II	35	37	41	44
Quartal III	29	33	34	39
Quartal IV	32	34	36	41

Auch diesmal schreibt der Einkaufsleiter FRANKE kein bestimmtes Prognoseverfahren vor. Eine Begründung für das gewählte Vorgehen und eine grafische Gegenüberstellung der tatsächlichen und prognostizierten Milchverbräuche fordert der Einkaufsleiter natürlich ein.

8.2 Bedarfsprognose als Zeitreihenprognose

Verbrauchsorientierte Verfahren der Bedarfsermittlung nutzen die in der Vergangenheit aufgezeichneten Faktorverbräuche, um den zukünftigen Faktorbedarf zu ermitteln. Damit wird unterstellt, dass sich der zukünftige Bedarf wie der Materialverbrauch in der Vergangenheit entwickelt. Zukünftige bedarfsbeeinflussende Ereignisse, die nicht bereits in der Vergangenheit beobachtbar waren, werden damit nicht automatisch bei der Prognose berücksichtigt. Grundsätzliche Voraussetzung für eine aussagekräftige Bedarfsprognose ist, dass der Materialverbrauch über einen ausreichend langen Zeitraum aufgezeichnet wurde.

Die Prognose des zukünftigen Materialbedarfs mit Hilfe von verbrauchsorientierten Verfahren erfolgt in der Praxis vornehmlich für genormte und relativ geringwertige Faktorarten, die in großen Mengen verbraucht werden (hierzu zählen vor allem C-Materialen wie beispielsweise Schrauben, Nägel, Dichtungen u.s.w.). Programmorientierte Verfahren (vergleiche hierzu das nächste Kapitel) scheiden hier aus, weil sich der im Vergleich zu verbrauchsorientierten Verfahren höhere Aufwand für die Datenerfassung und -verarbeitung nicht rechtfertigen lässt. Eine auf den Vergangenheitsdaten basierende Bedarfsermittlung für A-Materialien kann notwendig werden, wenn ihre Lieferfristen länger sind als die Zeitspanne zwischen Produktionsplanung und -beginn. Erfolgte eine Bestellung der betreffenden Materialien erst nach Abschluss der programmorientierten Bedarfsermittlung, so bestünde die Gefahr einer Produktionsunterbrechung aufgrund von Fehlmengen.

Ausgangspunkt der verbrauchsorientierten Bedarfsermittlung sind die in der Vergangenheit aufgezeichneten Faktorverbräuche, die in zumeist gleichbleibenden zeitlichen Abständen erfasst wurden. Damit können die Periodenverbrauchsmengen als eine **Zeitreihe** interpretiert werden. Die *Zeitreihenanalyse* wird auch als eine *naive Methode* bezeichnet, weil für die Prognose der betrachteten Variable ausschließlich auf die Zeitreihe dieser Variable zurückgegriffen wird. Im Unterschied hierzu verwenden *Kausalmodelle* neben der betrachteten Variable noch weitere Variable, die in bestimmter Weise mit ersterer in Beziehung gesetzt werden, um zu aussagekräftigen Prognosen zu kommen.

Im Rahmen der Zeitreihenanalyse wird zunächst untersucht, ob die in der Vergangenheit aufgetretenen Beobachtungen im Zeitablauf bestimmten Regelmäßigkeiten bzw. Mustern folgen. Können letztere entdeckt werden, so liegt es nahe, sie bei der Prognose zu berücksichtigen. Die in Zeitreihen auftretenden **Muster** sind allerdings nicht immer einfach zu erkennen, weil sie sich häufig gegenseitig überlagern. Infolge dessen müssen die einzelnen Muster zunächst voneinander isoliert werden. Die grafische Darstellung von Zeitreihen ist ein wirkungsvolles Hilfsmittel, um sich einen ersten Überblick über deren Verlauf zu verschaffen. Die Abbildung 8.1 zeigt exemplarisch mögliche Verläufe von Zeitreihen.

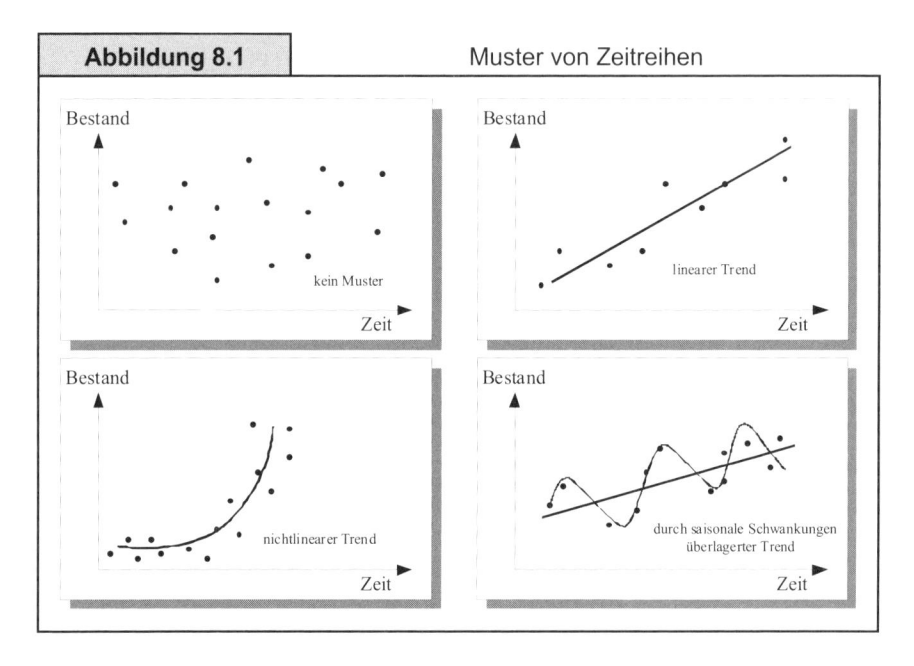

Abbildung 8.1 — Muster von Zeitreihen

- kein Muster
- linearer Trend
- nichtlinearer Trend
- durch saisonale Schwankungen überlagerter Trend

Folgende Muster sind am häufigsten zu beobachten:

a) *Trend*. Ein Trend liegt vor, wenn die Zeitreihe über einen längeren Zeitraum hinweg – unabhängig von zufälligen Schwankungen – durch einen steigenden bzw. sich neigenden Verlauf gekennzeichnet ist. Hierbei ist zwischen einem *linearen Trend* (das Muster kann durch eine Gerade beschrieben werden) und einem *nichtlinearen Trend* (das Muster kann durch nichtlineare Funktionen beschrieben werden) zu unterscheiden.

b) *Saisonale Schwankungen*. Ist die Zeitreihe durch periodisch wiederkehrende Schwankungen gekennzeichnet, liegt ein saisonales Muster vor. Die Periode, nach der die Schwankungen wieder auftreten, kann von unterschiedlicher Länge sein. So sind neben jährlichen und quartalsweisen auch monatliche, wöchentliche und tägliche Schwankungen möglich.

c) *Zyklen*. Im Unterschied zu saisonalen wiederholen sich zyklische Schwankungen nach einem zwei bis zehnjährigen oder einem noch längeren Zeitraum. Zudem können sowohl das Ausmaß der zyklischen Schwankung als

auch die Periodenlänge variieren. Konjunkturelle Schwankungen sind hierfür das wohl bekannteste Beispiel.
d) *Zufällige Schwankungen*. Hierbei handelt es sich um unberechenbare Schwankungen, die keinem erkennbaren Muster entsprechen.

Bei der Prognose spielt die Frage eine wichtige Rolle, welche Daten der Vergangenheit herangezogen werden sollen. So weist bei der Bedarfsprognose ein weit in die Vergangenheit hineinreichender **Verbrauchszeitraum** zwar den Vorteil auf, dass keine unbedeutenden kurzfristigen Schwankungen die Prognose stören, gleichzeitig ist aber nicht auszuschließen, dass notwendige Anpassungsprozesse nicht in der erforderlichen Geschwindigkeit erfolgen. Neben der Festlegung des der Prognose zugrunde liegenden Verbrauchszeitraumes spielt auch die Wahl der **Periodenlänge** eine wichtige Rolle, um die oben angesprochenen Verbrauchsmuster zu erkennen. Beispielsweise führt eine zu lang gewählte Periodenlänge leicht dazu, dass relevante Schwankungen eingeebnet werden.

Bevor auf einzelne Verfahren der verbrauchsorientierten Bedarfsermittlung eingegangen wird, sollen zwecks einheitlicher **Notation** einige Symbole eingeführt werden. So mögen $B_1, B_2, ..., B_t$ den beobachteten Bedarf der Periode t bezeichnen. Bei einer für diese Zeitreihe vorzunehmenden Prognose im Zeitpunkt t ist davon auszugehen, dass die Bedarfe $B_t, B_{t-1}, ..., B_1$ als Beobachtungswerte vorliegen, nicht jedoch der Bedarf B_{t+1}. Ein Prognosewert wird hingegen mit dem Symbol $\hat{}$ gekennzeichnet, so dass $\hat{B}_t$ den Prognosewert für die Periode t bezeichnet.

Zur genaueren Spezifikation ist es gelegentlich hilfreich, zwischen der Periode, in der die Prognose abgegeben wird und derjenigen, für die die Prognose abgegeben wird zu unterscheiden. Mit $\hat{B}_{t,t+\tau}$ wird die in t abgegebene Bedarfsprognose für die Periode $t + \tau$ bezeichnet. Die als *Prognosehorizont* bezeichnete Variable τ gibt dabei die Anzahl der Perioden an, die die zu prognostizierte Periode von der Periode t entfernt liegt. Im Folgenden wird vereinfachend zumeist ein Prognosehorizont von $\tau = 1$ unterstellt.

Weiter kann danach unterschieden werden, ob es sich um eine Ex-Ante-Prognose, d.h. eine „echte" Prognose, handelt oder ob eine Prognose vorliegt, die Prognosewerte für einen Zeitpunkt ermittelt, zu dem der tatsächliche Bedarf bereits bekannt ist. In diesem Fall wird von einer so genannten Ex-Post-Prognose gesprochen.

8.3 Prognosequalität

Da sich Prognosen auf zukünftige Ereignisse beziehen, überrascht es nicht, dass aufgrund der vorliegenden Unsicherheit die Prognose in der Regel mit Fehlern behaftet ist. Zur Beurteilung der Güte der Prognose wird häufig auf den Prognosefehler für die Periode t zurückgegriffen, der die Differenz von tatsächlichem Wert B_t und prognostiziertem Wert $\hat{B}_t$ repräsentiert und im Folgenden mit F_t bezeichnet wird.

$$F_t = B_t - \hat{B}_t \tag{1}$$

Ein häufig verwendetes Fehlermaß stellt der mittlere absolute Fehler in Periode t (MAF_t) dar, der das Saldieren von positiven und negativen Abweichungen im betrachteten Zeitintervall verhindert und dabei alle Prognosefehler gleich gewichtet.

$$MAF_t = \frac{1}{n} \cdot \sum_{k=t-n+1}^{t} |F_k| \tag{2}$$

Zudem ist es möglich, den mittleren absoluten Fehler einer exponentiellen Glättung zu unterziehen. Die für die Berechnung des MAF_t notwendige Speicherung der letzten n Prognosefehler lässt sich vermeiden, weil nunmehr nur noch auf einen Glättungsparameter α und den geglätteten Prognosefehler der Vorperiode zurückgegriffen wird.

$$EMAF_t = \alpha \cdot |F_t| + (1-\alpha) \cdot EMAF_{t-1} \tag{3}$$

Die Berechnung von MAF_t und $EMAF_t$ basiert auf der Mittlung von Absolutwerten, so dass die Vorzeichen der Prognosefehler ignoriert werden. Dies hat den Vorteil, dass sich positive und negative Prognosefehler nicht ausgleichen und damit Prognoseverfahren mit starken Schwankungen von solchen mit geringen Schwankungen unterschieden werden können. Gleichwohl besteht der Nachteil, dass durch die Verwendung von Absolutwerten strukturelle Informationen über die Fehler verloren gehen. Strukturelle Prognosefehler resultieren, wenn das verwendete Prognoseverfahren nicht für die betrachtete Situation geeignet ist. Dies ist bspw. der Fall, wenn der Prognosefehler nicht um die Nulllinie schwankt, sondern permanent die Beobachtungswerte unterschätzt.

Mit dem Tracking Signal steht eine Möglichkeit zur Verfügung, um strukturelle Fehler zu identifizieren. Zu seiner Berechnung wird u.a. auf den mittleren Prognosefehler EMF_t zurückgegriffen, der sich mittels exponentieller Glättung auf Basis des Prognosefehlers bestimmen lässt.

$$EMF_t = \beta \cdot F_t + (1-\beta) \cdot EMF_{t-1} \tag{4}$$

Das Tracking Signal TS_t ergibt sich, indem EMF_t und $EMAF_t$ ins Verhältnis zueinander gesetzt werden. Bei der Berechnung der Komponenten EMF_t und $EMAF_t$ ist auf die Verwendung eines einheitlichen Glättungsparameters $\gamma = \alpha = \beta$ zu achten.

$$TS_t = \frac{EMF_t}{EMAF_t} \qquad (5)$$

Für den Fall, dass der Prognosefehler tendenziell positiv ist und damit die tatsächlichen Beobachtungswerte tendenziell überschätzt werden, so fällt EMF_t nicht viel kleiner als $EMAF_t$ aus und der Quotient TS_t nimmt Werte nahe eins an. Nimmt das Tracking Signal Werte nahe null an, so deutet dies auf einen guten Ausgleich zwischen Unter- und Überschätzungen hin. Gleichwohl stellt sich die Frage, ab welchem Wert für das Tracking Signal von einem strukturellen Fehler ausgegangen werden kann. Offensichtlich hängt die Beantwortung der Frage auch von dem gewählten Glättungsparameter γ ab. Für den häufig gewählten Wert $\gamma = 0{,}1$ wird immer dann eine Überprüfung des Prognoseverfahrens empfohlen, wenn TS_t den Wert 0,5 über- bzw. den Wert -0,5 unterschreitet. Zur Initialisierung des Verfahrens müssen sowohl für EMF_0 als auch für $EMAF_0$ Werte festgesetzt werden. Da bei einer guten Prognose die Prognosefehler um null schwanken sollten, sieht eine Alternative vor, $EMF_0 = 0$ und $EMAF_0 = |F_1|$ zu setzen.

8.4 Prognose bei Bedarfsverläufen ohne Trend

Weist der vergangene Faktorverbrauch keinen Trend auf, sondern ist die Zeitreihe vielmehr durch einen konstanten durchschnittlichen Verbrauch gekennzeichnet (**stationäre Zeitreihe**), so kann folgendes Prognosemodell aufgestellt werden:

$$B_t = a + \varepsilon_t \qquad (6)$$

Hierbei bezeichnet a das **Niveau**, um das die Zeitreihe unregelmäßig schwankt. Der konstante Parameter a ist allerdings nicht bekannt, sondern ist zu schätzen. Da Schätzwerte durch das Symbol $\hat{}$ gekennzeichnet werden, bezeichnet $\hat{a}$ den Schätzwert für den Wert a. Der Einfluss der **zufälligen (irregulären) Komponente** wird durch ε_t wiedergegeben. Bei ε_t handelt es sich um eine normalverteilte Zufallsgröße mit dem Mittelwert 0 und der Varianz σ^2. Weiter wird angenommen, dass die Ausprägung der irregulären Komponente in einer bestimmten Periode t unabhängig ist von derjenigen einer Periode $t + 1$.

Im Unterschied zur einfachen Durchschnittsbildung, die sich sämtlicher in der Vergangenheit aufgezeichneter Verbrauchsmengen bedient, werden bei der einfachen gleitenden Durchschnittsbildung nur die letzten n Beobachtungswerte zur Berechnung herangezogen. Am Ende der Periode t kann der einfache gleitende Durchschnitt für ein Zeitfenster von n Perioden wie folgt berechnet werden:

$$\overline{B}_{t,n} = \frac{B_t + B_{t-1} + B_{t-2} + \cdots + B_{t-n+1}}{n} = \frac{\sum_{k=t-n+1}^{t} B_k}{n} \tag{7}$$

Am Ende der Periode t wird nun der gleitende Durchschnitt $\overline{B}_{t,n}$ ($= \hat{a}_t$) zur **Prognose** des Bedarfs in Periode $t + \tau$ herangezogen. Damit gilt: $\hat{B}_{t,t+\tau} = \hat{a}_t$. Es ist zu beachten, dass die eingehenden Beobachtungswerte mit dem gleichen Gewicht den Durchschnittswert beeinflussen. Dies wirkt sich nachteilig für die Qualität der Prognose aus, wenn angenommen wird, dass die letzten Beobachtungen die zukünftige Entwicklung besser repräsentieren als die älteren.

Mit dem **Verfahren der gewogenen gleitenden Durchschnitte** ist dem letztgenannten Kritikpunkt zu begegnen. Die in die Durchschnittswertbildung einbezogenen n Werte B_t sind hierbei mit Koeffizienten g_k zu gewichten, mit deren Hilfe die Relevanz einer Beobachtung im Zeitablauf gesteuert wird. Als gewichteter gleitender Durchschnitt der am Ende der Periode t für ein Zeitfenster von n Perioden erstellt wird, ergibt sich:

$$\overline{B}_{t,n}^{(g)} = \frac{g_t \cdot B_t + g_{t-1} \cdot B_{t-1} + \cdots + g_{t-n+1} \cdot B_{t-n+1}}{g_t + g_{t-1} + \cdots + g_{t-n+1}} = \frac{\sum_{k=t-n+1}^{t} g_k \cdot B_k}{\sum_{k=t-n+1}^{t} g_k} \tag{8}$$

$$\sum_{k=t-n+1}^{t} g_k = 1 \quad \text{und} \quad 0 \leq g_k \leq 1$$

Die wohl populärste und weit verbreitetste statistische Methode zur kurzfristigen Prognose stellt die **exponentielle Glättung erster Ordnung** dar. Voraussetzung für ihre Anwendung ist wiederum eine stationäre Zeitreihe. Formal handelt es sich bei der exponentiellen Glättung erster Ordnung um einen Spezialfall der gewogenen gleitenden Durchschnittsbildung. Bei ihrem Einsatz bei der Bedarfsprognose werden in Richtung zeitlich vorgelagerter Perioden die tatsächlichen Beobachtungswerte mit exponentiell abnehmenden Gewichten bei der Durchschnittsbildung berücksichtigt. Zur Schätzung des Bedarfs in Periode $t + 1$ wird der folgende Ansatz verwendet:

$$\hat{B}_{t,t+1} = \alpha \cdot B_t + (1-\alpha) \cdot \hat{B}_{t-1,t} \tag{9}$$

Der am Ende der Periode t abgegebene Prognosewert $\hat{B}_{t,t+1}$ für die Periode $t + 1$ ist damit das Ergebnis eines gewogenen arithmetischen Mittels: Während der am Ende der Periode t tatsächlich beobachtete Bedarf mit dem Faktor α gewichtet wird, ist der für die Periode t abgegebene Prognosewert $\hat{B}_{t-1,t}$ mit dem Faktor $(1 - \alpha)$ zu multiplizieren. Diese Darstellung wird als **rekursive Form** der exponentiellen Glättung bezeichnet, weil der Prognosewert für die Periode $t + 1$ auf dem Prognosewert der vorhergehenden Periode basiert. Die Tatsache, dass für die Prognose der Periode $t + 1$ neben der Glättungskonstanten α nur der prognostizierte und der tatsächlich beobachtete Bedarfswert der Periode t benötigt werden, erweist sich verfahrenstechnisch als sehr günstig.

Über den Parameter α wird damit gesteuert, inwieweit sich der in Periode t aufgetretene Fehler auf die Bedarfsprognose für die Periode $t + 1$ auswirkt. Hoch angesetzte Werte für den Parameter α führen dazu, dass die weniger weit zurückliegenden tatsächlichen Bedarfswerte stärker gewichtet werden und damit die Prognosewerte stark mit den jüngsten tatsächlichen Bedarfen schwanken. Umgekehrt führen niedrige Werte für α zu einer Glättung der Zeitreihe, weil die weiter zurückliegenden Bedarfe vergleichsweise stärker gewichtet werden. Aufgrund dieser Eigenschaften wird α auch als **Glättungsparameter** bezeichnet. In welcher Höhe der Glättungsparameter für eine Zeitreihe zu wählen ist, lässt sich nicht pauschal beantworten. Obwohl α grundsätzlich zwischen null und eins gewählt werden kann, wird aufgrund praktischer Erwägungen zumeist eine α-Wahl zwischen 0,1 und 0,3 empfohlen.

Die gute **rechentechnische Handhabbarkeit** zeichnet die exponentiellen Glättung gegenüber der gleitenden Durchschnittsbildung aus. Während letztere mindestens die zur Berechnung des gleitenden Durchschnitts herangezogenen Beobachtungswerte benötigt, sind zur Prognose mittels exponentieller Glättung neben dem aktuellen Beobachtungswert B_t lediglich der Glättungsparameter α und der Prognosewert $\hat{B}_{t-1,t}$ erforderlich. Dieser Vorteil kommt insbesondere zum Tragen, wenn der Bedarf für eine große Anzahl von Verbrauchsfaktoren prognostiziert werden soll. Unabhängig hiervon erweist es sich als vorteilhaft, dass durch ausschließliche Variation des Glättungsparameters α die Gewichte, mit denen die Beobachtungswerte in die Berechnung des exponentiell gewogenen Durchschnitts eingehen, variiert werden können, ohne dass die Rechenoperationen zu modifizieren sind.

8.5 Prognose bei Bedarfsverläufen mit Trend

Im Gegensatz zu den vorhergehenden Abschnitten wird nun davon ausgegangen, dass die Zeitreihe der Verbrauchswerte einem durch zufällige Schwankungen überlagerten linearen Trend folgt. Zur Bedarfsprognose auf Basis der n einbezogenen Perioden diene das folgende Modell:

$$B_k = a + b \cdot k + \varepsilon_t \quad \text{mit} \quad k = t-n+1,\ldots,t \tag{10}$$

Der hierbei verwendete lineare Trend setzt sich zum einen aus dem Achsenabschnitt a und der Steigung der Trendgeraden b zusammen. Als unabhängige Variable dient die Zeit, die mit k indiziert wird. Wie zuvor repräsentiert ε_t den Einfluss der zufälligen (irregulären) Komponente.

Eine bekannte und weit verbreitete Methode einen linearen Trend in Zeitreihenmodellen zu bestimmen, stellt die **einfache lineare Regressionsrechnung** dar. Mit ihrer Hilfe kann grundsätzlich der funktionale Zusammenhang zwischen einer abhängigen (hier der zu schätzende Bedarf) und einer unabhängigen Variable (hier die Zeit) bestimmt werden.

Das von der linearen Regressionsrechnung verfolgte Ziel besteht darin, die Parameter a und b derart zu schätzen, dass die Summe der (ungewogenen) Abstandsquadrate der tatsächlichen Beobachtungen von der Trendgeraden minimal wird:

$$\sum_{k=t-n+1}^{t} \left(B_k - \hat{B}_k\right)^2 \Rightarrow \text{Min!} \tag{11}$$

Eine Substitution des zu schätzenden Bedarfs $\hat{B}_k$ durch $\hat{a} + \hat{b} \cdot k$ und die partielle Differentiation nach $\hat{a}$ und $\hat{b}$ sowie anschließendes Nullsetzen führt zu zwei Gleichungen mit zwei Unbekannten. Das Auflösen nach den zu schätzenden Parametern ergibt:

$$\hat{a} = \frac{\sum_{k=t-n+1}^{t} B_k \cdot \sum_{k=t-n+1}^{t} k^2 - \sum_{k=t-n+1}^{t} B_k \cdot k \cdot \sum_{k=t-n+1}^{t} k}{n \cdot \sum_{k=t-n+1}^{t} k^2 - \left(\sum_{k=t-n+1}^{t} k\right)^2} \tag{12}$$

und

$$\hat{b} = \frac{n \cdot \sum_{k=t-n+1}^{t} B_k \cdot k - \sum_{k=t-n+1}^{t} B_k \cdot \sum_{k=t-n+1}^{t} k}{n \cdot \sum_{k=t-n+1}^{t} k^2 - \left(\sum_{k=t-n+1}^{t} k\right)^2} \tag{13}$$

Die Beantwortung der Frage, inwieweit es der ermittelten Regressionsgerade gelingt sich den tatsächlich beobachteten Verbrauchswerten anzupassen, kann mit Hilfe einer Abweichungsanalyse vorgenommen werden. Hierbei spielt u.a. der Wert $\overline{B}_{t,n}$ eine wichtige Rolle, der den am Ende der Periode t gebildeten Mittelwert der Zeitreihe bezogen auf die letzten n Perioden repräsentiert.

Die Abweichung eines tatsächlich beobachteten Verbrauchswertes B_k von dem Mittelwert der Verbrauchswerte $\overline{B}_{t,n}$ lässt sich formal auch durch zwei Differenzen ausdrücken:

$$\underbrace{\left(B_k - \overline{B}_{t,n}\right)}_{\substack{\text{Gesamt-}\\\text{abweichung}}} = \underbrace{\left(B_k - \hat{B}_k\right)}_{\substack{\text{unerklärte}\\\text{Abweichung}}} + \underbrace{\left(\hat{B}_k - \overline{B}_{t,n}\right)}_{\substack{\text{erklärte}\\\text{Abweichung}}} \qquad (14)$$

Die Gesamtabweichung eines einzelnen tatsächlichen Verbrauchswertes setzt sich damit zum einen aus einer unerklärten Abweichung, die dem Prognosefehler entspricht, und zum anderen aus einer durch die Regression erklärten Abweichung zusammen. Zur Beurteilung der Güte der Regressionsrechnung bedarf es einer Betrachtung sämtlicher Einzelabweichungen. Damit sich bei der Addition der Einzelabweichungen positive und negative Werte nicht gegenseitig aufheben, werden beide Seiten der Gleichung (14), die nunmehr die aufsummierten Abweichungen aufweisen, quadriert (vgl. (15).

$$\left(\sum_{k=t-n+1}^{t}\left(B_k - \overline{B}_{t,n}\right)\right)^2 = \left(\sum_{k=t-n+1}^{t}\left(B_k - \hat{B}_k\right) + \sum_{k=t-n+1}^{t}\left(\hat{B}_k - \overline{B}_{t,n}\right)\right)^2 \qquad (15)$$

Algebraisches Vereinfachen der Gleichung (15) ergibt den folgenden Ausdruck:

$$\underbrace{\sum_{k=t-n+1}^{t}\left(B_k - \overline{B}_{t,n}\right)^2}_{SQGA} = \underbrace{\sum_{k=t-n+1}^{t}\left(B_k - \hat{B}_k\right)^2}_{SQUA} + \underbrace{\sum_{k=t-n+1}^{t}\left(\hat{B}_k - \overline{B}_{t,n}\right)^2}_{SQEA} \qquad (16)$$

Zur Beurteilung der Güte der Regressionsrechnung kann das Bestimmtheitsmaß R^2 herangezogen werden, das den Anteil der Summe der quadrierten erklärten Abweichungen ($SQEA$) an der Summe der quadrierten Gesamtabweichungen ($SQGA$) angibt (vgl. (17)). Das grundsätzlich nur zwischen null und eins variierende Bestimmtheitsmaß signalisiert für Werte in der Nähe von eins eine gute Anpassung der Trendgeraden an die Zeitreihe. Für den Extremfall, dass das Bestimmtheitsmaß den Wert Eins annimmt, weist die Quadratsumme der unerklärten Abweichungen den Wert Null auf.

$$R^2 = \frac{\sum_{k=t-n+1}^{t}\left(\hat{B}_k - \overline{B}_{t,n}\right)^2}{\sum_{k=t-n+1}^{t}\left(B_k - \overline{B}_{t,n}\right)^2} \qquad (17)$$

Für praktische Zwecke erscheint eine ausreichende Anpassung der Regressionsgeraden an die Beobachtungswerte gegeben, wenn für das Bestimmtheitsmaß $R^2 > 0,5$ gilt.

8.6 Prognose bei Bedarfsverläufen mit saisonalen Schwankungen

Saisonale Schwankungen liegen vor, wenn eine Zeitreihe durch regelmäßig wiederkehrende Auf- und Abwärtsbewegungen gekennzeichnet ist, die sich nach einem bestimmten Zeitintervall wiederholen. Der Schwankungsbereich des Zeitintervalls kann zwischen einer Woche und einem Jahr liegen. Von saisonalen Schwankungen im engeren Sinne wird gesprochen, wenn sie innerhalb eines Jahres auftreten.

Mit der **Zeitreihendekomposition** steht eine Möglichkeit zur Verfügung, Prognosen für eine Zeitreihe mit saisonalen Schwankungen durchzuführen. Das Verfahren geht davon aus, dass die Zeitreihe aus mehreren Komponenten (z.B. Trend-, Zufalls- und Saisonkomponente) besteht. Das Ziel besteht darin, die einzelnen Bestandteile voneinander zu trennen, um Saisonindizes zu berechnen. Bei der Anwendung der Zeitreihendekomposition spielt die unterstellte Verknüpfung zwischen den Komponenten eine wichtige Rolle. Liegt eine additive Verknüpfung vor, so wird die Trendkomponente additiv um saisonale Schwankungen korrigiert. Eine multiplikative Verknüpfung führt hingegen dazu, dass die saisonalen Schwankungen für höhere Verbrauchswerte stärker als für niedrigere Werte ausfallen. Die Entscheidung für ein additives oder multiplikatives Modell sollte sich nach dem konkreten, in der Zeitreihe zu beobachtenden Saisonmuster richten. Im Folgenden soll der multiplikative Ansatz weiter verfolgt werden. Das Modell, in dem die zufällige Komponente ε_t um den Wert Null schwanken möge, lautet:

$$B_t = \underbrace{(a+b\cdot t)}_{\text{Trendkomponente}} \cdot \underbrace{S_t}_{\substack{\text{Saison-}\\\text{komponente}}} \cdot \underbrace{\varepsilon_t}_{\substack{\text{zufällige}\\\text{Komponente}}} \qquad (18)$$

Der erste Schritt der Zeitreihendekomposition besteht darin, die Saison- und Zufallskomponenten gemeinsam von der Trendkomponente abzutrennen. Hierzu wird zunächst ein zentrierter gleitender Durchschnitt $D_{t,n}^Z$ mit der Gliederzahl n gebildet. Zentriert bedeutet dabei, dass ausgehend von der Periode t vor- und nachgelagerte Verbrauchswerte in gleicher Anzahl zur Durchschnittsbildung herangezogen werden. Die Anzahl n der Glieder insgesamt richtet sich nach der Zahl c der Perioden, nach denen sich die saisonale Schwankung wiederholt. Bei geradem c müssen die beiden am Rand des Zeitfensters liegenden Verbrauchswerte mit 0,5 gewichtet werden. Formal kann der zentrierte gleitende Durchschnitt $D_{t,n}^Z$ der Periode t wie folgt ermittelt werden:

$$D_{t,n}^Z = \begin{cases} \dfrac{1}{2 \cdot k + 1} \cdot \sum\limits_{j=t-k}^{t+k} B_j & \text{mit } k = \dfrac{n-1}{2} \quad \text{für ungerade } n \\[2ex] \dfrac{1}{2 \cdot k} \cdot \left[\dfrac{1}{2} \cdot B_{t-k} + \sum\limits_{j=t-k+1}^{t+k-1} B_j + \dfrac{1}{2} \cdot B_{t+k} \right] & \text{mit } k = \dfrac{n}{2} \quad \text{für gerade } n \end{cases} \quad (19)$$

Zur Schätzung eines vorläufigen Saisonfaktors erfolgt eine Division des periodenbezogenen Bedarfs durch den zentrierten gleitenden Durchschnitt der entsprechenden Periode:

$$\hat{S}_t^v = \frac{B_t}{D_{t,n}^Z} \quad (20)$$

Allerdings ist zu beachten, dass die vorläufigen Saisonfaktoren noch zufallsbedingte Einflüsse aufweisen. Eine einfache Durchschnittsbildung über die vorläufigen Saisonfaktoren eines bestimmten Saisonabschnitts (bspw. eines Quartals) erweist sich als vorteilhaft, weil hieraus zum einen für jeden Saisonabschnitt ein konstanter Faktor resultiert und sich zum anderen die zufallsbedingten Einflüsse weitgehend aufheben. Gegebenenfalls ist eine Normierung der konstanten Saisonfaktoren vorzunehmen.

Neben den Saisonfaktoren werden zur Berechnung des Trends der Achsenabschnitt und der Steigungsparameter benötigt. Die Bestimmung beider Parameter erfolgt mit Hilfe einer Regressionsanalyse. Vor der Anwendung letzterer muss die ursprüngliche Zeitreihe aber desaisonalisiert werden. Dies lässt sich erreichen, indem der tatsächlich aufgetretene Bedarf durch die normalisierten Saisonfaktoren dividiert wird.

Zur Prognose wird zunächst die Trendkomponente bestimmt, indem für den Prognosezeitraum die entsprechenden Werte mit der aus der Regressionsrechnung stammenden Trendgeraden ermittelt werden. Die Prognosewerte resultieren schließlich aus einer abschließenden Multiplikation mit den Saisonfaktoren.

8.7 Lösung des Fallbeispiels

Aufgabe 1
Ein Blick auf die Abbildung 8.2, in der der Zuckerverbrauch der letzten zwei Jahre abgetragen ist, zeigt, dass der Verbrauch unregelmäßig um den Wert von 27 Tonnen Zucker monatlich schwankt. Das Verfahren der exponentiellen Glättung erster Ordnung ist für solche Zeitreihen geeignet. Zur Durchfüh-

rung der Prognose entscheidet sich FRANKE, eine Rechentabelle (vgl. Tabelle 8.4) anzulegen.

Abbildung 8.2 — Monatlicher Zuckerverbrauch

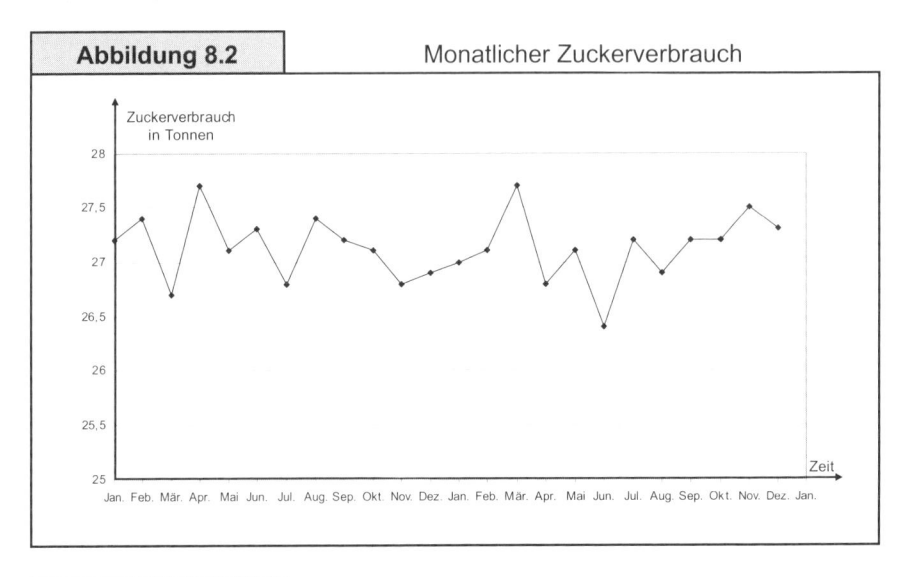

Tabelle 8.4 — Ex-Post-Prognose des Zuckerverbrauchs mit exponentieller Glättung erster Ordnung

Jahr 01	Ist	Prognose	Jahr 02	Ist	Prognose
Jan.	27,2	27,20	Jan.	27,0	27,13
Feb.	27,4	27,20	Feb.	27,1	27,11
Mär.	26,7	27,22	Mär.	27,7	27,11
Apr.	27,7	27,17	Apr.	26,8	27,17
Mai	27,1	27,22	Mai	27,1	27,13
Jun.	27,3	27,21	Jun.	26,4	27,13
Jul.	26,8	27,22	Jul.	27,2	27,06
Aug.	27,4	27,18	Aug.	26,9	27,07
Sep.	27,2	27,20	Sep.	27,2	27,05
Okt.	27,1	27,20	Okt.	27,2	27,07
Nov.	26,8	27,19	Nov.	27,5	27,08
Dez.	26,9	27,15	Dez.	27,3	27,12

Wie vom Einkaufsleiter vorgegeben wird zur Initialisierung des Verfahrens der Prognosewert des Januar 01 gleich dem tatsächlichen Zuckerverbrauch gesetzt. Exemplarisch für die Berechnung der anderen Prognosewerte sei die Berechnung des Prognosewertes August 02 herausgegriffen. Grundsätzlich entspricht der Prognosewert der Summe aus dem mit dem Glättungsfaktor α gewichteten Verbrauchswert des Vormonats und dem mit $(1 - \alpha)$ gewichteten

Prognosewert des Vormonats. Hier ergibt sich $0,1 \cdot 27,2 + (1 - 0,1) \cdot 27,06 = 27,07$. Analog erfolgt die Berechnung der Ex-Ante-Prognose für den Januar 03: $0,1 \cdot 27,3 + (1 - 0,1) \cdot 27,12 = 27,14$. Eine abschließende Gegenüberstellung der Verbrauchs- und Prognosewerte gibt Abbildung 8.3:

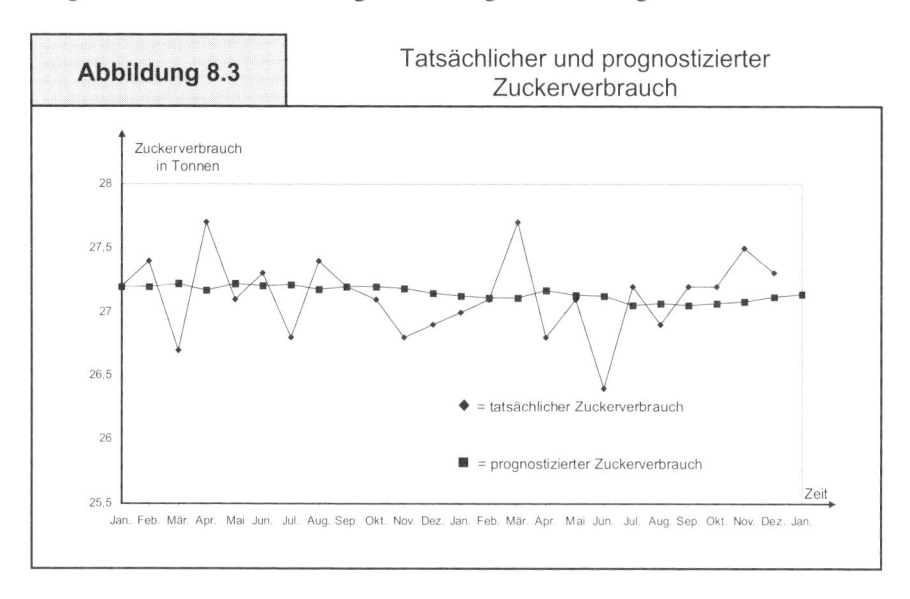

Abbildung 8.3 — Tatsächlicher und prognostizierter Zuckerverbrauch

Aufgabe 2
Auch für die Prognose des Früchteverbrauchs bietet sich eine grafische Darstellung an. Der Abbildung 8.4 kann entnommen werden, dass in den letzten zwei Jahren der Früchteverbrauch zugenommen hat. Da sich saisonale Einflüsse nicht erkennen lassen, sollte ein Prognoseverfahren für Bedarfe gewählt werden, das in der Lage ist, einen Trend abzubilden. Hierzu eignet sich bspw. das Verfahren der einfachen linearen Regression.

Zur Schätzung des Achsenabschnittes und des Steigungsparameters werden Hilfsgrößen benötigt, deren Berechnung der Tabelle 8.5 entnommen werden kann. Die in der letzten Zeile der Tabelle 8.5 aufgeführten Hilfsgrößen ermöglichen eine einfache Berechnung der zu schätzenden Parameter, für die sich die folgenden Werte ergeben:

$$\hat{a} = \frac{3478 \cdot 4900 - 44508 \cdot 300}{24 \cdot 4900 - 300^2} = 133,69$$

$$\hat{b} = \frac{24 \cdot 44508 - 3478 \cdot 300}{24 \cdot 4900 - 300^2} = 0,898$$

Abbildung 8.4 — Monatlicher Früchteverbrauch

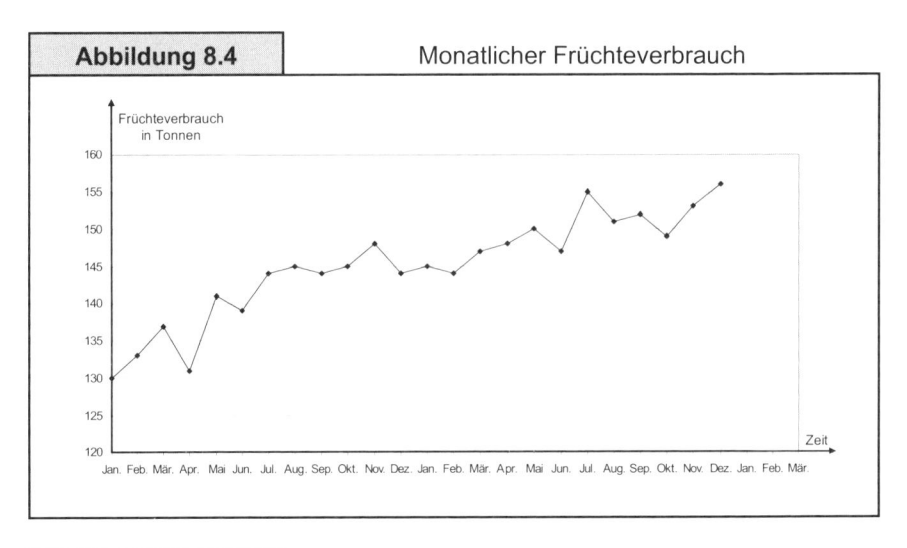

Tabelle 8.5 — Hilfsgrößen für die Berechnung der Regressionsgeraden

k	B_k	k^2	$k \cdot B_k$
1	130	1	130
2	133	4	266
3	137	9	411
4	131	16	524
5	141	25	705
⋮	⋮	⋮	⋮
23	153	529	3519
24	156	576	3744
Summe 300	3478	4900	44508

Mit diesen Parametern lassen sich nun einfach die monatlichen Prognosewerte für das erste Quartal des dritten Jahres berechnen:

$$\hat{B}_{25} = 133{,}69 + 0{,}898 \cdot 25 = 156{,}14$$

$$\hat{B}_{26} = 133{,}69 + 0{,}898 \cdot 26 = 157{,}04$$

$$\hat{B}_{27} = 133{,}69 + 0{,}898 \cdot 27 = 157{,}94$$

Die Ex-Post-Prognosewerte wurden in Tabelle 8.6 berechnet. Grafisch sind die Ergebnisse der gesamten Prognoserechnung in der Abbildung 8.5 festgehalten.

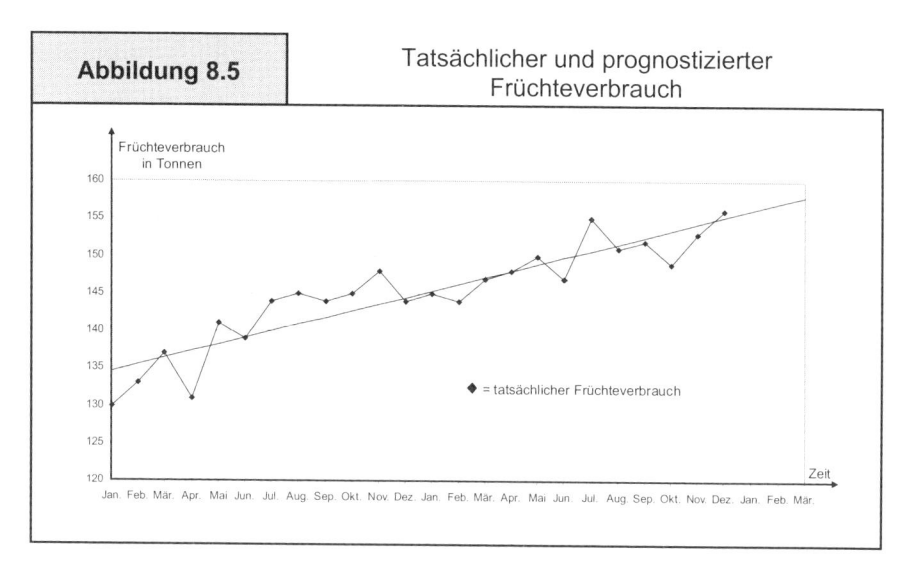

Abbildung 8.5 — Tatsächlicher und prognostizierter Früchteverbrauch

Früchteverbrauch in Tonnen; ♦ = tatsächlicher Früchteverbrauch; Zeit: Jan. bis Mär. (über drei Jahre).

Zur ersten Beurteilung, ob sich die einfache lineare Regression zur Prognose des Früchteverbrauchs eignet, kann auf das Bestimmtheitsmaß R^2 zurückgegriffen werden. Hierfür müssen die summierte quadratische Gesamtabweichung ($SQGA$) und die summierte quadratische erklärte Abweichung ($SQEA$) vorliegen (vgl. hierzu Tabelle 8.6), für deren Berechnung wiederum der Durchschnittswert $\bar{B}_{24,24}$ benötigt wird. Dieser weist in der betrachteten Zeitreihe des Früchteverbrauchs einen gerundeten Wert von 144,92 auf.

Tabelle 8.6 — Grundlagen für die Abweichungsanalyse

	B_t	$\hat{B}_t$	QGA	QEA
Jan. 01	130	134,59	222,51	106,68
Feb. 01	133	135,49	142,01	88,94
Mär. 01	137	136,38	62,67	72,81
Apr. 01	131	137,28	193,67	58,29
Mai 01	141	138,18	15,34	45,38
⋮	⋮	⋮	⋮	⋮
Nov. 02	153	154,34	65,34	88,87
Dez. 02	156	155,24	122,84	106,61
Summe			1121,83	927,36

Exemplarisch seien die folgenden beiden Berechnungen der quadrierten Abweichungen aus Tabelle 8.6 aufgezeigt (Hinweis: Die Werte der Tabelle 8.6 wurden mit dem genauen Durchschnittswert ermittelt und anschließend gerundet, so dass sich kleine Differenzen zu den im Folgenden berechneten Werten ergeben):

QGA für März 01: $(137 - 144{,}92)^2 = 62{,}73$
QEA für Mai 01: $(138{,}18 - 144{,}92)^2 = 45{,}43$

Die Summation der einzelnen quadrierten Abweichungen resultiert in den für die Berechnung des Bestimmtheitsmaßes notwendigen Größen $SQEA$ und $SQGA$, die bereits in Tabelle 8.6 bestimmt wurden. Einsetzen in den Ausdruck für das Bestimmtheitsmaß (vgl. (17)) liefert: $R^2 = 927{,}36/1121{,}83 = 0{,}827$. Da das Bestimmtheitsmaß hier einen Wert annimmt, der 0,5 deutlich übersteigt, kann von der Eignung der einfachen linearen Regression ausgegangen werden.

Zudem möchte FRANKE dem Einkaufsleiter die Berechnung des Tracking Signal vorstellen. Dementsprechend sind für die letzten zwei Jahre die Größen EMF_t und $EMAF_t$ zu bestimmen. Dies geschieht in der Tabelle 8.7. Zur Initialisierung wurden $EMF_0 = 0$ und $EMAF_0 = |F_1| = 4{,}588$ gesetzt sowie ein Glättungsparameter $\gamma = 0{,}1$ gewählt.

Tabelle 8.7				Berechnung des Tracking Signal			
	B_t	$\hat{B}_t$	F_t	$|F_t|$	EMF_t	$EMAF_t$	TS_t
Start					0,000	4,588	
Jan. 01	130	134,59	-4,588	4,588	-0,459	4,588	-0,100
Feb. 01	133	135,49	-2,486	2,486	-0,662	4,378	-0,151
Mär. 01	137	136,38	0,616	0,616	-0,534	4,002	-0,133
Apr. 01	131	137,28	-6,282	6,282	-1,109	4,230	-0,262
Mai 01	141	138,18	2,820	2,820	-0,716	4,089	-0,175
⋮	⋮	⋮	⋮	⋮	⋮	⋮	⋮
Nov. 02	153	154,34	-1,344	1,344	-0,299	2,264	-0,132
Dez. 02	156	155,24	0,758	0,758	-0,193	2,113	-0,092

Exemplarisch sei die Berechnung des Tracking Signal für den März des Jahres 01 vorgenommen:

EMF für März 01: $0{,}1 \cdot (137 - 136{,}38) + 0{,}9 \cdot (-0{,}662) = -0{,}534$
$EMAF$ für März 01: $0{,}1 \cdot |137 - 136{,}38| + 0{,}9 \cdot 4{,}378 = 4{,}002$
Tracking Signal für März 01: $-0{,}534/4{,}002 = -0{,}133$

Aus der Abbildung 8.6 lässt sich erkennen, dass das Tracking Signal grundsätzlich um die Nulllinie schwankt und nicht die Grenzwerte -0,5 und 0,5 überschreitet. Damit gibt es auch aufgrund des Tracking Signal keinen Anlass, das verwendete Prognoseverfahren in Frage zu stellen.

Lösung des Fallbeispiels   121

Abbildung 8.6   Verlauf des Tracking Signal

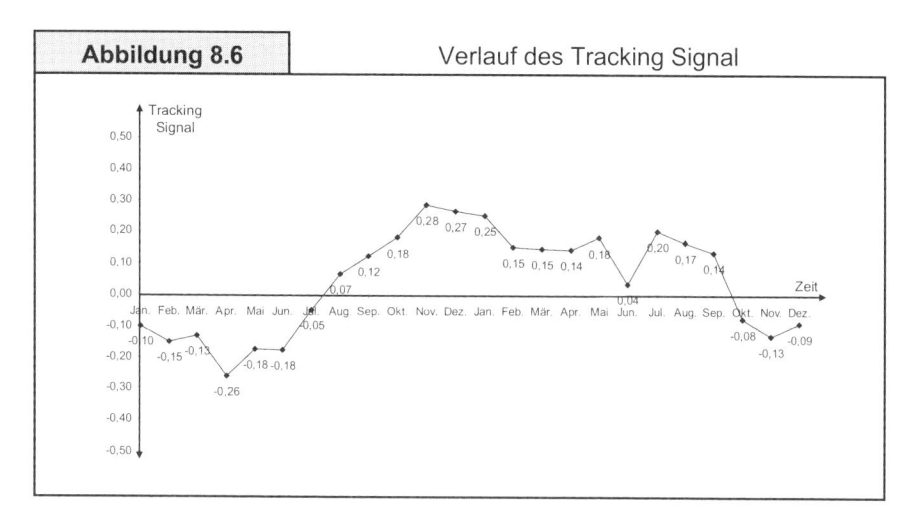

[Diagramm: Tracking Signal über Zeit von Jan. bis Dez. mit Werten:
-0,10; -0,15; -0,13; -0,18; -0,18; -0,26; 0,07; 0,12; 0,18; 0,28; 0,27; 0,25; -0,05; 0,15; 0,15; 0,14; 0,18; 0,04; 0,20; 0,17; 0,14; -0,08; -0,13; -0,09]

Aufgabe 3
Bei der grafischen Analyse des quartalsweisen Milchverbrauchs (vgl. Abbildung 8.7) lässt sich ein deutlich wiederkehrendes Muster erkennen.

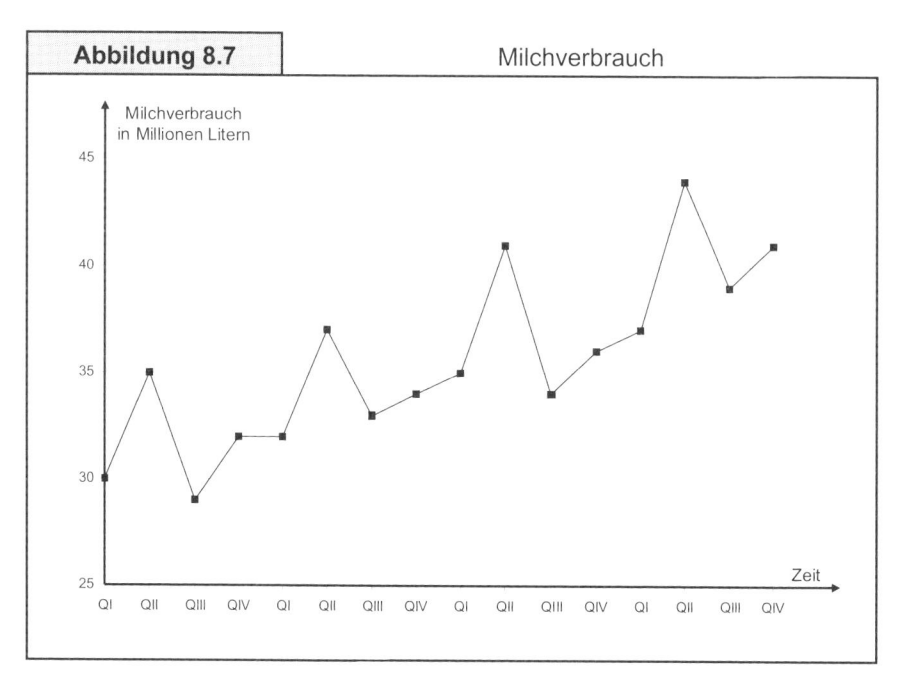

Abbildung 8.7   Milchverbrauch

[Diagramm: Milchverbrauch in Millionen Litern über Quartale QI bis QIV über mehrere Jahre. Werte ca.: 30, 35, 29, 32, 32, 37, 33, 34, 35, 41, 34, 36, 37, 44, 39, 41]

Insbesondere im zweiten Quartal steigt der Milchverbrauch deutlich an, während er im dritten Quartal immer vergleichsweise gering ausfällt. Da sich die Schwankungen mit einem Rhythmus von vier Quartalen wiederholen, vermutet FRANKE saisonale Schwankungen. Zudem ist im Zeitablauf ein tendenziell steigender Milchbedarf bei MILA festzustellen. FRANKE entscheidet sich deshalb, auf die vorliegende Zeitreihe eine Zeitreihendekomposition durchzuführen.

In einem ersten Schritt gilt es, die Trendkomponente von der Saisonkomponente und der zufälligen Komponente zu trennen. Hierzu soll mit Hilfe der Tabelle 8.8 das Prozedere der Schätzung der Saisonfaktoren für die gegebene Zeitreihe des Milchverbrauchs illustriert werden.

Tabelle 8.8 — Berechnung vorläufiger Saisonfaktoren

Jahr	k	B_k	$D^Z_{t,4}$	$\hat{S}^v_t$
01	QI	30		
01	QII	35		
01	QIII	29	31,750	0,913
01	QIV	32	32,250	0,992
02	QI	32	33,000	0,970
02	QII	37	33,750	1,096
02	QIII	33	34,375	0,960
02	QIV	34	35,250	0,965
03	QI	35	35,875	0,976
03	QII	41	36,250	1,131
03	QIII	34	36,750	0,925
03	QIV	36	37,375	0,963
04	QI	37	38,375	0,964
04	QII	44	39,625	1,110
04	QIII	39		
04	QIV	41		

Bei der Berechnung des zentrierten Durchschnitts sind vier Glieder zu berücksichtigen, weil sich nach vier Quartalen die saisonalen Schwankungen wiederholen. Der zentrierte Durchschnitt des zweiten Quartals des zweiten Jahres ergibt sich wie folgt: (0,5 · 32 + 32 + 37 +33 + 0,5 · 34) / 4 = 33,75. Die vorläufigen Saisonfaktoren resultieren schließlich aus der Division des tatsächlichen Verbrauchswertes durch den zentrierten Durchschnitt. So ergibt sich der vorläufige Saisonfaktor des vierten Quartals des dritten Jahres zu: 36 / 37,375 = 0,963.

Zur Eliminierung des zufälligen Einflusses wird für jedes Quartal ein einfacher Durchschnitt aus den im Zeitablauf bestimmten vorläufigen Saisonfaktoren eines bestimmten Quartals errechnet. Bei der Durchschnittsbildung kann das Problem auftreten, dass die Summe der Saisonfaktoren nicht der Anzahl der Perioden entspricht, nach der die saisonale Schwankung zum wiederholten Male auftritt. Im Beispiel resultiert als Summe der (nicht gerundeten) Saisonfaktoren ein Wert von 3,989. Aus diesem Grund werden die errechneten Durchschnitte mit dem Quotienten 4 / 3,989 multipliziert. Diese Normalisierung führt zu den in der letzten Zeile der Tabelle 8.9 aufgeführten Saisonfaktoren.

Tabelle 8.9	Ermittlung endgültiger Saisonfaktoren			
Jahr	Quartal I	Quartal II	Quartal III	Quartal IV
01			0,913	0,992
02	0,970	1,096	0,960	0,965
03	0,976	1,131	0,925	0,963
04	0,964	1,110		
Summe	2,909	3,338	2,799	2,920
⌀	0,970	1,113	0,933	0,973
Norm. ⌀	0,973	1,116	0,936	0,976

Nach der Bestimmung der Saisonfaktoren gilt es die Trendkomponente zu bestimmen. Bevor der Achsenabschnitt und der Steigungsparameter mit Hilfe der Regressionsanalyse ermittelt werden, ist es notwendig, die Zeitreihe um die Saisonkomponente zu bereinigen. Die bereinigte Zeitreihe (vgl. Tabelle 8.10) ergibt sich, indem die tatsächlichen Verbrauchswerte durch die normalisierten Saisonfaktoren dividiert werden.

Tabelle 8.10	Bereinigte Zeitreihe des Milchverbrauchs			
Jahr	Jahr 01	Jahr 02	Jahr 03	Jahr 04
Quartal I	30,83	32,89	35,97	38,03
Quartal II	31,36	33,15	36,74	39,43
Quartal III	30,98	35,26	36,32	41,67
Quartal IV	32,79	34,84	36,89	42,01

Die Durchführung der Regressionsanalyse auf Basis der bereinigten Verbrauchswerte führt zu den Schätzwerten $\hat{a} = 29,43$ (Achsenabschnitt) und $\hat{b} = 0,722$ (Steigungsparameter). Zur Prognose des Milchbedarfs im ersten Quartal des fünften Jahres muss die prognostizierte Trendkomponente (29,43 + 0,722 · 17 = 41,704) noch mit 0,973 – dem Saisonfaktor des ersten Quartals – multipliziert werden. Als Prognosewert resultiert damit eine Milchmenge von 40,58 Millionen Litern. Die Ex-Post-Prognosewerte können auf analoge Art und Weise bestimmt werden (vgl. Tabelle 8.11).

Tabelle 8.11	Ex-Post-Prognose des Milchverbrauchs			
Jahr	Jahr 01	Jahr 02	Jahr 03	Jahr 04
Quartal I	29,34	32,15	34,96	37,77
Quartal II	34,46	37,68	40,90	44,12
Quartal III	29,57	32,28	34,98	37,68
Quartal IV	31,54	34,36	37,18	40,00

Die Beurteilung der Anpassungsgüte kann grob erfolgen, indem in einem Diagramm die Ex-Post-Prognosewerte den tatsächlichen Verbrauchsmengen gegenübergestellt werden (vgl. Abbildung 8.8). Grundsätzlich lässt sich festhalten, dass durch die Berücksichtigung der saisonalen Schwankungen die Struktur der Zeitreihe nachgebildet wird, wenngleich in den letzten Quartalen eine gewisse Differenz zwischen tatsächlichen und prognostizierten Werten auftritt. Eine Möglichkeit, eine noch bessere Anpassung zu erzielen besteht darin, das Verfahren von WINTERS anzuwenden, das auf einer dreifachen exponentiellen Glättung beruht.

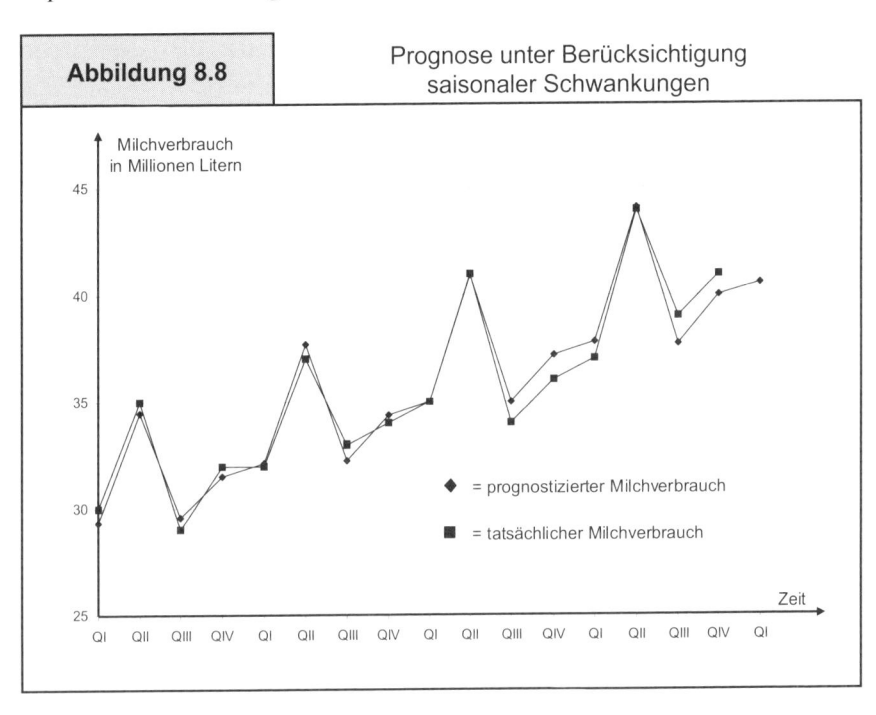

Abbildung 8.8 — Prognose unter Berücksichtigung saisonaler Schwankungen

Literaturhinweise

GAYNOR, P.E./KIRKPATRICK, R.C.: Introduction to Time-Series Modelling and Forecasting in Business and Economics, New York u.a. 1994.

NAHMIAS, S.: Production and Operations Analysis, 6. Aufl., New York 2009.

TEMPELMEIER, H.: Material-Logistik, 7. Aufl., Berlin, Heidelberg 2008.

THONEMANN, U.: Operations Management, 2. Aufl., München u.a. 2009.

9 Programmorientierte Bedarfsermittlung

9.1 Fallbeispiel

Der Zahnpasta-Produzent DR. DENT stellt drei verschiedene Zahnpastasorten her, die alle einen ähnlichen Fertigungsprozess durchlaufen. Da die Fertigung der drei Sorten innerhalb einer Planungsperiode erfolgt und dabei zu großen Teilen die gleichen Verbrauchsfaktoren zum Einsatz kommen, wird deren Bedarf gemeinsam geplant. Für die Herstellung werden zwei Rohmassen (R1, R2) verwendet und in unterschiedlichen Anteilen gemischt, sodass zunächst zwei qualitativ etwas unterschiedliche Basiszahnpasten (BP1, BP2) entstehen.

Für die Basiszahnpasta BP1 werden 4 l der Rohmasse R1 und 3,5 l der Rohmasse R2 kombiniert, die Basiszahnpasta BP2 erfordert eine Mischung von 5 l der Rohmasse R1 und 2,5 l der Rohmasse R2. Die in dieser Fertigungsstufe hergestellten Zahnpasten werden jeweils in einen spezifischen Behälter abgefüllt, von dem aus die spätere Befüllung in Tuben (à 75 ml) nahezu ohne Materialverlust möglich ist.

Da die auf diese Weise hergestellten Basiszahnpasten kaum verkaufsfähig wären, werden sie anschließend mit einigen Zusatzstoffen versehen, die sie spezifizieren, ihnen differenzierte Eigenschaften verschaffen und sie somit für unterschiedliche Käufergruppen interessant machen. Die Behältergröße erlaubt es, dass diese Zusatzstoffe beigemengt werden können, sodass sich je nach Mischung aus einem Behälter alternativ 100 Tuben DENTO-WHITE, 105 Tuben DENTO-GREEN oder 108 Tuben DENTO-PROACTIVE abfüllen lassen.

Die Zusammensetzung der drei angebotenen Zahnpastasorten ist den nachfolgend angegebenen Rezepturen zu entnehmen:

DENTO-WHITE		
Pos.	Materialart	Menge
1	Basiszahnpasta BP 1	1 Beh.
2	Menthol-Aroma	50 ml
3	Mikro-Reinigungskristalle	100 g
4	Natriumfluorid	20 ml

DENTO-GREEN		
Pos.	Materialart	Menge
1	Basiszahnpasta BP 2	1 Beh.
2	Kräuterextrakte	500 ml

DENTO-PROACTIVE		
Pos.	Materialart	Menge
1	DENTO-GREEN	1 Beh.
2	Zink	50 ml
3	Natriumfluorid	35 ml

Aufgabe 1
Mit welcher Stücklistenart korrespondieren die drei angegebenen Zahnpasta-Rezepturen? Stellen Sie die Rezeptur für die Zahnpasta DENTO-PROACTIVE in einer Form dar, die der einer Strukturstückliste entspricht.

Aufgabe 2
Zeichnen Sie einen Gozintographen, der den beschriebenen Fertigungsprozess abbildet.

Aufgabe 3
In der kommenden Planungsperiode wird ein Primärbedarf in Höhe von 10.000 Tuben DENTO-WHITE, 15.750 Tuben DENTO-GREEN und 5.400 Tuben DENTO-PROACTIVE erwartet. Berechnen Sie den dafür erforderlichen Materialbedarf mit dem Gozintolistenverfahren. Bei der Bedarfsermittlung ist zu beachten, dass von der Basiszahnpasta BP2 noch 30 Behälter und von den Kräuterextrakten 40 Liter vorrätig sind; von den anderen Bestandteilen sind keine Lagerbestände mehr vorhanden.

9.2 Anwendungsbereiche und Beurteilung der programmorientierten Bedarfsermittlung

Die Grundlage der programmorientierten oder auch deterministischen Bedarfsermittlung bilden das in der Produktionsprogrammplanung (vgl. Kapitel 6) bestimmte Produktions- und Absatzprogramm und die darin angegebenen Mengen für den Absatz vorgesehener Fertigerzeugnisse und Halbfabrikate, der sog. **Primärbedarf** einer Planungsperiode. Dieser kann bei Auftragsfertigung durch die von den Kunden erhaltenen Aufträge, bei Lagerfertigung (bzw. Marktfertigung) mittels Nachfrageprognosen festgelegt werden. Die Aufgabe der programmorientierten Bedarfsermittlung besteht nun darin, die auch als **Sekundärbedarf** bezeichneten Mengen an Rohstoffen, Bauteilen und Halbfabrikaten zu bestimmen, die für die Erstellung des Primärbedarfs erforderlich sind.

Anwendbar ist diese deterministische Form der Bedarfsermittlung damit einerseits bei Auftragsfertigung und andererseits bei Lagerfertigung dann, wenn der prognostizierte Primärbedarf als ausreichend sicher unterstellt werden kann.

Ihre Anwendung setzt außerdem Informationen über die Erzeugnisstrukturen voraus, d. h. den Zusammenhang zwischen den Mengen der Güter des Absatzprogramms und den zu deren Herstellung erforderlichen Mengen von Rohstoffen, Bauteilen und Halbfabrikaten. Diese Informationen können in Form von Stücklisten, Rezepturen, Konstruktionszeichnungen etc. vorliegen.

Um den bereitzustellenden Sekundärbedarf bestimmen zu können, ist des Weiteren die Kenntnis der Höhe vorhandener Lagerbestände und bereits bestellter Mengen sowie etwaiger nicht in den Stücklisten erfasster Zusatzbedarfe (z. B. durch Ausschuss bedingt) erforderlich.

Der Vorteil einer programmorientierten Bedarfsermittlung besteht darin, dass der mengen- und zeitmäßige Bedarf an Einsatzgütern relativ genau errechnet wird, sodass nur geringe Lagerbestände vorgehalten werden müssen. Allerdings steht der Exaktheit der Nachteil einer aufwändigen Berechnung gegenüber, und zwar insbesondere bei Erzeugnissen mit komplexen Fertigungsstrukturen. Sie bedarf daher in der Regel einer EDV-Unterstützung und ist vor allem für Verbrauchsfaktoren mit hohem Wert (A-Güter, vgl. Kapitel 10) geeignet.

Die Grenzen deterministischer Bedarfsermittlung liegen weiterhin in den Planungsunsicherheiten begründet, die unter anderem aus Änderungen bzw. Abweichungen von den erwarteten Werten beim Produktionsprogramm, bei der Erzeugnisstruktur sowie bei für den Periodenbedarf und dessen Deckung relevanten Beschaffungs- oder Fertigungszeiten resultieren.

9.3 Abbildung von Erzeugnisstrukturen

Stücklisten

Eine Stückliste gibt in der mechanischen Produktion die Mengen an Bestandteilen (Rohstoffen, Bauteilen, Halbfabrikaten) an, die für die Herstellung einer Einheit eines Erzeugnisses notwendig sind. In anderen Industriezweigen werden hierfür analoge Beschreibungen der Erzeugnisstrukturen verwendet, beispielsweise in der chemischen Produktion Rezepturen oder in der Bauindustrie Materiallisten. In den nachstehenden Ausführungen wird auf Stücklisten Bezug genommen, sie gelten aber für die anderen Erzeugnisstrukturabbildungen entsprechend.

Die Darstellungsweise der mengenmäßigen Zusammensetzung kann unterschiedlich erfolgen, dementsprechend existieren verschiedene Arten von Stücklisten. Die drei Grundformen werden im Folgenden anhand einer einfachen Erzeugnisstruktur beschrieben.

Die **Mengen-** oder **Mengenübersichtsstückliste** zeigt zusammengefasst über alle Fertigungsstufen den gesamten Bedarf an Erzeugniskomponenten auf, ohne dass deren Position innerhalb der Erzeugnisstruktur angegeben wird. Sie enthält in der Regel die laufende Positionsnummer, die Artikelnummer und/oder -bezeichnung und die Bedarfsmenge pro Erzeugniseinheit. Aufgrund ihrer Übersichtlichkeit ist sie besonders für die überschlägige Bedarfsanalyse und die Beschaffung vorteilhaft, die verdichtete Darstellung verhindert es jedoch, die Zusammenhänge zwischen den Einsatzgütern und die zeitliche Verteilung des Bedarfs innerhalb des Produktionsprozesses zu erkennen.

Abbildung 9.1   Mengen(übersichts)stückliste

	Erzeugnis E
Pos.	Ident.-Nr.	Menge
1	Bauteil A	5
2	Bauteil B	2
3	Rohstoff R1	6
4	Rohstoff R2	4
5	Rohstoff R3	32
6	Rohstoff R4	25

Strukturstücklisten werden bei mehrstufigen Fertigungsprozessen verwendet. Sie stellen alle Erzeugniskomponenten gemäß der fertigungstechnischen Anordnung dar und zeigen damit auf, in welcher Fertigungsstufe ein Bauteil oder Rohstoff in welchen Mengen eingesetzt wird. Die Struktur kann beispielsweise durch Pfeile oder durch Angabe der zugehörigen Fertigungsstufe (linke bzw. rechte Stückliste in Abbildung 9.2) abgebildet werden. Vorteilhaft ist, dass der Gesamtzusammenhang der Erzeugnisse in einer Stückliste verdeutlicht und außerdem auf ihrer Basis eine separate Planung der für einzelne Fertigungsstufen notwendigen Bedarfsmengen und -zeitpunkte ermöglicht wird.

Abbildung 9.2   Strukturstückliste

Erzeugnis E				Erzeugnis E		
Pos.	Ident.-Nr.		Menge	Stufe	Ident.-Nr.	Menge
1	B		2	1	B	2
2	A		2	2	A	2
3		R3	4	3	R3	4
4		R4	5	3	R4	5
5		R1	3	2	R1	3
6		R3	6	2	R3	6
7	R2		4	1	R2	4
8	A		1	1	A	1
9		R3	4	2	R3	4
10		R4	5	2	R4	5

Die Strukturstückliste wird aber schnell unübersichtlich und ist bei Änderungserfordernissen mit tendenziell hoher Fehlergefahr verbunden, wenn Erzeugnisse komplex sind und einzelne Teile in mehrere Fertigungsstufen eingehen. Sie erscheinen dann mit allen Bestandteilen mehrfach in der Stückliste, die damit redundante Informationen enthält.

Dieser Nachteil wird bei Verwendung von **Baukastenstücklisten** vermieden, da diese – als „einstufige" Stücklisten – nur diejenigen Verbrauchsfaktoren angeben, die direkt in eine übergeordnete Komponente eingehen. Auch bei mehrfachem Einsatz eines Bauteils bzw. eines Zwischenproduktes wird nur eine Stückliste für dieses erstellt. Änderungsaufwand und Speicherplatzbedarf werden dadurch minimiert. Für ein aus mehreren Zwischenprodukten bestehendes Erzeugnis sind damit zwar immer mehrere Baukastenstücklisten erforderlich, diese eignen sich aber gut für die Pflege und Auswertung der Strukturdaten. Der komplette Erzeugnisaufbau kann jedoch nur rekonstruiert werden, wenn alle Baukastenstücklisten eines Erzeugnisses zusammengeführt werden. Eine derartige Verkettung von Teilestammsätzen und Erzeugnisstruktursätzen ist allerdings bei Einsatz der EDV mithilfe sog. Stücklistenprozessoren relativ problemlos möglich.

Abbildung 9.3			Baukastenstücklisten					
Erzeugnis E			Bauteil A			Bauteil B		
Pos.	Ident.-Nr.	Menge	Pos.	Ident.-Nr.	Menge	Pos.	Ident.-Nr.	Menge
1	A	1	1	R3	4	1	A	2
2	R2	4	2	R4	5	2	R1	3
3	B	2				3	R3	6

Aus den obigen Ausführungen ergibt sich, dass die Vorteilhaftigkeit der einzelnen Stücklistenformen situationsspezifisch ist und von Faktoren wie der Erzeugnisstruktur, dem Absatzprogramm, der Änderungshäufigkeit und dem Bedarf an erzeugnisstrukturbezogenen Informationen abhängt.

Graphische Darstellung der Erzeugnisstruktur

Die Struktur eines Erzeugnisses kann darüber hinaus in graphischer Form dargelegt werden. Dabei ist unter anderem eine Untergliederung nach Fertigungsstufen sowie nach Dispositionsstufen denkbar.

Der Untergliederung nach **Fertigungsstufen** liegt eine hierarchische Struktur der Fertigungsstufen, beginnend mit der Erstellung des Enderzeugnisses in der Stufe Null, zugrunde. Für jeden Fertigungsvorgang werden dann die bei ihm erforderlichen Einsatzgüter separat ausgewiesen. Die Darstellung basiert damit einerseits auf der zeitlichen Reihenfolge der Produktion und andererseits auf den für die Gütererstellung in einzelnen Fertigungsvorgängen relevanten Mengenangaben aus Baukasten- oder Strukturstücklisten (siehe den linken Teil von Abbildung 9.4, in dieser ist die Erzeugnisstruktur vereinfachend ohne Mengenbeziehungen angegeben).

Insbesondere, wenn Einsatzgüter mehrfach verwendet werden, bietet es sich an, die Erzeugnisstruktur nach **Dispositionsstufen** abzubilden. Eine Dispositionsstufe ist die unterste Fertigungsstufe, in der ein Halbfabrikat, Bauteil oder Rohstoff eingesetzt wird. Einsatzgüter werden hier also jeweils nur auf der untersten Stufe ihrer Verwendung erfasst (siehe den rechten Teil von Abbildung 9.4).

Abbildung 9.4 | Möglichkeiten der graphischen Erzeugnisdarstellung

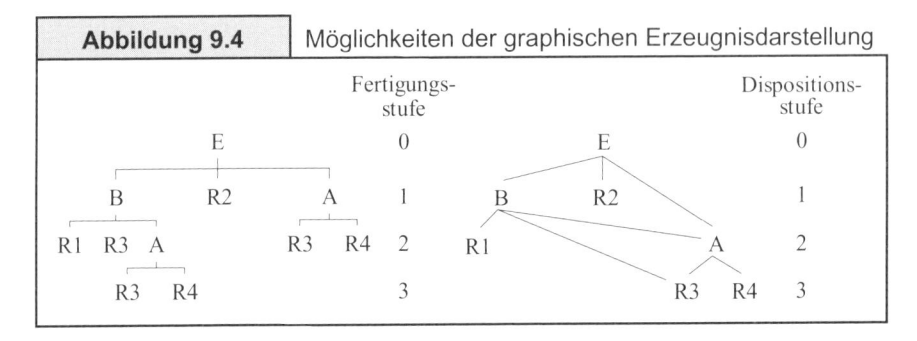

```
                Fertigungs-                              Dispositions-
                  stufe                                     stufe
        E            0                        E               0
      ┌─┼─┐                                 ╱ │ ╲
      B  R2  A       1                     B  R2  ╲           1
    ┌─┼─┐   ┌─┐                           ╱│╲      ╲
   R1 R3 A  R3 R4    2                   R1 │ ╲     A          2
      ┌─┐                                    ╲      │╲
      R3 R4          3                        R3    R4         3
```

Schließlich kann die Erzeugnisstruktur auch mithilfe eines **Gozintographen** verdeutlicht werden. Dies ist ein gerichteter und bewerteter Graph, in dem jede Güterart durch einen Knoten symbolisiert wird. Auch hier unterbleiben also Redundanzen bei der Abbildung mehrfach verwendeter Teile.

Abbildung 9.5 | Gozintograph

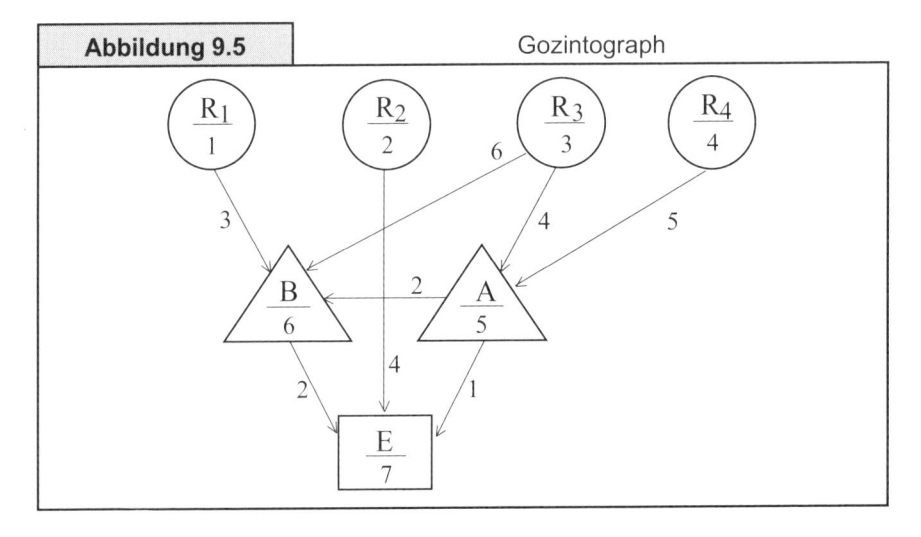

```
      (R1)     (R2)         (R3)      (R4)
       1       2       6     3         4

         3           │     4       5
                     │
          ▽────2────▽
         ( B )     ( A )
          6         5
             ╲     ╱
            2  4  1
             ╲ │ ╱
              [E]
               7
```

Die Einsatzbeziehungen zwischen den Rohstoffen, Bauteilen, Halb- und Fertigerzeugnissen werden durch Pfeile veranschaulicht, die von einem Knoten (i), der die eingehende Teileart repräsentiert, zu einem Knoten (j), in dem die entsprechende Teileart verarbeitet wird, verlaufen. Die Pfeilbewertung (d_{ij}) gibt an, wie viele Mengeneinheiten einer Teileart direkt pro Einheit der „übergeordneten Teileart" erforderlich sind (sog. Direktbedarfskoeffizient). Für die obige Erzeugnisstruktur ist der Gozintograph – in einer an Güterarten orientierten Hierarchie – in Abbildung 9.5 dargestellt.

Sämtliche Abbildungen von Erzeugnisstrukturen lassen sich zur Ermittlung des Sekundärbedarfs verwenden. Wird die Variante einer Untergliederung nach Fertigungsstufen zugrunde gelegt, wird sukzessiv ausgehend vom Enderzeugnis für jede Fertigungsstufe der jeweilige Bedarf an Einsatzgütern bestimmt. Für ein in verschiedenen Fertigungsstufen eingesetztes Teil ist der Bedarf dann entsprechend häufig zu berechnen. Bei einer Orientierung nach Dispositionsstufen hingegen wird der Bedarf der Einsatzgüter jeweils nur einmal insgesamt bestimmt, da sich gleiche Teile lediglich auf einer Stufe befinden. Dies hat den weiteren Vorteil, dass den so ermittelten Bruttobedarfen die vorhandenen Lagerbestände auf der untersten Fertigungsstufe – und damit derjenigen mit den zuerst zu befriedigenden Bedarfen – gegenübergestellt werden. Damit wird ein verfrühter Bedarfsausweis auf einer höheren Fertigungsstufe vermieden, der beim Fertigungsstufenverfahren eventuell auftreten und dann möglicherweise zu ebenfalls verfrühten Bestellungen führen würde.

Generell empfiehlt sich im Falle von komplexen Erzeugnisstrukturen und/oder mehreren fertigungstechnisch zusammenhängenden Absatzprodukten ein systematisches Vorgehen bei der Ermittlung des Gesamtbedarfs für einen gegebenen Primärbedarf. Es existieren hierfür verschiedene Methoden, von denen im Folgenden das auf dem Gozintographen basierende Gozintolistenverfahren vorgestellt werden soll; im Methodenteil befindet sich zudem die Beschreibung eines weiteren Verfahrens, mit dem sich auf der Basis einer Matrizenrechnung der Bedarf berechnen lässt, des Verfahrens von VAZSONYI.

9.4 Bedarfsermittlung mit dem Gozintolistenverfahren

Das Gozintolistenverfahren beginnt mit der Erstellung einer sog. **Gozintoliste**, die in tabellarischer Form die Informationen des Gozintographen enthält. Die Gozintoliste besteht aus drei Spalten, in denen die Zielknoten j (übergeordnete Güterart) in aufsteigender Reihenfolge der Fertigungsstufen und die Startknoten i (untergeordnete Güterart) eines jeden Pfeils des Gozintographen sowie die dazugehörigen Pfeilbewertungen d_{ij} erfasst werden. Damit keine Zyklen bei der Bedarfsermittlung auftreten, sollte bei der Nummerierung der Knoten des Gozintographen beachtet werden, dass kein Pfeil von einem höher zu einem niedriger indizierten Knoten gerichtet ist. Die Gozintoliste entspricht damit einer Zusammenstellung der Baukastenstücklisten für die betrachtete Erzeugnisstruktur, sie kann aber analog auch bei Erzeugnissen, deren Zusammensetzung durch Rezepturen oder andere Darstellungsformen abgebildet wird, erstellt und ausgewertet werden. Die für das Beispiel entstehende Gozintoliste ist in ersten drei Spalten von Abbildung 9.6 dargestellt.

Die **Sekundärbedarfsermittlung** erfolgt nun in einer mit dieser Liste verbundenen Tabelle. In dieser werden zunächst die Knoten des Gozintographen gemäß ihrer Reihenfolge im Fertigungsablauf durchnummeriert abgetragen (Spalte i), daneben kann die Anzahl der von jedem Knoten ausgehenden Pfeile, die Ausgangsvalenz, ergänzt werden (Spalte AV^0), um im weiteren Verlauf kontrollieren zu können, dass keine Beziehung zwischen zwei Knoten übersehen wird.

In der nächsten Spalte wird der zu produzierende Primärbedarf der einzelnen Güterarten erfasst und den entsprechenden Knoten zugeordnet (erster Bruttobedarf, Spalte B^0 in Abbildung 9.6). Danach lassen sich durch retrogrades Abarbeiten der in der Gozintoliste angegebenen Beziehungen die Bedarfswerte für die einzelnen Fertigungsstufen berechnen. Dazu werden die für die jeweils übergeordnete Güterart aufgeführten Bedarfsmengen in Sekundärbedarfe der jeweils untergeordneten Güterart umgerechnet, indem diese Mengen mit dem entsprechenden Direktbedarfskoeffizienten multipliziert werden.

Da kumulierte Bruttobedarfe zu bestimmen sind, werden die errechneten stufenbezogenen Bedarfswerte zu den ggf. schon vorher ermittelten Mengen „nachgelagerter" Stufen bzw. des Primärbedarfs addiert (Spalten B^1, B^2, B^3, wobei der Hochindex die Zahl der Fertigungsstufen bzw. Zielknoten angibt, für die die Bedarfe bereits erfasst sind).

Sofern bei der Bruttobedarfsbestimmung eine Bedarfsverknüpfung, also ein Pfeil, abgearbeitet wurde, wird die Ausgangsvalenz des Knotens, von dem dieser Pfeil abgeht, um eins reduziert (Spalten AV^1, AV^2, AV^3). Vollständig abgearbeitete Knoten haben eine Ausgangsvalenz von Null und brauchen bei der weiteren Berechnung nicht mehr berücksichtigt zu werden. Die Bedarfsermittlung ist abgeschlossen, wenn alle Einträge der Gozintoliste erfasst wurden und damit alle Knoten eine Ausgangsvalenz von Null aufweisen.

Das Vorgehen des Gozintolistenverfahrens ist für das obige Beispiel in der Abbildung 9.6 demonstriert, wobei hier ein Primärbedarf von 100 Stück für das Erzeugnis E und 50 Stück für das Bauteil A erwartet wird. Für die Bereitstellung dieses Primärbedarfs sind die in fetter Schrift hervorgehobenen Bedarfsmengen notwendig (R1: 600, R2: 400, R3: 3.400, R4: 2.750, A: 550, B: 200).

Abbildung 9.6			Gozintolistenverfahren						
j	i	d_{ij}	i	AV^0	B^0	AV^1	B^1	AV^2	B^2	AV^3	B^3
5	3	4	1	1	0	1	0	-	600	-	**600**
5	4	5	2	1	0	-	400	-	400	-	**400**
6	1	3	3	2	0	2	0	1	1.200	-	**3.400**
6	3	6	4	1	0	1	0	1	0	-	**2.750**
6	5	2	5	2	50	1	150	-	**550**	-	
7	2	4	6	1	0	-	**200**	-		-	
7	5	1	7	-	**100**	-		-		-	
7	6	2									

Infolge der vorgenommenen stufenweisen Bedarfsermittlung lassen sich bei diesem Verfahren auch verfügbare Lagerbestände einbeziehen. Hierzu wären von den Werten der Spalte B^0 zunächst die Lagerbestände abzuziehen, sodass sich „Nettoprimärbedarfswerte" N^0 ergäben. Bei der weiteren Rechnung wäre dann zu beachten, dass verbleibende Lagerbestände (N^i ist in dem Fall negativ) ausgebucht werden bzw. der Bedarf auf Null gesetzt wird, sobald für die betreffende Stufe ein Sekundärbedarf zu berechnen ist.

Das Verfahren stellt zudem eine Basis für zeitliche Dispositionen dar. Es lässt sich ableiten, in welcher Fertigungsstufe welche (kumulierten) Bedarfe entstehen; die Erweiterung um Zeitbedarfe der Fertigungsvorgänge bzw. Vorlaufzeiten ermöglicht eine zeitliche Zuordnung der Bedarfe (vgl. hierzu BUSCHER, 2000, S. 48 ff.).

9.5 Lösung des Fallbeispiels

Aufgabe 1

Die angegebenen Rezepturen entsprechen vom Aufbau her einer Baukastenstückliste, da nur eine einstufige Darstellung der Zusammensetzung erfolgt. Es ist jeweils nur die Mischung der letzten Fertigungsstufe aufgeführt.

In der mit einer Strukturstückliste korrespondierenden Rezeptur für die Zahnpasta DENTO-PROACTIVE kommen die drei zu durchlaufenden Fertigungsstufen zum Ausdruck; zuerst wird die Basiszahnpasta BP 2 erstellt, die die Grundlage für die Zahnpasta DENTO-GREEN bildet, diese wird dann in einer letzten Fertigungsstufe durch Hinzufügen weiterer Zutaten ergänzt. Für die Darstellung einer entsprechenden Rezeptur gibt es verschiedene Möglichkeiten, im Folgenden sind zwei Varianten dargestellt.

Abbildung 9.7 — Erzeugnisstruktur „DENTO-PROACTIVE"

Dento-ProActive		
Pos.	Bezeichnung	Menge
1	Dento-Green	1 Beh.
2	BP2	1 Beh.
3	R1	5 l
4	R2	2,5 l
5	Kräuterextrakte	500 ml
6	Zink	50 ml
7	Natriumfluorid	35 ml

Dento-ProActive		
Stufe	Bezeichnung	Menge
1	Dento-Green	1 Beh.
2	BP2	1 Beh.
3	R1	5 l
3	R2	2,5 l
2	Kräuterextrakte	500 ml
1	Zink	50 ml
1	Natriumfluorid	35 ml

Aufgabe 2

Die Abbildung 9.8 zeigt den Gozintographen für das Fallbeispiel. Bei diesem sind auf der obersten Ebene die sieben einzusetzenden Rohstoffe (inkl. der Rohmassen R1 und R2), auf der zweiten Ebene die Halbfabrikate in Form der Basiszahnpasten (BP1 und BP2) und auf der dritten Ebene die Enderzeugnisse, die drei absatzfähigen Zahnpastasorten, angeordnet.

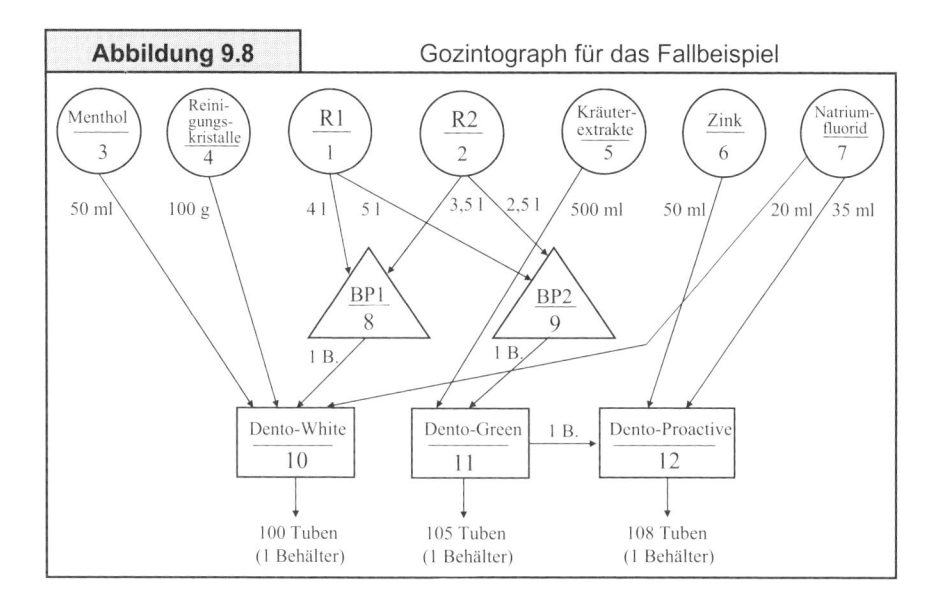

Lösung des Fallbeispiels

Abbildung 9.8 — Gozintograph für das Fallbeispiel

```
Menthol   Reinigungs-   R1    R2    Kräuter-   Zink   Natrium-
  3       kristalle     1     2     extrakte    6     fluorid
            4                         5                  7

50 ml    100 g    4 l   5 l  3,5 l  2,5 l  500 ml  50 ml   20 ml  35 ml

                       BP1         BP2
                        8           9
                      1 B.         1 B.

            Dento-White    Dento-Green   1 B.   Dento-Proactive
                10             11                     12

            100 Tuben      105 Tuben           108 Tuben
            (1 Behälter)   (1 Behälter)        (1 Behälter)
```

Aufgabe 3

Da nun für zwei Positionen noch Lagerbestände vorhanden sind, sind diese bei der Bedarfsermittlung zu berücksichtigen. Dies erfolgt, indem in der ersten Bedarfsspalte (Spalte N^0) statt des Bruttobedarfs der Nettobedarf ausgewiesen wird, das heißt von den Bruttowerten sind die verfügbaren Lagerbestände zu subtrahieren. Hier betrifft dies die Basiszahnpasta BP2, von der 30 Behälter vorrätig sind, der Bedarf wird daher mit -30 B. gekennzeichnet. Ebenso wird der Lagerbestand der Kräuterextrakte mit -40 l bei der Bedarfsangabe erfasst. Die Bedarfsspalten werden nun jeweils mit „N^i" überschrieben, um kenntlich zu machen, dass es sich um Nettobedarfe handelt. Ansonsten kann das Vorgehen wie beschrieben durchgeführt werden.

j	i	d_{ij}		i	AV^0	N^0	AV^1	N^1	AV^2	N^2
8	1	4	l	1	2	0	2	0	2	0
8	2	3,5	l	2	2	0	2	0	2	0
9	1	5	l	3	1	0	1	0	1	0
9	2	2,5	l	4	1	0	1	0	1	0
10	3	50	ml	5	1	- 40 l	1	- 40 l	-	60 l (100-40)
10	4	100	g	6	1	0	-	2,50 l	-	2,50 l
10	7	20	ml	7	2	0	1	1,75 l	1	1,75 l
10	8	1	B.	8	1	0	1	0	1	0
11	5	500	ml	9	1	- 30 B.	1	- 30 B.	-	170 B. (200-30)
11	9	1	B.	10	-	100 B.	-	100 B.	-	**100 B.**
12	6	50	ml	11	1	150 B.	-	**200 B.**	-	
12	7	35	ml	12	-	**50 B.**	-		-	
12	11	1	B.							

i	AV^3	N^3	AV^4	N^4	AV^5	N^5
1	2	0	1	850 l	-	1.250 l
2	2	0	1	425 l	-	775 l
3	-	5 l	-	5 l	-	5 l
4	-	10 kg	-	10 kg	-	**10 kg**
5	-	60 l	-	60 l	-	**60 l**
6	-	2,5 l	-	2,5 l	-	**2,5 l**
7	-	3,75 l	-	3,75 l	-	**3,75 l**
8	-	100 B.	-	**100 B.**	-	-
9	-	**170 B.**	-	-	-	-
10	-	-	-	-	-	-
11	-	-	-	-	-	-
12	-	-	-	-	-	-

Die fett hervorgehobenen Werte entsprechen wiederum den bereitzustellenden Bedarfsmengen.

Literaturhinweise

BLOECH, J.; BOGASCHEWSKY, R.; BUSCHER, U.; DAUB, A.; GÖTZE, U.; ROLAND, F.: Einführung in die Produktion, 6. Aufl., Berlin, Heidelberg 2008.

BLOHM, H.; BEER, T.; SEIDENBERG, U.; SILBER, H.: Produktionswirtschaft, 4. Aufl., Herne 2008.

BUSCHER, U.: Programmorientierte Ermittlung des terminierten Materialbedarfs, in: ROLLBERG, R.; HERING, TH.; BURCHERT, H. (Hrsg.): Produktionswirtschaft, 2. Aufl., München 2010, S. 119-128.

HARTMANN, H.: Materialwirtschaft, 8. Aufl., Gernsbach 2002.

HOITSCH, H.-J.: Produktionswirtschaft, 2. Aufl., München 1993.

MÜLLER-MERBACH, H.: Die Anwendung des Gozinto-Graphs zur Berechnung des Roh- und Zwischenproduktbedarfs in chemischen Betrieben, in: Ablauf- und Planungsforschung, 7. Jg. (1966), S. 187-198.

STEVEN, M.: Handbuch Produktion, Stuttgart 2007.

10 Analyse und Disposition von Beschaffungsgütern

10.1 Fallbeispiel

Die FEDER GMBH, ein mittelständisches Unternehmen der Automobilzulieferindustrie, stellt Vorder- und Hinterachsen her. Es will seine Zuliefer- und Bestellstrategien für 20 ausgewählte Teile der Achsen (Federn, Federbeine, Federteller und Federringe, Stützlager, Anschlaggummis, Staubkappen, Kabelhalter, Scheiben sowie Muttern) überprüfen und ggf. neu festlegen. Zu diesem Zweck wurden die Verbrauchsmengen (Vm) eines repräsentativen Monats wochengenau erhoben (in Stück). Einen Überblick über die Daten (Materialnummern (Mn) mit den durchschnittlichen Beschaffungskosten (BK, in € pro Stück) sowie den Verbrauchsdaten der Wochen (W) 1 bis 4) gibt Tabelle 10.1.

Aufgabe 1
a) Führen Sie auf der Basis der vorliegenden Daten für die 20 Beschaffungsobjekte eine ABC-Analyse mit 80 % und 95 % als Grenzen bezüglich des kumulierten Verbrauchswertes durch. Visualisieren Sie die Ergebnisse mit Hilfe einer LORENZ-Kurve. Bei wie viel Prozent der Teile handelt es sich um A-Teile, wie groß ist der prozentuale Anteil der B- und C-Teile? Ist die Verteilung zwischen den Kategorien typisch?

b) Klassifizieren Sie die Beschaffungsobjekte mit Hilfe der XYZ-Analyse. Verwenden Sie dabei den Variationskoeffizienten als Einteilungskriterium und hierbei als Grenzen 10 % und 25 %.

c) Diskutieren Sie die Aussagefähigkeit der Zuordnungen gemäß der ABC- und der XYZ-Analyse anhand der Ergebnisse von a) und b).

Aufgabe 2
Ordnen Sie den Beschaffungsobjekten auf Basis der vorgenommenen Klassifikationen sinnvolle Zuliefer- und Bestellstrategien zu. Erläutern Sie im Zusammenhang mit den vorgenommenen Zuordnungen jeweils, welche zusätzlichen Aspekte und Informationen für eine fundierte Festlegung der Zuliefer- und Beschaffungsstrategien wünschenswert wären.

Tabelle 10.1		Datenbasis der ABC- und der XYZ-Analyse			
Mn	BK	Vm W1	Vm W2	Vm W3	Vm W4
2001	5,76	89	101	104	106
2002	1,52	239	268	259	248
2003	60,20	8	22	9	13
2004	0,13	620	548	650	678
2005	0,24	548	448	388	649
2006	9,61	997	851	1.052	1.009
2007	0,59	841	702	788	728
2008	0,88	410	106	534	172
2009	3,76	18	37	47	31
2010	1,31	13.781	13.293	13.673	13.527
2011	0,53	221	226	249	268
2012	1,23	249	314	233	455
2013	1,66	116	149	171	103
2014	5,30	989	4.470	806	3.702
2015	47,50	10	9	11	10
2016	85,27	29	9	21	11
2017	3,80	2.158	2.438	1.894	2.340
2018	0,64	131	148	144	121
2019	33,82	498	747	752	504
2020	85,10	494	486	513	528

10.2 ABC- und XYZ-Analyse

ABC-Analyse

ABC-Analysen werden in verschiedenen Bereichen eingesetzt, um eher Wichtiges von eher Unwichtigem zu trennen und damit Schwerpunkte zukünftiger Aktivitäten festlegen zu können. Im betriebswirtschaftlichen Umfeld werden sie z. B. hinsichtlich Kunden-, Lieferanten- und Produktumsätzen oder Lagerbestandswerten durchgeführt. Im Folgenden soll der Ablauf am Beispiel der Verbrauchswerte von Beschaffungsobjekten erläutert werden, wobei in der Literatur und der Praxis zahlreiche unterschiedliche Varianten der ABC-Analyse existieren.

1. Datenerhebung: Im ersten Schritt erfolgt die Erhebung der der Analyse zu Grunde liegenden Basisdaten. Dafür sind ein möglichst repräsentativer Verbrauchszeitraum auszuwählen und die zugehörigen Verbrauchsmengen zu ermitteln. Je nach Zweck der Analyse können auch Erhebungen der Bestell-

oder Liefermengen eines Zeitraums sowie der Prognosewerte zukünftiger Bedarfe sinnvoll sein. Die Berücksichtigung von Beschaffungskosten pro Stück erscheint sinnvoller als die Verwendung von Beschaffungspreisen, da hierdurch z. B. Unterschiede hinsichtlich der Lieferbedingungen (wie frei Haus oder ab Werk) beim Wert der Beschaffungsobjekte einbezogen werden können. Auch sind die zu Grunde zu legenden Materialnummern zuvor zu analysieren. Es ist beispielsweise festzulegen, ob gleiche Objekte mit unterschiedlichen Farbkennziffern als eine Materialart betrachtet werden sollen oder nicht.

2. Bestimmung des Verbrauchswertes und Sortierung der Materialdaten: Durch Multiplikation der Verbrauchsmengen mit den Beschaffungskosten pro Stück ergeben sich die Verbrauchwerte, nach denen die Materialdaten absteigend zu sortieren sind.

3. Bestimmung des Anteils des Verbrauchswertes am gesamten Verbrauchswert und der kumulierten Werte: Für jede Materialart werden der Anteil des Verbrauchswertes an der Summe der Verbrauchswerte (in %) sowie absteigend kumulierte Werte für die Verbrauchsanteile bestimmt.

4. Festlegung von Grenzen und Zuordnung zu den Kategorien: Häufig werden die Grenzen bei kumulierten Verbrauchswertanteilen von 80 % (Grenze zwischen A- und B-Teilen) und 95 % (Grenze zwischen B- und C-Teilen) festgelegt. A-Teile (mengenmäßig häufig 10 – 30 % der Objekte) sind dann die umsatzstärksten und damit in dieser Hinsicht wichtigsten Materialien, B-Teile (ca. 5 – 15 % der Zahl der Teile) haben eine mittlere Bedeutung. C-Teile machen i. d. R. 60 bis 80 % der Teilenummern, aber nach dieser Grenzziehung nur 5 % des Umsatzwertes aus. Teilweise werden auch andere Grenzen festgelegt (z. B. bei 60 und 90 %). Dies kann z. B. sinnvoll sein, um eine angemessene Zahl von B-Teilen oder homogene Gruppen von Materialarten zu erhalten.

Die Ergebnisse lassen sich mit Hilfe einer LORENZ-Kurve visualisieren, einem Diagramm, bei dem auf der Abszisse die Zahl der Teile (oder ihr prozentualer Anteil an der Gesamtzahl der Materialpositionen) und auf der Ordinate die prozentualen Anteile am gesamten Verbrauchswert abgetragen werden. Ein Beispiel für diese Darstellung findet sich im Lösungsteil in Abbildung 10.3.

XYZ-Analyse

Mit Hilfe der XYZ-Analyse (teilweise auch als RSU-Analyse bezeichnet) werden typischerweise Teile hinsichtlich ihrer Verbrauchs- bzw. Bedarfsstetigkeit oder der Vorhersagegenauigkeit ihres Verbrauchs klassifiziert.

Bei **X-Teilen** werden dabei ein konstanter Bedarf/Verbrauch und eine hohe Vorhersagegenauigkeit des Verbrauchs angenommen.

Y-Teile unterliegen hinsichtlich Bedarf und/oder Verbrauch gewissen Schwankungen, wobei sie häufig insbesondere mit saisonalen Schwankungen oder Trendverläufen in Verbindung gebracht werden. Bei ihnen wird eine mittlere Vorhersagegenauigkeit des Verbrauches im Zeitablauf unterstellt.
Bei **Z-Teilen** ist der Verbrauch völlig unregelmäßig und dadurch kaum vorhersagbar.
Diese in der Literatur häufig zu findenden Kriterien geben Anlass zur Diskussion. Es ist unstreitig, dass konstante Bedarfs- bzw. Verbrauchsverläufe gut prognostizierbar und völlig unregelmäßig auftretende Bedarfe schlecht vorhersagbar sind. Dagegen gibt es durchaus Trends und saisonale Schwankungen wie z. B. die Nachfrage nach Schokoladenweihnachtsmännern im Jahresverlauf, die auf Grund ihrer guten Prognostizierbarkeit den X-Artikeln zugeordnet werden könnten, hinsichtlich ihrer Bedarfsstetigkeit aber eher als Y- oder sogar als Z-Güter zu klassifizieren wären. Außerdem hängt die Bewertung der Vorhersagbarkeit des Verbrauchs häufig von den verwendeten Prognoseverfahren ab. Aufwändige nichtlineare Regressionsanalysen führen gegebenenfalls zu dem Ergebnis, dass Verläufe, die nach Anwendung von Mittelwertmethoden oder exponentiellen Glättungen als schwer prognostizierbar eingestuft werden, durchaus gut vorhergesagt werden können. Dies zeigt, dass die oben angegebenen Kriterien zur Klassifikation von X-, Y- und Z-Teilen nicht ohne Widersprüche und Mängel sind.

Im Rahmen dieses Fallbeispiels soll die Klassifikation auf der Basis des **Variationskoeffizienten (*Vk*)** vorgenommen werden, mit dessen Hilfe ausschließlich die Stetigkeit bzw. die Streuung des Bedarfs/Verbrauchs untersucht werden kann.

Der Variationskoeffizient stellt die **relative Standardabweichung**, d. h. den Quotienten aus Standardabweichung *Sta* und **Mittelwert** $\bar{x}$, (angegeben in %) dar:

$$Vk = \frac{Sta}{\bar{x}} \cdot 100 \qquad (1)$$

Er eignet sich besser zur Beurteilung der Streuung als die Standardabweichung oder die Varianz, da gegebene Schwankungen bei einem kleinen Mittelwert als relativ größer eingestuft werden als bei größeren Mittelwerten. Die Bestimmung des Mittelwertes erfolgt durch Addition der zu berücksichtigenden Verbräuche x_i und Division durch die Zahl der einbezogenen Verbräuche *n*:

$$\bar{x} = \frac{1}{n} \cdot \sum_{i=1}^{n} x_i \qquad (2)$$

Die Standardabweichung kann mittels folgender Formel berechnet werden, bei der n die Zahl der der Berechnung zu Grunde liegenden Werte, x_i den einzelnen Verbrauchswert und $\bar{x}$ den Mittelwert der Verbräuche darstellen:

$$Sta = \sqrt{\frac{1}{n-1}\sum_{i=1}^{n}(x_i - \bar{x})^2} \tag{3}$$

Mit Hilfe des Variationskoeffizienten lassen sich eine relative und eine absolute Stetigkeit eines Verbrauchs bestimmen. Wird der Klassifikation eine relative Stetigkeit zu Grunde gelegt, so werden z. B. diejenigen 50 oder 60 % der Teile mit den geringsten Vk der Kategorie X zugeordnet. Eine Zuordnung auf der Basis einer absoluten Stetigkeit/Streuung erfolgt, wenn z. B. alle Materialarten mit einem Variationskoeffizienten kleiner 10 % als X-Teile bezeichnet werden. Diese Variante wird auch bei dem vorliegenden Fallbeispiel angewandt, bei denen Teile mit einem Vk kleiner/gleich 10 % der Kategorie X, Materialarten mit einem Vk größer 10 % und kleiner/gleich 25 % der Kategorie Y und einem Vk größer 25 % der Kategorie Z zugeordnet werden.

Ähnlich wie bei der ABC-Analyse können die Grenzen modifiziert werden, um spezifischen Gegebenheiten der zu analysierenden Situation Rechnung zu tragen und/oder möglichst homogene Teilegruppen zu erzeugen. Werden beispielsweise nach Durchführung der Zuordnung alle Objekte als Z-Teile klassifiziert, ist zu prüfen, ob entweder eine Veränderung der Grenzen oder eine relative Klassifikation sinnvoll erscheint. Hierbei würde beispielsweise die Hälfte der Objekte, die über die kleinsten Werte hinsichtlich des Vk verfügen, zu X-Teilen erklärt. Die 20 % der Teile, die die nächst kleinsten Variationskoeffizienten aufweisen, könnten der Kategorie Y und der Rest der Gruppe der Z-Teile zugeordnet werden. Bei Veränderung der Grenzen zwischen den Gruppen und der Durchführung einer relativen Klassifikation ist sicherzustellen, dass nicht plötzlich solchen Materialarten ein vergleichsweise konstanter Verbrauch bescheinigt wird, die diesen bei Anlegung objektiver Maßstäbe in Wirklichkeit nicht aufweisen.

10.3 Zuliefer- und Bestellstrategien

Zulieferstrategien

Hinsichtlich der Belieferungsstrategien gibt es verschiedene Konzepte, deren Unterschiede sich z. B. an der Art und dem Umfang der Lagerhaltung festmachen lassen (vgl. hierzu Abb. 10.1, die sich auf eine Darstellung von SCHULTE (2005, S. 294) bezieht und neben der Lagerhaltung auch Fertigungs-, Transport- und Prüfprozesse berücksichtigt):

| **Abbildung 10.1** | Zulieferstrategien |

	Lieferant	Spediteur	Abnehmer
1	F/P ➤ L	➤ EP	➤ L ➤ F
2	F/P		➤ L ➤ F
3	F/P ➤ EP ➤ L		➤ F
4	F/P		➤ F

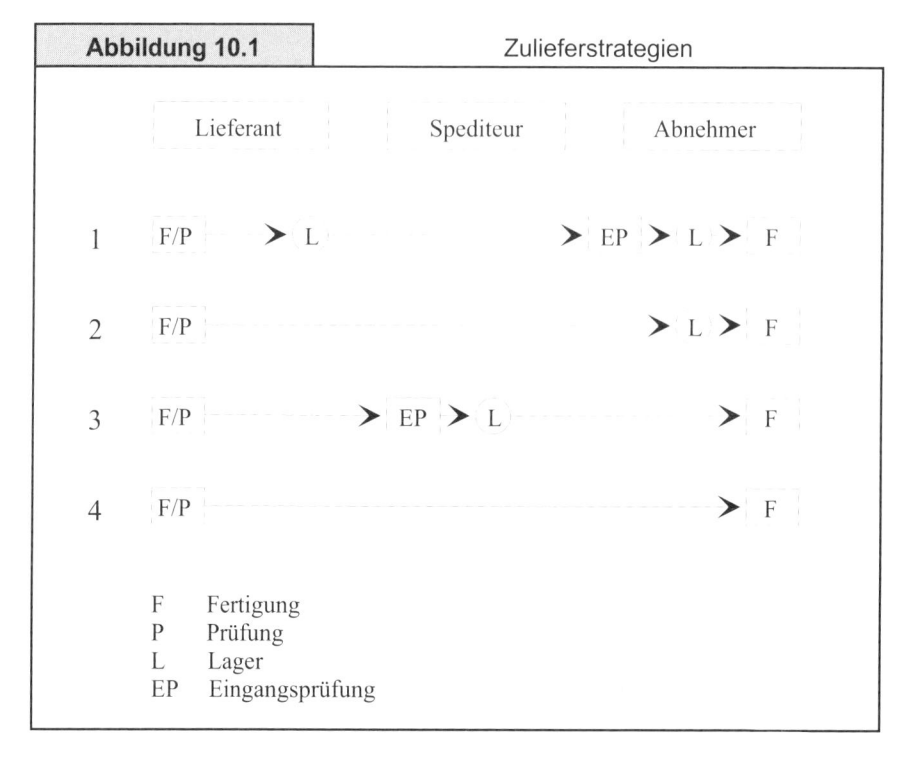

F Fertigung
P Prüfung
L Lager
EP Eingangsprüfung

Die **traditionelle Anlieferung** erfolgt aus dem Lieferantenlager ins Wareneingangslager des Abnehmers (Fall 1 in Abb. 10.1). Von hier aus werden die Teile bei auftretendem Bedarf der Produktion bereitgestellt. Wird davon ausgegangen, dass A-Teile auf Grund der anfallenden – und vergleichsweise hohen – Kapitalbindungskosten möglichst nicht gelagert werden sollen, so kommt diese Zulieferform in erster Linie für B- und C-Teile in Frage.

Mit Blick auf den weitgehenden Verzicht auf eines der beiden Lager gibt es verschiedene Varianten: Wird z. B. ein Lieferantenlager in der Nähe der Produktionsstätte in Form eines **Konsignationslagers** aufgebaut, verzichtet der Abnehmer auf eine eigene Lagerhaltung (Fall 2 in Abb. 10.1). Der Lieferant ist für die Auffüllung dieses Lagers verantwortlich, der Abnehmer entnimmt die Objekte direkt aus dem Lager. Vereinbart werden Mindestbestandsmengen (und teilweise auch maximale Lagermengen), die der Lieferant sicherzustellen hat. Beim **Vendor-Managed-Inventory-Ansatz**, einer Weiterentwicklung dieses Konzeptes, ist der Lieferant hinsichtlich der Bestandsmengen weitgehend frei, hat aber sicherzustellen, dass der Abnehmer (bis auf eine festgelegte Maximalzahl von Ausnahmefällen pro Jahr) seinen Bedarf immer im gewünschten Umfang decken kann. Um dies gewährleisten zu können, muss der Abnehmer den Lieferanten regelmäßig über geplante Entnahmen informieren. Die beiden genannten Konzepte eignen sich vor allem für Teile, deren Bedarf/Verbrauch nicht völlig unvorhersehbar ist, wobei sie auch für CZ-Teile einsetzbar sind – dann mit einem entsprechend höheren Sicherheitsbestand (dieser erscheint angesichts des relativ geringen Wertes der Teile vertretbar). Das Lager kann auch von Dritten (**logistischen Dienstleistern** wie Spediteuren oder Lagerhausbetreibern) geführt werden, denen zusätzlich weitere Aufgaben wie z. B. die Eingangsprüfung übertragen werden können (Fall 3 in Abb. 10.1).

Von den bisher angesprochenen Vorgehensweisen unterscheiden sich Lieferstrategien, die auf der **Just-in-time- (Jit-)**Philosophie basieren. Hierbei wird eine direkte, mengen- und zeitpunktgenaue Belieferung des Abnehmers durch den Zulieferer angestrebt, so dass keine Lagerhaltung nötig ist (Fall 4 in Abb. 10.1). Da für diese Zulieferform etablierte Lieferbeziehungen die Regel sind, wird seitens des Abnehmers häufig auf eine Wareneingangsprüfung verzichtet. Obwohl bei der Direktbelieferung (blockweise, nicht fertigungssequenzgerechte Anlieferung) und bei der Materialfeinsteuerung (geringfügige Materialpuffer) kleine Lager (meist direkt in der Produktion) aufgebaut werden, lassen sich diese Konzepte auf Grund ihrer prinzipiellen Ausrichtung den Jit-Strategien zuordnen. Für eine reine Just-in-time-Produktion und -Zulieferung ist eine Synchronisation der Produktionsabläufe von Zulieferer und Abnehmer notwendig, um eine reihenfolgegerechte Anlieferung sicherstellen zu können. Derartige Strategien sind nur zu realisieren, wenn sich die Produktionsstätten des Zulieferers in der Nähe des Abnehmers befinden. Da die Voraussetzung für eine Jit-Zulieferung u. a. ein relativ regelmäßiger und gut abschätzbarer Bedarf ist, eignen sie sich eher für X- (und ggf. für Y-) Teile. Andernfalls würden sich die Vorlaufzeiten (Beschaffungszeit von Fertigungsmaterial und Produktionszeit für die Zulieferer) zu stark erhöhen und eine kurzzyklische Zulieferung erschweren.

Eine zentrale Rolle bei Jit-Konzepten spielt die Organisation des Informationsflusses. Hierbei kann zwischen einer Abstimmung durch Plantafeln, **Kanban-Prinzip**, sowie verschiedenen Möglichkeiten der elektronischen Datenübertragung differenziert werden. Im Kanban-Konzept ist das Hol-Prinzip derart integriert, dass die Unterschreitung einer kritischen Lagermenge der Vorstufe z. B. über Pendelkarten (Kanbans) mitgeteilt wird, so dass diese Stufe die Notwendigkeit einer Lagerauffüllung erkennen kann. Auch diese Art des Datenaustausches kann mittels elektronischer Kommunikationssysteme unterstützt werden, generell setzen sich mehr und mehr auf Internettechnologien basierende Formen des Austausches von Bedarfs- und Kapazitätsinformationen durch. Dabei unterstützen die Hersteller der Endprodukte teilweise ihre Zulieferer beim Aufbau moderner Kommunikationssysteme. Die Jit-Zulieferung konzentriert sich daher auf A-Teile (bei einigen Varianten können auch noch B-Teile einbezogen werden), da der Aufbau und die Durchführung der Kommunikation für alle C-Teile i. d. R. zu aufwändig wären.

Bestellstrategien

Den Ausgangspunkt für die Festlegung von Bestellstrategien bildet die **Bedarfsermittlung**. Eine Möglichkeit stellt hierbei die exakte, am geplanten Produktionsprogramm orientierte Bestimmung der Bedarfsmengen (**programmorientierte Bedarfsermittlung**, vgl. Kapitel 9) durch die Auflösung von Stücklisten dar. Mit Hilfe **verbrauchsorientierter Verfahren** (wie Mittelwertverfahren, exponentielle Glättungen, Regressionsanalysen, vgl. Kapitel 8) werden zukünftige Bedarfe dagegen auf der Basis des Verbrauchs vergangener Zeiträume prognostiziert.

Die ermittelten Bedarfe werden zukünftigen Planungsperioden zugeordnet und in Bestell-, Abruf- und Transportlose transformiert. Bei der Planung dieser Losgrößen und der Bestell-, Abruf- und Transportzeitpunkte sind vor allem folgende Aspekte zu berücksichtigen:

- **Rabatte auf die Teilepreise** in Abhängigkeit von der Größe der gewählten Bestell-, Abruf- und Transportlose.
- **Kosten des Bestell- und Lieferprozesses**: Kosten von Einkauf und Disposition, Anlieferung (in Anhängigkeit von den gewählten Lieferbedingungen), Warenannahme, Wareneingangs- und Rechnungsprüfung.
- **Lagerkosten**: Hierzu zählen Kapitalbindungskosten, Kosten für Wertminderung, Schwund und Diebstahl bezüglich der gelagerten Objekte (z. B. in Form von Versicherungsprämien) sowie die physischen Lagerkosten (Kosten des Lagerpersonals, Energiekosten sowie Abschreibungen, Kapitalbindungskosten und Versicherungskosten bezüglich der Lagergebäude und der Lagereinrichtung). Die physischen Lagerkosten sind bei Anmietung eines Lagers ganz oder teilweise Bestandteil der zu zahlenden Lagermiete.
- **Fehlmengenkosten**: Zusätzliche Kosten für Eilbestellungen und -transporte, Kosten für einen Produktionsstillstand durch fehlende Teile, Kosten durch Schadensersatz und Konventionalstrafen, Kosten in Form zukünftiger Umsatzausfälle durch Imageverluste.
- **Restriktionen** hinsichtlich Lager-, Transport- und Handlingkapazitäten sowie verfügbarer Finanzmittel.

Es erscheint sinnvoll, die Intensität der Planung der Bestell-, Abruf- und Transportlose mit dem (Verbrauchs-)Wert der Teile zu erhöhen. Detaillierte Planungsrechnungen für Einzelbestellungen werden wegen des damit verbundenen Aufwands i. d. R. nur für A-Teile durchgeführt und sind auf Grund der Schwankung des Bedarfes insbesondere für AZ-Teile nötig. Dabei ist allerdings zu berücksichtigen, dass auftretende Fehlmengen bei B- und C-Teilen Kosten im gleichen Umfang wie bei fehlenden A-Teilen verursachen können. Hierauf lässt sich bei B- und C-Teilen mit einer Erhöhung der Sicherheitsbestände reagieren, sofern die Kosten der physischen Lagerhaltung nicht unangemessen hoch sind.

Insbesondere für B- und C-Teile wurden **Bestellregeln** entwickelt, die helfen, die mit der Bestellung in Verbindung stehenden Prozesse zu vereinfachen:

Bestellrhythmusverfahren: Bei dieser Gruppe von Verfahren erfolgen Lieferungen in regelmäßigen Zeitabständen t. Bei der t,q-**Politik** werden in regelmäßigen Abständen die zuvor abzuschätzenden konstanten Liefermengen q festgelegt. Die Anwendung dieser Variante ist insbesondere bei CX- (und ggf. auch bei BX-) Teilen sinnvoll, denn es wird der mit der Bestellung verbundene Aufwand minimiert, ohne dass eine Gefahr großer Fehlmengen besteht (diese lässt sich durch entsprechende Sicherheitsbestände weiter verkleinern). Die t,S-**Politik** unterscheidet sich von der oben beschriebenen Politik lediglich dadurch, dass jeweils diejenige Menge bestellt wird, die zu einer Auffüllung der Lagerbestände bis zum Höchstbestand S führt. Dies ist insofern aufwändiger, als die Bestellmengen abhängig vom Verbrauch jeweils neu zu berechnen sind. Sie eignet sich bei Berücksichtigung entsprechender Sicherheitsbestände insbesondere auch für CY-Teile, sofern sich die Y-Klassifikation im Kern auf eine (begrenzte) Verbrauchsschwankung bezieht.

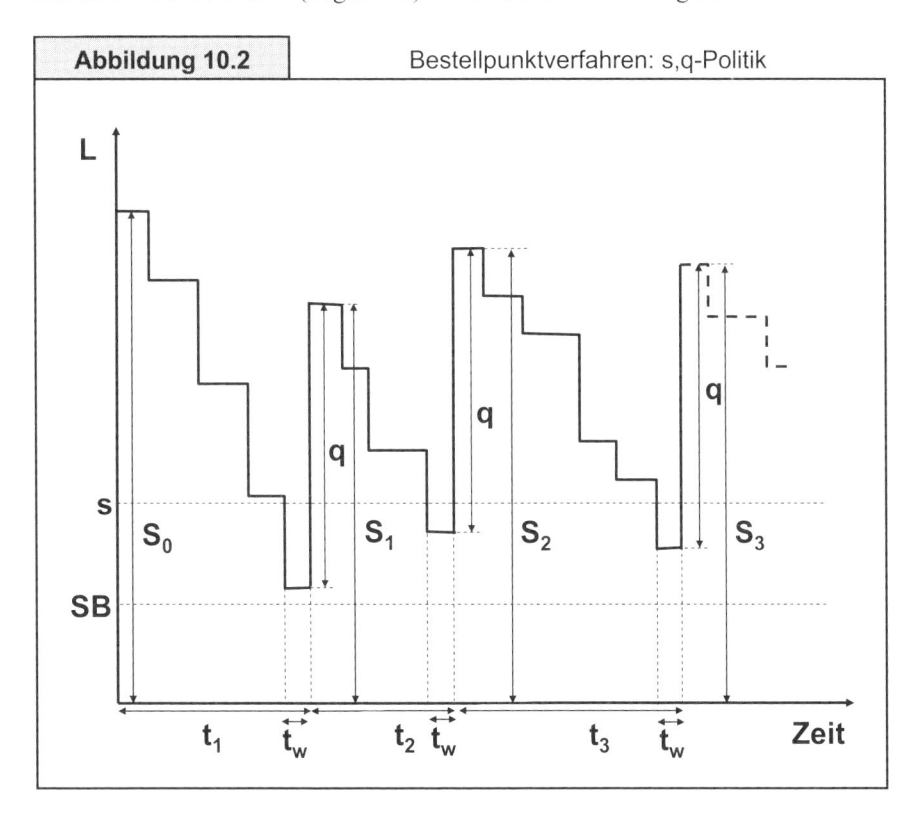

| **Abbildung 10.2** | Bestellpunktverfahren: s,q-Politik |

Bestellpunktverfahren: Bei diesen Verfahren wird eine Bestellung bei Erreichen eines bestimmten Lagerbestandes L, des so genannten **Meldebestands** oder **Bestellpunkts** s ausgelöst. Dieser ist so zu wählen, dass der Sicherheitsbestand SB in der Wiederbeschaffungszeit t_w durch die in dieser Zeit auftretenden Verbräuche möglichst nicht angegriffen wird (vgl. hierzu Abbildung 10.2); dadurch kommt es zu variierenden Bestellabständen t_i. Wie bei dem Bestellrhythmusverfahren wird zwischen einer Variante mit konstanten Bestellmengen, ***s,q*-Politik**, und einem Vorgehen unterschieden, bei dem durch die Bestellung der geplante Lagerhöchstbestand S wieder erreicht wird, ***s,S*-Politik**. In der Praxis gibt es nur geringe Differenzen zwischen den Verfahren, wenn die jeweils entnommenen Mengen nicht zu stark schwanken (ansonsten könnte der Bestellpunkt durch eine einzelne Entnahme in unterschiedlichem Maße unterschritten werden, was zu stark variierenden Höchstbeständen S_i führen würde). Ist dies der Fall, sollte die *s,q*-Politik Anwendung finden, da sie definierte (und möglichst optimierte) Bestellmengen verwendet (zur Bestellmengenplanung vgl. Kapitel 11). In jedem Fall eignen sich Bestellpunktverfahren insbesondere für CZ-Teile (denkbare Einsatzbereiche sind auch die Kategorien BZ und CY), wobei sicherzustellen ist, dass bei jeder Entnahme der aktuelle Lagerbestand des betreffenden Teiles ermittelt wird.

Bei der Bestimmung der Parameter der Bestellregeln (Lieferzeiträume, Bestellmengen, Höchst- und Sicherheitsbestände, Bestellpunkte) sind unter Berücksichtigung der Wiederbeschaffungszeiten der Objekte die gleichen oben genannten Aspekte in die Planung einzubeziehen. Der Vorgang unterscheidet sich aber insofern von der Einzelbestellung von z. B. AZ-Teilen, als die Bestimmung der benötigten Parameter nicht immer ganz so aufwändig betrieben und nur bei Veränderung der Rahmenbedingungen neu durchgeführt werden muss.

10.4 Lösung des Fallbeispiels

Aufgabe 1

a) Zunächst wird durch Addition der Verbrauchsdaten für jedes Objekt der Verbrauch (in Stück) im betrachteten Monat (*Vm, mon*) ermittelt (vgl. hier wie im Folgenden Tabelle 10.2). Anschließend ist der Verbrauchswert (*Vw*) in € für alle Teile zu berechnen, die Tabelle nach den Verbrauchswerten absteigend zu sortieren und der Anteil (in %) am gesamten *Vw* zu bestimmen. Durch Bildung der kumulierten Anteile (ebenfalls in %) an dem gesamten *Vw* wird es möglich, die Zuordnung zu den Kategorien A, B und C vorzunehmen. Dabei wird das Teil, durch dessen Beitrag die Grenze des kumulierten Anteils überschritten wird, hier der „bedeutenderen" Kategorie zugeordnet. So wird Materialnummer 14 (überschreitet erstmals die „80 %-Marke") als A-Teil und

Materialnummer 17 (kumulierter Anteil am *Gesamt-Vw* erstmals größer als 95 %) als B-Teil kategorisiert.

Die LORENZ-Kurve für diese Situation wird in Abb. 10.3 veranschaulicht, wobei die einzelnen Punkte die konkreten Anteile am kumulierten Vw in Abhängigkeit von der Zahl der nach dem Verbrauchswert absteigend sortierten Materialnummern darstellen. Die Kurve zeigt den typischen Verlauf für diese Datenkonstellation. Die Tatsache, dass vier Teile (und damit 20 % der Materialnummern) der Kategorie A, 10 % (2 Teile) der Kategorie B und 70 % und damit 16 Teile der Kategorie C zugeordnet werden, zeigt, dass man trotz der geringen Gesamtzahl der berücksichtigten Teile von einer typischen Verteilung sprechen kann.

Tabelle 10.2				Ergebnis der ABC-Analyse		
Mn	BK	Vm, mon	Vw	Anteil am Gesamt-Vw	Anteil, kumuliert	ABC
2020	85,10	2.021	171.987,10	36,288	36,288	A
2019	33,82	2.501	84.583,82	17,847	54,135	A
2010	1,31	54.274	71.098,94	15,002	69,137	A
2014	5,30	9.967	52.825,10	11,146	80,283	A
2006	9,61	3.909	37.565,49	7,926	88,209	B
2017	3,80	8.830	33.554,00	7,080	95,289	B
2016	85,27	70	5.968,90	1,259	96,548	C
2003	60,20	52	3.130,40	0,660	97,208	C
2001	5,76	400	2.304,00	0,486	97,695	C
2015	47,50	40	1.900,00	0,401	98,095	C
2007	0,59	3.059	1.804,81	0,381	98,476	C
2002	1,52	1.014	1.541,28	0,325	98,801	C
2012	1,23	1.251	1.538,73	0,325	99,126	C
2008	0,88	1.222	1.075,36	0,227	99,353	C
2013	1,66	539	894,74	0,189	99,542	C
2011	0,53	964	510,92	0,108	99,650	C
2009	3,76	133	500,08	0,106	99,755	C
2005	0,24	2.033	487,92	0,103	99,858	C
2018	0,64	544	348,16	0,073	99,932	C
2004	0,13	2.496	324,48	0,068	100,000	C
		Summe:	473.944,23			

Abbildung 10.3 LORENZ-Kurve zur ABC-Analyse

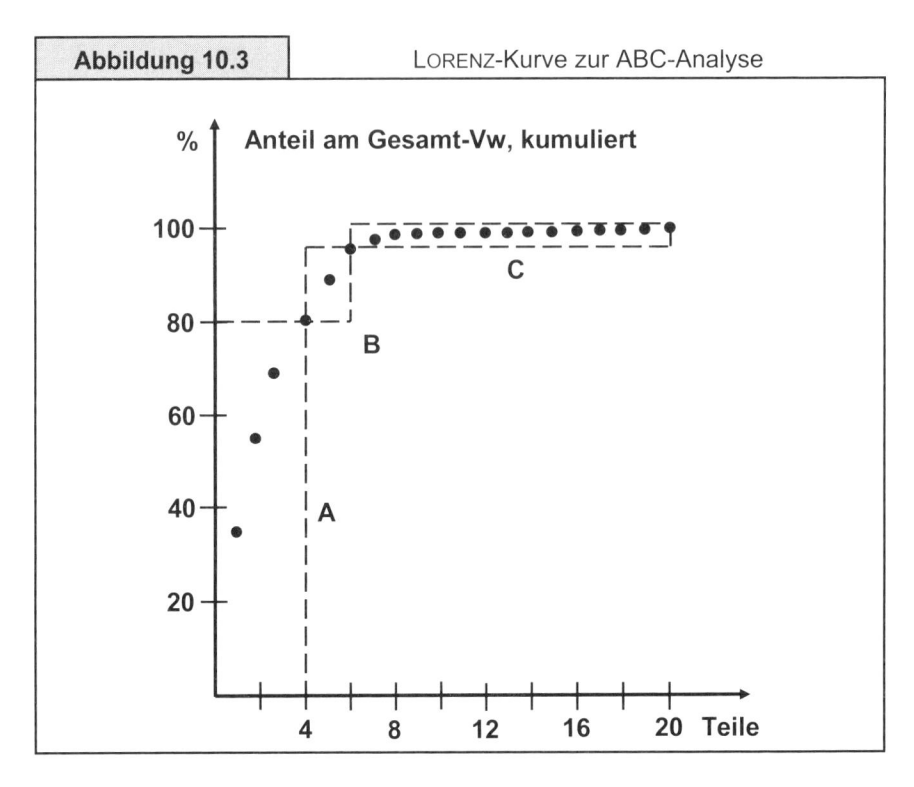

b) Bei der Durchführung der XYZ-Analyse werden zunächst zur Ermittlung des durchschnittlichen Verbrauchs (Vm, dur) die Wochenverbräuche addiert, bevor die Summe dann durch 4 geteilt wird (vgl. hier wie im Folgenden Tabelle 10.3). Der Variationskoeffizient (Vk) ergibt sich durch Division der Standardabweichungen (Sta) durch den Mittelwert der Verbräuche (Vm, dur).

Tabelle 10.3		Ergebnis der XYZ-Analyse			
Mn	Vm, dur	Sta	Vk	XYZ	ABC
2001	100,00	7,616	7,62	X	C
2002	253,50	12,662	4,99	X	C
2003	13,00	6,377	49,05	Z	C
2004	624,00	55,929	8,96	X	C
2005	508,25	114,718	22,57	Y	C
2006	977,25	87,416	8,95	X	B
2007	764,75	62,297	8,15	X	C
2008	305,50	200,628	65,67	Z	C
2009	33,25	12,121	36,45	Z	C
2010	13568,50	211,107	1,56	X	A
2011	241,00	21,741	9,02	X	C
2012	312,75	101,095	32,32	Z	C
2013	134,75	30,966	22,98	Y	C
2014	2491,75	1868,885	75,00	Z	A
2015	10,00	0,816	8,16	X	C
2016	17,50	9,292	53,09	Z	C
2017	2207,50	239,039	10,83	Y	B
2018	136,00	12,356	9,09	X	C
2019	625,25	143,507	22,95	Y	A
2020	505,25	18,927	3,75	X	A

Die Zuordnung der Kategorien erfolgt auf Basis der vorgegebenen Grenzen:

Kategorie	Intervall [%]
X	$0 < Vk \leq 10$
Y	$10 < Vk \leq 25$
Z	$Vk > 25$

c) Unabhängig davon, dass die Aussagefähigkeit einer ABC-Analyse mit 20 Teilen begrenzt ist (in der betrieblichen Praxis wird i. d. R. eine drei- bis fünfstellige Zahl an Materialnummern in die Berechnung einbezogen), können folgende Aspekte als problematisch angesehen werden, die sowohl die ABC- als auch die XYZ-Analyse betreffen:

- Hinsichtlich der Datenerhebung ist fraglich, ob es *den* repräsentativen Monat überhaupt gibt. Es wäre sinnvoller, wenn Daten berücksichtigt würden, die sich auf längere Zeiträume bezögen und (was die XYZ-Analyse angeht) auch möglichst tagesgenau erhoben würden. Umgekehrt ist zu prüfen, ob alle Daten, die sich auf die Vergangenheit beziehen, überhaupt als Grund-

lage für zukünftige Planungen geeignet sind. So können z. B. auslaufende Teile auch die Kategorisierung der übrigen Objekte beeinflussen.
- Für beide Analysen gilt, dass auch andere als die vorgegebenen Grenzen sinnvoll sein könnten. Im vorliegenden Beispiel zeigt sich, dass bereits eine geringfügige Verschiebung der Grenzen zu einer anderen Zuordnung der Teile führen würde. Auch die Frage, ob durch die Klassifikation homogene Teilegruppen entstanden sind, lässt sich nicht eindeutig beantworten. Beispielsweise liegt der Variationskoeffizient von Materialnummer 2017 näher an dem einiger X-Teile (wie Teil 2018) als an dem Vk der anderen Teile der Kategorie Y.

Daneben ist festzustellen, dass mit Hilfe des der XYZ-Analyse zu Grunde gelegten Variationskoeffizienten ausschließlich die Stetigkeit bzw. Streuung der berücksichtigten Verbrauchsdaten beurteilt werden kann. Aussagen zur Vorhersagbarkeit zukünftiger Verbräuche bleiben im Wesentlichen auf X-Teile beschränkt, sofern nicht zu erwarten ist, dass sich an der Stetigkeit des Verbrauchs der einzelnen Materialarten in Zukunft grundsätzlich etwas ändert.

Aufgabe 2
Durch Kombination der ABC- mit der XYZ-Analyse entsteht eine Matrix mit neun Feldern, denen sich die 20 Teile entsprechend Abbildung 10.4 zuordnen lassen.

Im Folgenden sollen nicht allen Feldern der Matrix Zuliefer- und Bestellstrategien zugewiesen werden, sondern vor allem den vier Eckfeldern. Für die übrigen Felder lassen sich i. d. R. keine eindeutigen Strategien identifizieren, sie sind aber zumeist aus den Strategien der benachbarten Felder ableitbar.

AX-Teile: Wie für alle A-Teile erscheint hier eine genaue, möglichst programmgesteuerte Bedarfsermittlung sinnvoll. Ist die Zahl der zu bestellenden Teile einer Materialart pro Tag hinreichend groß, so ist eine Jit-Zulieferung anzustreben. Die Liefermengen werden dem Zulieferer möglichst unter Nutzung von Internettechnologien mitgeteilt, teilweise lassen sich die Bedarfszahlen aus dem Enterprise Resource Planning-(ERP-)System des Abnehmers direkt in das Produktionsplanungssystem des Zulieferers übernehmen. Die Festlegung der konkreten Liefermengen hängt auch von der Auswahl und der Auslastung der Transportmittel ab. Übersteigen z. B. die Tagesbedarfsmengen die Kapazität eines LKW, sollten die Lieferungen über den Tag verteilt werden, um den Umfang der Zwischenlagerung zu begrenzen. Wird das Transportmittel durch die tägliche Bedarfsmenge nicht ausgelastet, kann es sinnvoll sein, die Bedarfe mehrerer Tage in einer Lieferung zu bündeln oder die Lieferung mit dem Transport anderer Materialarten zu verknüpfen.

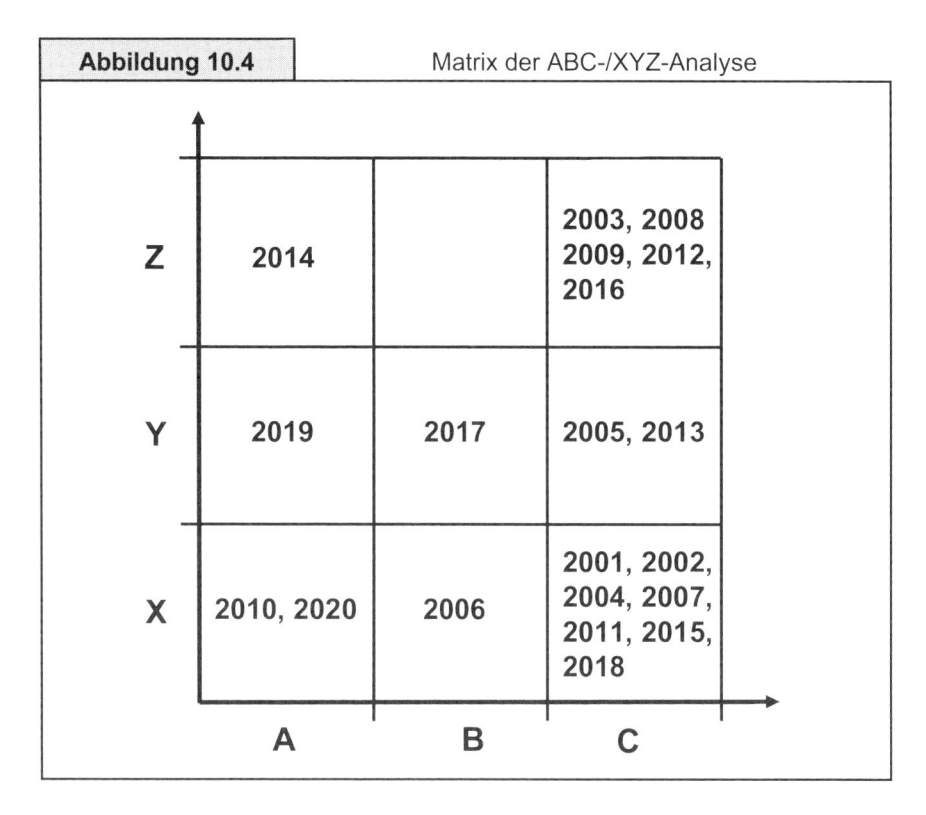

Abbildung 10.4	Matrix der ABC-/XYZ-Analyse		
Z	2014		2003, 2008 2009, 2012, 2016
Y	2019	2017	2005, 2013
X	2010, 2020	2006	2001, 2002, 2004, 2007, 2011, 2015, 2018
	A	B	C

AZ-Teile: Ist die absolute Zahl der wöchentlich zu ordernden AX-Teile relativ gering oder handelt es sich um AZ-Teile, so liegt es nahe, die benötigten Teile einzeln zu bestellen oder (beim Vorliegen von Rahmenverträgen) abzurufen. Inwiefern diese Vorgehensweise für das betreffende Teil sinnvoll ist, hängt auch von den konkreten Lieferzeiten, den Fehlmengen- und Lagerkosten sowie den zur Verfügung stehenden Lagerkapazitäten ab.

CX-Teile: Sofern die Zahl der benötigten Teile hinreichend groß ist, erscheint für diese Gruppe von Teilen der Einsatz von Bestellrhythmusverfahren und hier insbesondere der t,q-Politik als sinnvoll. Für die Festlegung der Lieferrhythmen und der Bestellmenge sind vor allem die Transport- und Lagerkosten zu berücksichtigen.

CZ-Teile: Wie im Abschnitt 10.3 erläutert, sind Bestellpunktverfahren für diese Gruppe von Teilen besonders geeignet. Auch hier ist die Zahl der wöchentlich benötigten Teile von Bedeutung: Sollte diese ausgesprochen klein sein, könnten Einzelbestellungen oder -abrufe der bessere Weg sein, wobei die im Zusammenhang mit den AZ-Teilen diskutierten Aspekte auch hier zu beachten sind.

Literaturhinweise

BLOECH, J.; BOGASCHEWSKY, R.; BUSCHER, U.; DAUB, A.; GÖTZE, U.; ROLAND, F.: Einführung in die Produktion, 6. Aufl., Berlin, Heidelberg 2008.

GRAP, R.: Produktion und Beschaffung, München 1998.

HARTMANN, H.: Materialwirtschaft, 8. Aufl., Gernsbach 2002.

KUMMER, S. (HRSG.), GRÜN, O.; JAMMERNEGG, W.: Grundzüge der Beschaffung, Produktion und Logistik, München et al. 2006.

SCHULTE, C.: Logistik – Wege zur Optimierung der Supply Chain, 5. Aufl., München 2009.

11 Bestellmengenplanung

11.1 Fallbeispiel

In der Beschaffungslogistik der FASHION GMBH eines Unternehmens der Textilindustrie, soll die Bestellmengenplanung für einen bestimmten Bekleidungsstoff durchgeführt werden. Aufgrund vorliegender Kundenaufträge für die aus dem Stoff zu fertigenden Kleidungsstücke wurde ein Jahresbedarf (bezogen auf 360 Tage) für die betreffende Stoffsorte – Sorte 1: knitterfreier, einfarbiger Baumwoll-Lycra-Stretch in beige, ca. 1,45 m breit – von 1.800 laufenden Metern ermittelt.

Die FASHION GMBH bezieht diesen Bekleidungsstoff von der Weberei RABATTONI aus Mailand. Diese verlangt einen Einstandspreis von 12,- € pro laufendem Meter.

Je Bestellvorgang fallen Kosten in Höhe von k_{B1} = 135,- € an. Es wird mit einem (Risikoaspekte einbeziehenden und daher relativ hohen) Zinssatz von 20 % pro Jahr für das durchschnittlich im Lager gebundene Kapital gerechnet. Weitere Lagerkosten außer den Kapitalbindungskosten können demgegenüber vernachlässigt werden.

Bei der Bestellmengenplanung wird vereinfachend unterstellt, dass der Verbrauch der Stoffe und damit der Lagerabgang kontinuierlich und gleichmäßig und die Lagerauffüllung ohne Zeitverzug erfolgen.

Aufgabe 1
Bestimmen Sie die optimale Bestellpolitik für den Bekleidungsstoff, und geben Sie die zugehörige Bestellmenge, die Bestellhäufigkeit und das Bestellintervall an! Wie hoch sind die bei der optimalen Bestellpolitik entstehenden Kosten für den Planungszeitraum?

Der Einstandspreis erscheint der FASHION GMBH insbesondere aufgrund der zunehmenden Konkurrenz aus Fernost zu teuer. Sie fordert die italienische Weberei daher zu einer Preissenkung auf, die daraufhin ihre Preispolitik überdenkt. Sie senkt nicht nur den Preis, sondern bietet darüber hinaus nun bestellmengenabhängige Einstandspreise $q(r)$ für die Meterware Bekleidungsstoff an. Für den Preis der Sorte 1 gilt die folgende Rabattstaffel:

$$q_1(r) = \begin{cases} 11,- & \text{€/Meter} \quad \text{für} \quad 0 \leq r < 450 \\ 10,- & \text{€/Meter} \quad \text{für} \quad 450 \leq r < 600 \\ 9,- & \text{€/Meter} \quad \text{für} \quad 600 \leq r \end{cases}$$

Die FASHION GMBH überlegt nun, noch eine weitere spezifische Kleiderstoffart von dieser Weberei zu beziehen. Bei dieser Sorte (Sorte 2) handelt es sich um einen bestimmten bunt gemusterten Stoff aus Seide, dessen Jahresbedarf mit 2.800 Meter prognostiziert wird. Für den Preis der Sorte 2 gilt die Preis-Beschaffungsfunktion:

$$q_2(r) = 16 + \frac{180}{r}$$

Die bestellfixen Kosten der Sorte 1 bleiben unverändert, diejenigen für die Sorte 2 belaufen sich auf $k_{B2} = 100$ €. Für beide Stoffarten werden wiederum Lagerhaltungskosten in Höhe von 20 % des durchschnittlich im Lager gebundenen Kapitals veranschlagt.

Aufgabe 2
Es soll nun eine isolierte Bestellmengenplanung für beide Bekleidungsstoffe durchgeführt werden. Bestimmen Sie die unter Berücksichtigung der Rabatte optimale Bestellpolitik für die beiden Stoffsorten! Wie hoch sind die bei der optimalen Bestellpolitik jeweils entstehenden Kosten für den Planungszeitraum? Skizzieren Sie außerdem für die Sorte 1 den Verlauf der einzelnen entscheidungsrelevanten Kosten und der Gesamtkosten!

Ein pfiffiger Mitarbeiter im Einkauf der FASHION GMBH hat herausgefunden, dass das mailändische Handelsunternehmen MODA COMMERCIO, das sich auf den Vertrieb von Bekleidungsstoffen spezialisiert hat, die vom Unternehmen benötigten Stoffe auch anbietet und diese ebenfalls von dem Produzenten RABATTONI bezieht. Der Händler erhält die Ware jedoch aufgrund der größeren Abnahmemengen zu etwas besseren Konditionen. Auf eine Anfrage des Einkäufers hin bietet MODA COMMERCIO die beiden Stoffsorten zu Festpreisen pro Meter (frei Haus) in Höhe von 10,- € für Sorte 1 und 16,- € für Sorte 2 an.
    Bei Bestellungen, die mindestens ein Einkaufsvolumen von 10.000 € erreichen, wird ein Rabatt von 8 % gewährt. Hierbei handelt es sich demnach um eine spezifische Rabattart, bei der der Rabatt nicht direkt von der Bestellmenge einer Produktart abhängig ist, sondern von dem Wert einer Bestellung.
    Der Einkäufer zieht daraufhin zwei Alternativen für die Bedarfsdeckung in Erwägung: zum einen isolierte Bestellungen der optimalen Bestellmengen jeder Stoffsorte, zum anderen Verbundbestellungen, d. h. die gleichzeitige Bestellung beider Stoffe. Im Fall der Einzelbestellungen bleiben die sortenspezifischen Bestellkostensätze unverändert, bei einer Verbundbestellung wird von einem Bestellkostensatz von 180,- € ausgegangen; aufgrund von Verbundeffekten (wie gebündelter Transport, gemeinsame Einkaufsabwicklung) ist der gemeinsame Bestellkostensatz demzufolge geringer als die Summe der beiden Bestellkostensätze für Einzelbestellungen.

Aufgabe 3
Wie lautet unter diesen Bedingungen die optimale Bestellstrategie bei Beschaffung vom Händler MODA COMMERCIO? Ist die Beschaffung beim Händler oder bei dem Produzenten RABATTONI vorzuziehen?

11.2 Grundmodell der optimalen Bestellmenge

Problemstellung und Modellbildung

Hinsichtlich der Planung von Bestellmengen wird oftmals eine Situation unterstellt, bei der ein gegebener Bedarf einer Materialart durch eine zu bestimmende Anzahl von Bestellungen einer ebenfalls festzulegenden gleich bleibenden Menge der Materialart zu decken ist. Dies kann dann u. a. durch relativ viele Bestellungen kleiner Mengen oder durch eher wenige Bestellungen großer Mengen geschehen, wodurch in jedem Fall die Lagerhaltungskosten und die Kosten des Bestell- und Bereitstellungsvorgangs beeinflusst werden – und zwar in gegenläufiger Richtung. So werden im Fall einer großen (kleinen) Anzahl von Bestellungen die mit den Bestellvorgängen verbundenen Kosten relativ hoch (niedrig), die Kosten der Lagerhaltung aufgrund der geringen (hohen) Bestände dagegen relativ niedrig (hoch) sein. Das zu lösende Problem besteht nun darin, zwischen diesen gegenläufigen Kostenwirkungen einen Ausgleich zu schaffen und die optimalen, d. h. zu minimalen Kosten führenden, Werte für Bestellmenge und -häufigkeit zu ermitteln.

Diese Zusammenhänge werden im Grundmodell der optimalen Bestellmenge abgebildet. Im Einzelnen wird die in diesem unterstellte Planungssituation durch folgende wesentliche Modellannahmen charakterisiert:

- Der Materialverbrauch je Zeiteinheit ist konstant, d. h. der Lagerabgang erfolgt kontinuierlich und linear im Zeitablauf und der gesamte Materialbedarf innerhalb des Planungszeitraums ist damit gegeben.
- Anfangs- und Endbestand im Lager sind Null.
- Die Lagerauffüllung erfolgt ohne Zeitverzug und jeweils bei einem Lagerbestand von Null, denn es werden weder Sicherheitsbestände noch Fehlmengen eingeplant.
- Werden mehrere Bestellungen innerhalb des Planungszeitraums durchgeführt, erfolgt in gleich bleibenden Zeitabständen jedes Mal eine Lieferung derselben Bestellmenge.
- Die Bestellmengenplanung lässt sich isoliert für einzelne Materialarten durchführen, da relevante Beziehungen zu anderen Materialarten (Beschränkungen gemeinsam genutzter Kapazitäten, Ersparnisse bei gemeinsamer Bestellung etc.) nicht existieren.

- Die Lagerhaltungskosten im Planungszeitraum verhalten sich proportional zum durchschnittlichen mengen- bzw. wertmäßigen Lagerbestand.
- Die Kosten des Bestell- und Bereitstellungsvorgangs (nachfolgend als Bestellkosten bezeichnet) gelten als proportional zur Bestellhäufigkeit.
- Weitere Kostenkomponenten sind nicht relevant. Dies gilt auch für die Kosten des Einkaufsvolumens im Planungszeitraum, da der zu zahlende Preis je Stück unabhängig von der Bestellmenge und -häufigkeit sein soll und damit die Kosten des Einkaufsvolumens lediglich vom vorgegebenen Bedarf abhängig sind.
- Die einbezogenen Daten bleiben im Zeitablauf unverändert und sind sicher.

Von den beiden damit allein relevanten Kostenkategorien seien nun zunächst die **Lagerhaltungskosten** betrachtet. Deren Hauptelement sind zumeist die Kosten des im Lager gebundenen Kapitals, die sich durch Multiplikation eines Kapitalkostensatzes mit dem durchschnittlichen im Bestand gebundenen Kapital ergeben. Außerdem können wertabhängige Versicherungskosten, kalkulatorische Kosten für Schwund sowie mengenabhängige Kosten der Lagerung (verursacht z. B. durch Ein- oder Auslagerungsvorgänge) entscheidungsrelevant sein. Sämtliche relevanten Kostenkomponenten werden in einem Lagerhaltungskostensatz erfasst, der die Kosten für eine über den Planungszeitraum gelagerte Einheit angibt (alternativ kann auch eine tages- und/oder wertbezogene Dimensionierung erfolgen). Die Lagerhaltungskosten K_L ergeben sich demnach als Produkt aus diesem Lagerhaltungskostensatz pro Stück k_L und dem durchschnittlichen Lagerbestand L_d:

$$K_L = k_L \cdot L_d \qquad (1)$$

Sie sind eindeutig mit der Bestellmenge r verbunden, da der durchschnittliche Lagerbestand unter den obigen Annahmen genau der Hälfte dieser Bestellmenge entspricht, wie die folgende Abbildung zeigt.

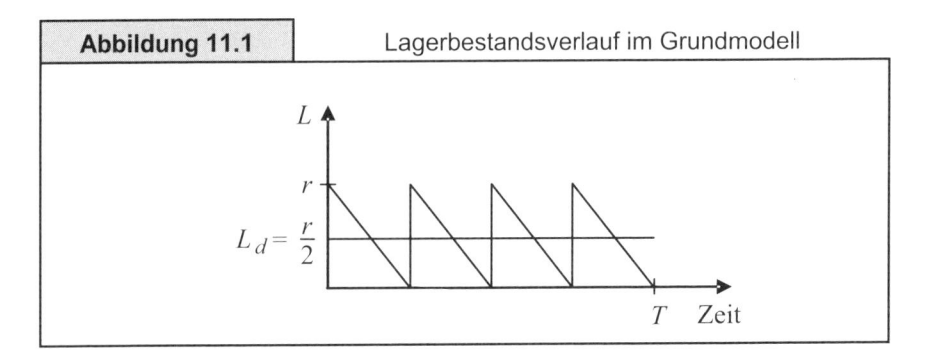

Abbildung 11.1 Lagerbestandsverlauf im Grundmodell

Damit gilt auch:

$$K_L(r) = k_L \cdot \frac{r}{2} \tag{2}$$

Die weiteren entscheidungsrelevanten Kosten sind die **Bestellkosten** K_B, die die Kosten für die Abwicklung einer Bestellung umfassen und die je Bestellung unabhängig von der Bestellmenge anfallen. Sie hängen gemäß den obigen Annahmen in proportionaler Weise von der Anzahl der Bestell- und Liefervorgänge, der Bestellhäufigkeit n, ab und lassen sich daher als Produkt aus einem Bestellkostensatz k_B und der Bestellhäufigkeit berechnen:

$$K_B(n) = k_B \cdot n \tag{3}$$

Die entscheidungsrelevanten Kosten K der Bestellpolitik im Planungszeitraum ergeben sich dann additiv aus den beiden Kostenkategorien K_L und K_B:

$$K = K_L(r) + K_B(n) = k_L \cdot \frac{r}{2} + k_B \cdot n \tag{4}$$

In dieser Gleichung sind die beiden Variablen der Bestellpolitik, die Bestellmenge r und die Bestellhäufigkeit n, enthalten. Da diese sich bei einem fest vorgegebenen Gesamtbedarf B im Planungszeitraum, wie er hier unterstellt ist, gegenseitig eindeutig bedingen, und zwar über die Beziehung $B = r \cdot n$, lässt sich eine der Variablen durch die andere in der Kostenfunktion substituieren, beispielsweise n durch r:

$$n = \frac{B}{r} \tag{5}$$

Die zu minimierende Funktion der relevanten Kosten lautet dann in Abhängigkeit von der Bestellmenge r:

$$K(r) = k_L \cdot \frac{r}{2} + k_B \cdot \frac{B}{r} \quad \Rightarrow \text{Min!} \tag{6}$$

Bestimmung der optimalen Bestellmenge

Die Lösung des Optimierungsproblems lässt sich auf graphischem oder analytischem Wege bestimmen.

Das Vorgehen bei der **graphischen Optimierung** ist in der Abbildung 11.2 veranschaulicht. Die relevanten Lagerhaltungskosten stellen in Abhängigkeit von der Bestellmenge r eine Gerade aus dem Ursprung mit der Steigung $k_L / 2$ dar, die Bestellkosten verlaufen hyperbolisch.

Abbildung 11.2 | Graphische Bestimmung der optimalen Bestellmenge

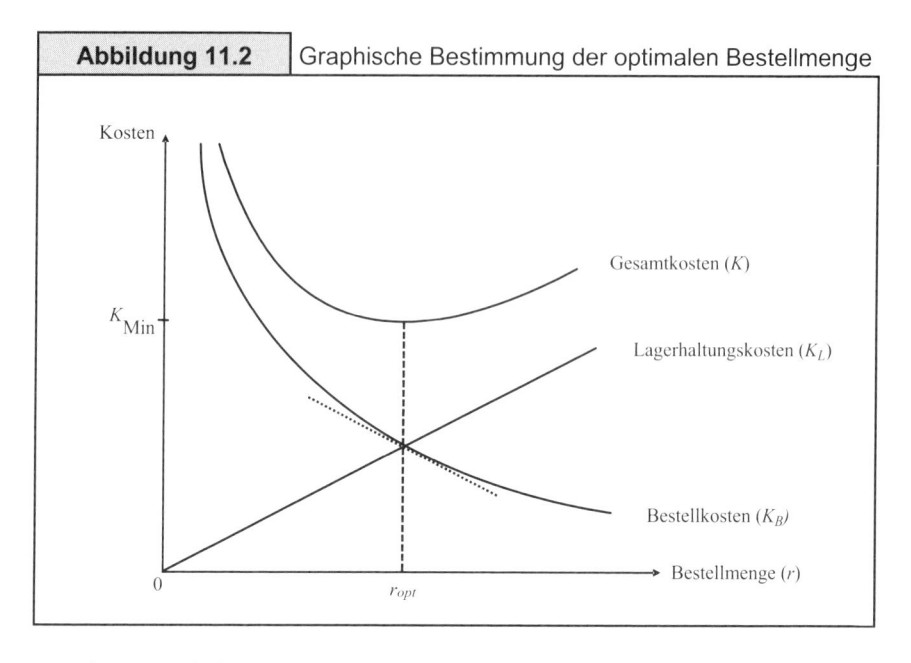

Werden Lagerhaltungs- und Bestellkosten summiert, so ergibt sich die Kurve der gesamten relevanten Kosten. Sie weist dort ihr Minimum auf, wo die Steigungen der beiden Funktionen betragsmäßig gleich sind und wo sich $K_L(r)$ und $K_B(r)$ schneiden. An dieser Stelle verläuft die Gesamtkostenfunktion sehr flach, sodass bei notwendigen Abweichungen von der optimalen Bestellmenge (z. B. durch vom Lieferanten vorgegebene Mindestabnahmemengen oder die Einhaltung von festen Verpackungsgrößen) nur eine geringfügige Kostenerhöhung zu erwarten ist, sofern eine Bestellmenge in der Nähe des Optimums realisiert werden kann.

Beim **analytischen Lösungsweg** ist die Kostenfunktion nach der Variablen – der Bestellmenge r – abzuleiten und anschließend Null zu setzen. Hieraus ergibt sich die notwendige Bedingung für das Kostenminimum:

$$\frac{dK(r)}{dr} = \frac{dK_L(r)}{dr} + \frac{dK_B(r)}{dr} = \frac{k_L}{2} - \frac{k_B \cdot B}{r^2} = 0 \qquad (7)$$

Aus dieser Bedingung lässt sich wiederum erkennen, dass im Kostenminimum die Steigungen der Lagerhaltungs- und der Bestellkostenfunktion betragsmäßig gleich sind. Außerdem kann hieraus nun die Formel für die Berechnung der optimalen Bestellmenge hergeleitet werden. Sie lautet:

$$r_{opt} = \sqrt{\frac{2 \cdot k_B \cdot B}{k_L}} \qquad (8)$$

Mit Kenntnis der optimalen Bestellmenge lassen sich nun auch die optimale Bestellhäufigkeit (gemäß (5)) sowie der optimale Zeitabstand zwischen zwei aufeinander folgenden Lieferungen ($t_{opt} = T/n_{opt}$) bestimmen.

Beurteilung des Grundmodells und Erweiterungen

Das klassische Bestellmengenmodell basiert auf **Annahmen**, die es einerseits ermöglichen, mit einfachen Formeln eine optimale Bestellpolitik und die entsprechenden Kosten zu bestimmen. Andererseits schränken diese Prämissen aber die Aussagekraft der Modellergebnisse bei realen Problemstellungen und damit dessen Anwendbarkeit ein. Es lässt sich beispielsweise nur sinnvoll einsetzen, wenn ein annähernd konstanter Materialbedarf je Zeiteinheit vorherrscht, z. B. für gewisse Werkstoffe, die im Zuge einer zunehmenden Standardisierung der Produktion regelmäßig bei der Fertigung von Basismodulen eingesetzt werden. Außerdem werden auch andere reale Bedingungen oftmals in gewissem Maße von den Annahmen abweichen (so lassen sich z. B. die Kostensätze kaum eindeutig und „sicher" ermitteln, es werden sich Modellparameter im Zeitablauf verändern etc.). Daher sollte ein Anwender die Ergebnisse eher als Näherungslösungen interpretieren – gerade angesichts des flachen Verlaufs der Gesamtkostenfunktion können sie dennoch nützlich sein.

Zudem lässt sich durch **Weiterentwicklungen** des statischen Modells eine verbesserte Abbildung der Realität erreichen. So existieren beispielsweise Mehrmaterialartenmodelle, mit denen die Bestellplanung gleichzeitig für mehrere Materialarten unter Beachtung gemeinsamer Restriktionen (Lagerkapazität, Finanzbudget etc.) ermöglicht wird. Das Problem, dass die zugrunde gelegten Parameterwerte (Bedarfsrate, Kostensätze) sich im Planungszeitraum verändern können, wird mithilfe von dynamischen Modellen der Bestellplanung zu lösen versucht. Des Weiteren lassen sich geplante Fehlmengen oder von der Bestellpolitik abhängige Faktorpreise in Modellerweiterungen erfassen. Auf die letztgenannte Modellerweiterung wird im nächsten Abschnitt eingegangen.

11.3 Berücksichtigung von der Bestellpolitik abhängiger Preise

Eine der Prämissen des Grundmodells besagt, dass von konstanten, von der Bestellmenge unabhängigen Beschaffungspreisen auszugehen ist. Dies entspricht jedoch oftmals nicht der Realität, so dass dann eine Erweiterung des Modells sinnvoll ist, bei der diese Annahme aufgehoben wird und stattdessen veränderliche Faktorpreise in die Bestellmengenplanung einbezogen werden.

Formen bestellmengen- oder -wertabhängiger Preise

Variable Faktorpreise können in unterschiedlicher Form auftreten, und zwar vor allem als:

1. *Rabattstaffel*, die zu sprungweisen Senkungen des Beschaffungspreises (q) bei Erreichen bestimmter Bestellmengen (Rabattgrenzen) führt. Dies lässt sich formal wie folgt darstellen:

$$q(r) = \begin{cases} q_0 & \text{für} \quad 0 \leq r < r_1 \\ q_1 & \text{für} \quad r_1 \leq r < r_2 \\ \vdots & \quad \vdots \\ q_n & \text{für} \quad r \geq r_n \end{cases} \quad \text{mit } q_0 > q_1 > \ldots > q_n \text{ und } r_1 < r_2 < \ldots < r_n \tag{9}$$

Abbildung 11.3	Staffel mit drei Rabattgrenzen bzw. Preissprüngen

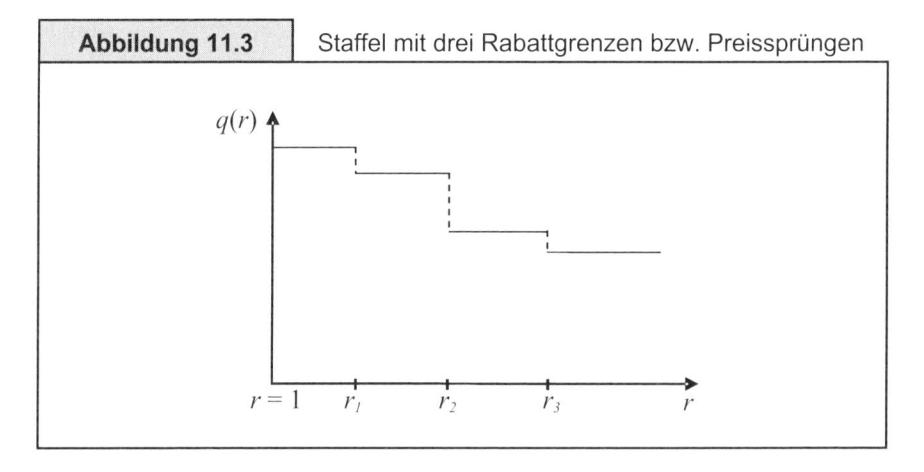

Neben einer solchen bestellmengenabhängigen Preisstaffelung ist auch eine Staffelung in Abhängigkeit vom Wert einer Bestellung (ggf. auch von mehreren Gütern) denkbar, wie es beispielsweise einige Versandapotheken praktizieren und in dem Fallbeispiel vorn (zu Aufgabe 3) beschrieben ist. Das Erreichen eines bestimmten Bestellwertes führt dann jeweils zu einer Preissenkung.

2. *Preis-Beschaffungsfunktion*, bei der ein Verlauf mit stetig abnehmendem Preis bei steigender Bestellmenge unterstellt wird. Eine derartige Funktion kann eine konstante Preisabnahme abbilden (linearer Verlauf bis zu einer bestimmten Preisuntergrenze) oder aber eine nichtlineare Preis-Bestellmengenbeziehung wiedergeben, z. B. in der Form:

$$q(r) = a + b/r \quad \text{für } r \geq 1 \tag{10}$$

mit: a = Mindestpreis
$a + b$ = Höchstpreis

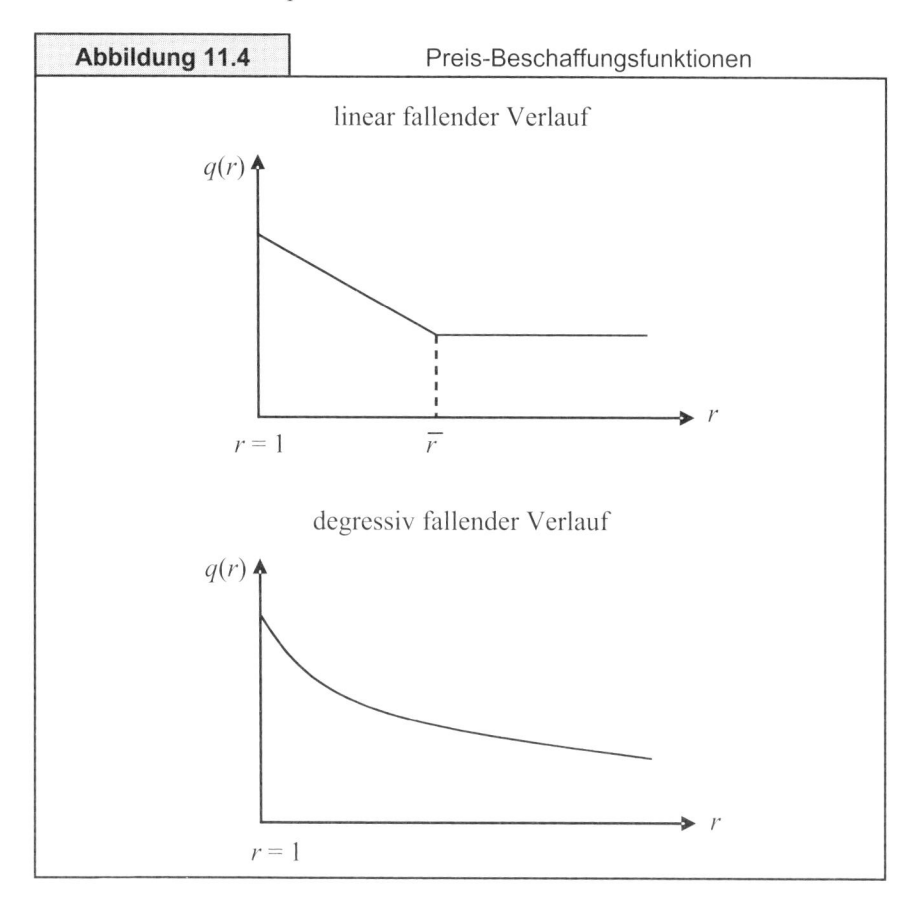

Abbildung 11.4 — Preis-Beschaffungsfunktionen

linear fallender Verlauf

$q(r)$

$r = 1$ $\bar{r}$

degressiv fallender Verlauf

$q(r)$

$r = 1$

3. *Gesamtrabatt* oder *Bonus*, der ab einem bestimmten insgesamt erreichten wertmäßigen Beschaffungsvolumen (i. d. R. nachträglich am Periodenende) von einem Lieferanten gewährt wird. Ein Bonus ist daher nicht von der einzelnen Bestellmenge oder dem Wert einer einzelnen Bestellung, sondern von der gesamten Beschaffungsmenge abhängig.

4. *Mindermengenzuschläge*, die zu zahlen sind, wenn die Bestellmenge kleiner als die übliche Verpackungsgröße ist oder die Bestellmenge durch die Zusammenstellung von mehreren vordefinierten Verpackungseinheiten nicht exakt erreicht werden kann.

Bestimmung von Kostenfunktion und optimaler Bestellmenge

Grundsätzlich sind aufgrund der veränderlichen Beschaffungspreise neben den Bestell- und Lagerkosten auch die Kosten des Einkaufsvolumens entscheidungsrelevant und damit bei der Bestellmengenplanung zu berücksichtigen.

In den Fällen 1 und 2, in denen die Beschaffungspreise mit zunehmender Bestellmenge sinken, werden aufgrund der dadurch entstehenden Möglichkeit, die Kosten des Einkaufsvolumens zu senken, die optimalen Bestellmengen tendenziell größer ausfallen als bei konstanten Faktorpreisen. Daher wird die unter diesen Bedingungen optimale Bestellpolitik in der Regel geringere Bestellkosten verursachen. Hinsichtlich der Auswirkungen auf die Lagerkosten lässt sich keine allgemeingültige Aussage treffen. Einerseits werden die Kapitalbindungskosten aufgrund des geringeren Preises sinken, andererseits wird aber der durchschnittliche Lagerbestand infolge der größeren Bestellmengen ansteigen, was wiederum eine Zunahme der Lagerkosten bewirkt. Es ist vom Einzelfall abhängig, ob der wert- oder der mengenmäßige Effekt überwiegt. Bei Mindermengenzuschlägen (4) gelten analoge Aussagen.

Bei einer **Rabattstaffel** ergibt sich infolge der sprungweisen Veränderung des Preises eine Gesamtkostenfunktion mit mehreren Abschnitten, deren Definitionsbereiche jeweils einem Preisbereich entsprechen. Die Kostenfunktion lautet:

$$K = \begin{cases} q_0 \cdot B + \dfrac{B}{r} \cdot k_B + \dfrac{r}{2} \cdot q_0 \cdot i \\ q_1 \cdot B + \dfrac{B}{r} \cdot k_B + \dfrac{r}{2} \cdot q_1 \cdot i \\ \ldots \\ q_n \cdot B + \dfrac{B}{r} \cdot k_B + \dfrac{r}{2} \cdot q_n \cdot i \end{cases} \quad (11)$$

Ein Beispiel für einen entsprechenden Kostenfunktionsverlauf mit drei verschiedenen Preisen zeigt die nachstehende Abbildung. Die einzelnen Kostenfunktionen unterscheiden sich hinsichtlich der Kosten des Einkaufsvolumens und des Verlaufs der Lagerhaltungskosten, die Bestellkosten hingegen verändern sich durch die Preisstaffelung nicht. Die Funktion der Kosten des Einkaufsvolumens $K_{EV}(q(r))$ verläuft innerhalb eines Preisintervalls konstant, an einer Rabattgrenze erfolgt jeweils ein Kostensprung, da sich bei konstanter gesamter Beschaffungsmenge der Preis je Mengeneinheit verändert. Dass durch die Preisreduzierung auch die Grundlage für die Berechnung der Kapitalbindungskosten beeinflusst wird, verdeutlicht der Verlauf der Lagerhaltungskostenfunktion $K_L(r, q(r))$; ihre Steigung $(1/2 \cdot q \cdot i)$ verringert sich mit jeder Preissenkung, außerdem weist sie Sprungstellen an den Rabattgrenzen auf.

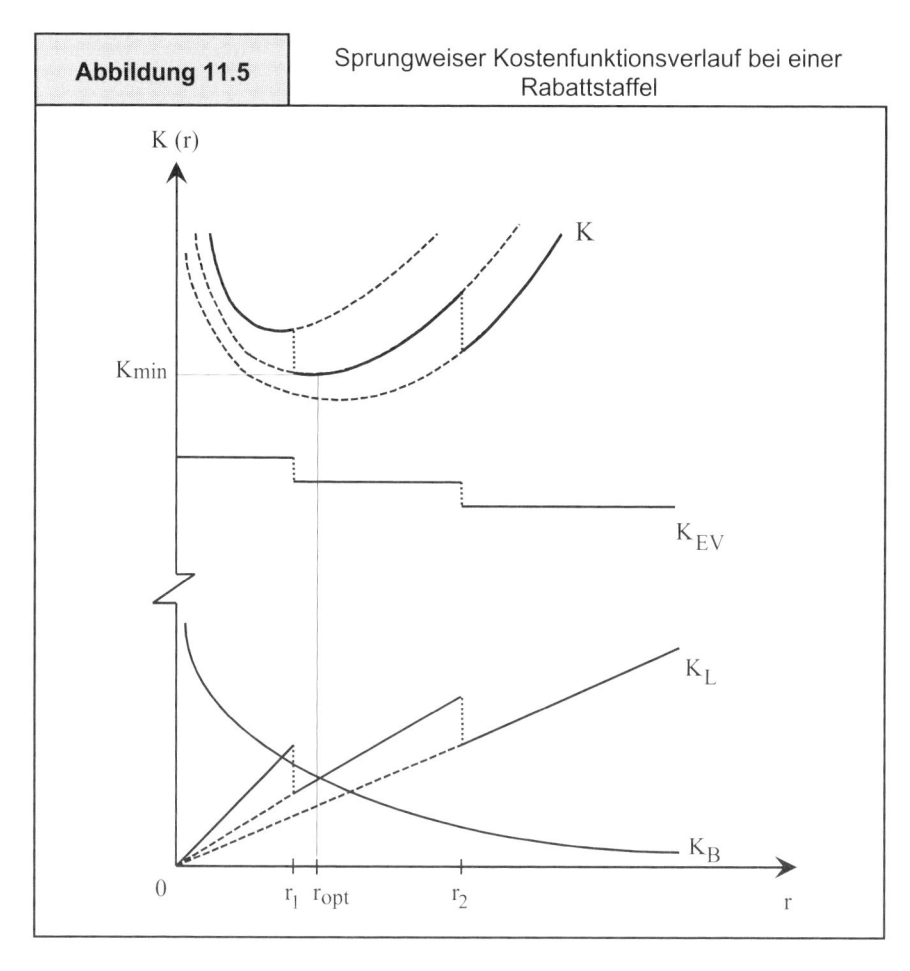

Berücksichtigung von der Bestellpolitik abhängiger Preise 165

Abbildung 11.5 — Sprungweiser Kostenfunktionsverlauf bei einer Rabattstaffel

Zur Bestimmung der optimalen Bestellmenge ist nun – ausgehend von dem günstigsten Preis – für die einzelnen Kostenfunktionsabschnitte die kostenminimale Bestellmenge nach der Formel des Grundmodells zu berechnen und zu überprüfen, ob diese im zulässigen Definitionsbereich liegt. Ist dies erstmals der Fall, kann dieses Vorgehen abgebrochen werden, da Funktionsabschnitte mit höheren Preisen nicht mehr zu geringeren Gesamtkosten führen können. Für die zulässige lokal optimale Bestellmenge sind anschließend die Gesamtkosten zu bestimmen und mit denen an höheren Rabattgrenzen zu vergleichen, da dort infolge der Preissprünge insgesamt geringere Kosten anfallen können. Auf diese Weise lässt sich die Bestellmenge, die zu dem globalen Kostenminimum führt, auswählen. Im Beispiel der Abbildung 11.5 befindet sich das globale Kostenminimum bei der lokal optimalen Bestellmenge der zweiten Preisstufe; an der Rabattgrenze r_2 weisen die Gesamtkosten trotz des Kostensprungs einen höheren Wert auf.

Im Fall einer **Preis-Beschaffungs-Funktion** ist die Formel für die optimale Bestellmenge unter Einbeziehung der Kosten des Einkaufsvolumens und des variablen Preises wie folgt herzuleiten:

$$K = q(r) \cdot B + \frac{B}{r} \cdot k_B + \frac{r}{2} \cdot q(r) \cdot i \tag{12}$$

$$K = (a + \frac{b}{r}) \cdot B + \frac{B}{r} \cdot k_B + \frac{r}{2} \cdot (a + \frac{b}{r}) \cdot i$$

$$\frac{dK}{dr} = -\frac{b}{r^2} \cdot B - \frac{B}{r^2} \cdot k_B + \frac{a \cdot i}{2} = 0$$

$$b \cdot B + B \cdot k_B = \frac{a \cdot i}{2} \cdot r^2$$

$$r_{opt} = \sqrt{\frac{2 \cdot B \cdot (b + k_B)}{a \cdot i}}$$

Die Tatsache, dass bei Erreichen eines bestimmten Einkaufsvolumens ein **Bonus** gewährt wird, hat bei der im Grundmodell unterstellten Annahme gegebener Periodenbedarfsmengen (bei bereits ausgewählten Lieferanten) keine Auswirkung auf die optimale Bestellpolitik und damit die Höhe der Bestell- und Lagerkosten, da bereits in der Ausgangssituation feststeht, ob das Mindesteinkaufsvolumen erzielt wird. Diese Form des Preisabschlags kann jedoch die Lieferantenwahl beeinflussen und wird dabei tendenziell zu einer Bündelung der Beschaffung mehrerer Materialien und einer Konzentration auf wenige Lieferanten führen; es kann jedoch auch eine Aufteilung der Bedarfsmenge einer Materialart auf mehrere Lieferanten sinnvoll werden, um jeweils Boni zu erreichen. Die Lieferantenwahl wirkt sich dann auf die Gesamtbeschaffungsmenge und den Preis (als Parameter der Bestellmengenplanung) bei einem Lieferanten und darüber auf die Bestellpolitik und die relevanten Kosten aus.

11.4 Lösung des Fallbeispiels

Aufgabe 1
Die optimale Bestellmenge ergibt sich gemäß folgender Rechnung:

$$r_{opt} = \sqrt{\frac{2 \cdot 135 \cdot 1.800}{12 \cdot 0,2}} = 450 \text{ Meter}.$$

Es sind 1.800 / 450 = 4 Bestellungen im Abstand von 90 Tagen auszuführen. Dadurch entstehen bestellfixe Kosten von 4 · 135 € = 540,- €, die Kapitalbindungskosten betragen ebenfalls 540,- € (450/2 · 12 · 0,2), und der Gesamtbe-

Lösung des Fallbeispiels

trag der entscheidungsrelevanten Kosten beläuft sich damit auf 1.080,- €. Die für die Entscheidung nicht relevanten Kosten des Einkaufsvolumens liegen bei 21.600,- € und die Gesamtkosten somit bei 22.680,- €.

Aufgabe 2
Die Funktion der relevanten Kosten sieht für die Sorte 1 folgendermaßen aus:

$$K = \begin{cases} 11 \cdot 1.800 + \dfrac{1.800}{r} \cdot 135 + \dfrac{r}{2} \cdot 11 \cdot 0,2 & \text{für} \quad 0 \leq r < 450 \\ 10 \cdot 1.800 + \dfrac{1.800}{r} \cdot 135 + \dfrac{r}{2} \cdot 10 \cdot 0,2 & \text{für} \quad 450 \leq r < 600 \\ 9 \cdot 1.800 + \dfrac{1.800}{r} \cdot 135 + \dfrac{r}{2} \cdot 9 \cdot 0,2 & \text{für} \quad r \geq 600 \end{cases}$$

Die folgende Tabelle enthält die ermittelten Werte für die Bestellmengen und die Bestellhäufigkeit. Der Definitionsbereich bis 450 Meter kann vernachlässigt werden, da sich bereits in einem preislich günstigeren Mengenbereich eine zulässige lokal optimale Bestellmenge befindet.

Mengen-bereich	Preis	lokal optimale Bestellmenge	realisierbare optimale Bestellmenge	optimale Bestell-häufigkeit
$r \geq 600$	9,-	519,62	600	3
$450 \leq r < 600$	10,-	492,95	492,95	3,6515

Aus den realisierbaren optimalen Bestellmengen jeder Rabattgruppe ergeben sich die nachstehend aufgeführten relevanten Kosten:

Mengen-bereich	Kosten des Einkaufs-volumens	Bestell-kosten	Lager-kosten	Gesamtkosten
$r \geq 600$	16.200,-	405,-	540,-	**17.145,-**
$450 \leq r < 600$	18.000,-	492,95	492,95	18.985,90

Die optimale Bestellpolitik für die Stoffsorte 1 besteht darin, drei Bestellungen zu je 600 Metern im Abstand von 120 Tagen auszuführen. Die minimalen Kosten betragen 17.145 €.

Abbildung 11.6   Kostenfunktionsverlauf

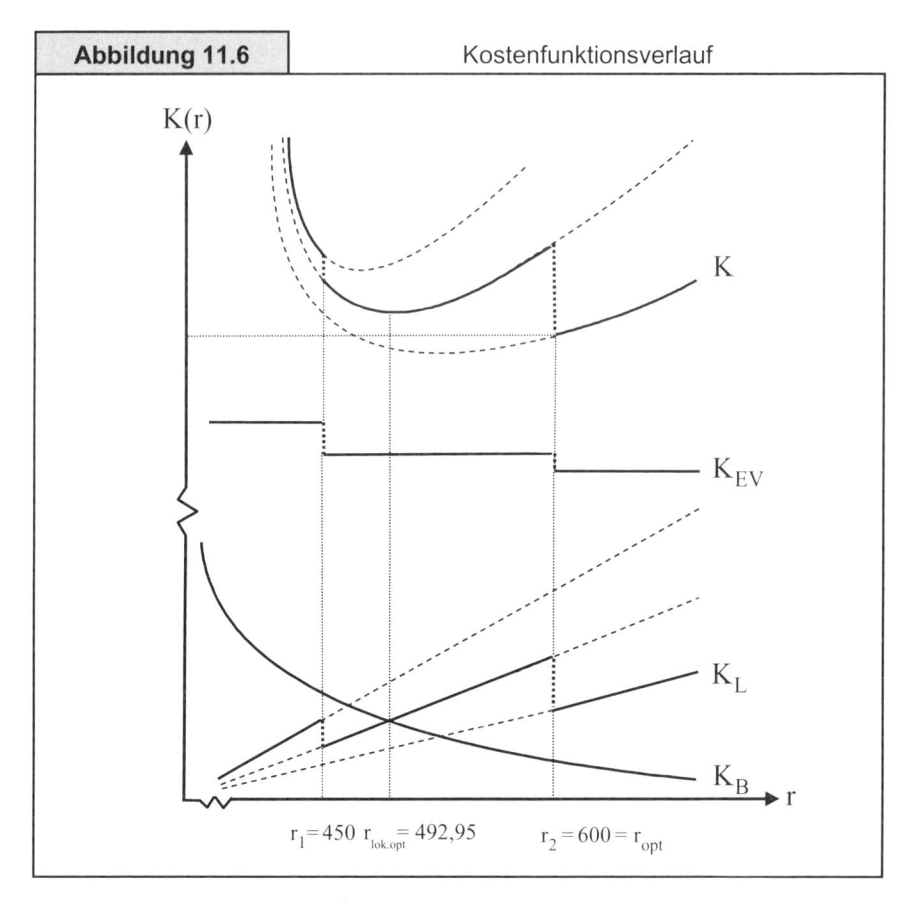

[Diagramm: K(r) als Funktion von r, mit Kurven K, K_{EV}, K_L, K_B; markiert sind $r_1 = 450$, $r_{lok.opt} = 492{,}95$ und $r_2 = 600 = r_{opt}$]

Für die Sorte 2 ist die Formel für die optimale Bestellmenge unter Einbeziehung der Preis-Beschaffungsfunktion (gemäß (12)) anzuwenden. Für das vorliegende Angebot ergibt sich eine optimale Bestellmenge in Höhe von

$$r_{opt} = \sqrt{\frac{2 \cdot 2.800 \cdot (180 + 100)}{16 \cdot 0{,}2}} = 700 \text{ Metern.}$$

Es sollten vier Bestellungen ausgeführt werden, das Bestellintervall umfasst demnach 90 Tage. Bei vier Bestellungen im Planungszeitraum betragen die Kapitalbindungskosten 1.138,20 €, die Bestellkosten 400 € und die Kosten des Einkaufsvolumens 45.528 € (16,26 (Preis) · 2.800 (Bedarfsmenge)). Für die Stoffsorte 2 fallen also Gesamtkosten in Höhe von 47.066,20 € an.

Die Kosten für die Beschaffung und Lagerhaltung beider Stoffsorten belaufen sich auf 64.211,20 €.

Lösung des Fallbeispiels   169

Aufgabe 3
Es ist zunächst die erste Bestellalternative zu konkretisieren, d. h., es sind die optimalen Bestellmengen der beiden Stoffsorten bei isolierter Betrachtung zu berechnen. Hierbei ist analog zur Lösung von Aufgabe 2 (Sorte 1) vorzugehen; ein Unterschied besteht darin, dass hier die Mindestbestellmenge als Voraussetzung für die Rabattgewährung aus dem geforderten Bestellwert (BW) abzuleiten ist.

Stoffs-orte	Bereich des Bestellwerts (BW)	Preis	lokal optimale Bestellmenge	realisierbare optimale Bestellmenge	Gesamtkosten im Planungszeitraum
1	$BW \geq 10.000$	9,20	513,94	1.000,00	**17.723,-**
1	$BW < 10.000$	10,-	492,95	492,95	18.985,90
2	$BW \geq 10.000$	14,72	436,14	625,00	**42.584,-**
2	$BW < 10.000$	16,-	418,33	418,33	46.138,66

Bei isolierter Bestellung beider Sorten wäre es vorteilhaft, bei jeder Bestellung den Bestellwert bis auf 10.000 € (vor Rabattgewährung) auszudehnen und damit Mengen von 1.000 bzw. 625 zu bestellen, um so den Rabatt in Anspruch nehmen zu können. Eine weitere Ausdehnung ist unvorteilhaft, da die bestell- und lagerkostenminimalen Bestellmengen jeweils deutlich geringer sind (513,94 bzw. 436,14) als diejenigen, die zu einem Bestellwert von 10.000 € führen.

Die für eine Verbundbestellung optimale Bestellpolitik lässt sich in ähnlicher Weise bestimmen. Dazu ist die Kostenfunktion für die gemeinsame Bestellung beider Stoffe in Abhängigkeit von der Bestellhäufigkeit n zu ermitteln und daraus die Formel für die – bei gegebenen Preisen – optimale Bestellhäufigkeit abzuleiten:

$$K = q_1 \cdot B_1 + q_2 \cdot B_2 + n \cdot k_B + q_1 \cdot i \cdot \frac{B_1}{2 \cdot n} + q_2 \cdot i \cdot \frac{B_2}{2 \cdot n} \quad (13)$$

$$\frac{dK}{dn} = k_B - q_1 \cdot i \cdot \frac{B_1}{2 \cdot n^2} - q_2 \cdot i \cdot \frac{B_2}{2 \cdot n^2} = 0$$

$$2 \cdot k_B \cdot n^2 = q_1 \cdot i \cdot B_1 + q_2 \cdot i \cdot B_2$$

$$n_{opt} = \sqrt{\frac{i \cdot (q_1 \cdot B_1 + q_2 \cdot B_2)}{2 \cdot k_B}}$$

Mit dieser Formel kann zunächst die bei Rabattgewährung lokal optimale Bestellhäufigkeit bestimmt werden, sie beträgt hier n_{opt} = 5,6655. Es ist daraufhin zu überprüfen, ob diese zulässig ist, d. h. mit einem Bestellwert von mindestens 10.000 € einhergeht.

Als Bestellmengen ergeben sich bei dieser Bestellhäufigkeit 317,71 Meter für die Sorte 1 und 494,22 Meter für die Sorte 2. Diese führen bei gemeinsamer Bestellung zu einem Bestellwert über 10.000 €, sodass die Bedingung für die Rabattgewährung erfüllt ist.

Da demgemäß die lokal optimale Bestellhäufigkeit bei Ausnutzung des Rabattes eine zulässige Lösung darstellt, ist es vorteilhaft, die Bedingung für die Inanspruchnahme des Rabattes zu erfüllen. Auf einen Vergleich mit den Kosten bei Nichtausnutzung des Rabattes kann in diesem Fall verzichtet werden.

Die bei Verbundbestellungen entstehenden optimalen Kosten belaufen sich auf 59.815,58 € (K_B = 1.019,79; K_L = 1.019,79; K_{EV} = 57.776,-). Sie sind somit geringer als diejenigen bei separater Bestellung beider Stoffe (17.723 + 42.584 = 60.307). Die optimale Bestellstrategie bei Beschaffung vom Händler MODA COMMERCIO ist also beide Stoffe gemeinsam zu beziehen.

Eine nicht-ganzzahlige Bestellhäufigkeit führt allerdings dazu, dass – bei Durchführung der realen Bestellungen – am Ende des Planungszeitraums noch Lagerbestände vorhanden sind. Diese Lösung ist daher nur anzuraten, wenn auch für die nächste Planungsperiode von einem entsprechenden Stoffbedarf ausgegangen werden kann. Ist dies nicht der Fall bzw. soll nach 360 Tagen der beschaffte Stoff komplett verbraucht sein, müsste die Anzahl der Verbundbestellungen einen ganzzahligen Wert annehmen.

Bei fünf Verbundbestellungen würde dies Bestellmengen von r_1 = 360 Meter und r_2 = 560 Meter sowie Kosten in Höhe von K = 59.831,52 € bedingen, bei sechs Bestellungen lauten die entsprechenden Werte r_1 = 300 Meter, r_2 = 466,66 Meter und K = 59.818,92 €. Es entstehen bei der zweiten Bestellpolitik also nur geringfügig höhere Kosten als bei der nicht-ganzzahligen Variante.

Soll nun die Wahl zwischen dem Händler und dem Produzenten getroffen werden, ist anhand der obigen Daten festzustellen, dass die Gesamtkosten der Beschaffung beim Produzenten RABATTONI mit 64.211,20 € höher sind als beim Händler; es sollte daher ein Lieferantenwechsel erwogen werden.

Literaturhinweise

ARNOLDS, H.; HEEGE, F.; TUSSING, W.: Materialwirtschaft und Einkauf, 11. Auflage, Wiesbaden 2008.

BLOECH, J.; BOGASCHEWSKY, R.; BUSCHER, U.; DAUB, A.; GÖTZE, U.; ROLAND, F.: Einführung in die Produktion, 6. Aufl., Berlin, Heidelberg 2008.

MÜLLER-MANZKE, U.: Optimale Bestellmenge und Mengenrabatt, in: ZfB, 57. Jg. (1987), S. 503-521.

ZWEHL, W. VON: Kostentheoretische Analyse des Modells der optimalen Bestellmenge, Wiesbaden 1973.

ZWEHL, W. VON: Die optimale Bestellmenge bei mengenabhängigen Beschaffungspreisen, in: WiSt, 3. Jg. (1974), S. 521-526.

12 Fertigungslosgrößenplanung

12.1 Fallbeispiel

Die ZABEL AG, ein Hersteller von Fahrradkomponenten, will die Losgrößenplanung für einen Produktionsabschnitt der Rahmenfertigung bezogen auf die nächsten vier Monate (90 Arbeitstage) durchführen. Die Rahmen wurden bei dem Vorproduzenten geschweißt, der sie bereits angeliefert hat, und sie müssen nun die beiden Fertigungsstufen „Schleifen" und „Lackieren" durchlaufen, wobei die Aggregate ausschließlich für die Fertigung dieser Rahmen eingesetzt werden. Das komplette Los wird dabei jeweils in Gitterboxen mit einem Gabelstapler von dem ersten zum zweiten Fertigungsbereich transportiert (geschlossene Fertigung). Der Schleifautomat (M_I) arbeitet mit einer Geschwindigkeit von 120 Stück pro Tag und im Lackierbereich (M_{II}) werden 150 Stück pro Tag gefertigt. Das Einrichten der Maschinen verursacht Kosten in Höhe von k_{RI} = 700 € pro Rüstvorgang (M_I) bzw. k_{RII} = 850 € pro Rüstvorgang (M_{II}). Für das zwischen den Stufen aufgrund der nicht-synchronen Produktionsraten entstehende Lager fallen entscheidungsrelevante Lagerkosten k_L (inklusive der Kapitalbindungskosten) in Höhe von 2,20 € pro Stück und Tag an. Die Materialkosten belaufen sich für jeden Rahmen auf 18,50 €, und es sind maschinenstundenabhängige Kosten in Höhe von 21,50 € pro Stück anzusetzen.

Aufgabe 1
Ein Mitarbeiter, der die Planungen möglichst einfach halten will, setzt zur Ermittlung der kostengünstigsten Losgröße das Grundmodell der Fertigungslosgrößenplanung in der Form ein, dass eine unendliche Produktionsgeschwindigkeit der zweiten Fertigungsstufe unterstellt wird.
    Stellen Sie das zugehörige Modell auf und erläutern Sie dabei die einzelnen Kostenkomponenten im Hinblick auf ihre Entscheidungsrelevanz. Ermitteln Sie unter Verwendung dieses Ansatzes die Losgröße und beschreiben Sie Ihr Ergebnis anhand einer Graphik zum Lagerbestandsverlauf. Welche Probleme weist der Vorschlag in Bezug auf die tatsächliche Planungssituation auf?

Aufgabe 2
Angesichts der stark vereinfachenden Annahmen des Grundmodells kommen dem Mitarbeiter Zweifel, ob die errechneten Ergebnisse einer kritischen Überprüfung standhalten, und er entschließt sich, die konkreten Produktionsgeschwindigkeiten in der Planung zu berücksichtigen.

Ermitteln Sie algebraisch (ohne Beachtung von Ganzzahligkeitsbedingungen) die optimale Losgröße; geben Sie auch die Optimalwerte für die Produktions- und Stillstandszeiten sowie die minimalen Kosten pro Los an. Wie hoch sind die Losauflagehäufigkeit und die Gesamtkosten bei einem Planungszeitraum von vier Monaten?

Aufgabe 3
Es wird erwogen, beide Fertigungsbereiche durch ein Fließband zu verbinden (offene Fertigung), so dass jedes von Fertigungsstufe I bearbeitete Teil anschließend gleich im zweiten Produktionsbereich fertig gestellt werden kann.

Um wie viel verringern sich die Rüst- und Lagerkosten pro Tag, wenn das Fließband installiert wird? Welche weiteren Aspekte sind bei der Entscheidung über die Installation des Fließbandes neben dieser Kostenreduktion zu berücksichtigen?

Aufgabe 4
Zusätzlich besteht die Möglichkeit, die Produktionsgeschwindigkeit im zweiten Fertigungsbereich unter Inkaufnahme erhöhter Fertigungsstückkosten auf 120 Stück pro Tag zu senken.

Um wie viel dürfen die variablen Stückkosten (bei Umsetzung der in Aufgabe 3 vorgeschlagenen offenen Fertigung) maximal steigen, damit sich diese Maßnahme lohnt?

Zusatzaufgabe
Bevor eine endgültige Entscheidung über die Verbindung durch ein Fließband und eine Synchronisation der Fertigung gefällt wird, soll zunächst geprüft werden, ob die bislang beim Zulieferer angesiedelte Schweißerei in den eigenen Fertigungsprozess integriert werden soll. In diesem Fall würde eine Maschine M_0, die mit einer Geschwindigkeit von 180 Stück pro Tag arbeitet und deren Einrichten Kosten in Höhe von $k_{R0} = 750$ € verursacht, mit dem Fertigungsbereich I verkettet (offene Fertigung). Darüber hinaus soll nun der Absatz in die Planungen einbezogen werden, wobei mit einer Absatzrate von 120 Stück pro Tag gerechnet wird und fertige Rahmen sofort weitergegeben werden können.

Untersuchen Sie die Auswirkungen dieser Maßnahmen auf die Losgröße in dem Produktionsabschnitt, wenn in dem zwischen M_0 und M_I entstehenden Zwischenlager Kosten in Höhe von 1,80 € und im Absatzlager 2,80 € (jeweils pro Stück und Tag) zu berücksichtigen sind.

Ermitteln Sie dazu für den Planungszeitraum von 90 Arbeitstagen die optimale Losgröße und Losauflagehäufigkeit, die Produktionszeiten der einzelnen Stufen sowie die Summe der angesprochenen Kostenkomponenten.

12.2 Grundlagen der Fertigungslosgrößenplanung

Die Planung des Fertigungsdurchlaufs kann – neben weiteren Aspekten – auf der einen Seite eine Festlegung von Bearbeitungsreihenfolgen für unterschiedliche Fertigungsaufträge umfassen (vgl. hierzu Kapitel 13), auf der anderen Seite betrifft sie gegebenenfalls aber auch Überlegungen zum Umfang dieser Fertigungsaufträge, wie sie typischerweise im Umfeld einer Serienfertigung zum Tragen kommen, wenn Werkzeugwechsel notwendig und die mit ihnen verbundenen Leerzeiten und Kosten zu berücksichtigen sind. Inwiefern solche Rüstvorgänge notwendig sind, hängt unter anderem von der jeweiligen Fertigungssituation ab, so dass zunächst kurz verschiedene Organisationsformen der Fertigung und Fertigungstypen erläutert werden sollen, bevor auf die Planung der Fertigungslosgrößen eingegangen wird.

Organisationsformen der Fertigung

Die Identifikation verschiedener **Organisationsformen der Fertigung**, die sich im Hinblick auf die Anordnung der Produktionsmittel (Anlagen, Maschinen etc.) unterscheiden, basiert auf unterschiedlichen Fertigungsablaufprinzipien, wie dem Verrichtungsprinzip, bei dem gleichartige Arbeitsverrichtungen (wie Bohren, Drehen, Schweißen) zusammengefasst werden, und dem Objekt- oder Fließprinzip, das durch die Ausrichtung der Betriebsmittel (z. B. Maschinen) an der technisch erforderlichen Arbeitsgangfolge entlang des Produktentstehungsprozesses gekennzeichnet ist. Eine eher dem Objektprinzip zuzuordnende Organisationsform der Fertigung stellt die Fließfertigung (i. d. R. mit einem automatischen Weitertransport und mit oder ohne Vorgabe einer Taktzeit) dar, während als Vertreter des Verrichtungsprinzips beispielsweise die Werkstattfertigung zu nennen ist. Auf weitere mögliche Organisationsformen zwischen diesen beiden Extremen wie die Gruppen- oder die Baustellenfertigung soll an dieser Stelle nicht eingegangen werden.

Fertigungstypen

In engem Zusammenhang mit den Organisationsformen der Fertigung sind die **Fertigungstypen** zu sehen, die eher auf die Produkte Bezug nehmen und sich im Hinblick auf deren Homogenität und die Häufigkeit der Leistungswiederholung differenzieren lassen. So ist auf der einen Seite als eine extreme Ausprägung die Massenfertigung dadurch zu charakterisieren, dass über einen längeren Zeitraum eine Vielzahl homogener Güter (z. B. Streichhölzer, Elektrizität) typischerweise für den anonymen Markt produziert wird; sie korrespondiert häufig mit der Organisationsform der Fließfertigung. Auf der anderen Seite löst bei der Einzelfertigung, die i. d. R. der Werkstatt- oder sogar der Baustellenfertigung zuzuordnen ist, üblicherweise ein konkreter Kundenauftrag die Produktion aus und das Produkt stellt im Extremfall als Maß- oder Sonderanfertigung in seiner konkreten Ausgestaltung ein Unikat dar. Die Herstellung komplexer Objekte wie Großmaschinen oder Schiffe zählt ebenfalls zu diesem Fertigungstyp. Als weitere Ausprägungen sind die Sortenfertigung (Fertigung verschiedener Varianten eines Produktes, z. B. von Zigaretten oder Ziegeln), die als eine spezifische Form der Massenfertigung gesehen wird, und die Serienfertigung zu nennen, bei der verwandte, fertigungstechnisch aber teilweise unterschiedliche Produkte (z. B. Möbel) auf den gleichen Maschinen hergestellt werden. Da diese Maschinen nach der Fertigung einer Serie häufig umzurüsten sind, ist die Festlegung der Losgrößen von besonderer Bedeutung; je nach Losgröße wird dabei zwischen der Großserien- und der Kleinserienfertigung unterschieden.

Grundmodell der Fertigungslosgrößenplanung

Unter der Losgröße wird die Menge eines Gutes verstanden, die als zusammenhängender Posten (Los) behandelt, also z. B. gemeinsam beschafft, gefertigt, transportiert oder gelagert wird (vgl. auch Kapitel 2). Im Bereich der Produktion umfasst sie die Menge, die durchgehend gefertigt wird, bevor ein Werkzeugwechsel (oder eine andere Unterbrechung der Fertigung (z. B. auf Grund von Reinigungsarbeiten vor einem Farbwechsel)) vorzunehmen ist.

Entscheidend für die Festlegung der Losgröße sind die in Abhängigkeit von ihr entstehenden Kosten, die einerseits im Zusammenhang mit der Lagerhaltung anfallen, wenn die einzelnen Produkte bis zur Fertigstellung des gesamten Loses und/oder auf Grund einer fehlenden Synchronisation aufeinander folgender Fertigungsstufen auf ihre Weiterbearbeitung warten müssen. Hierzu gehören beispielsweise Kapitalbindungskosten, aber auch physische **Lagerkosten**, wie sie im Abschnitt zur Bestellplanung (vgl. Kapitel 11) bereits ausführlich beschrieben worden sind. Andererseits sind als losabhängige Kosten (korrespondierend zu den Bestellkosten im Bestellmengenmodell) **Rüstkosten** zu berücksichtigen (Umrüst-/Einrichtekosten für den Werkzeug- und Vorrichtungswechsel, die Reinigung und/oder das Programmieren der Maschine sowie Kosten während der Anlaufphase). Diese umfassen die direkten Rüstkosten (Verzehr an Material, Werkzeugen etc.) und die indirekten Rüstkosten (entgangene Deckungsbeiträge durch die Nichtnutzung der Maschine während des Umrüstvorgangs bei Engpassaggregaten); Kosten für Personal sind dabei nur unter bestimmten Bedingungen entscheidungsrelevant (z. B. wenn durch zusätzliche Rüstvorgänge Überstundenkosten entstehen).

Die Auswirkungen einer Veränderung der Losgröße auf die beiden genannten Kostengrößen sind gegensätzlich: Eine höhere Losgröße geht mit steigenden Lagerkosten einher, da die gefertigten Produkte durchschnittlich länger auf die Weiterverarbeitung/Auslieferung warten als bei der Fertigung kleinerer Lose, während die Rüstkosten angesichts der geringeren Losauflagehäufigkeit sinken (die Kostenwirkungen einer Losgrößenverringerung stellen sich dementsprechend genau umgekehrt dar).

Formulierung des Modells

In der hier zu Grunde gelegten Variante des Grundmodells baut sich der Lagerbestand L sukzessiv mit der Produktionsrate x_p auf, bis die Losgröße x erreicht ist. Für die folgende Fertigungsstufe wird eine unendlich große Produktionsgeschwindigkeit unterstellt, so dass der Lagerbestand ohne Zeitverzug auf null zurückgeht. Während die erste Stufe kontinuierlich fertigt, gibt es bei der Folgestufe Produktionsunterbrechungen, wodurch Rüstvorgänge vor jeder erneuten Aufnahme der Produktion notwendig sind. Alternativ ließe sich das Grundmodell auch mit einer unendlich großen Produktionsgeschwindigkeit der ersten Stufe und einer endlichen bei der Folgestufe (oder einer endlichen Absatzrate) formulieren (vgl. hierzu auch Kapitel 2, in dem eine derartige Annahme zugrunde gelegt wird).

Die konkrete Zusammensetzung der Funktion der entscheidungsrelevanten Kosten $K(x)$, d. h. derjenigen Kosten, die im Modell durch die Wahl der Losgröße x beeinflusst werden, hängt auch von den getroffenen Annahmen ab. Dem Grundmodell der Fertigungslosgrößenplanung liegen vergleichbare Prämissen zugrunde wie dem Grundmodell der optimalen Bestellmenge (vgl. Kapitel 11):

- Die Produktion je Zeiteinheit (Produktionsrate) ist konstant, d. h. der Lageraufbau erfolgt kontinuierlich und linear im Zeitablauf, so dass die (maximale) Produktionsmenge innerhalb des Planungszeitraums als kumulierte Größe gegeben ist.
- Es befindet sich ein Lager zwischen den beiden Fertigungsstufen, auf denen die Erzeugnisart hergestellt wird.
- Anfangs- und Endbestand im Lager sind null.
- Der Lagerabbau erfolgt ohne Zeitverzug, sobald die Losgröße erreicht ist, und jeweils bis zu einem Lagerbestand von null (keine Sicherheitsbestände oder Fehlmengen).
- Werden mehrere Rüstvorgänge innerhalb des Planungszeitraums durchgeführt, wird in gleich bleibenden Zeitabständen jedes Mal dieselbe Menge gefertigt.
- Die Fertigungslosgrößenplanung lässt sich isoliert für einzelne Güter durchführen, da relevante Beziehungen zu anderen Gütern (Beschränkungen gemeinsam genutzter Kapazitäten etc.) nicht existieren.

- Die Lagerhaltungskosten im Planungszeitraum verhalten sich proportional zum durchschnittlichen mengen- bzw. wertmäßigen Lagerbestand.
- Die Kosten für Rüstvorgänge steigen linear mit der Losauflagehäufigkeit.
- Weitere Kostenkomponenten sind nicht relevant. Dies gilt auch für die Kosten der Produktion im Planungszeitraum, da die Stückkosten der Fertigung annahmegemäß unabhängig von der Losgröße und -auflagehäufigkeit sind und damit die Produktionskosten lediglich von der vorgegebenen Produktionsmenge abhängen.
- Die einbezogenen Daten bleiben im Zeitablauf unverändert und sind sicher.

Betrachtet man zunächst die Kosten je Fertigungslos LK, so entsprechen die Rüstkosten LK_R gerade dem Rüstkostensatz k_R der zweiten Fertigungsstufe, in dem die oben aufgeführten Kostenbestandteile zusammengefasst sind:

$$LK_R = k_R \tag{1}$$

Die Höhe des Lagerbestands L stellt sich in ihrem Verlauf – unter Berücksichtigung der Annahme gleich großer Lose und eines sofortigen Lagerabbaus bei Erreichen der Losgröße x – wie in der nachstehenden Abbildung gezeigt dar:

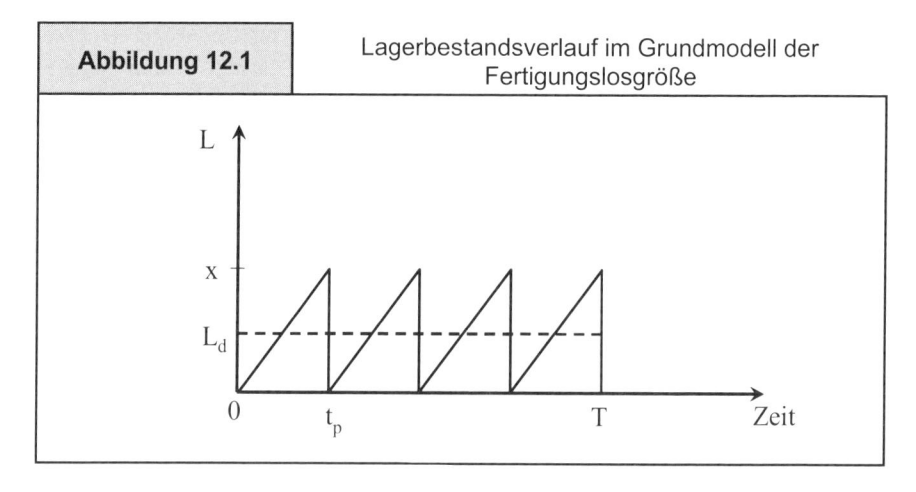

Abbildung 12.1 Lagerbestandsverlauf im Grundmodell der Fertigungslosgröße

Der Verlauf bis zum Ende des Planungszeitraums T erinnert an die Gestalt von Sägezähnen, deren Breite t_p der losbezogenen Produktionszeit der ersten Stufe bzw. der Aufbauzeit eines Loses entspricht. Er ist lediglich spiegelverkehrt im Vergleich zu dem im Grundmodell der optimalen Bestellmenge, was aber keine Auswirkungen auf die Höhe der Lagerkosten hat, so dass ihre Ermittlung (als Produkt aus Lagerkostensatz k_L (pro Mengen- und Zeiteinheit), durchschnittlichem Lagerbestand L_d und Lagerdauer) entsprechend durchzuführen ist. Betrachtet man wie oben nur ein Los, so betragen – bei einer Lagerdauer im Umfang der Aufbauzeit eines Loses (t_p) – die Lagerkosten LK_L in Abhängigkeit von der Losgröße x:

$$LK_L(x) = k_L \cdot L_d \cdot t_p = k_L \cdot \frac{x}{2} \cdot t_p \qquad (2)$$

Das führt zu folgenden losweisen Kosten:

$$LK(x) = LK_R + LK_L(x) = k_R + k_L \cdot \frac{x}{2} \cdot t_p \qquad (3)$$

Die Gesamtkosten ergeben sich dann, indem die losweisen Kosten mit der Losauflagehäufigkeit n multipliziert werden. Angesichts der vorgegebenen Gesamtproduktionsmenge P (als Produkt aus Produktionsgeschwindigkeit x_p und Planungszeitraum T) wird die Losauflagehäufigkeit bei Wahl einer Losgröße x determiniert durch

$$n = \frac{P}{x} = \frac{x_p \cdot T}{x} \qquad (4)$$

und die Losaufbauzeit t_p durch

$$t_p = \frac{T}{n}, \qquad (5)$$

so dass man folgende Gesamtkostenfunktion in Abhängigkeit von der Losgröße erhält:

$$K(x) = n \cdot LK(x) = k_R \cdot n + k_L \cdot \frac{x}{2} \cdot \frac{T}{n} \cdot n = k_R \cdot \frac{x_p \cdot T}{x} + k_L \cdot \frac{x}{2} \cdot T \qquad (6)$$

Diese Kosten gilt es zu minimieren, indem ihre erste Ableitung null gesetzt wird:

$$K(x) = k_R \cdot \frac{x_p \cdot T}{x} + k_L \cdot \frac{x}{2} \cdot T \Rightarrow \text{Min!} \qquad (7)$$

$$\frac{dK(x)}{dx} = -k_R \cdot \frac{x_p \cdot T}{x^2} + \frac{k_L}{2} \cdot T = 0$$

$$\Rightarrow x_{opt} = \sqrt{\frac{2 \cdot k_R \cdot x_p}{k_L}}$$

Die Definitionsgleichung für die optimale Losgröße x_{opt} bildet dann die Grundlage für die Berechnung der anderen Variablen des Modells:

$$n_{opt} = \frac{x_p \cdot T}{x_{opt}} \quad ; \quad t_{p,opt} = \frac{T}{n_{opt}} \tag{8}$$

Geht man davon aus, dass die Fertigung sich nicht auf eine Stufe beschränkt, sondern weitere Bearbeitungsschritte folgen, dann wird es wichtig sein, die Produktion der hier isoliert betrachteten Fertigungsstufe mit der der Nachfolgestufen (und gegebenenfalls auch dem Absatz) abzustimmen. Bei der Einbeziehung lediglich *einer* Folgestufe ist davon auszugehen, dass deren Produktionsgeschwindigkeit endlich ist, so dass der Lagerabgang nicht – wie im Grundmodell vorausgesetzt – ohne Zeitverzug (d. h. mit einer unendlich hohen Produktionsgeschwindigkeit der Folgestufe) erfolgt, sondern kontinuierlich über einen bestimmten Zeitraum.

12.3 Fertigungslosgrößenplanung bei endlicher Produktions- und Abnahmegeschwindigkeit

Haben sowohl die Produktionsgeschwindigkeit x_p der ersten Stufe als auch die der zweiten, die gleichzeitig die Verbrauchsrate x_v für das Lager darstellt, einen endlichen Wert, dann sind die Produktionszeit t_p eines Loses und die Verbrauchszeit t_v größer als null (im Grundmodell entsprach x_p dem Quotienten aus Losgröße x und Losaufbauzeit t_p, während x_v gegen unendlich ging). Wie sich der Lagerbestandsverlauf konkret darstellt, hängt einerseits von dem Verhältnis der Produktionsgeschwindigkeiten der beiden Maschinen und andererseits von den Transportmodalitäten zwischen den Fertigungsstufen ab.

Weist die erste der beiden Stufen eine höhere Produktionsrate auf, so handelt es sich um ein **Staulager**, da sich der Lagerbestand aufbaut, bis die vorgelagerte Maschine ihre Fertigung vorübergehend unterbricht, um den Lagerbestand nicht zu stark anwachsen zu lassen. Arbeitet die Vorstufe langsamer, spricht man von einem **Zerreißlager** und die nachgelagerte Stufe kann nicht durchgehend fertigen.

Um eine so genannte **geschlossene Fertigung** handelt es sich, wenn die Produkte erst nach Fertigstellung eines ganzen Loses an die Folgestufe weitergegeben werden, wohingegen eine **offene Fertigung** dadurch gekennzeichnet ist, dass der Weitertransport während der Produktion des Restloses kontinuierlich erfolgen kann. Daraus ergeben sich vier unterschiedliche Planungsfälle:

1) Staulager bei offener Fertigung
2) Zerreißlager bei offener Fertigung
3) Staulager bei geschlossener Fertigung
4) Zerreißlager bei geschlossener Fertigung

Staulager bei offener Fertigung

Die Produktion erfolgt in diesem ersten Planungsfall mit der Geschwindigkeit x_p (sie wird repräsentiert durch die Steigung der gestrichelt gezeichneten Linie und damit durch den Tangens des Winkels β) und würde zu dem entsprechenden Lageraufbau führen, wenn nicht mit der Verbrauchsrate x_v (= tan γ) ein Teil des Loses sofort weiterverarbeitet würde (vgl. Abbildung 12.2).

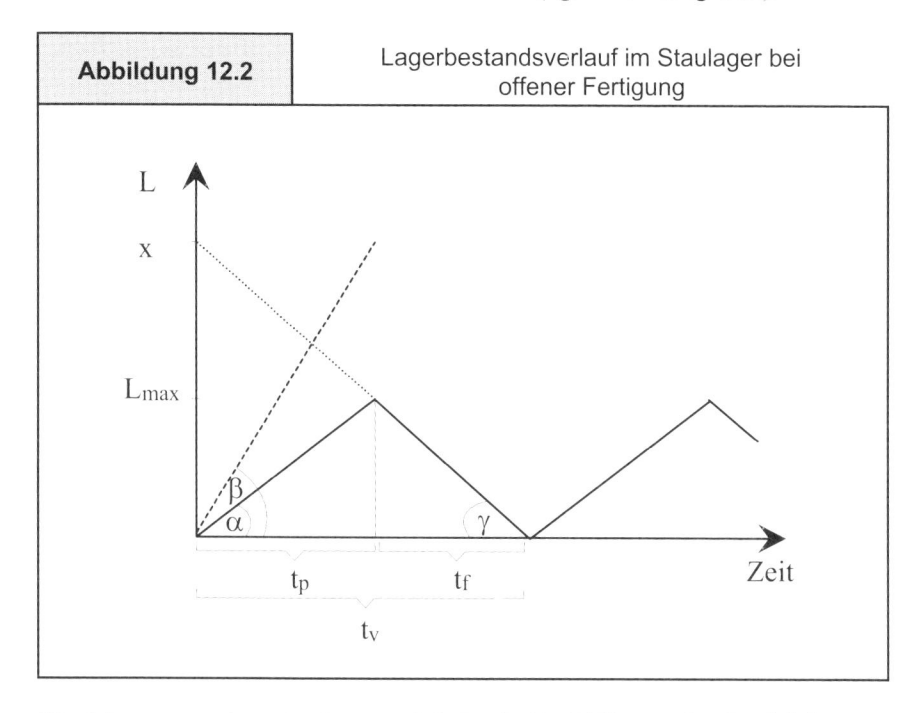

Abbildung 12.2 Lagerbestandsverlauf im Staulager bei offener Fertigung

Die Mengenzunahme im Lager wird durch die Differenz der Produktionsgeschwindigkeiten ($x_p - x_v$ = tan α) determiniert. Sobald die Losgröße auf der ersten Maschine (nach t_p Zeiteinheiten) erreicht ist, wird diese abgeschaltet, bis – nach insgesamt t_v Zeiteinheiten – die gesamte Menge verbraucht ist und der Fertigungszyklus von vorn beginnt. Der Zeitraum, in dem die erste Maschine nicht arbeitet, hat eine Dauer von t_f.

Es stellen sich nun die Fragen, wie hoch die Losgröße sein muss, wie lange gefertigt werden soll und wie lange die Produktion zu unterbrechen ist, damit die entscheidungsrelevanten Kosten minimiert werden. Dazu sind zunächst die losweisen Kosten zu ermitteln, die sich, wie im Grundmodell, aus dem Rüstkostensatz und den Lagerkosten je Los zusammensetzen. Der zur Bestimmung der letztgenannten Komponente benötigte durchschnittliche Lagerbestand je Los entspricht der Hälfte des maximalen Lagerbestands L_{max}. Zu seiner Berechnung sind weitere Überlegungen zu berücksichtigen. Die Losgröße ergibt sich als Produkt aus den Produktionsgeschwindigkeiten (x_p bzw. x_v) und den Produktionszeiten (t_p bzw. t_v) der beiden Fertigungsstufen:

$$x = x_p \cdot t_p \quad \text{(aus } \tan\beta = \frac{x}{t_p}\text{)} \tag{9}$$

$$x = x_v \cdot t_v \quad \text{(aus } \tan\gamma = \frac{x}{t_v}\text{)}$$

Der maximale Lagerbestand wird nach dem Zeitraum von t_p Zeiteinheiten erreicht, in dem beide Fertigungsstufen mit den Produktionsgeschwindigkeiten x_p bzw. x_v fertigen, so dass sich der Lagerhöchstbestand aus der Losgröße x ($= x_p \cdot t_p$) abzüglich der Menge ergibt, die im Zeitraum t_p weiter verarbeitet wird:

$$L_{max} = x_p \cdot t_p - x_v \cdot t_p = (x_p - x_v) \cdot t_p \tag{10}$$

$$= (x_p - x_v) \cdot \frac{x}{x_p}$$

Somit lautet die Funktion der losweisen Kosten $LK(x)$:

$$LK(x) = k_R + k_L \cdot \frac{L_{max}}{2} \cdot t_v \tag{11}$$

$$= k_R + k_L \cdot \frac{1}{2} \cdot (1 - \frac{x_v}{x_p}) \cdot x \cdot \frac{x}{x_v}$$

$$= k_R + k_L \cdot \frac{x^2}{2} \cdot (\frac{1}{x_v} - \frac{1}{x_p})$$

Die entscheidungsrelevanten Kosten lassen sich dann aus diesen losweisen Kosten und der Losauflagehäufigkeit herleiten, wobei die Gesamtproduktionsmenge P hier durch die langsamere zweite Stufe determiniert wird, die durchgehend produziert, während sie die Produkte der Vorstufe abnimmt, und dabei insgesamt $P = x_v \cdot T$ Mengeneinheiten verarbeitet.
Unter Berücksichtigung des Zusammenhangs

$$n = \frac{P}{x} = \frac{x_v \cdot T}{x} \tag{12}$$

Fertigungslosgrößenplanung bei endlicher Produktions- und Abnahmegeschwindigkeit 181

ergibt sich:

$$K(x) = K_R(x) + K_L(x) = k_R \cdot n + k_L \cdot \frac{x^2}{2} \cdot (\frac{1}{x_v} - \frac{1}{x_p}) \cdot n \qquad (13)$$

$$= k_R \cdot \frac{x_v \cdot T}{x} + k_L \cdot \frac{x^2}{2} \cdot (\frac{1}{x_v} - \frac{1}{x_p}) \cdot \frac{x_v \cdot T}{x}$$

$$= k_R \cdot \frac{x_v \cdot T}{x} + k_L \cdot \frac{x}{2} \cdot (\frac{1}{x_v} - \frac{1}{x_p}) \cdot x_v \cdot T \Rightarrow \text{Min!}$$

Setzt man die erste Ableitung dieser Kostenfunktion gleich null

$$\frac{dK(x)}{dx} = -k_R \cdot \frac{x_v \cdot T}{x^2} + \frac{k_L}{2} \cdot (\frac{1}{x_v} - \frac{1}{x_p}) \cdot x_v \cdot T = 0 \quad , \qquad (14)$$

so führt das zu folgender Optimalitätsbedingung:

$$x_{opt} = \sqrt{\frac{2 \cdot k_R}{k_L \cdot (\frac{1}{x_v} - \frac{1}{x_p})}} \qquad (15)$$

Entsprechend ergeben sich die Optimalwerte für die Losauflagehäufigkeit (n_{opt}), die Produktionszeit der ersten ($t_{p,opt}$) und der Folgestufe ($t_{v,opt}$) sowie die Stillstandszeit der schnelleren (ersten) Maschine ($t_{f,opt}$):

$$n_{opt} = \frac{x_v \cdot T}{x_{opt}} \quad t_{p,opt} = \frac{x_{opt}}{x_p} \quad t_{v,opt} = \frac{x_{opt}}{x_v} \quad t_{f,opt} = t_{v,opt} - t_{p,opt} \qquad (16)$$

Zerreißlager bei offener Fertigung

Der Lagerbestandsverlauf für das Zerreißlager bei offener Fertigung lässt sich entsprechend erläutern, da die Strukturen vergleichbar sind (vgl. Abbildung 12.3). Der Unterschied zum Staulager besteht lediglich darin, dass die Folgestufe schneller arbeitet, so dass erst eine bestimmte Menge (L_{max}) vorproduziert wird, bevor die zweite Maschine startet.

Abbildung 12.3 — Lagerbestandsverlauf im Zerreißlager bei offener Fertigung

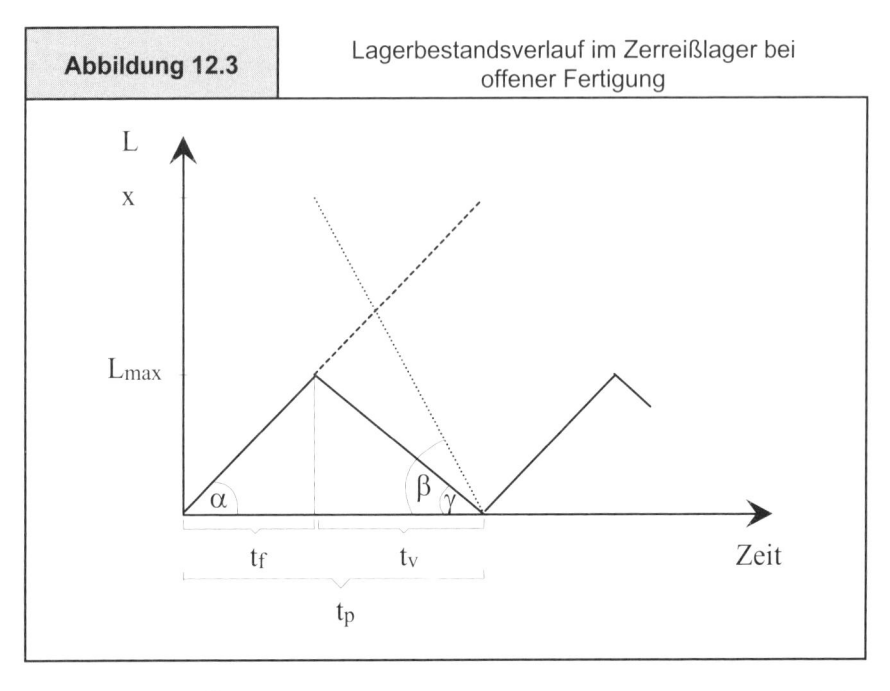

Angesichts der Übereinstimmungen erübrigt sich auch eine Herleitung der optimalen Losgröße, da nur die Indizes p und v in den einzelnen Schritten vertauscht werden müssen, um zu folgender Gleichung zu gelangen:

$$x_{opt} = \sqrt{\frac{2 \cdot k_R}{k_L \cdot (\frac{1}{x_p} - \frac{1}{x_v})}} \qquad (17)$$

Stau- und Zerreißlager bei geschlossener Fertigung

Die Planungssituation stellt sich bei geschlossener Fertigung insofern etwas anders dar, als ein Los vor seinem Weitertransport vollständig fertig gestellt sein muss. Das bedeutet, dass die Folgestufe – unabhängig davon, ob es sich um ein Stau- oder ein Zerreißlager handelt – zunächst (für einen Zeitraum von t_p) nicht arbeitet, bis ein Los x produziert ist. Im Fall des Staulagers, wie er in Abbildung 12.4 dargestellt ist, wird die erste Maschine dann so lange abgeschaltet (hier t_f Zeiteinheiten), bis gerade noch genug Zeit bleibt, um ein ganzes Los zu dem Zeitpunkt fertig gestellt zu haben, wenn die letzte Einheit des vorhergehenden Loses verbraucht ist. Dieser Ablauf führt dazu, dass der Lagerbestand bis zum Ende T des Planungszeitraums niemals vollständig abgebaut wird.

Fertigungslosgrößenplanung bei endlicher Produktions- und Abnahmegeschwindigkeit 183

Abbildung 12.4 — Lagerbestandsverlauf im Staulager bei geschlossener Fertigung

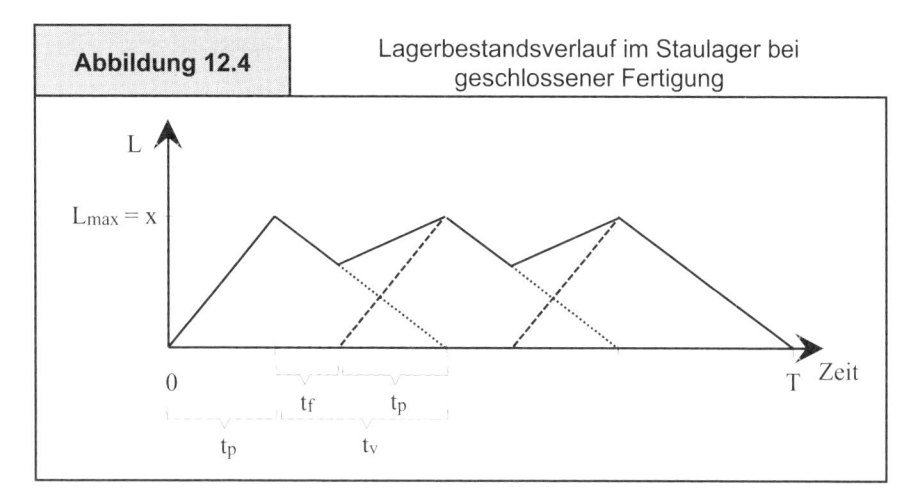

Liegt ein Zerreißlager vor, so stellt sich die Kontur des Lagerbestandsverlaufs entsprechend dar; es ist allerdings die Folgestufe, die Stillstandszeiten aufweist und jeweils erneut angefahren wird.

Die Herleitung der Kostenfunktion erfolgt auch hier über die losweisen Kosten, zeigt sich aber insofern einfacher, als der maximale Lagerbestand gerade mit der Losgröße übereinstimmt. Darüber hinaus entspricht die Länge eines Loszyklus´ (in der Graphik die auf der Abszisse liegende längste Seite eines jeden Dreiecks) der Summe aus der Produktionszeit t_p und der Verbrauchszeit t_v. So ergeben sich folgende losweisen Kosten:

$$LK(x) = k_R + k_L \cdot \frac{x}{2} \cdot (t_p + t_v) \tag{18}$$

Das führt zu der nachstehenden Gesamtkostenfunktion:

$$K(x) = k_R \cdot \frac{x_v \cdot T}{x} + k_L \cdot \frac{x}{2} \cdot (\frac{x}{x_p} + \frac{x}{x_v}) \cdot \frac{x_v \cdot T}{x} \Rightarrow \text{Min!} \tag{19}$$

Sie ist wiederum abzuleiten und gleich null zu setzen:

$$\frac{dK(x)}{dx} = -k_R \cdot \frac{x_v \cdot T}{x^2} + \frac{k_L}{2} \cdot (\frac{1}{x_p} + \frac{1}{x_v}) \cdot x_v \cdot T = 0 \tag{20}$$

Daraus ergibt sich als optimale Losgröße für den Fall der geschlossenen Fertigung:

$$x_{opt} = \sqrt{\frac{2 \cdot k_R}{k_L \cdot (\frac{1}{x_p} + \frac{1}{x_v})}} \qquad (21)$$

An der Formel lässt sich erkennen, dass es nicht relevant ist, welche der beiden Stufen schneller arbeitet, da x_p und x_v (mit ihrem Kehrwert) additiv verknüpft sind. So erfolgt die Ermittlung der optimalen Losgröße bei geschlossener Fertigung für das Stau- und das Zerreißlager mit der identischen Formel.

Vergleicht man die Bestimmungsgleichung für die optimale Losgröße in allen vier angesprochenen Fällen, dann lassen sich die Ähnlichkeiten in ihrer Zusammensetzung erkennen, und es wird deutlich, dass mit der folgenden allgemeinen Formel alle vier Planungssituationen abgedeckt werden können:

$$x_{opt} = \sqrt{\frac{2 \cdot k_R}{k_L \cdot \left|\frac{1}{x_p} \pm \frac{1}{x_v}\right|}} \qquad (22)$$

Es muss durch die Verwendung der Betragsstriche nicht zwischen dem Staulager und dem Zerreißlager unterschieden werden, und in Abhängigkeit von den Abtransportmodalitäten ist ein „–"-Zeichen (bei offener Fertigung) oder ein „+"-Zeichen (bei geschlossener Fertigung) zu wählen.

12.4 Mehrstufige Losgrößenmodelle

Bei mehrstufigen Produktionsprozessen ist die isoliert für einzelne Fertigungsstufen vorgenommene Ermittlung von optimalen Losgrößen nicht sinnvoll, denn unterschiedliche Losgrößen verursachen lediglich zusätzliche Lagerbestände vor solchen Stufen, für die isoliert vergleichsweise geringere Losgrößen bestimmt würden. Daher besteht das Ziel der mehrstufigen Losgrößenplanung darin, eine gemeinsame, für alle Produktionsstufen geltende und zu minimalen Kosten führende Losgröße zu ermitteln.

Ein Beispiel für den Verlauf der Lagerbestände in insgesamt drei Zwischenlägern (bei vier Fertigungsstufen) verdeutlicht die nachstehende Abbildung:

Mehrstufige Losgrößenmodelle

Abbildung 12.5 — Lagerbestandsverläufe bei der mehrstufigen Losgrößenplanung

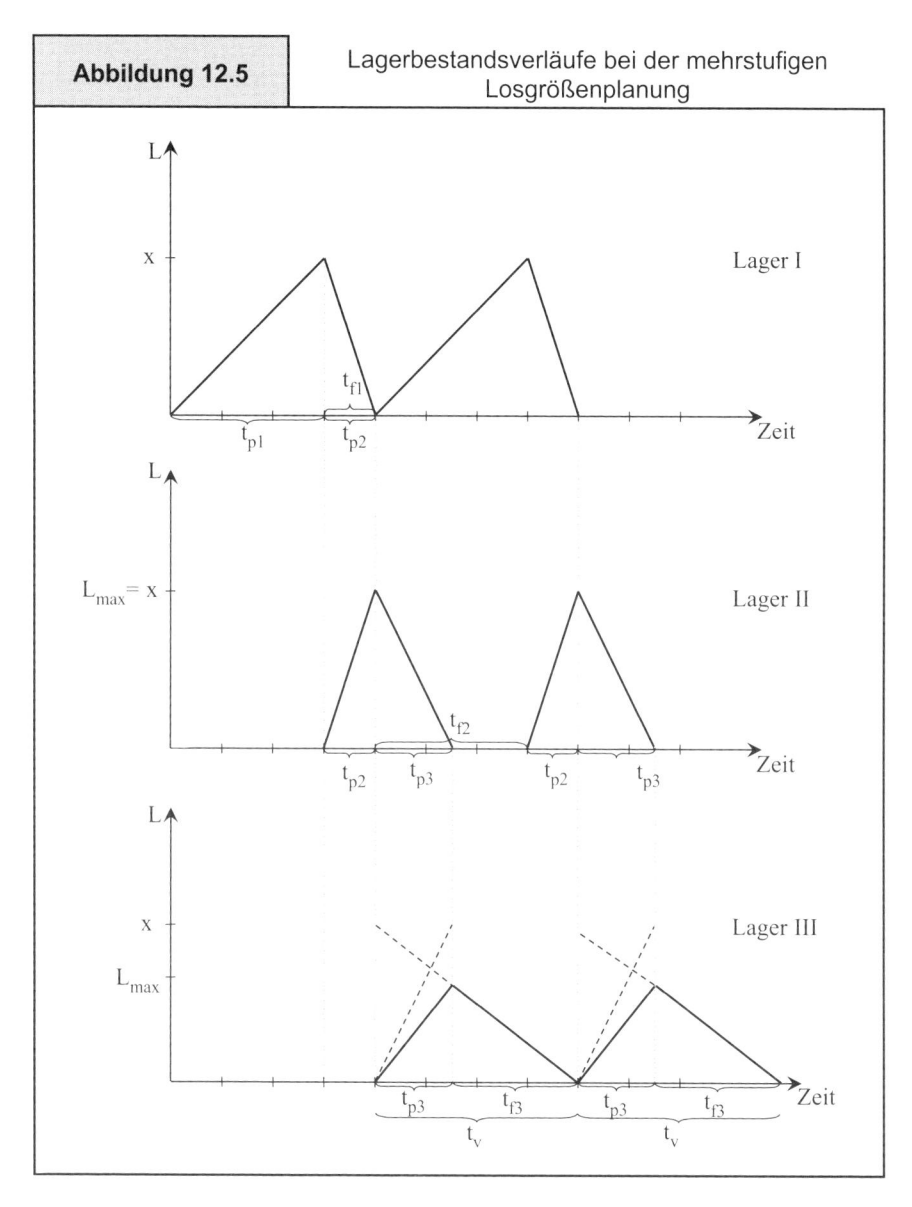

Es ist zu erkennen, dass zwischen den ersten beiden Stufen ein Zerreißlager bei geschlossener Fertigung vorliegt (die Lageraufbaurate ist kleiner als die Abbaurate und der maximale Lagerbestand entspricht der Losgröße), zwischen der zweiten und dritten ein Staulager bei geschlossener Fertigung (hier gilt das Gleiche, wobei die Lageraufbaurate allerdings größer ist als die Abbaurate) und zwischen den letzten beiden Stufen schließlich ein Staulager bei offener Fertigung (die fertigen Produkte können sofort weiter verarbeitet werden, so dass der Lagerbestand immer deutlich unter der Losgröße bleibt). Dabei determiniert die Abnahmerate der langsamsten (hier der letzten) Maschine die Gesamtproduktionsmenge und letztendlich die Zeitpunkte des jeweiligen Produktionsbeginns sowie die Stillstandszeiten der anderen Stufen. Die Abbildung zeigt auch, dass es hinter Fertigungsstufen, die schneller als die langsamste Stufe arbeiten, (anders als in einstufigen Modellen) dazu kommen kann, dass bei optimaler Fertigung zeitweise keine Zwischenlagerbestände vorhanden sind.

Würde man über die losweisen Kosten die Gesamtkostenfunktion und schließlich die Formel für die optimale Losgröße entwickeln, so ergäbe sich folgende Definitionsgleichung, die an dieser Stelle nicht hergeleitet werden soll:

$$x_{opt} = \sqrt{\frac{2 \cdot \sum_{s=1}^{S} k_{Rs}}{\sum_{s=1}^{S} k_{Ls} \cdot \left| \frac{1}{x_s} \pm \frac{1}{x_{s+1}} \right|}} \tag{23}$$

Die Produktionsgeschwindigkeiten x_s, Lagerkostensätze k_{Ls} und Rüstkostensätze k_{Rs} der einzelnen Stufen sind hier mit s $(s = 1,...,S)$ indiziert, wobei in Bezug auf die letztgenannten Parameter darauf zu achten ist, dass im Zähler des Quotienten nur diejenigen Rüstkostensätze Berücksichtigung finden, die den Aggregaten mit Stillstandszeiten zugeordnet sind (dieses Problem stellt sich nicht, wenn die Absatzrate geringer ist als die Produktionsgeschwindigkeiten aller Stufen). Im Nenner müssen die Vorzeichen so gewählt werden, wie es die Fertigungssituation (offene oder geschlossene Fertigung) vorgibt.

12.5 Lösung des Fallbeispiels

Aufgabe 1
Bei Anwendung des Grundmodells wird für die zweite Fertigungsstufe eine unendlich hohe Produktionsgeschwindigkeit angenommen, und die Funktion der entscheidungsrelevanten Kosten setzt sich aus den Lagerkosten und den Rüstkosten der zweiten Fertigungsstufe zusammen (die erste Fertigungsstufe arbeitet durchgehend). Die Materialkosten und die auf die Maschinenstunden bezogenen Kosten sind nicht entscheidungsrelevant, da sie sich nicht mit der Losgröße verändern, sondern nur von der Produktionsmenge abhängen, die hier durch die Produktionsgeschwindigkeit des Schleifautomaten und die Länge des Planungszeitraums mit P = 120 · 90 = 10.800 Rahmen fest vorgegeben ist.

Damit ergibt sich folgende Kostenfunktion:

$$K(x) = k_R \cdot \frac{P}{x} + k_L \cdot \frac{x}{2} \cdot T = 850 \cdot \frac{10.800}{x} + 2,2 \cdot \frac{x}{2} \cdot 90 \Rightarrow \text{Min!}$$

Die Optimalwerte für die Variablen (Losgröße, Losauflagehäufigkeit und Losaufbauzeit) lauten:

$$x_{opt} = \sqrt{\frac{2 \cdot 850 \cdot 120}{2,2}} = 304,51 \text{ Stück}$$

$$n_{opt} = \frac{10.800}{304,51} = 35,47$$

$$t_{p,opt} = \frac{90}{35,47} = 2,54 \text{ Tage}$$

Die Graphik zeigt, dass alle 2,5 Tage ein neues Los aufgelegt wird, bis nach 35 Rüstvorgängen die Produktionsmenge fast erreicht ist, so dass kurz nach dem letzten Anlaufen der Planungszeitraum von 90 Arbeitstagen endet.

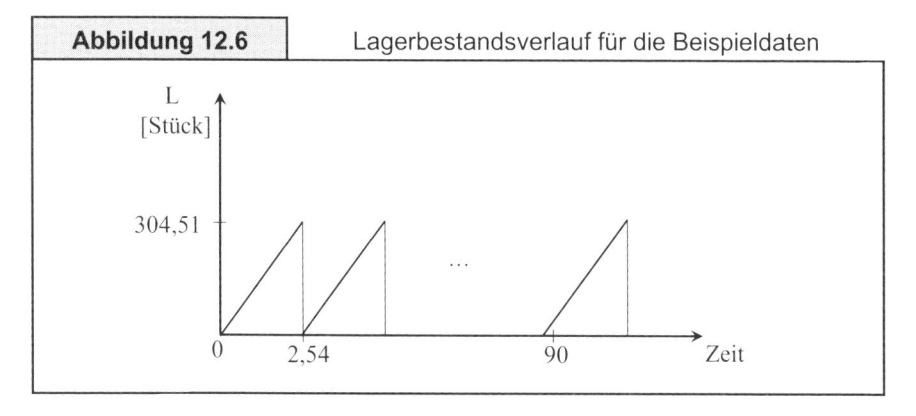

Abbildung 12.6	Lagerbestandsverlauf für die Beispieldaten

Probleme des Lösungsvorschlags:

- Im zweiten Fertigungsbereich liegt nur eine endliche Produktionsgeschwindigkeit vor, die auch nur unwesentlich höher ist als die des Schleifautomaten. Daher erscheint es problematisch, die Produktionszeit im Lackierbereich zu vernachlässigen.
- Es hat sich mit 35,47 eine nicht ganzzahlige Losauflagehäufigkeit ergeben, so dass in der betrieblichen Realität im letzten Fertigungszyklus entweder nicht die volle Losgröße produziert würde oder eine Restmenge an Rahmen auf Lager bliebe. Eine solche Restmenge wäre

allerdings unkritisch, wenn davon auszugehen ist, dass die Rahmen weiterhin produziert werden.
- Die ermittelte Losgröße ($x = 304{,}51$ Stück) ist nicht ganzzahlig, so dass in jedem Zyklus Bruchteile des Produktes gefertigt würden, was real nicht umsetzbar wäre. Hier müsste – auch in Verbindung mit dem vorhergehenden Punkt – ein Kostenvergleich für benachbarte ganzzahlige Lösungen vorgenommen werden.

Aufgabe 2

Im vorliegenden Fall handelt es sich um ein Zerreißlager bei geschlossener Fertigung, denn einerseits arbeitet die vorgelagerte Fertigungsstufe langsamer als die nachgelagerte, andererseits werden nur ganze Lose in den Lackierbereich weitergegeben.

Bei der algebraischen Ermittlung der Optimalwerte ist auch hier zu beachten, dass lediglich die Rüstkosten der Lackieranlage in der Formel zu verwenden sind; der Schleifautomat arbeitet weiterhin ohne Unterbrechung und hat daher auch eine Stillstandszeit von 0. Den Berechnungen werden hier wie im Folgenden jeweils die exakten (und nicht gerundeten) Werte zu Grunde gelegt.

$$x_{opt} = \sqrt{\frac{2 \cdot 850}{2{,}2 \cdot (\frac{1}{120} + \frac{1}{150})}} = 226{,}97 \text{ Stück}$$

$$t_{p,opt} = \frac{226{,}97}{120} = 1{,}89 \text{ Tage} \qquad t_{v,opt} = \frac{226{,}97}{150} = 1{,}51 \text{ Tage}$$

$$t_{f,opt} = 1{,}89 - 1{,}51 = 0{,}38 \text{ Tage}$$

Um die optimale Losgröße in Höhe von ca. 227 Rahmen zu bearbeiten, benötigt der Schleifautomat fast 2 Tage ($t_{p,opt}$); die Lackieranlage wird von diesem Los dagegen nur ungefähr anderthalb Tage in Anspruch genommen ($t_{v,opt}$) und weist dementsprechend eine Stillstandszeit ($t_{f,opt}$) von nicht ganz einem halben Tag auf.

Die Kosten je Los belaufen sich auf:

$$LK(x) = 850 + 2{,}2 \cdot \frac{226{,}97}{2} \cdot (1{,}89 + 1{,}51)$$
$$= 850 + 850 = 1.700 \text{ €}$$

Es wird deutlich, dass hier gilt (und dieses lässt sich auch allgemein zeigen), dass bei Wahl der optimalen Losgröße die Rüstkosten (je Los) und die Lagerkosten (je Los) gleich hoch sind.

Bei einem Planungszeitraum von 90 Tagen ergeben sich folgende Werte für die Losauflagehäufigkeit und die Gesamtkosten, in die auch die nicht entscheidungsrelevanten Material- und maschinenbezogenen Fertigungskosten K_P einzubeziehen sind:

$$n_{opt} = \frac{120 \cdot 90}{226,97} = 47,58$$

$$K(x) = LK(x) \cdot n_{opt} + K_P = 1.700 \cdot 47,58 + (18,50 + 21,50) \cdot 10.800$$
$$= 80.891,93 + 432.000 = 512.891,93 \text{ €}$$

Aufgabe 3
Bei Einführung eines Fließbandes ändert sich die Produktionssituation zu einer offenen Fertigung. Um Aussagen über die Kostenvorteile treffen zu können, sind zunächst die Optimalwerte der Variablen und der Kosten zu ermitteln:

$$x_{opt} = \sqrt{\frac{2 \cdot 850}{2,2 \cdot (\frac{1}{120} - \frac{1}{150})}} = 680,91 \text{ Stück}$$

$$t_{p,opt} = \frac{680,91}{120} = 5,67 \text{ Tage} \qquad t_{v,opt} = \frac{680,91}{150} = 4,54 \text{ Tage}$$

$$t_{f,opt} = 5,67 - 4,54 = 1,13 \text{ Tage}$$

Die Losgröße ist mit 680,91 Stück deutlich höher als im Fall der geschlossenen Fertigung, und die Produktionszeiten des Schleifautomaten (5,67 Tage) und der Lackieranlage (4,54 Tage) sowie deren Stillstandszeit (1,13 Tage) sind entsprechend länger.

$$LK(x) = 850 + 2,2 \cdot \frac{680,91^2}{2} \cdot (\frac{1}{120} - \frac{1}{150})$$
$$= 850 + 850 = 1.700 \text{ €}$$

$$n_{opt} = \frac{120 \cdot 90}{680,91} = 15,86$$

$$K(x) = 1.700 \cdot 15,86 + (18,50 + 21,50) \cdot 10.800$$
$$= 26.963,98 + 432.000 = 458.963,98 \text{ €}$$

Die Losauflagehäufigkeit von 15,86 führt bei losweisen Kosten von 1.700 € und unter Berücksichtigung der Material-/Fertigungskosten zu Gesamtkosten in Höhe von 458.963,98 €. Damit beträgt die Kostendifferenz im Vergleich zu dem Ergebnis in der zweiten Aufgabe 53.927,95 €, so dass die Maßnahme zu einer Kostenverringerung von 599,20 € pro Tag führt.

Weitere Kostenkomponenten, die mit einer solchen Entscheidung in Zusammenhang stehen, hier aber nicht einbezogen werden, sind die Kosten, die mit der Einführung eines Fließbandes verbunden sind (Abschreibungen, Zinsen, Energiekosten etc.), aber auch beispielsweise die gegebenenfalls remanenten Kosten der bei der geschlossenen Fertigung genutzten Transportsysteme (z. B. Gabelstapler) sowie die damit verbundenen Personalkosten, falls diese Transportsysteme nicht anderweitig ausgelastet werden können.

Aufgabe 4
Bei Nutzung eines Fließbandes und Umsetzung des Vorschlags, die Leistung der Lackieranlage anzupassen, wird die Fertigung zwischen den beiden Bereichen so synchronisiert, dass kein Lager mehr entsteht und keine sich aus Stillstandszeiten ergebenden Rüstvorgänge notwendig sind. Das bedeutet, dass keine Lager- und Rüstkosten zu berücksichtigen sind und sich die einzubeziehenden Kosten allein aus den Material- und den (erhöhten) Fertigungskosten zusammensetzen.

Die Kostenersparnis beträgt damit 26.963,98 €, was einem Betrag von ca. 2,50 € pro Stück entspricht. Wenn eine Leistungsanpassung vorgenommen wird, können Stückkostensteigerungen in dieser Höhe aufgefangen werden.

Zusatzaufgabe
Die Einbeziehung der Schweißerei und der Absatzrate in die Planung führt zu einem mehrstufigen Losgrößenproblem. Dabei stellt das erste Zwischenlager ein Staulager bei offener Fertigung, das zweite ein Zerreißlager bei geschlossener Fertigung und das dritte wiederum ein Staulager bei offener Fertigung dar.

Es ergeben sich die folgenden Lösungswerte:

$$x_{opt} = \sqrt{\frac{2 \cdot (750 + 0 + 850)}{1{,}8 \cdot (\frac{1}{120} - \frac{1}{180}) + 2{,}2 \cdot (\frac{1}{120} + \frac{1}{150}) + 2{,}8 \cdot (\frac{1}{120} - \frac{1}{150})}} = 273{,}86 \text{ Stück}$$

Die Rüstkosten der zweiten Maschine werden deswegen nicht einbezogen, weil ihre Produktionsgeschwindigkeit und die Absatzrate (mit jeweils 120 Stück pro Tag) die maximale Gesamtproduktionsmenge begrenzen, so dass der Schleifautomat durchgehend und damit ohne Stillstandszeiten und Rüstvorgänge arbeitet.

$$t_{p1,opt} = \frac{273,86}{180} = 1,52 \text{ Tage} \qquad t_{p2,opt} = \frac{273,86}{120} = 2,28 \text{ Tage}$$

$$t_{p3,opt} = \frac{273,86}{150} = 1,83 \text{ Tage} \qquad t_{A,opt} = \frac{273,86}{120} = 2,28 \text{ Tage}$$

Hier repräsentieren die Variablen t_{ps} die Produktionszeiten der einzelnen Stufen und t_A kennzeichnet die Absatzzeit.

$$LK(x) = (750 + 0 + 850) \cdot 2 = 3.200 \ €$$

$$n_{opt} = \frac{10.800}{273,86} = 39,44$$

$$K(x) = 3.200 \cdot 39,44 + (18,50 + 21,50) \cdot 10.800$$
$$= 126.195,87 + 432.000 = 558.195,87 \ €$$

Bei einer Losauflagehäufigkeit von rechnerisch 39,44 werden Kosten in Höhe von 558.195,87 € verursacht.

Literaturhinweise

ADAM, D.: Produktionsplanung bei Sortenfertigung, Wiesbaden 1969.

BLOECH, J.; BOGASCHEWSKY, R.; BUSCHER, U.; DAUB, A.; GÖTZE, U.; ROLAND, F.: Einführung in die Produktion, 6. Aufl., Heidelberg, Berlin 2008.

BOGASCHEWSKY, R.: Art. Losgröße, in: KERN, W.; SCHRÖDER, H.-H.; WEBER, J. (HRSG.): Handwörterbuch der Produktionswirtschaft, 2. Aufl., Stuttgart 1996, Sp. 1141-1158.

DOMSCHKE, W.; SCHOLL, A.; VOß, S.: Produktionsplanung, 2. Aufl., Berlin u. a. 1997.

TEMPELMEIER, H.: Material-Logistik, 7. Aufl., Berlin, Heidelberg 2008.

13 Ablaufplanung

13.1 Fallbeispiel

In der kleinen Buchdruckerei WIWIPRINT werden wissenschaftliche Texte (Abschlussarbeiten, Dissertationen und Forschungsberichte) zur Drucklegung gebracht. Dabei wird auf der Basis der abgegebenen Manuskripte im Arbeitsbereich M_2 die geforderte Zahl von Exemplaren gedruckt, bevor diese in den Arbeitsbereich M_3 zum Binden und Begradigen der Schnittkanten weitergegeben werden. Zusätzlich bietet das Unternehmen – insbesondere auf Nachfrage von Studierenden – den Service, im Vorhinein eine grobe Überprüfung auf Fehlerfreiheit (in Bezug auf die Einheitlichkeit von Schriftarten und -größen, die Konsistenz von Abbildungs- und Tabellennummerierungen etc.) und Vollständigkeit vorzunehmen (Arbeitsbereich M_1). Angesichts der Tatsache, dass vor allem Abschlussarbeiten, aber auch andere Aufträge häufig zeitkritisch sind, hat die effiziente Bearbeitung und termingerechte Fertigstellung der Aufträge eine große Priorität, und die Exemplare eines Auftrags werden i. d. R. sofort nach ihrer Fertigstellung vom Kunden abgeholt.

Für die kommenden drei Wochen (von Montag, dem 2. Februar, bis Freitag, den 20. Februar) ist ein Auftragspaket aus fünf Aufträgen einzuplanen (3 Dissertationen (A_1, A_3, A_5) und 2 Forschungsberichte (A_2, A_4)), die nach der Abfolge ihres Eintreffens durchnummeriert sind und deren Bearbeitungsreihenfolge aus der Sicht der Druckerei so gewählt werden sollte, dass die Zeit, die insgesamt für die Fertigstellung dieses Auftragspakets benötigt wird, möglichst gering ist. In Tabelle 13.1 sind die einzelnen Bearbeitungszeiten (in Stunden (Std.)) zusammengestellt, die benötigt werden, um die jeweiligen Arbeitsschritte für die geforderte Zahl von Exemplaren eines Auftrags A_i durchzuführen. Ergänzt ist die Übersicht um die vereinbarten Fertigstellungstermine F_i.

Tabelle 13.1 Bearbeitungszeiten und Fertigstellungstermine

	M_1	M_2	M_3	F_i
A_1	12	9	16	11. Februar
A_2	8	8	10	9. Februar
A_3	14	11	12	12. Februar
A_4	6	16	20	13. Februar
A_5	18	16	15	6. Februar

Für die Planung ist zu berücksichtigen, dass in allen Bereichen (von Montag bis Freitag) von 8.00 bis 18.00 Uhr gearbeitet wird und auf Grund einer entsprechenden Arbeitszeitenverteilung keine Unterbrechungen anfallen.

Aufgabe 1
Welche Fertigungssituation liegt in dieser Druckerei vor? Welche zeitbezogenen Zielgrößen sind im Rahmen der Planung relevant?

Aufgabe 2
Ermitteln Sie zunächst unter Einsatz der Prioritätsregel „Frühester Liefertermin" eine mögliche Auftragsfolge und beurteilen Sie sie im Hinblick auf die Einhaltung der verabredeten Fertigstellungstermine.

Aufgabe 3
Welche Auftragsfolge ergibt sich bei Anwendung des Verfahrens von JOHNSON? Veranschaulichen Sie sie in einem Maschinenfolgediagramm und berechnen Sie die Zahlenwerte für die Zielgrößen Terminüberschreitungszeit, Zykluszeit, Gesamtdurchlaufzeit, Gesamtwartezeit, Gesamtbelegungszeit, Gesamtleerzeit und Kapazitätsauslastung. Wie beurteilen Sie die Güte der von Ihnen ermittelten Auftragsfolge?

Aufgabe 4
Auf Hinweis eines Kunden überlegt die Druckerei als weiteres Angebot in einem zusätzlichen Arbeitsschritt (M_4) das Einschweißen und Verpacken der Druckstücke zu übernehmen, wobei die folgenden Arbeitszeiten für die fünf bereits vorliegenden Aufträge anfallen:

Tabelle 13.2		Bearbeitungszeiten für M_4			
	A_1	A_2	A_3	A_4	A_5
M_4	8	6	4	9	7

Es stellt sich heraus, dass alle Kunden diese Zusatzleistung in Anspruch nehmen möchten, und so werden neue Liefertermine (in Form einer Verschiebung um jeweils einen Werktag nach hinten) vereinbart.

Da hier das Verfahren von JOHNSON an seine Grenzen stößt, schlägt ein Student, der im Rahmen eines Ferienjobs in der Druckerei arbeitet und kürzlich eine Hausarbeit im Fach Operations Research geschrieben hat, vor, die NEH-Heuristik anzuwenden, da diese vergleichsweise flexibel einsetzbar sei.

Welche Auftragsreihenfolge ergibt sich bei Anwendung dieses Lösungsansatzes? Ermitteln Sie die Zielgrößenwerte Terminüberschreitungszeit, Zykluszeit, Gesamtdurchlaufzeit, Gesamtbelegungszeit und Kapazitätsauslastung und vergleichen Sie sie mit Ihrem Ergebnis aus Aufgabe 3.

13.2 Planungsfragen bei der Festlegung des Fertigungsablaufs

Die Planung des Fertigungsablaufs stellt einen der zentralen Problembereiche innerhalb der Produktionsdurchführungsplanung dar, und es ist entscheidend von den Rahmenbedingungen abhängig, welche Planungsfragen zu beantworten sind. So sind die Schwerpunkte der Entscheidungen ganz andere, wenn in einer Großserien- oder Massenfertigung das Layout eines Fließbandes festzulegen ist, als wenn der Ablauf großer Projekte (z. B. der Bau einer Hotelanlage, die Umstellung auf eine neue Software zur Gehaltsabrechnung in einem Unternehmen oder auch die Vorbereitung und Durchführung einer Industriemesse) geplant werden soll. Im ersten Fall sind eine Vielzahl von homogenen Produkten zu fertigen, und die Planungsaufgabe besteht darin, diesen sich immer wiederholenden Produktionsprozess möglichst effizient zu gestalten. Dabei sind seine Zerlegung in die einzelnen Arbeitsschritte (Arbeitselemente), die Einrichtung von Stationen am Fließband, denen jeweils eine Gruppe dieser Arbeitselemente zugeordnet wird, die Festlegung der Taktzeit, die für die Durchführung dieser Arbeitsschritte zur Verfügung steht, bevor das Werkstück zur nächsten Station transportiert wird, sowie gegebenenfalls die Vorgabe der Zahl und Positionierung von Pufferlägern Entscheidungen, die im Rahmen der **Fließbandplanung** zu treffen sind.

Ist das entstehende Produkt dagegen in seiner Ausgestaltung vergleichsweise einmalig, finanziell aufwändig und durch stark vernetzte Fertigungsprozesse gekennzeichnet, die zum Teil aufeinander aufbauen, zum Teil aber auch gleichzeitig ablaufen können, so geht es nicht darum, einen sich häufig wiederholenden stabilen Fertigungsprozess zu gestalten, sondern es steht vielmehr die Analyse der Fertigungsstruktur und die zeitliche Planung des Fertigungsablaufs im Mittelpunkt der Betrachtung. Eine solche **Projektplanung** für komplexe Produkte oder auch Prozesse ist stärker auf das reibungslose Ineinandergreifen der einzelnen Teilprozesse und die Einhaltung vereinbarter Fertigstellungstermine unter Berücksichtigung von Kapazitätsbeschränkungen und Kostenbudgets fokussiert.

Zwischen diesen beiden extremen Ausprägungen kann die **Klassische Ablaufplanung** eingeordnet werden, die sich mit der Festlegung der Bearbeitungsreihenfolge befasst, wenn mehrere Aufträge um das gleiche Aggregat (die gleichen Aggregate) konkurrieren. Beschränkt sich diese Konkurrenzsituation auf lediglich ein Aggregat und liegen beispielsweise reihenfolgeabhängige Rüstkosten oder -zeiten vor, die in ihrer Summe möglichst gering gehalten werden sollen, so entspricht die Struktur des zugehörigen Optimierungsmodells der des Travelling-Salesman-Problems, und der Einsatz der Branch & Bound-Methode in ihrer Grundform führt zu der optimalen Auftragsfolge.

Mehrmaschinen-Probleme sind dagegen, was ihren Lösungsaufwand betrifft, komplexer, insbesondere wenn es sich um job shop-Situationen (unterschiedliche Maschinenfolgen der Aufträge) handelt. Der Fall eines flow shops, bei dem alle Aufträge die Maschinen in der gleichen Reihenfolge durchlaufen, stellt sich etwas übersichtlicher dar und soll im nächsten Abschnitt näher erläutert werden.

13.3 Ablaufplanung für ein Mehr-Maschinen-Problem

Struktur des flow shop-Problems

Die Planungssituation eines flow shop lässt sich in ihrer Grundstruktur in folgender Weise beschreiben: Ein Paket von I Aufträgen (A_1, A_2, ..., A_I) steht vor einem Fertigungsbereich mit J Maschinen (M_1, M_2, ..., M_J) zur Bearbeitung bereit, wobei jeder Auftrag die Maschinen in der gleichen Reihenfolge (aber durchaus mit unterschiedlichen Bearbeitungszeiten) durchläuft. Es ist in dieser Situation festzulegen, in welcher Reihenfolge die Aufträge auf den Maschinen bearbeitet werden, wobei dann i. d. R. für alle Maschinen eine einheitliche Auftragsfolge gilt (diese auch als „Permutations-flow shop" bezeichnete Fertigungssituation bedeutet, dass der einzelne Auftrag nicht von einem anderen „überholt" wird).

Zielgrößen der Ablaufplanung

Der Fertigungsdurchlauf eines Auftrags kann mit Warte-, Rüst-, Transport- und Bearbeitungszeiten mehrere Komponenten umfassen, die in Abbildung 13.1 dargestellt sind.

Abbildung 13.1 — Komponenten der Auftragsdurchlaufzeit

Aufträge A_i: Anfangswartezeit | Bearbeitungszeit 1 (Rüstzeit, Fertigungszeit) auf M_1 | Transportzeit | Zwischenwartezeit | Bearbeitungszeit 2 (Rüstzeit, Fertigungszeit) auf M_2 | ... | Zwischenwartezeit | Bearbeitungszeit J (Rüstzeit, Fertigungszeit) auf M_J | Transportzeit | Endwartezeit

Zeitpunkte: $0, t_1, t_2, t_3, t_4, t_5, t_6, t_7, t_8, t_9, t_{10}, t_{11}, Z$ (Zeit)

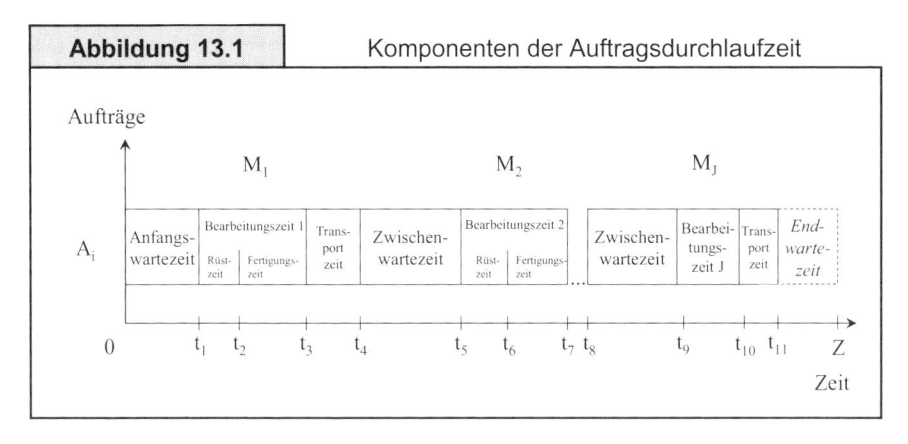

Eine entsprechende Übersicht über die Belegung einer Maschine findet sich in Abbildung 13.2.

Abbildung 13.2 — Komponenten der Maschinenbelegungszeit

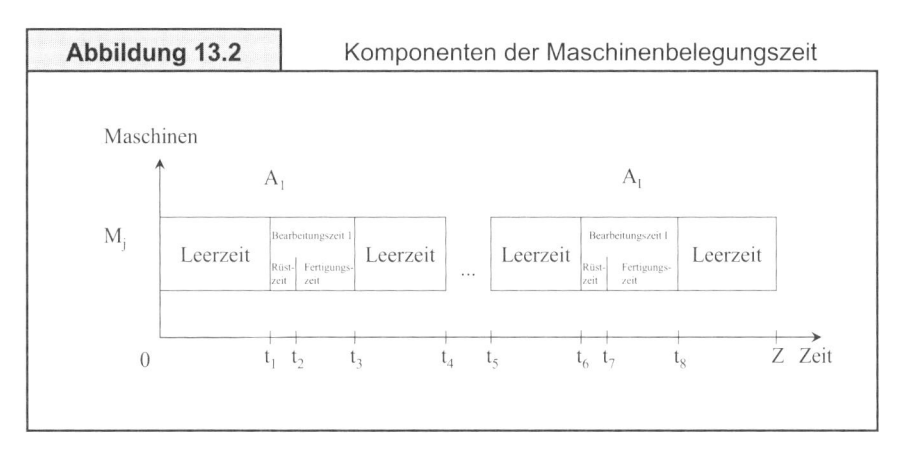

Maschine M_J: Leerzeit | Bearbeitungszeit 1 für A_1 (Rüstzeit, Fertigungszeit) | Leerzeit | ... | Leerzeit | Bearbeitungszeit I für A_I (Rüstzeit, Fertigungszeit) | Leerzeit

Zeitpunkte: $0, t_1, t_2, t_3, t_4, t_5, t_6, t_7, t_8, Z$ (Zeit)

Konzentriert man sich auf Warte- und Bearbeitungszeiten bei den Aufträgen sowie Leer- und Bearbeitungszeiten bei den Maschinen, so lassen sich auf der Basis dieser Zeitgrößen verschiedene Zeitziele identifizieren, die als Maßgrößen für die Beurteilung eines Ablaufplans verwendet werden können. Sie sind aus übergeordneten Kostenzielen abgeleitet (z. B. Minimierung der Kapitalbindungskosten, der Leerkosten oder der Verspätungskosten) und kommen auf Grund ihrer deutlich besseren Operationalität in der Ablaufplanung vorrangig zum Einsatz. Als *auftragsorientierte Zielgrößen* lassen sich beispielsweise nennen:

- **Gesamtdurchlaufzeit**: Sie umfasst die Summe aller Auftragsdurchlaufzeiten, wie sie in Abbildung 13.1 beispielhaft für Auftrag A_i dargestellt ist.

- **Gesamtwartezeit**: Die Summe der Wartezeiten aller Aufträge setzt sich jeweils aus der Wartezeit vor der ersten Bearbeitung und möglichen Wartezeiten beim Übergang auf die nächsten Maschinen zusammen. Sie kann gegebenenfalls auch die Wartezeit nach der letzten Bearbeitung enthalten, wenn alle Aufträge eines Pakets erst mit der Fertigstellung des letzten Auftrags den Fertigungsbereich verlassen können.
- **Gesamtverspätungszeit**: Hier werden die Zeiten aufsummiert, um die die Aufträge ihren vereinbarten Fertigstellungstermin überschreiten.

Nicht spezifisch auf Aufträge oder auf Maschinen ausgerichtet ist die **Zykluszeit**. Sie umfasst als zentrale Zielgröße der Klassischen Ablaufplanung den Zeitraum vom Beginn der Bearbeitung des ersten Auftrags bis zum Abschluss des letzten und entspricht damit der längsten der Durchlaufzeiten. Schließlich zählen zu den *maschinenorientierten Zeitzielen*:

- **Gesamtbelegungszeit**: Sie stellt die Summe aller Maschinenbelegungszeiten dar, von denen die für Maschine M_j in Abbildung 13.2 beispielhaft dargestellt ist.
- **Gesamtleerzeit**: Die Summe der Leerzeiten aller Maschinen umfasst jeweils die Leerzeit vor der Bearbeitung des ersten Auftrags und gegebenenfalls Leerzeiten, bevor der Folgeauftrag bereit steht. Wenn alle Maschinen des Fertigungsbereichs erst nach der Fertigstellung des letzten Auftrags für das nächste Auftragspaket verfügbar sind (beispielsweise auf Grund notwendiger Reinigungsarbeiten), kann auch die Leerzeit nach der letzten Bearbeitung Teil der Gesamtleerzeit sein.
- **Kapazitätsauslastung**: Mit ihrer Hilfe wird der Grad der Beanspruchung der Maschinen dargestellt. Konkret zeigt sich die Auslastung, indem die beanspruchte Kapazität (in Form der Summe aller Bearbeitungszeiten) ins Verhältnis gesetzt wird zur verfügbaren, die der Gesamtbelegungszeit entspricht. (Auch wenn sie einen dimensionslosen Auslastungsgrad angibt, wird diese Zielgröße den maschinenorientierten Zeitzielen zugeordnet, da sie u. a. auf der Belegungszeit basiert und sich als Quotient aus zwei Zeitgrößen ergibt.)

Instrumente der Ablaufplanung

Zur Vorbereitung der Entscheidung über die oben angesprochene Auftragsfolge (die sog. organisatorische Reihenfolge), die – im Gegensatz zur i. d. R. vorgegebenen Maschinenfolge (sog. technologische Reihenfolge) – disponibel ist, lassen sich unterschiedliche Lösungsansätze verwenden, die unter anderem in Bezug auf ihre Komplexität, die Güte der mit ihrer Hilfe ermittelten Lösungen und die Zielgröße, an der sie sich orientieren, systematisiert werden können. Bevor auf diese Ansätze eingegangen wird, stehen zunächst Instrumente im Mittelpunkt der Betrachtung, die im Zusammenhang mit der Darstellung des Fertigungsdurchlaufs der verschiedenen Aufträge auf den einzelnen Maschinen zum Einsatz kommen.

Zur Visualisierung des Fertigungsablaufs lassen sich beispielsweise **Ganttdiagramme** (Auftrags- oder Maschinenfolgediagramme) einsetzen, in denen mit Hilfe von Balken, die die Bearbeitung eines Auftrags auf einer Maschine symbolisieren, der Ablaufplan (das sog. schedule) in seiner zeitlichen Abfolge dargestellt wird. Abbildung 13.3 zeigt ein solches Maschinenfolgediagramm für einen 2-Maschinen-flow shop, in dem 4 Aufträge bearbeitet werden, deren in Tagen gemessene Bearbeitungszeiten (auf den Maschinen M_1 und M_2) in der nachstehenden Matrix zusammengestellt sind:

$$T = \begin{matrix} A_1 \\ A_2 \\ A_3 \\ A_4 \end{matrix} \begin{pmatrix} 6 & 10 \\ 8 & 4 \\ 3 & 6 \\ 11 & 8 \end{pmatrix}$$

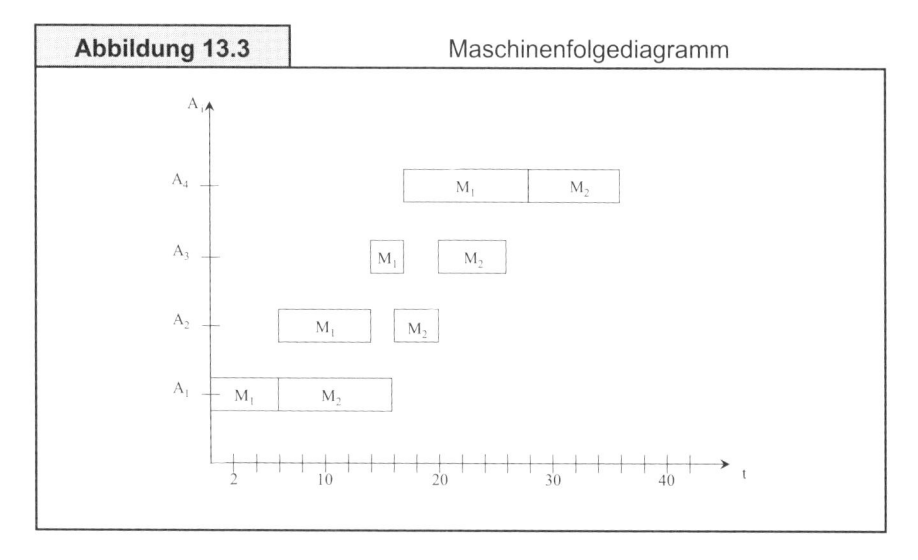

Abbildung 13.3	Maschinenfolgediagramm

Es ist zu erkennen, dass die Aufträge, die auf allen Maschinen in der Reihenfolge $A_1 \to A_2 \to A_3 \to A_4$ bearbeitet werden, durch ihre unterschiedlichen Bearbeitungszeiten einerseits vor einzelnen Bearbeitungen warten müssen (vgl. z. B. die Zwischenräume bei den Aufträgen 2 und 3) und andererseits

Leerzeiten auf den Maschinen verursachen (vgl. – neben der Leerzeit der Maschine 2 vor der ersten Bearbeitung – bei Maschine 2 den Zeitraum zwischen der Bearbeitung von Auftrag 3 und Auftrag 4). Diese unerwünschten Zeiten, die zu zusätzlichen Kapitalbindungs- und Leerkosten führen, sollten möglichst kurz gehalten werden und ließen sich durch eine veränderte Auftragsfolge (z. B. $A_3 \rightarrow A_1 \rightarrow A_4 \rightarrow A_2$) reduzieren.

Aus diesem Ganttdiagramm können die oben angesprochenen Zeitgrößen konkret ermittelt werden. So zeigt die Graphik, dass der Ablaufplan zu einer Zykluszeit von $Z = 36$ Tagen führt, eine Gesamtdurchlaufzeit von $D = 16 + 20 + 26 + 36 = 98$ Tagen und eine Gesamtbelegungszeit von $B = 28 + 36 = 64$ Tagen aufweist sowie eine Gesamtwarte- und -leerzeit von $W = 0 + 8 + 17 + 17 = 42$ bzw. $L = 0 + 8 = 8$ Tagen verursacht.

Verzichtet man auf eine graphische Darstellung, so kann der Fertigungsablauf auch mit Hilfe einer **Matrix der kumulierten Bearbeitungszeiten** abgebildet werden. In ihr werden die Aufträge zeilenweise in der Bearbeitungsreihenfolge angeordnet, während die Maschinen den Spalten zugeordnet sind. Jedes Element in dieser Matrix stellt dann den Zeitpunkt dar, zu dem die jeweilige Bearbeitung abgeschlossen ist. Für den Ablaufplan in Abbildung 13.3 hat die Matrix T^{kum} der kumulierten Bearbeitungszeiten folgendes Aussehen:

$$T^{kum} = \begin{matrix} A_1 \\ A_2 \\ A_3 \\ A_4 \end{matrix} \begin{pmatrix} 6 & 16 \\ 14 & 20 \\ 17 & 26 \\ 28 & 36 \end{pmatrix}$$

Hier bedeutet beispielsweise der Wert $t_{31}^{kum} = 17$, dass nach 17 Tagen Auftrag 3 für die nächste Bearbeitung bereit steht und Maschine 1 für den nächsten Auftrag frei ist. Die einzelnen Durchlaufzeiten der Aufträge lassen sich jeweils in der letzten Spalte und die Belegungszeiten der Maschinen in der letzten Zeile ablesen; das Element unten rechts schließlich ($t_{42}^{kum} = 36$) stellt die Zykluszeit dar. So können auch aus dieser Darstellungsweise die Zeiten, die als Zielgrößen fungieren, problemlos abgelesen werden, lediglich die Identifizierung der Warte- und Leerzeiten ist in dieser Matrix etwas aufwändiger.

Lösungsansätze

Bei der Erläuterung der Instrumente der Ablaufplanung wurde die Auftragsfolge zunächst als gegeben vorausgesetzt; ihre Ermittlung kann mit Hilfe unterschiedlicher Lösungsansätze erfolgen.

Am flexibelsten mit Blick auf die verfolgte Zielsetzung lassen sich Prioritätsregeln einsetzen, die zu den **heuristischen Lösungsansätzen** zählen und insbesondere in der betrieblichen Praxis weite Verbreitung gefunden haben.

Zwar erfolgt die Festlegung der Auftragsreihenfolge nach begründeten (wenn auch oft einfachen) Regeln, die auf eine möglichst gute Zielerreichung hoffen lassen, aber die Optimalität der so ermittelten Reihenfolge kann nicht garantiert werden. Beispiele für Prioritätsregeln sind unter anderem die „Frühester Liefertermin-Regel" (engl. earliest due date), bei der die Aufträge in der Reihenfolge der vereinbarten Liefertermine bearbeitet werden, oder die „Kürzeste Operationszeit-Regel" (engl. shortest processing time), deren Anwendung zu einer Auftragsfolge nach der zunehmenden Bearbeitungszeit (z. B. auf dem ersten Aggregat) führt.

Mit der NEH-Heuristik, benannt nach ihren Entwicklern NAWAZ, ENSCORE und HAM, soll aus der Vielzahl der existierenden heuristischen Ansätze ein weiteres Verfahren erläutert werden, das für Permutations-flow shops mit der Zielsetzung der Zykluszeitminimierung vergleichsweise gute Lösungen liefert, ohne dass bzgl. ihrer Anwendbarkeit Einschränkungen im Hinblick auf die Zahl der Maschinen oder der Aufträge bestehen. Das Vorgehen stellt sich als relativ einfach dar, indem für verschiedene schrittweise zu erweiternde Auftragsfolgen die jeweiligen Zykluszeiten berechnet und verglichen werden. In jeder Phase wird dann die vielversprechendste Teilfolge als Basis der weiteren Berechnungen ausgewählt. Dabei sind zu Beginn die Aufträge absteigend nach der jeweiligen Summe ihrer Bearbeitungszeiten zu sortieren, und für die beiden ersten Aufträge wird die Teilfolge mit der geringeren Zykluszeit bestimmt. Sie bildet den Ausgangspunkt für die nächste Phase, in der der dritte Auftrag einbezogen wird. Für die drei möglichen Teilfolgen, die bei Berücksichtigung dieses Auftrags gebildet werden können, sind die Zykluszeiten – beispielsweise mit Hilfe der Matrix der kumulierten Bearbeitungszeiten – zu ermitteln, und die beste Teilfolge fungiert wiederum als Basis für die Einbeziehung des nächsten Auftrags. Sind schließlich alle Aufträge in die Folge aufgenommen, stellt die vollständige Reihenfolge mit der geringsten Zykluszeit das (nicht unbedingt optimale, i. d. R. aber sehr gute) Ergebnis der Berechnungen dar.

Mit Hilfe von **Optimierungsverfahren** können dagegen, anders als im Fall heuristischer Lösungsansätze, Aussagen zur bestmöglichen Lösung getroffen werden. Allerdings sind diese Methoden unter Umständen so aufwändig (bzw. das zu lösende Optimierungsproblem bedingt durch die Eigenschaften des zugehörigen Lösungsraums so komplex), dass sie lediglich auf spezifische Probleme (z. B. den 2- oder 3-Maschinen-flow shop) anwendbar sind und für realitätsnähere Problemumfänge auf Heuristiken zurückgegriffen wird. Verfahren wie die Algorithmen von AKERS, von JOHNSON oder von LOMNICKI zählen zu dieser Gruppe.

Greift man das Verfahren von JOHNSON heraus, das ursprünglich für den 2-Maschinen-Fall konzipiert wurde und die Minimierung der Zykluszeit zum Ziel hat, so besteht die Lösungsidee darin, Aufträge möglichst weit vorn in der Auftragsfolge zu positionieren, die nur kurze Bearbeitungszeiten auf dem ersten Aggregat aufweisen, und solche möglichst weit hinten, deren Bearbeitungszeiten auf dem zweiten Aggregat sehr kurz sind. Dadurch wird die erste Maschine schnell wieder frei für den nächsten Auftrag und der letzte Arbeitsschritt auf Maschine 2 dauert nur noch kurz. Bezogen auf das oben eingeführte Beispiel ergäbe sich die Auftragsfolge $A_3 \rightarrow A_1 \rightarrow A_4 \rightarrow A_2$, die mit einer Zykluszeit von 32 Tagen die in Bezug auf diese Zielgröße optimale Lösung darstellt und deutlich besser ist als die zunächst vorgeschlagene Auftragsfolge $A_1 \rightarrow A_2 \rightarrow A_3 \rightarrow A_4$. Läge ein flow shop mit drei Maschinen vor, so ließe sich das Verfahren von JOHNSON in der Weise modifiziert anwenden, dass die Bearbeitungszeiten des mittleren Aggregats jeweils zu den Zeiten des ersten und des dritten addiert und die Verfahrensschritte für die Bearbeitungszeiten der so entstandenen zwei fiktiven Maschinen durchgeführt würden. Hier besteht allerdings nur für den Fall eine Optimalitätsgarantie, dass die längste Bearbeitungszeit auf dem mittleren Aggregat nicht größer ist als die kürzeste auf dem ersten oder dem letzten.

Viel versprechend erscheinen im Zusammenhang mit Lösungsansätzen die Entwicklungen im Bereich evolutionärer Algorithmen. Sie sind als **Meta-Heuristiken** zwischen den beiden oben genannten Verfahrensgruppen einzuordnen, greifen oft auf naturwissenschaftliche Phänomene und Erkenntnisse zurück und untersuchen systematisch Lösungen in der so genannten Nachbarschaft eines vorliegenden Lösungsvorschlags. Beim Wechsel von einer Lösung zu einer benachbarten werden zwischenzeitig auch Zielfunktionswertverschlechterungen in Kauf genommen in der Hoffnung, dadurch im weiteren Verlauf zu einer besseren Lösung zu gelangen. Beispiele für solche Meta-Heuristiken sind genetische Algorithmen oder Verfahren wie Simulated Annealing, Tabu Search oder der Sintflut-Algorithmus.

13.4 Lösung des Fallbeispiels

Aufgabe 1
Die Fertigung ist hier nach dem Fließprinzip organisiert (flow shop mit einheitlicher Arbeitsgangfolge für alle Aufträge); dies fällt in den Bereich der Klassischen Ablaufplanung.

Zeitbezogene Zielgrößen, die in der Ablaufplanung hier relevant sind:
- Zykluszeit
- Gesamtdurchlaufzeit
- Gesamtwartezeit
- Gesamtbelegungszeit
- Gesamtleerzeit
- Terminüberschreitungszeit
- Kapazitätsauslastung

Aufgabe 2

Insbesondere mit Blick auf die Tatsache, dass es sich bei dem beschriebenen Fall um ein Beispiel der Dienstleistungsproduktion handelt, bei der die Kundenorientierung eine zentrale Rolle spielt, sollte den für die Kunden relevanten Kriterien (wie hier die Einhaltung des verabredeten Fertigstellungstermins) besondere Beachtung geschenkt werden. Die eingesetzte Prioritätsregel trägt dem Rechnung und lässt auf eine Auftragsfolge hoffen, bei der die Verspätungszeit möglichst gering ist. Dennoch darf nicht vergessen werden, dass es sich hier um einen heuristischen Ansatz handelt und die mit Blick auf die Terminüberschreitungszeit beste Reihenfolge nicht garantiert werden kann.

Sortiert man die Aufträge nach dem vereinbarten Fertigstellungstermin, so ergibt sich als Auftragsfolge:

$$A_5 \to A_2 \to A_1 \to A_3 \to A_4$$

Zur Überprüfung der Termineinhaltung sind zunächst die Durchlaufzeiten der Aufträge zu ermitteln; dies kann beispielsweise mit Hilfe der Matrix der kumulierten Bearbeitungszeiten geschehen:

$$T^{kum} = \begin{matrix} A_5 \\ A_2 \\ A_1 \\ A_3 \\ A_4 \end{matrix} \begin{pmatrix} 18 & 34 & 49 \\ 26 & 42 & 59 \\ 38 & 51 & 75 \\ 52 & 63 & 87 \\ 58 & 79 & 107 \end{pmatrix}$$

Bei der Interpretation dieser Matrix ist zu berücksichtigen, dass die reine Durchlaufzeit und der Zeitraum bis zur Fertigstellung des jeweiligen Auftrags auseinander fallen können, da hier die Arbeitszeiten unter Berücksichtigung der Werktage relevant sind. So enthält die nachfolgende Tabelle einerseits die Durchlaufzeiten in Tagen und Stunden (bei 10 Arbeitsstunden pro Tag) und andererseits die Fertigstellungstermine als konkretes Datum. (Die Reihenfolge der Aufträge in der Tabelle entspricht dabei der Auftragsfolge.)

Tabelle 13.3	Auftrags-Zeitplan	
Auftrag	**Durchlaufzeit**	**Fertigstellungstermin**
A_5	4 Tage, 9 Std.	Fr., 6. Februar, 17 Uhr
A_2	5 Tage, 9 Std.	Mo., 9. Februar, 17 Uhr
A_1	7 Tage, 5 Std.	Mi., 11. Februar, 13 Uhr
A_3	8 Tage, 7 Std.	Do., 12. Februar, 15 Uhr
A_4	10 Tage, 7 Std.	Mo., 16. Februar, 15 Uhr

Während die Aufträge A_1, A_2, A_3 und A_5 pünktlich fertig gestellt werden, verspätet sich A_4 um 3 Tage, so dass sich eine entsprechende Terminüberschreitungszeit ergibt. Wie gut das ist und ob es überhaupt möglich wäre, die engen Zeitvorgaben bei allen Aufträgen einzuhalten, lässt sich an dieser Stelle nicht beantworten. Wenn eine Vergleichsgröße (aus Aufgabe 3) vorliegt, wird hierauf noch einmal Bezug genommen.

Aufgabe 3
Da es sich hier um einen 3-Maschinen-flow shop handelt, ist zur Anwendung des Verfahrens von JOHNSON ein 2-Maschinen-Problem daraus zu generieren, indem die Bearbeitungszeiten des zweiten Arbeitsbereichs jeweils zu denen des ersten und dritten addiert werden. Die modifizierte Matrix T^{mod} stellt sich folgendermaßen dar:

$$T^{mod} = \begin{matrix} A_1 \\ A_2 \\ A_3 \\ A_4 \\ A_5 \end{matrix} \begin{pmatrix} 21^{(2)} & 25 \\ 16^{(1)} & 18 \\ 25 & 23^{(4)} \\ 22^{(3)} & 36 \\ 34 & 31^{(5)} \end{pmatrix}$$

Die hochgestellten Ziffern verdeutlichen, welche Werte in welcher Abfolge die Positionierung des jeweiligen Auftrags festlegen, und es ergibt sich die nachstehende Bearbeitungsreihenfolge:

$$A_2 \to A_1 \to A_4 \to A_5 \to A_3.$$

Unter Einbeziehung der Daten aus der ursprünglichen Bearbeitungszeitenmatrix lässt sich das zugehörige Maschinenfolgediagramm erstellen (vgl. Abbildung 13.4). Aus ihm können die geforderten Zeitzielgrößen abgelesen bzw. ermittelt werden:

- Zykluszeit: $Z = 92$ Std. (13. Februar, 10 Uhr)
- Gesamtdurchlaufzeit: $D = 45 + 26 + 92 + 65 + 80 = 308$ Std. (30 Werktage und 8 Std.)
- Gesamtwartezeit: $W = 8 + 0 + (44 + 3 + 8) + (20 + 3) + (26 + 1 + 4) = 117$ Std. (11 Werktage und 7 Std.)
- Gesamtbelegungszeit: $B = 58 + 72 + 92 = 222$ Std. (22 Tage und 2 Std.)
- Gesamtleerzeit: $L = 0 + (8 + 4) + (16 + 3) = 31$ Std. (3 Tage und 1 Std.)
- Kapazitätsauslastung: $K = 191/222 = 86{,}04\ \%$

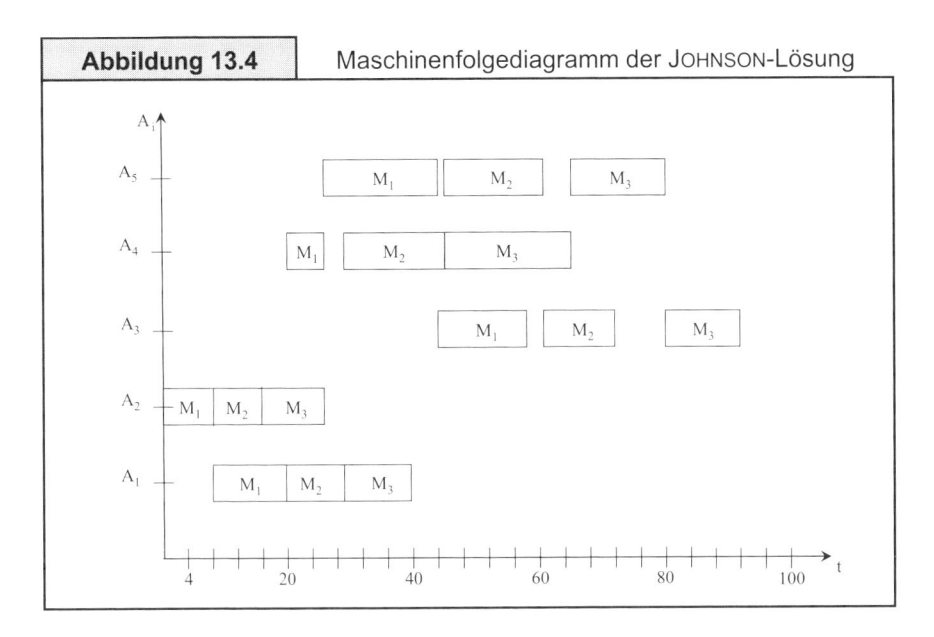

Abbildung 13.4 — Maschinenfolgediagramm der JOHNSON-Lösung

Aus dem Auftrags-Zeitplan der neuen Reihenfolge

Tabelle 13.4 — Auftrags-Zeitplan der JOHNSON-Lösung

Auftrag	Durchlaufzeit	Fertigstellungstermin
A_2	2 Tage, 6 Std.	Mi., 4. Februar, 14 Uhr
A_1	4 Tage, 5 Std.	Fr., 6. Februar, 13 Uhr
A_4	6 Tage, 5 Std.	Di., 10. Februar, 13 Uhr
A_5	8 Tage	Mi., 11. Februar, 18 Uhr
A_3	9 Tage, 2 Std.	Fr., 13. Februar, 10 Uhr

lässt sich die Terminüberschreitungszeit ableiten. Sie beträgt für die Aufträge A_3 und A_5 1 Tag bzw. 5 Tage, in der Summe also 6 Tage. Das bedeutet, dass diese Zielgröße – insbesondere bedingt durch die Positionierung von Auftrag 5 (mit dem sehr frühen vereinbarten Liefertermin) fast am Ende der Auftragsfolge – schlechter erfüllt wird als bei der Lösung in Aufgabe 2, obwohl die Fertigstellungszeitpunkte insgesamt sehr viel früher liegen.

Die Güte des Ergebnisses, das sich bei Anwendung des Verfahrens von JOHNSON gezeigt hat, hängt von der zugrunde liegenden Zielsetzung ab. Da hier als Ziel vorgegeben ist, das Auftragspaket in einer möglichst kurzen Zeit fertig zu stellen (vgl. Fallbeispieltext), ist die Zielgröße der Zykluszeit das relevante Beurteilungskriterium. Sie beträgt 92 Std. und ist damit deutlich besser als die Zykluszeit von 107 Std., die sich in Aufgabe 2 ergeben hat.

Auch wenn das Optimalitätskriterium für das Verfahren von JOHNSON nicht erfüllt ist, kann man hier von einer vergleichsweise guten Lösung ausgehen. Denn addiert man beispielsweise zu den Bearbeitungszeiten im Arbeitsbereich M_3 die Zeiten, die im günstigsten Fall in den Bereichen M_1 und M_2 benötigt werden (d. h. bei Auftrag 2), so erhält man eine Zykluszeituntergrenze in Höhe von (16 + 10 + 12 + 20 + 15 + 8 + 8 =) 89 Std., von der allerdings nicht klar ist, ob sie sich überhaupt realisieren lässt.

Aufgabe 4
Zur Anwendung der NEH-Heuristik sind zunächst die Gesamtbearbeitungszeiten der Aufträge zu ermitteln:

Tabelle 13.5		Bearbeitungszeiten der Aufträge		
	M_1	M_2	M_3	M_4	Summe der Bearbeitungszeiten
A_1	12	9	16	8	45
A_2	8	8	10	6	32
A_3	14	11	12	4	41
A_4	6	16	20	9	51
A_5	18	16	15	7	56

Die Reihenfolge der Einbeziehung der Aufträge ergibt sich dann zu:

$$A_5 \to A_4 \to A_1 \to A_3 \to A_2$$

Im ersten Schritt ist also zunächst ein Vergleich der Teilfolgen $A_5 \to A_4$ und $A_4 \to A_5$ vorzunehmen; die Errechnung der Zykluszeiten erfolgt mit der Matrix der kumulierten Bearbeitungszeiten:

$$T^{kum}(A_5, A_4) = \begin{matrix} A_5 \\ A_4 \end{matrix} \begin{pmatrix} 18 & 34 & 49 & 56 \\ 24 & 50 & 70 & 79 \end{pmatrix}$$

$$T^{kum}(A_4, A_5) = \begin{matrix} A_4 \\ A_5 \end{matrix} \begin{pmatrix} 6 & 22 & 42 & 51 \\ 24 & 40 & 57 & 64 \end{pmatrix}$$

In die bzgl. der Zykluszeit bessere der beiden Teilfolgen $A_4 \to A_5$ ist dann Auftrag A_1 aufzunehmen, und es sind drei mögliche Teilfolgen zu überprüfen:

$$T^{kum}(A_4, A_5, A_1) = \begin{matrix} A_4 \\ A_5 \\ A_1 \end{matrix} \begin{pmatrix} 6 & 22 & 42 & 51 \\ 24 & 40 & 57 & 64 \\ 36 & 49 & 73 & 81 \end{pmatrix}$$

$$T^{kum}(A_4, A_1, A_5) = \begin{matrix} A_4 \\ A_1 \\ A_5 \end{matrix} \begin{pmatrix} 6 & 22 & 42 & 51 \\ 18 & 31 & 58 & 66 \\ 36 & 52 & 73 & 80 \end{pmatrix}$$

$$T^{kum}(A_1, A_4, A_5) = \begin{matrix} A_1 \\ A_4 \\ A_5 \end{matrix} \begin{pmatrix} 12 & 21 & 37 & 45 \\ 18 & 37 & 57 & 66 \\ 36 & 53 & 72 & 79 \end{pmatrix}$$

Die Teilfolge $A_1 \rightarrow A_4 \rightarrow A_5$ ist diejenige mit der geringsten Zykluszeit, so dass sie den Ausgangspunkt für die nächste Phase bildet, in der Auftrag A_3 in die Berechnung der nun vier möglichen Teilfolgen aufgenommen wird:

$$T^{kum}(A_1, A_4, A_5, A_3) = \begin{matrix} A_1 \\ A_4 \\ A_5 \\ A_3 \end{matrix} \begin{pmatrix} 12 & 21 & 37 & 45 \\ 18 & 37 & 57 & 66 \\ 36 & 53 & 72 & 79 \\ 50 & 64 & 84 & 88 \end{pmatrix}$$

Bei entsprechenden Matrizen zu den drei weiteren Teilfolgen ergeben sich die folgenden Zykluszeiten:

$Z(A_1, A_4, A_3, A_5) = 91$
$Z(A_1, A_3, A_4, A_5) = 95$
$Z(A_3, A_1, A_4, A_5) = 95$

Im letzten Schritt sind dann die Zykluszeiten für die vollständigen Auftragsfolgen zu ermitteln, wobei A_2 – ausgehend von der besten Teilfolge mit einer Zykluszeit von 88 Stunden – an fünf verschiedenen Stellen positioniert werden kann:

$Z(A_1, A_4, A_5, A_3, A_2) = 100$
$Z(A_1, A_4, A_5, A_2, A_3) = 98$
$Z(A_1, A_4, A_2, A_5, A_3) = 98$
$Z(A_1, A_2, A_4, A_5, A_3) = 98$
$Z(A_2, A_1, A_4, A_5, A_3) = 96$

Die letzte Auftragsfolge ($A_2 \rightarrow A_1 \rightarrow A_4 \rightarrow A_5 \rightarrow A_3$) führt zur kürzesten Zykluszeit (der fünf betrachteten Lösungen), und die zugehörige Matrix der kumulierten Bearbeitungszeiten lautet:

$$T^{kum}(A_2, A_1, A_4, A_5, A_3) = \begin{matrix} A_2 \\ A_1 \\ A_4 \\ A_5 \\ A_3 \end{matrix} \begin{pmatrix} 8 & 16 & 26 & 32 \\ 20 & 29 & 45 & 53 \\ 26 & 45 & 65 & 74 \\ 44 & 61 & 80 & 87 \\ 58 & 72 & 92 & 96 \end{pmatrix}$$

Aus dieser Matrix lassen sich – neben der Zykluszeit von 96 Stunden – die weiteren angesprochenen Zielgrößenwerte ermitteln:
- Gesamtdurchlaufzeit: $D = 53 + 32 + 96 + 74 + 87 = 342$ Std. (34 Werktage und 2 Std.)
- Gesamtbelegungszeit: $B = 58 + 72 + 92 + 96 = 318$ Std. (31 Werktage und 8 Std.)
- Kapazitätsauslastung: $K = 225/318 = 70,75$ %
- Terminüberschreitungszeit:

Tabelle 13.6	Auftrags-Zeitplan der neuen Lösung		
Auftrag	**Durchlaufzeit**	**Fertigstellungstermin**	**Vereinbarter Termin**
A_2	3 Tage, 2 Std.	Do., 5. Februar, 10 Uhr	10. Februar
A_1	5 Tage, 3 Std.	Mo., 9. Februar, 11 Uhr	12. Februar
A_4	7 Tage, 4 Std.	Mi., 11. Februar, 12 Uhr	16. Februar
A_5	8 Tage, 7 Std.	Do., 12. Februar, 15 Uhr	9. Februar
A_3	9 Tage, 6 Std.	Fr., 13. Februar, 14 Uhr	13. Februar

Angesichts der neu vereinbarten Fertigstellungstermine verspätet sich lediglich Auftrag A_5 um 3 Tage.

Um das Ergebnis mit dem aus Aufgabe 3 vergleichen zu können, müssten für die dort ermittelte Auftragsfolge die Zielgrößenwerte unter Berücksichtigung der neuen Datenlage (Bearbeitungszeit im Bereich M_4, Verschiebung der Liefertermine) berechnet werden. Im vorliegenden Fall hat sich allerdings bei Anwendung der NEH-Heuristik die gleiche Reihenfolge der Aufträge ergeben wie in Aufgabe 3, so dass eine vergleichende Beurteilung an dieser Stelle unterbleiben kann. (Bei Anwendung der NEH-Heuristik auf die weniger umfangreiche Fragestellung in Aufgabe 3 stimmen die Lösungen ebenfalls überein).

Literaturhinweise

BLOECH, J.; BOGASCHEWSKY, R.; BUSCHER, U.; DAUB, A.; GÖTZE, U.; ROLAND, F.: Einführung in die Produktion, 6. Aufl., Berlin, Heidelberg 2008.

DAUB, A.: Ablaufplanung, Bergisch Gladbach, Köln 1994.

DOMSCHKE, W.; SCHOLL, A.; VOß, S.: Produktionsplanung, 2. Aufl., Berlin, Heidelberg 1997.

GREASLEY, A.: Operations Management, 2nd ed., Chichester 2009.

KRAJEWSKI, L.; RITZMAN, L.; MALHOTRA, M.: Operations Management, 9th ed., Upper Saddle River 2010.

NAWAZ, M.; ENSCORE, E.; HAM, I.: A heuristic algorithm for the m-machine, n-job flow shop sequencing problem, in: OMEGA, Vol. 11 (1983), No. 1, S. 91-95.

NEUMANN, K.: Produktions- und Operations-Management, Berlin, Heidelberg 1996.

14 Standort- und Standortstrukturplanung

14.1 Fallbeispiel

Ein Möbelhersteller beabsichtigt, seine Produktionsstätte zu verlagern und dazu einen neuen Standort für diese zu bestimmen. Dabei werden zunächst eine Reihe von Zielkriterien wie das Arbeitskräfteangebot und das Lohnniveau, die Verfügbarkeit und die Preise des Rohstoffes Holz, das Absatzpotenzial sowie die ortsabhängigen Besteuerungsregelungen in die Entscheidungsfindung einbezogen. Sehr schnell stellt man aber fest, dass sich die Ausprägungen dieser Standortfaktoren in dem geographischen Raum, der für den Standort in Betracht gezogen wird, kaum gravierend unterscheiden. Da außerdem ein hoher Transportbedarf besteht, die Transportkosten daher einen hohen Anteil an den Gesamtkosten aufweisen und erwartet wird, dass diese standortabhängig stark differieren können, sollen sie als Zielgrößen der Standortwahl zugrunde gelegt werden.

Die Transportkosten entstehen durch den Transport des Rohstoffes „Holz" und der hergestellten Möbel von bzw. zu fünf Beschaffungs- bzw. Absatzorten (A – E). Das Unternehmen produziert Kleiderschränke und Kommoden. Es hat eine Absatzplanung für diese Möbelsorten vorgenommen und auf deren Basis die durchschnittlichen jährlichen Absatzmengen sowie den daraus resultierenden Holzbedarf prognostiziert. Die Mengen, die an den einzelnen Orten beschafft bzw. abgesetzt werden, sind in der Tabelle 14.1 angegeben.

Tabelle 14.1   Transportmengen im Fallbeispiel

Gut \ Ort	A	B	C	D	E
Holz (m^3)	3.000	–	–	–	2.000
Kleiderschrank (ME)	–	2.000	1.000	2.000	–
Kommode (ME)	–	6.000	3.000	1.000	–

Die Transporttarife sind unabhängig von den jeweiligen Transportzielen. Die Transportkostensätze betragen pro Entfernungseinheit (EE) bei dem Rohstoff Holz 10 GE/m^3, bei den Kleiderschränken 20 GE/ME und bei den Kommoden 10 GE/ME (GE: Geldeinheit; ME: Mengeneinheit). Diese Werte können außerdem vereinfachend als unabhängig von der Entfernung und der transportierten Menge und damit als konstant angesehen werden. Der Standort der

Produktionsstätte und die Absatzorte werden unabhängig voneinander beliefert. Die Lage der Beschaffungs- und Absatzorte ist durch ihre Koordinaten (y_1; y_2) in einem Koordinatensystem gegeben:

A (10; 10); B (15; 5); C (60; 15); D (30; 55); E (55; 65)

Aufgabe 1
a) Ein für die Standorteignung sehr wichtiger Aspekt ist die im Zielgebiet vorhandene Verkehrsinfrastruktur. Unterstellen Sie zunächst, dass nur eine Verbindungsstrecke zwischen den Orten A – E existiert und nur die direkten Verbindungen zwischen A und B, B und C, C und D sowie D und E befahrbar sind. Da der Verkehrsweg zwischen den Orten jeweils nahezu geradlinig verläuft, lassen sich die zu überwindenden Distanzen als Luftlinien- bzw. euklidische Entfernungen messen. Ermitteln Sie unter dieser Annahme den optimalen Standort sowie die dort anfallenden Transportkosten (runden Sie dabei die zu berechnenden Entfernungen zwischen jeweils zwei Orten auf ganzzahlige Werte auf bzw. ab). Skizzieren Sie außerdem den Verlauf der Transportkostenfunktion für die Verbindungslinie zwischen A und E.

b) Wie hoch sind die Grenzkosten einer Standortverschiebung zwischen A und B sowie B und C? Skizzieren Sie den Verlauf der Grenzkostenfunktion zwischen A und E.

Aufgabe 2
Das Unternehmen erwartet Maßnahmen, die zu einer Verbesserung der Verkehrsinfrastruktur führen. Es wird daher jetzt abweichend von Aufgabe 1 unterstellt, dass direkte Verkehrsverbindungen zwischen allen fünf Orten existieren. Andere Verkehrswege haben, so die Annahme, nur eine relativ geringe Qualität, sodass die Transporte und damit auch die potenziellen Standorte auf das durch die Verbindungen zwischen den Absatz- und Beschaffungsorten gebildete Verkehrsnetz beschränkt werden sollen. Die kürzesten Entfernungen zwischen den fünf Orten seien bereits ermittelt und können der folgenden Tabelle entnommen werden.

Tabelle 14.2	Kürzeste Entfernungen im Verkehrsnetz				
	A	B	C	D	E
A	0	7	50	49	71
B	7	0	46	52	72
C	50	46	0	50	50
D	49	52	50	0	27
E	71	72	50	27	0

Wo liegt bei dieser neuen Konstellation der optimale Standort für die Produktionsstätte des Möbelherstellers, und wie hoch sind bei diesem die Transportkosten?

Nun ergibt sich eine weitere Problemstellung, die Sie in Aufgabe 3 lösen sollen: Der betrachtete Möbelhersteller stellt die Entscheidung für die Verlagerung der bisherigen Produktionsstätte an einen neuen Standort noch einmal in Frage. Anlass hierfür sind unter anderem Proteste der Belegschaft und einflussreicher Politiker gegen die Schließung der bisherigen Produktionsstätte. Außerdem konnte ein neuer Kunde gewonnen werden, und bei weiterem zukünftigem Wachstum wird die Gefahr gesehen, dass an einem Standort die optimale Betriebsgröße überschritten wird. Aus diesen Gründen wird nun erwogen, zwei Betriebsstätten zu errichten und dabei eventuell auch die vorhandene Betriebsstätte nicht aufzugeben.

Im Rahmen der Entscheidungsvorbereitung wird bezogen auf den neuen Kunden, der im Ort F (40; 50) ansässig ist, eine Absatzmenge von jeweils 2.000 Kleiderschränken und Kommoden prognostiziert. Die Werte der anderen Absatzorte sollen weiterhin relevant sein. Zu den Mengen des Rohstoffes Holz, die von den beiden Beschaffungsorten bezogen werden sollen, sind hingegen weitere Überlegungen erforderlich, da die zu beschaffende Menge an Holz nun höher ist als bei der bisher unterstellten Situation. Es wird angenommen, dass zur Herstellung eines Kleiderschrankes 0,5 m^3 und zur Produktion einer Kommode 0,25 m^3 Holz erforderlich sind. Bei einer Standortverteilung mit zwei Betriebsstätten ist zu sichern, dass jede Betriebsstätte die Menge an Holz erhält, die sie zur Herstellung der Möbel benötigt. Die Holzlieferanten an den Beschaffungsorten können beliebige Mengen zur Verfügung stellen, ihre Preise sind identisch. Daher sollen für die Belieferung jeweils die Orte (bzw. Lieferanten) gewählt werden, bei denen die geringsten Transportkosten entstehen.

Die vorhandene Betriebsstätte befindet sich am Ort (40; 70). Die mit ihrer Schließung verbundenen Auszahlungen werden auf 6 Mio. GE geschätzt. Die Auszahlungen, die beim Aufbau neuer Betriebsstätten entstehen, sind abhängig von der Anzahl der zukünftigen Betriebsstätten. Je Betriebsstätte betragen sie 20 bzw. 16 Mio. GE, falls in Zukunft eine Betriebsstätte bzw. zwei Betriebsstätten genutzt werden. Die Verwaltungskosten werden ebenfalls durch die Anzahl der Betriebsstätten beeinflusst. Bei einer Betriebsstätte belaufen sie sich auf 2 Mio. GE, bei zweien auf 3 Mio. GE (jeweils pro Jahr). Vereinfachend kann außerdem unterstellt werden, dass die weiteren Kosten (für Personal, sonstige Materialien (ohne Holz) etc.) bei allen alternativen Standortverteilungen gleich hoch sind. Gleiches gilt für die erzielbaren Erlöse sowie die ggf. durch die Standortverteilung beeinflussbaren Erfolgspotentiale des Unternehmens.

Aufgabe 3
Bestimmen Sie nun die Standortverteilung, die unter der Zielsetzung „Kostenminimierung" optimal ist. Zwar sei Ihnen bewusst, dass bei dem angenommenen Planungszeitraum von 10 Jahren eine dynamische Rechnung mit Berücksichtigung von Zinsen und Zinseszinsen exakter wäre. Führen Sie aber dennoch vereinfachend eine statische Rechnung durch, bei der Sie die Auszahlungen für die Schließung oder Errichtung von Betriebsstätten gleichmäßig über den Planungszeitraum verteilen. Da Zinsen vernachlässigt werden sollen, sei die Summe der Transport-, Verwaltungs- und Schließungs- bzw. Errichtungskosten einer Periode das Zielkriterium. Gehen Sie weiterhin davon aus, dass die Transportkostensätze unabhängig von der Entfernung sowie der transportierten Menge konstant sind und die Produktionsstätte(n) sowie die Absatzorte unabhängig voneinander beliefert werden. Schließlich soll nun die Existenz eines kontinuierlichen Raums unterstellt werden, dessen Elemente sämtlich als Standorte oder Transportstrecken genutzt werden können. Kapazitätsgrenzen seien weder bei der vorhandenen noch bei neuen Betriebsstätten zu beachten. Berücksichtigen Sie außerdem die Grundsatzentscheidung der Unternehmensleitung, dass bei Einrichtung von zwei Betriebsstätten jeweils zwei Absatzorte von einem Standort aus versorgt werden sollen, um eine gleichmäßige Entwicklung der Betriebsstätten zu gewährleisten. Zur Berechnung geeigneter Standorte können Sie ein einfaches Näherungsverfahren verwenden.

14.2 Standortplanung

Standorte und Standortfaktoren

Der Standort eines Unternehmens oder einer Betriebsstätte eines Unternehmens wird als der geographische Ort definiert, an dem der Einsatz von Produktionsfaktoren zum Zwecke der Leistungserstellung erfolgt. Dieser Ort weist eine Reihe wirtschaftlich relevanter Eigenschaften auf. Durch seine Wahl legt ein Unternehmen weitgehend fest, auf welche Absatz- und Beschaffungsmärkte es zugreifen kann und welchen rechtlichen Bedingungen es unterliegt; sie stellt damit eine konstitutive Rahmenentscheidung des Unternehmens dar. Gleichzeitig handelt es sich in der Regel um eine strategische Entscheidung, da die Standortwahl mögliche Erfolgspotenziale des Unternehmens wie eine positive Kostensituation, Zugang und Nähe zu spezifischen Beschaffungs- und Absatzmärkten bzw. Lieferanten und Kunden, eine hohe Produktqualität, Herkunftsgoodwill oder eine geringe Steuerbelastung beeinflusst.

Die Güte von Standorten wird einerseits durch deren Eigenschaften bestimmt, andererseits durch die Ziele, die ein Unternehmen mit einer zu errichtenden Betriebsstätte verfolgt. Aus diesen Zielen lassen sich **Standortfaktoren**, d. h. Kriterien für die Eignung von Standorten, sowie angestrebte Ausprägungen dieser Faktoren (Standortanforderungen) ableiten. Standortfaktoren können zur Beschreibung und Beurteilung sowie zum Vergleich von Standorten und damit zur Entscheidungsvorbereitung herangezogen werden. Um möglichst vollständig und überschneidungsfrei die Kriterien zu erfassen, die bei einer Standortentscheidung relevant sein können, lassen sich **Standortfaktorenkataloge** nutzen. In diesen werden potenzielle Standortfaktoren strukturiert zusammengestellt, z. B. in den Kategorien der Standortfaktoren des externen Gütereinsatzes bzw. der Beschaffung (Beschaffungspotenzial und Beschaffungskontakte), des internen Gütereinsatzes bzw. der Transformation/Produktion (geologische Bedingungen, Klima sowie technische Agglomeration) und des Absatzes (Absatzpotenzial, bestimmt durch Bedarf, Kaufkraft, Absatzkonkurrenz, Absatzagglomeration, Herkunftsgoodwill sowie staatliche Absatzhilfen und Absatzkontakte) sowie staatlich determinierter Standortfaktoren (zu Steuern, grenzüberschreitenden Regelungen, Umweltschutzmaßnahmen, staatlichen Regulierungen und Hilfen sowie zur Wirtschaftsordnung).

Ablauf und Methoden der Standortplanung

Die **Standortplanung** kann verschiedene Ebenen der Standortwahl umfassen, z. B. indem zunächst ein Makrostandort, d. h. eine Region, und dann ein Mikrostandort, ein konkreter Ort, bestimmt wird. Zudem lässt sie sich, wie Planungsprozesse allgemein, gedanklich in verschiedene Phasen untergliedern.

Sie beginnt dann idealtypisch mit der **Zielbildung**, bei der in einem ersten Schritt die für die Standortwahl relevanten Standortfaktoren aus den strategischen Unternehmenszielen abgeleitet, Aussagen zur Bedeutung der einzelnen Standortfaktoren getroffen und deren angestrebte Ausprägungen, die Standortanforderungen, in Form von Muss- oder Soll-Kriterien definiert werden. Alternativ oder zusätzlich zur Festlegung von Standortanforderungen ist es möglich, aus den Unternehmenszielen eine oder mehrere Zielgröße(n) abzuleiten, um die Wirkungen der Standortwahl (vor allem hinsichtlich der Soll-Kriterien) aggregiert zu bewerten, z. B. Kosten, Gewinn oder Kapitalwert für die monetär erfassbaren und Nutzwert für die sonstigen Wirkungen.

Nachdem im Rahmen der **Problemerkenntnis und -analyse** das unternehmensinterne und -externe Umfeld des geplanten Standortes sowie dessen strategische Rolle und Ressourcenausstattung analysiert und/oder prognostiziert worden sind, erfolgt die **Alternativensuche**. Die grundsätzlich wählbaren Alternativen ergeben sich aus Vorentscheidungen über den relevanten geographischen Bereich. Aus ihnen sollte dann eine Auswahl als geeignet erscheinender Standorte erfolgen. Dazu lässt sich prüfen, welche potenziellen Standorte die Muss-Kriterien erfüllen und im Hinblick auf die Soll-Kriterien Erfolg versprechend erscheinen. Für diese Standorte wird dann im Rahmen der **Bewertung und Entscheidung** das jeweils erwartete Ausmaß der Zielerfüllung (hinsichtlich der Soll-Kriterien) bestimmt und aus ihnen die letztendliche Auswahl eines Standortes vorgenommen.

Bei den Standortplanungen ist ein stufenförmiges Vorgehen möglich, das beispielsweise eine Zwischen- und eine Endauswahl umfasst. Damit lässt sich der entstehende Aufwand begrenzen, da nur die jeweils verbleibenden Alternativen schrittweise konkretisiert werden müssen.

Im Rahmen der Standortplanung sind nahezu sämtliche **Instrumente** einsetzbar, die für Planungsprozesse allgemein vorgeschlagen werden: Systeme zur Informationsbeschaffung und -verarbeitung, Verfahren zur Zielbildung und zur Problemanalyse, Prognoseverfahren sowie Entscheidungsmodelle und Verfahren zu deren Auswertung. Dazu zählen

- die angesprochenen **Standortfaktorenkataloge**,
- die **Nutzwertanalyse** als Verfahren zur Vorbereitung von Entscheidungen bei mehreren Zielgrößen, um bei Existenz mehrerer relevanter Standortfaktoren die Güte eines Standortes hinsichtlich der Standortanforderungen nachvollziehbar und unter Berücksichtigung unterschiedlicher Gewichtungen der Standortfaktoren zu beurteilen, indem in einer Modellrechnung die aggregierte Zielgröße Nutzwert ermittelt wird,
- **dynamische Verfahren der Investitionsrechnung** wie die Kapitalwertmethode oder Endwertmethoden, um den Wert einer monetären Zielgröße wie Kapitalwert oder Endwert für potenzielle Standorte unter Berücksichtigung von im Zeitablauf veränderlichen Zahlungen sowie Zins- und Zinseszinseffekten zu berechnen,
- **Methoden zur Einbeziehung von** – aufgrund der langen Wirkungszeiträume von Standortveränderungen tendenziell hohen – **Unsicherheiten** in die Entscheidungsvorbereitung (Szenario-Technik als Prognoseverfahren, Verfahren zur Bildung und Auswertung von Entscheidungsmodellen unter Unsicherheit wie Sensitivitätsanalyse, Risikoanalyse, Entscheidungsbaumverfahren).
- **Optimierungsmodelle**, die speziell für die Vorbereitung von Standortentscheidungen entwickelt worden sind, wie Modelle zur Bestimmung des Standorts einer Betriebsstätte, bei dem die Transporte von Beschaffungs- und zu Absatzorten mit minimalen Kosten durchgeführt werden.

Mit dem Fallbeispiel und den nachfolgenden theoretischen Ausführungen wird allein auf die letztgenannten Methoden Bezug genommen, da es sich lediglich bei ihnen um „standortspezifische" Instrumente handelt, bei den anderen hingegen um solche, die allgemein in der Betriebswirtschaftslehre Verwendung finden. Es werden demgemäß nun Modelle zur Bestimmung von Standorten, bei denen die Transportkosten – als oftmals besonders stark von der Standortwahl abhängige Kostenkategorie – minimal werden, erörtert. Gemeinsame Annahmen der Modelle sind neben dem alleinigen Zielkriterium „Transportkosten", die Beschränkung auf die Handlungsmöglichkeit „Standortwahl", die Sicherheit der Daten, die Zuordenbarkeit der Handlung und ihrer Wirkungen zu einer Periode (es handelt sich demgemäß um statische Modelle) sowie die Annahme, dass ein güterspezifischer Transportkostensatz für den Transport einer Einheit eines Gutes über eine Entfernungseinheit existiert, der für alle Orte die gleiche Höhe aufweist und unabhängig von der zurückzulegenden Entfernung und der zu transportierenden Menge konstant ist. Unterschiede bestehen hinsichtlich der Verkehrsinfrastruktur: Bezogen auf diese wird zwischen drei verschiedenen Konstellationen differenziert.

Transportkostenminimaler Standort an einer Verbindungslinie

Als Basis für die Bestimmung des optimalen Standortes kann bei dieser Konstellation die grundlegende Erkenntnis herangezogen werden, dass der optimale Standort in einem der Beschaffungs- oder Absatzorte liegen muss. Aufgrund der entfernungs- und mengenunabhängigen Transportkostensätze und des daraus resultierenden linearen Transportkostenverlaufs kann nämlich von anderen Punkten ausgehend durch Verschiebung des Standortes in Richtung eines dieser Orte immer eine Kostenverringerung erreicht werden.

Davon ausgehend ist die Standortbestimmung auf verschiedenen Wegen möglich. Ein Lösungsweg ist eine vollständige Enumeration. Bei dieser werden die Transportkosten für jeden der potenziellen Standorte berechnet (als über alle anderen Transportziele gebildete Summe der Produkte aus Transportkostensatz, Transportmenge und Entfernung), und es wird dann durch einen Kostenvergleich der optimale Standort identifiziert.

Einfacher lässt sich der optimale Standort aber mit Hilfe eines Kriteriums ermitteln, das von FRANCIS entwickelt worden ist. Dieses besagt, dass der optimale Standort in dem Ort liegt, bei dem das von einem Ende der Transportstrecke (hier der Verbindungslinie zwischen A und E) aus kumulierte Transportgewicht erstmals größer ist als die Hälfte des gesamten kumulierten Transportgewichts. Das Transportgewicht eines Beschaffungs- oder Absatzortes ergibt sich als Summe der mit dem jeweiligen Transportkostensatz k_{Ti} bewerteten Transportmengen x_{ij} aller zu den Orten j zu befördernden Güter i. Nachfolgend ist das Kriterium für den (bzw. bei Mehrdeutigkeit einen der) optimalen Standort(e) j^* formal dargestellt.

$$\sum_{j=1}^{j^*}\sum_{i=1}^{I}k_{Ti}\cdot x_{ij} \geq \frac{1}{2}\sum_{j=1}^{J}\sum_{i=1}^{I}k_{Ti}\cdot x_{ij} \quad \text{und} \quad \sum_{j=1}^{j^*-1}\sum_{i=1}^{I}k_{Ti}\cdot x_{ij} < \frac{1}{2}\sum_{j=1}^{J}\sum_{i=1}^{I}k_{Ti}\cdot x_{ij} \quad (1)$$

Für die Strecke zwischen jeweils zwei Transportzielen können bei dieser Konstellation Grenzkosten einer Standortverschiebung ermittelt werden. Diese geben an, wie sich die Transportkosten verändern, wenn der Standort um eine Entfernungseinheit in Richtung auf einen der Orte verschoben wird.

Transportkostenminimaler Standort im Verkehrsnetz

Auch in einem Verkehrsnetz gilt – mit einer analogen Begründung – bei linearen Transportkostenverläufen, dass der optimale Standort (bzw. einer der optimalen Standorte bei Mehrdeutigkeit) immer mit einem der Beschaffungs- oder Absatzorte übereinstimmt. Dieser optimale Standort lässt sich durch Vergleich der bei den Beschaffungs- und Absatzorten entstehenden Transportkosten identifizieren. Zur Ermittlung dieser Transportkosten sind zunächst die kürzesten Entfernungen zwischen den relevanten Orten zu bestimmen. Dann kann eine Matrix, deren Elemente die kürzesten Entfernungen zwischen jeweils zwei Orten angeben, mit dem Vektor der Transportgewichte multipliziert werden. Die Elemente des entstehenden Vektors repräsentieren jeweils die bei Wahl eines Standortes erwarteten Transportkosten.

Transportkostenminimaler Standort in einer kontinuierlichen Ebene

Bei dieser Modellvariante, dem klassischen sog. „STEINER-WEBER-Modell", wird angenommen, dass die Transporte zwischen beliebigen Orten (inklusive dem gesuchten Standort und den Beschaffungs- und Absatzorten) über die geradlinigen Verbindungen erfolgen können. Die zu überwindenden Distanzen lassen sich daher generell als Luftlinienentfernungen bestimmen. Außerdem gilt jeder Punkt des relevanten geographischen Raumes als möglicher Standort.

Bei einer euklidischen Entfernungsmessung wird die Entfernung a_j zwischen einem beliebigen Ort (mit den Koordinaten $(y_1; y_2)$) und dem Beschaffungs- oder Absatzort j (mit den Koordinaten $(y_{1j}; y_{2j})$) mit der folgenden Formel berechnet:

$$a_j = \sqrt{(y_1 - y_{1j})^2 + (y_2 - y_{2j})^2} \quad (2)$$

Die für die Transporte zum Ort j anfallenden Kosten können durch Multiplikation dieser Entfernung mit dem konstanten Einheitstransportkostensatz und der zu transportierenden Menge bestimmt werden. Die gesamten **Transport-**

kosten (K_T) setzen sich als Summe der entsprechenden Kostenkomponenten aller Transportziele zusammen. Die zu minimierende Zielfunktion lautet demgemäß:

$$K_T = \sum_{j=1}^{J}\sum_{i=1}^{I} k_{Ti} \cdot x_{ij} \cdot \sqrt{(y_1 - y_{1j})^2 + (y_2 - y_{2j})^2} \Rightarrow \text{Min!} \quad (3)$$

Durch Verbindung der Beschaffungs- und Absatzorte mit Geraden lässt sich ein konvexes Polygon bilden, das diese Orte und auch den optimalen Standort enthält.

Die Transportkostenfunktion ist über diesem Standortpolygon streng konvex, so dass es genau einen Ort (A_S^*) minimaler Transportkosten gibt, wie die Abbildung 14.1 veranschaulicht.

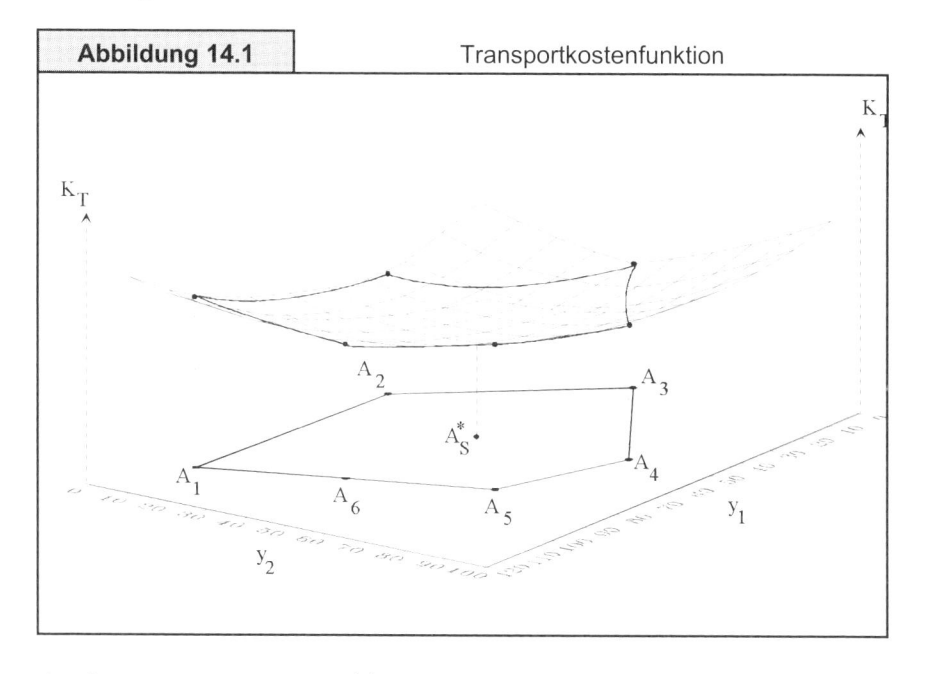

| Abbildung 14.1 | Transportkostenfunktion |

An den Transportzielen (A_1 bis A_6) weist die Funktion Knickpunkte auf und ist dort nicht differenzierbar. Für alle weiteren Punkte des Standortpolygons können durch partielle Ableitung der Transportkostenfunktion nach den Koordinaten **Grenzkosten** berechnet werden, die jeweils aussagen, wie sich die Transportkosten bei einer infinitesimal kleinen Bewegung vom vorliegenden Ort in Richtung einer Achse verändern. Sind sie größer (kleiner) als Null, befindet sich der optimale Standort bei kleineren (größeren) y_1- bzw. y_2-Werten. Im optimalen Standort muss als notwendige Bedingung gelten, dass die Grenzkosten Null sind (die hinreichende Bedingung ist aufgrund der strengen Konvexität der Transportkostenfunktion erfüllt). Das durch die notwendigen Bedingungen gebildete Gleichungssystem kann nur in Ausnahmefällen analytisch exakt gelöst werden, so dass zumeist spezifische Verfahren zur (näherungsweisen) Bestimmung der Optimallösung erforderlich sind. Nicht nötig ist die Nutzung derartiger Verfahren u. a. dann, wenn auf ein Transportziel mehr als die Hälfte der Transportgewichte entfällt – dieses ist dann immer zugleich der optimale Standort (Dominanzkriterium).

Eine Näherungslösung für den optimalen Standort kann algebraisch mit der **Schwerpunktmethode** bestimmt werden. Der Schwerpunkt S (y_{1S}; y_{2S}) wird als gewogener Mittelwert der Koordinaten der Beschaffungs- und Absatzorte errechnet. Zur Gewichtung dienen die aus Transportmengen und güterspezifischen Transportkostensätzen entstehenden Transportgewichte:

$$y_{1S} = \frac{\sum_{j=1}^{J}\sum_{i=1}^{I} k_{Ti} \cdot x_{ij} \cdot y_{1j}}{\sum_{j=1}^{J}\sum_{i=1}^{I} k_{Ti} \cdot x_{ij}} \qquad y_{2S} = \frac{\sum_{j=1}^{J}\sum_{i=1}^{I} k_{Ti} \cdot x_{ij} \cdot y_{2j}}{\sum_{j=1}^{J}\sum_{i=1}^{I} k_{Ti} \cdot x_{ij}} \qquad (4)$$

Ob ein derartig bestimmter Ort optimal ist, lässt sich mit Hilfe der oben angesprochenen Grenzkosten überprüfen. Die mit der Schwerpunktmethode berechnete Lösung wird aber oft noch relativ weit von dem optimalen Standort entfernt liegen. Dennoch soll sie nachfolgend zur Lösung von Aufgabe 3 verwendet werden.

Auf weitere Lösungsverfahren soll hier nicht eingegangen und lediglich auf die angegebene Literatur verwiesen werden. Es sei aber einschränkend darauf hingewiesen, dass die Aussagekraft der Ergebnisse des STEINER-WEBER-Modells wie der der zuvor beschriebenen Modelle durch die oben aufgeführten Annahmen beschränkt wird. Diese Annahmen werden in der Realität des Öfteren nicht erfüllt sein, so dass die Modelle verfeinert, Abweichungen von den Modellprämissen neben den Modellergebnissen in die Standortentscheidung einbezogen und/oder ergänzend andere Modelle und Verfahren eingesetzt werden sollten. So bietet es sich an, das STEINER-WEBER-Modell bei hoher Relevanz von Transportkosten zur Identifikation transportkostengünstiger Regionen heranzuziehen und dann für wenige potenzielle Standorte eine Nutzwertanalyse und/oder dynamische Investitionsrechnung durchzuführen. Eine erweiterte, komplexere Problemstellung wird auch bei der nachfolgend angesprochenen Planung von Standortstrukturen anstelle von Standorten betrachtet.

14.3 Planung der Standortstruktur

Standortstrukturen und ihre Wirkungen auf Erfolgspotenziale

Die Standortstruktur eines Unternehmens wird durch die Gesamtheit der Standorte des Unternehmens sowie die langfristige Zuordnung der Leistungen zu den einzelnen Standorten und deren Ausstattung mit langfristig gebundenen Betriebsmitteln gebildet. Aus dieser Definition folgt, dass eine Vielzahl verschiedener Standortstrukturen realisierbar ist, die sich unter anderem hinsichtlich der Anzahl der Standorte, der diesen zugeordneten Leistungsbereiche sowie deren Betriebsmittelausstattungen unterscheiden können. Eine häufig vorzufindende Systematisierung von Standortstrukturen basiert auf der Frage, ob eine raumbezogene Mengen- und/oder Artteilung des Leistungsprogramms vorgenommen wird. Eine entsprechende Mengenteilung liegt vor, wenn die insgesamt zu erbringende Menge aller Leistungen oder einer Leistungsart mehr als einem Standort zugeordnet wird. Bei einer raumbezogenen Artteilung werden verschiedene Leistungsarten unterschiedlichen Standorten zugewiesen. Die Abbildung 14.2 zeigt die vier **Grundformen der Standortstruktur**, die sich anhand dieser Kriterien bilden lassen.

Abbildung 14.2		Grundformen der Standortstruktur	
		raumbezogene Artteilung	
		nein	ja
raumbezogene Mengenteilung	nein	Standorteinheit	Standortteilung
	ja	Standortspaltung	Standortdiversifikation

(Quelle: IHDE, 2001, S. 86)

Bei einer **Standorteinheit** erfolgt der Leistungsprozess vollständig an einem Standort. Eine **Standortspaltung** liegt vor, wenn artgleiche Leistungsprozesse an verschiedenen Standorten durchgeführt und gleichzeitig an jedem Standort die Leistungsbreite und die Leistungstiefe, d. h. der Umfang des Leistungsprogramms und die Anzahl der innerbetrieblichen Leistungsstufen, beibehalten werden (im Fallbeispiel würden dann bei Errichtung von zwei Betriebsstätten an jedem Standort sowohl Kleiderschränke als auch Kommoden gefertigt). Für die **Standortteilung** ist charakteristisch, dass lediglich eine raumbezogene Artteilung vorgenommen wird. Es sind funktionsorientierte, produktorientierte und fertigungsstufenorientierte Formen der Teilung möglich, die sich auch miteinander kombinieren lassen (im Fallbeispiel würde eine Standortteilung zur Herstellung von Kleiderschränken in der einen und Kommoden in der anderen Betriebsstätte führen). Die **Standortdiversifikation** ist durch die Mengen- **und** Artteilung der Tätigkeiten gekennzeichnet. Auch sie kann grundsätzlich funktions-, produkt- und/oder fertigungsstufenorientiert vorgenommen werden.

Das Ziel einer Gestaltung der Standortstruktur kann darin gesehen werden, die durch diese beeinflussbaren **Erfolgspotenziale** des Unternehmens zu halten bzw. auszubauen. Dabei handelt es sich vor allem um die folgenden Erfolgspotenziale:

(1) große Kapazitäten, kostengünstige Produktionsverfahren, hohe Kapazitätsauslastung, große Lerneffekte, große Beschaffungsmengen und Nutzung gemeinsamer Ressourcen an einzelnen Standorten,
(2) Zugang und Nähe zu bestimmten Beschaffungsmärkten und bedeutenden Lieferanten,
(3) Zugang und Nähe zu bestimmten Absatzmärkten und bedeutenden Kunden,
(4) Anpassungsfähigkeit an lokale Gegebenheiten,
(5) hohe Produktqualität,
(6) Herkunftsgoodwill (aus der Entstehung an einem bestimmten Ort resultierende Präferenz für ein Gut, z. B. bei Nürnberger Lebkuchen, Aachener Printen, Dresdner Christstollen und Solinger Stahl),
(7) Zugang zu Subventionen, z. B. zu Exportförderungsmaßnahmen, und geringe Steuerbelastung,
(8) Risikoausgleich zwischen verschiedenen Betriebsstätten und hohe Flexibilität sowie
(9) geringe Komplexität des Betriebsstättensystems, d.h. vor allem geringer Bedarf an Koordination sowie Kommunikation, Transporten und Transfers zwischen den einzelnen Betriebsstätten.

Die Erfolgspotenziale (1), (5) und (9) lassen sich bei einer **zentralen Leistungserstellung** (Standorteinheit) tendenziell eher auf hohem Niveau verwirklichen. Ausschlaggebend hierfür sind vor allem die hohen Leistungsmengen an einem Standort und die Tatsache, dass kein Transport-, Transfer-, Kommunikations- und Koordinationsbedarf zwischen Betriebsstätten besteht.

Eine **dezentrale Leistungserstellung** dürfte häufig Vorteile hinsichtlich der Erfolgspotenziale (2), (3), (4) und (8) aufweisen. Zugang und Nähe zu bestimmten Beschaffungs- und Absatzmärkten und damit auch bedeutenden Lieferanten und Kunden sind i. d. R. eher erreichbar, so dass unter anderem – bei gleichem Absatz- und Beschaffungsprogramm – tendenziell geringere Transportkosten im Absatz- und Beschaffungsbereich entstehen. Die Gefahr, dass sich Wachstumsstrategien aufgrund mangelnder Verfügbarkeit von Produktionsfaktoren (Arbeitskräfte, Material, Grundstücke etc.) nicht realisieren lassen, ist geringer. Außerdem ist die Flexibilität des Unternehmens ebenso höher wie die Anpassungsfähigkeit an lokale Gegebenheiten und spezifische Kundenbedürfnisse.

Für die Erfolgspotenziale (6) und (7) lassen sich keine Tendenzaussagen treffen; sie werden vor allem durch die jeweiligen Standorte beeinflusst.

Ein ganz wesentlicher Bestandteil der Standortstruktur ist die **Standortverteilung**, die durch die Zahl und die Standorte der Betriebsstätten gebildet wird. Daher wird nachfolgend auf ein Modell zur Bestimmung einer kostenminimalen Standortverteilung eingegangen.

Modell zur Bestimmung einer kostenminimalen Standortverteilung

Mit dem nachfolgend beschriebenen Modell soll die **Standortverteilung** gefunden werden, bei der eine endliche Zahl von Transportzielen j ($j = 1,...,J$) mit den Koordinaten (y_{1j}; y_{2j}) zu minimalen Kosten K_G mit Mengen x_j einer Güterart (vereinfacht gegenüber der Betrachtung mehrerer Güterarten in Abschnitt 14.2) versorgt wird. Die Kosten setzen sich aus den Transportkosten sowie den Kosten der Errichtung und Unterhaltung von Betriebsstätten zusammen. Die Anzahl B der Betriebsstätten b ist nun ebenso variabel wie deren Standorte, die aus allen Punkten der Ebene gewählt werden können. Außerdem muss für jedes Transportziel festgelegt werden, von welcher Betriebsstätte aus es beliefert wird, so dass implizit auch eine mengenbezogene Leistungszuordnung zu den Betriebsstätten erfolgt (die einer Betriebsstätte zugewiesenen Transportziele bilden deren „Einzugsbereich"). Dem Modell liegen neben den allgemein für die transportkostenorientierten Modellen und speziell für das STEINER-WEBER-Modell relevanten Prämissen (mit Ausnahme der relevanten Handlungsmöglichkeiten und Kosten) die folgenden Annahmen zugrunde:

- Relevante Handlungsmöglichkeiten sind die Festlegung der Anzahl der Betriebsstätten und ihrer Standorte sowie die Zuordnung der Transportziele zu ihnen.
- Es sind lediglich die Transportkosten K_T und die Kosten der Errichtung und Unterhaltung K_E von Betriebsstätten für die Entscheidung relevant.
- Die Kosten k_E der Errichtung und Unterhaltung einer Betriebsstätte sind gegeben und unabhängig vom Standort, ihrer Kapazität sowie der Anzahl der Betriebsstätten.
- Es lässt sich eine unbegrenzte Anzahl von Betriebsstätten einrichten, für deren Kapazität jeweils keine Beschränkung existiert.
- Die Transportziele können unabhängig voneinander Betriebsstätten zugeordnet werden, wobei jedes Transportziel nur von einem Standort aus zu

versorgen ist. Zwischen den Betriebsstätten sind keine Transporte erforderlich.

Mathematisch lässt sich das Modell wie folgt formulieren:

Zielfunktion:

$$K_G = B \cdot k_E + k_T \cdot \sum_{b=1}^{B} \sum_{j=1}^{J} x_j \cdot u_{bj} \cdot \sqrt{(y_{1b} - y_{1j})^2 + (y_{2b} - y_{2j})^2} \Rightarrow \text{Min!} \quad (5)$$

Nebenbedingungen:

$$\sum_{b=1}^{B} u_{bj} = 1, \quad \text{für } j = 1,\ldots,J \quad (6)$$

$$u_{bj} \in \{0,1\}, \quad \text{für } b = 1,\ldots,B; j = 1,\ldots,J$$

$$B > 0 \text{ und ganzzahlig}$$

Falls die Zuordnungsvariable u_{bj} den Wert Eins annimmt, wird das Transportziel j von der Betriebsstätte b aus versorgt, bei einem Wert von Null trifft dies nicht zu. Mit Hilfe dieser Zuordnungsvariablen und der ersten Gruppe der Nebenbedingungen wird gewährleistet, dass jedes Transportziel von genau einem Standort beliefert wird.

Da die verschiedenen Transportziele jeweils einem Standort zuzuordnen sind, hat das dargestellte Modell einen kombinatorischen Charakter, und die Zahl der Alternativen des Modells ist häufig sehr hoch, sie nimmt mit wachsendem J exponentiell zu. Die Alternativen lassen sich unter anderem anhand der Anzahl I der Betriebsstätten, die eingerichtet und unterhalten werden sollen, in Lösungsgruppen einteilen. Die optimale Anzahl der Betriebsstätten B_{opt} ist abhängig von dem Verhältnis zwischen den Kosten je Betriebsstätte (k_E) und den Einheitstransportkostensätzen (k_T). Mit zunehmendem B steigen die von der Anzahl der Betriebsstätten direkt abhängigen Kosten (linear) an, während die Transportkosten bis zur Lösungsgruppe $B=J$ sinken, bei der die Standorte der Betriebsstätten und der Transportziele übereinstimmen und die Transportkosten Null werden (die optimale Anzahl der Betriebsstätten ist in jedem Fall kleiner gleich J). Bei hohen Kosten je Betriebsstätte und geringen Einheitstransportkosten werden daher relativ wenige, im umgekehrten Fall tendenziell viele Betriebsstätten eingerichtet. Für die Lösung des Modells sind eine Reihe von exakten und Näherungsverfahren entwickelt worden. Aufgabe 3 des Fallbeispiels bezieht sich – mit leichten Abwandlungen – auf die bei diesem Modell unterstellte Problemsituation.

14.4 Lösung des Fallbeispiels

Aufgabe 1
a) Für die Anwendung des Kriteriums von FRANCIS sind zunächst die Transportgewichte der einzelnen Orte sowie die (vom Standort A aus) kumulierten Transportgewichte zu ermitteln.

Tabelle 14.3		(Kumulierte) Transportgewichte			
Gut \ Ort	A	B	C	D	E
Transportgewicht (GE/EE)	30.000	100.000	50.000	50.000	20.000
Kumulierte Transportgewichte (GE/EE)	30.000	**130.000**	180.000	230.000	250.000

Es zeigt sich, dass der Standort B optimal ist, da bei ihm das kumulierte Transportgewicht (130.000) erstmals größer ist als die Hälfte der Summe aller Transportgewichte (0,5 · 250.000).

Für die Berechnung der bei B entstehenden Transportkosten sind zunächst die Entfernungen zwischen den direkt miteinander verbundenen Orten zu ermitteln und zwar gemäß der euklidischen Norm zur Entfernungsmessung, da von Luftlinienentfernungen zwischen den einzelnen Orten ausgegangen wird. Hieraus ergeben sich folgende (gerundete) Entfernungen: $\overline{AB}$ = 7, $\overline{BC}$ = 46, $\overline{CD}$ = 50, $\overline{DE}$ = 27.

Die Transportkosten betragen bei Wahl des Standortes B (als über alle Orte gebildete Summe der Produkte von Entfernung und Transportgewicht):

$$7 \cdot 30.000 + 0 \cdot 100.000 + 46 \cdot 50.000 + 96 \cdot 50.000 + 123 \cdot 20.000$$
$$= 9.770.000 \text{ GE}$$

Die Transportkosten für die anderen Orte lassen sich in analoger Weise bestimmen. Die Transportkostenfunktion für die Verbindungslinie zwischen A und E ist in der folgenden Abbildung dargestellt. Es zeigt sich, dass die Funktion zwischen den direkt miteinander verbundenen Orten jeweils linear verläuft.

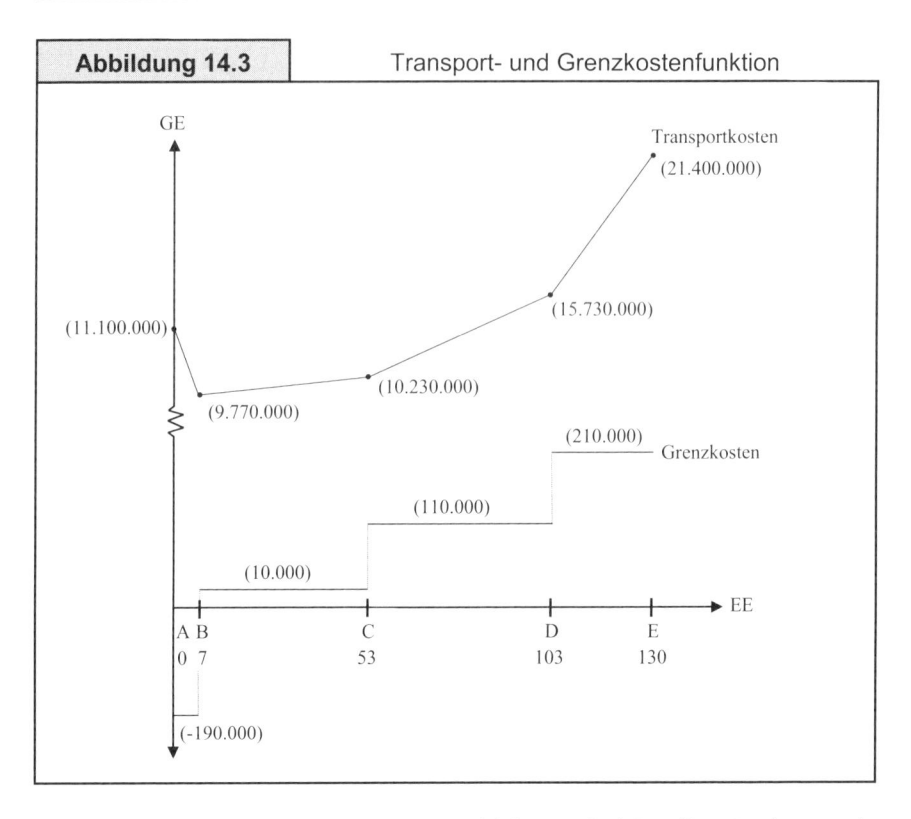

Abbildung 14.3 Transport- und Grenzkostenfunktion

[Diagramm: Transportkostenfunktion mit Werten (11.100.000) bei A, (9.770.000) bei B, (10.230.000) bei C, (15.730.000) bei D, (21.400.000) bei E; Grenzkostenfunktion mit Stufen (-190.000), (10.000), (110.000), (210.000); Entfernungen A=0, B=7, C=53, D=103, E=130]

b) Die Grenzkosten einer Standortverschiebung sind in allen Punkten zwischen zwei Beschaffungs- oder Absatzorten gleich hoch, da sie nur von den mit den konstanten Transportkostensätzen bewerteten Mengen abhängen, die weiter oder weniger weit zu transportieren sind. Wird ein angenommener Standort von einem Ort zwischen A und B in Richtung auf B verlagert, verlängert sich die Transportstrecke für das von A zum Standort zu transportierende Holz, für die Transporte von bzw. zu allen anderen Orten wird sie kürzer. Daraus resultieren die folgenden Grenzkosten (bezogen auf eine Entfernungseinheit):

$$3.000 \cdot 10 - (2.000 \cdot 20 + 6.000 \cdot 10 + 1.000 \cdot 20 + 3.000 \cdot 10 + 2.000 \cdot 20 + 1.000 \cdot 10 + 2.000 \cdot 10) = -190.000 \text{ (GE)}$$

Dies bedeutet, dass die Transportkosten bei einer entsprechenden Standortverschiebung um 190.000 GE pro Entfernungseinheit abnehmen. Zwischen B und C betragen die Grenzkosten 10.000 GE. Beim optimalen Standort (hier B) wechselt das Vorzeichen der Grenzkosten, d. h., von A bis B nehmen die Transportkosten ab, bei einer weiteren Verschiebung steigen sie wieder an (positive Grenzkosten). Der gesamte Verlauf der Grenzkosten ist in der Abbildung 14.3 dargestellt.

Aufgabe 2
Wie in Abschnitt 14.2 erwähnt, gilt auch in einem Verkehrsnetz bei linearen Transportkostenverläufen, dass der bzw. ein optimale(r) Standort in einem der Beschaffungs- oder Absatzorte liegt; er kann daher durch Ermittlung der bei diesen Orten entstehenden Transportkosten mittels Multiplikation der Entfernungsmatrix mit dem Vektor der Transportgewichte sowie Vergleich dieser Kosten identifiziert werden:

$$\begin{pmatrix} 0 & 7 & 50 & 49 & 71 \\ 7 & 0 & 46 & 52 & 72 \\ 50 & 46 & 0 & 50 & 50 \\ 49 & 52 & 50 & 0 & 27 \\ 71 & 72 & 50 & 27 & 0 \end{pmatrix} \cdot \begin{pmatrix} 30.000 \\ 100.000 \\ 50.000 \\ 50.000 \\ 20.000 \end{pmatrix} = \begin{pmatrix} 7.070.000 \\ 6.550.000 \\ 9.600.000 \\ 9.710.000 \\ 13.180.000 \end{pmatrix}$$

Optimal ist der Absatzort B, da bei einer Errichtung der Produktionsstätte in diesem Ort die geringsten Transportkosten (6.550.000 GE) zu erwarten sind. Es zeigt sich, dass die Verbesserung der Infrastruktur zu einer nicht unerheblichen Verringerung der Transportkosten führen würde.

Aufgabe 3
Die vorliegende Problemstellung unterscheidet sich von der in der Darstellung des entsprechenden Modells in Abschnitt 14.3 betrachteten lediglich durch die Existenz einer Betriebsstätte, die Relevanz von Auszahlungen für deren mögliche Schließung sowie die Abhängigkeit der Auszahlungen für den Aufbau einer Betriebsstätte von der Anzahl der zukünftigen Betriebsstätten. Zur Bestimmung einer optimalen Standortverteilung sind zunächst die Alternativen, die für deren Gestaltung zur Wahl stehen, zu systematisieren. Hinsichtlich der Anzahl der Betriebsstätten und der Schließung oder Beibehaltung der vorhandenen Betriebsstätte existieren die folgenden Möglichkeiten:

(i) Weitere alleinige Nutzung der vorhandenen Betriebsstätte,
(ii) Verlagerung der Betriebsstätte an einen neuen Standort,
(iii) Aufrechterhaltung der vorhandenen und Errichtung einer neuen Betriebsstätte,
(iv) Aufgabe der vorhandenen und Aufbau von zwei neuen Betriebsstätte(n).

Bei den beiden letztgenannten Handlungen gibt es darüber hinaus Optionen, die sich dadurch unterscheiden, welche Kombinationen von Absatzorten von den einzelnen Betriebsstätten aus versorgt werden sollen. Des Weiteren besteht für die neue(n) Betriebsstätte(n) jeweils eine Vielzahl von Standortalternativen. Schließlich ist für jede Betriebsstätte die Wahl zwischen den beiden Beschaffungsorten möglich. Bei (i) bis (iv) handelt es sich daher um Alternativengruppen, und es ist zunächst die Bestimmung der in diesen Gruppen optimalen Handlung(en) erforderlich, bevor dann deren Kosten berechnet werden können und durch Kostenvergleich die insgesamt beste Standortverteilung für den Möbelhersteller gefunden werden kann.

Alternative (i): Weitere alleinige Nutzung der vorhandenen Betriebsstätte
Bei dieser Alternative ist lediglich der Beschaffungsort zu bestimmen. Da die Entfernung zu E deutlich geringer ist als zu A, sollte das Holz vollständig von dem dort ansässigen Lieferanten bezogen werden. Die entsprechende Beschaffungsmenge ergibt sich aus dem veränderten Absatzprogramm und dem Bedarf je Kleiderschrank bzw. Kommode, sie beträgt 6.500 m^3. Die Transportkosten lassen sich als Summe der für die Transporte von bzw. zu den Orten B bis F entstehenden Transportkosten bilden. Sie betragen:

$69{,}64 \cdot 100.000 + 58{,}52 \cdot 50.000 + 18{,}03 \cdot 50.000 + 15{,}81 \cdot 65.000$
$+ 20 \cdot 60.000 = 13.019.150$ GE

Die Gesamtkosten belaufen sich auf:
$13.019.150 + 2.000.000 = $ **15.019.150** GE.

Alternative (ii): Verlagerung der Betriebsstätte an einen neuen Standort
Bei dieser Alternative ist – hier näherungsweise – der optimale Standort zu bestimmen. Dabei stellt sich das Problem, dass dieser von dem Beschaffungsort abhängig ist, der Beschaffungsort aber wiederum in Abhängigkeit vom Standort festgelegt werden sollte. Eine Lösungsmöglichkeit besteht darin, zunächst mit der Schwerpunktmethode allein unter Einbeziehung der Absatzorte einen guten Standort zu bestimmen, dann für diesen den Beschaffungsort auszuwählen und schließlich unter Berücksichtigung des Beschaffungsortes den Standort anzupassen.

Die Koordinaten des ersten Schwerpunktes als vorläufiger Standort ergeben sich wie folgt:

$$y_{1S} = \frac{100.000 \cdot 15 + 50.000 \cdot 60 + 50.000 \cdot 30 + 60.000 \cdot 40}{100.000 + 50.000 + 50.000 + 60.000} = 32{,}31$$

$$y_{2S} = \frac{100.000 \cdot 5 + 50.000 \cdot 15 + 50.000 \cdot 55 + 60.000 \cdot 50}{100.000 + 50.000 + 50.000 + 60.000} = 26{,}92$$

Dieser Ort liegt näher an dem Beschaffungsort A als an E, so dass das Holz von A bezogen werden sollte. Werden die Transporte von A in die Standortbestimmung mittels der Schwerpunktmethode einbezogen, lautet der Schwerpunkt (27,85; 23,54). Bei diesem Ort entstehen unter Berücksichtigung der Entfernungen zu dem Beschaffungsort A und zu den Absatzorten Transportkosten in Höhe von 8.698.700 GE pro Periode.

Zusätzlich zu den Transportkosten sind die Kosten für die Schließung der vorhandenen und die Errichtung der neuen Betriebsstätte sowie die laufenden Verwaltungskosten zu berücksichtigen. Die Gesamtkosten einer Periode betragen:

$$8.698.700 + \left(\frac{6.000.000 + 20.000.000}{10}\right) + 2.000.000 = \mathbf{13.298.700\ GE}$$

Bei der optimalen Lösung dieser Alternativengruppe wird die Betriebsstätte nur von dem nächstgelegenen Beschaffungsort beliefert. Zur Ermittlung dieser Lösung ist es daher alternativ auch möglich, für jedes der beiden Standortprobleme mit den vier Absatzorten und jeweils einem der beiden Beschaffungsorte den Schwerpunkt zu bestimmen und die bei diesem entstehenden Transportkosten zu berechnen. Durch Vergleich kann der vorteilhafte Standort (zusammen mit dem zugeordneten Beschaffungsort) identifiziert werden.

Alternative (iii): Aufrechterhaltung der vorhandenen und Errichtung einer neuen Betriebsstätte
Bei dieser Alternative werden zwei Betriebsstätten genutzt. Gemäß der Vorgabe in der Aufgabenstellung sollen von jeder Betriebsstätte aus zwei Absatzorte versorgt werden. Grundsätzlich existieren für die Zuordnung der Absatzorte zu den beiden Betriebsstätten eine Reihe von Möglichkeiten. Bei der vorliegenden Problemstellung bietet es sich jedoch an, die Orte D und F von der vorhandenen Betriebsstätte aus zu beliefern und für die Versorgung von B und C die neu zu errichtende Betriebsstätte zu nutzen. Das Holz sollte dann für die vorhandene Betriebsstätte von Beschaffungsort E (2.750 m^3) und für die neue Produktionsstätte von A (3.750 m^3) bezogen werden.

Die Kosten, die für die Transporte zu und von der vorhandenen Betriebsstätte entstehen, betragen 2.536.275 GE.

Der Standort der neuen Betriebsstätte ist so zu bestimmen, dass die Kosten, die durch die Transporte von A und zu B sowie C verursacht werden, möglichst gering sind. Da das Transportgewicht von B (100.000) höher ist als die Summe der Gewichte von A und C (37.500 + 50.000), ist es optimal, den Standort im Ort B zu wählen (Dominanzkriterium). Es entstehen dann Transportkosten in Höhe von 2.562.500 GE.

Die Gesamtkosten dieser Alternative belaufen sich pro Periode auf:

$$2.536.275 + 2.562.500 + \left(\frac{16.000.000}{10}\right) + 3.000.000 = \mathbf{9.698.775\ GE}$$

Alternative (iv): Aufgabe der vorhandenen und Aufbau von zwei neuen Betriebsstätte(n)
Für die Zuordnung der Absatz- und Beschaffungsorte zu den Betriebsstätten gelten die gleichen Aussagen wie zu Alternative (iii). Eine Betriebsstätte soll-

te in Ort B errichtet werden, um die Transportkosten des zugehörigen Einzugsbereichs zu minimieren. Für die andere Betriebsstätte lässt sich mit der Schwerpunktmethode ein guter Standort mit den Koordinaten (39,36; 54,82) bestimmen. Die Transportkosten betragen 1.272.750 GE (hier mit auf zwei Stellen hinter dem Komma gerundeten Entfernungen ermittelt).

Die Gesamtkosten einer Periode setzen sich aus den beiden Transportkostenkomponenten, den laufenden Verwaltungskosten sowie den aus den Auszahlungen abgeleiteten Kosten für die Schließung der vorhandenen sowie die Errichtung der neuen Betriebsstätte(n) zusammen. Sie belaufen sich auf:

$$1.272.750 + 2.562.500 + \left(\frac{6.000.000 + 32.000.000}{10}\right) + 3.000.000$$

$$= \mathbf{10.635.250 \ GE}$$

Ein Vergleich der Kosten der vier Alternativen(gruppen) zeigt, dass es optimal ist, die bisherige Betriebsstätte beizubehalten und eine neue Betriebsstätte zu errichten (Alternativengruppe (iii)). Als Standort dieser Betriebsstätte sollte der Ort B gewählt werden.

Der relevante geographische Raum mit den Beschaffungs- und Absatzorten sowie den für die vier Alternativengruppen ausgewählten Standorten wird in Abbildung 14.4 veranschaulicht.

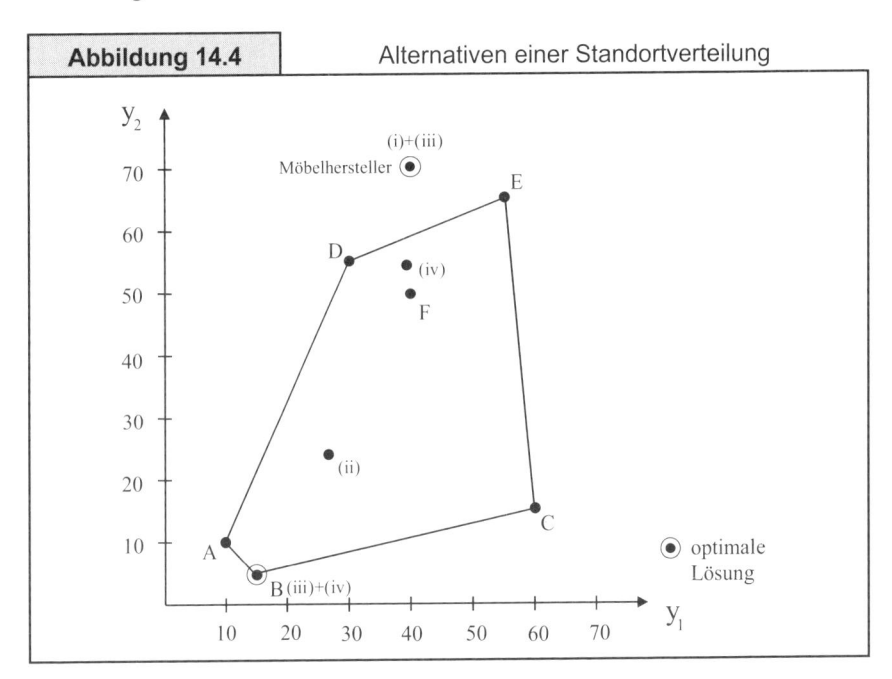

Abbildung 14.4 — Alternativen einer Standortverteilung

Bei der optimalen Lösung werden von der vorhandenen Produktionsstätte des Möbelherstellers die Absatzorte D und F versorgt, der Bezug des Rohstoffes Holz erfolgt aus Beschaffungsort E. Die neue Betriebsstätte in B beliefert die Absatzorte B und C, das Holz wird aus Ort A beschafft. Bei einer Entscheidung auf der Grundlage dieser Empfehlung sind allerdings die zugrunde gelegten vereinfachenden Annahmen zu beachten.

Literaturhinweise

BEA, F.X.: Entscheidungen des Unternehmens, in: BEA, F.X.; FRIEDL, B.; SCHWEITZER, M. (Hrsg.): Allgemeine Betriebswirtschaftslehre, Bd. 1: Grundfragen, 10. Aufl., Stuttgart 2009, S. 311-420.

BLOECH, J.: Optimale Industriestandorte, Würzburg 1970.

COOPER, L.: Location-Allocation Problems, in: OR, Bd. 11, 1963, S. 331-343.

FRANCIS, R.L.: A Note on the Optimum Location of New Machines in Existing Plant Layouts, in: The Journal of Industrial Engineering, Bd. 14 (1963), S. 57-59.

GÖTZE, U.: Standortplanung, in: Küpper, H.-U.; WAGENHOFER, A. (Hrsg.): Handwörterbuch Unternehmensrechnung und Controlling, Stuttgart 2002, S. 1819-1827.

IHDE, G.B.: Transport, Verkehr, Logistik, 3. Aufl., München 2001.

KINKEL, S. (Hrsg.): Erfolgsfaktor Standortplanung, 2. Aufl., Berlin u. a. 2009.

LÜDER, K.: Standortwahl. Verfahren zur Planung betrieblicher und innerbetrieblicher Standorte, in: JACOB, H. (Hrsg.), Industriebetriebslehre, 4. Aufl., Wiesbaden 1990, S. 25-100.

15 Transportplanung

15.1 Fallbeispiel

Das Unternehmen RIGI, der führende Gipslieferant in der Region, dessen Produktions- und Transportkapazitäten zurzeit gut ausgelastet sind, soll für einen Kunden ein Angebot für die Belieferung von fünf Baustellen im kommenden Monat ausarbeiten. Angesichts der Kapazitätsengpässe im eigenen Transportbereich muss ein Logistikdienstleister beauftragt werden, der die Transporte übernimmt und dem ein konkreter Transportplan vorgegeben werden soll. Von den drei in Frage kommenden Lieferstandorten, an denen jeweils nur noch begrenzte freie Mengen zur Verfügung stehen, soll das Material mit LKW an die Bedarfsorte transportiert werden. Die Entfernungen zwischen den Lieferorten, die als Anbieter mit A_i bezeichnet sind, und den Baustellen B_j sowie die jeweils verfügbaren bzw. benötigten Mengen sind in den beiden nachfolgenden Tabellen zusammengestellt:

Tabelle 15.1 — Entfernungen zwischen den Liefer- und Bedarfsorten in km

	B_1	B_2	B_3	B_4	B_5
A_1	62,5	70	60	62,5	25
A_2	75	55	62,5	50	25
A_3	52,5	37,5	57,5	45	55

Tabelle 15.2 — Liefer- und Bedarfsmengen

	A_1	A_2	A_3
Verfügbare Liefermenge (in kg)	1.800	2.300	1.500

	B_1	B_2	B_3	B_4	B_5
Bedarfsmenge (in kg)	900	1.400	900	1.200	1.200

Der gewählte Logistikdienstleister verlangt für Entfernungen unter 100 km und ein Transportgewicht unter 2000 kg einen Preis von 0,4 € pro km und 100 kg. Die dem Preis zu Grunde liegenden Liefervoraussetzungen (z. B. die rechtzeitige Bereitstellung des Transportgutes bis 9 Uhr, die Annahmebereitschaft der Empfänger bis 17 Uhr) sind gegeben, und es wird garantiert, dass die Lieferung innerhalb des gleichen Werktages erfolgt.

Für die Fertigstellung des Angebots benötigt der Mitarbeiter in der Kalkulation insbesondere noch die anfallenden Transportkosten. Sie ergeben sich aus dem Preis, dem zu transportierenden Gewicht sowie den Entfernungen, so dass zunächst der konkrete Transportplan aufzustellen ist, der nicht nur den Auftrag an den Logistikdienstleister spezifiziert, sondern auch die Höhe der Transportkosten determiniert.

Aufgabe 1
Formulieren Sie ein Optimierungsmodell für die oben beschriebene Planungssituation unter der Maßgabe, dass das Unternehmen die im Zusammenhang mit der Auslieferung des Materials entstehenden Transportkosten minimieren, die Baustellen aber dennoch bedarfsgerecht beliefern lassen möchte.

Aufgabe 2
Ermitteln Sie mit Hilfe der Zeilen-Spalten-Sukzessionsmethode eine Ausgangslösung. Welchen Transportauftrag würden Sie dem Logistikdienstleister auf der Basis Ihres Ergebnisses geben?

Aufgabe 3
Ein pfiffiger Praktikant hat sich mit dem Planungsproblem beschäftigt und ist mit einem intuitiven Vorgehen zu einer eigenen Lösung gekommen, die er für sehr gut hält. Sie umfasst folgende Transporte:

- vom Anbieterstandort A_1 werden jeweils 900 kg an die Baustellen B_3 und B_5 transportiert
- vom Standort A_2 werden 800 kg an die Baustelle B_2, 1.200 kg an die Baustelle B_4 und 300 kg an die Baustelle B_5 geliefert
- Baustelle B_2 erhält zusätzlich noch 600 kg vom Standort A_3, Baustelle B_1 dagegen ihren gesamten Bedarf.

Stellen Sie für diesen Vorschlag den zugehörigen Transportplan auf und beurteilen Sie seine Güte. Ermitteln Sie, falls diese Lösung sich als nicht optimal erweist, den transportkostenminimalen Plan mit Hilfe des Stepping-Stone-Verfahrens. Wie lautet Ihr Transportauftrag, und welchen Betrag muss der Mitarbeiter in der Kalkulation ansetzen?
(Hinweis: Ein alternativer Lösungsweg mit der Modifizierten Distributionsmethode findet sich im Methodenteil.)

Zusatzaufgabe
Das Unternehmen erfährt, dass die Brückenbaumaßnahmen, die auf der Strecke zwischen dem Lieferort 1 und der Baustelle 4 die Ursache für einen ex-

tremen Umweg waren, in Kürze abgeschlossen sein werden. Die Entfernung beträgt dann nur noch 45 km; für LKW ist aber bei einer Nutzung der neuen Brücke eine Gebühr in Höhe von 8 € zu zahlen. Es stellt sich nun die Frage, ob der Transportauftrag (aus Aufgabe 3) angesichts dieser aktuellen Informationen geändert werden sollte.

a) Wie sind diese Änderungen in die Transportplanung einzubeziehen und welche Probleme wirft die Brückennutzungsgebühr auf?

b) Überprüfen Sie, ob die Nutzung dieser Transportverbindung vorteilhaft ist.

c) Ändert sich Ihre Einschätzung bei einer anderen Höhe der Nutzungsgebühr?

15.2 Klassisches Transportproblem

Zu den unterschiedlichen mit dem Transport von Gütern verbundenen logistischen Planungsfragen gehört – neben der Tourenplanung, der Investitionsplanung für Transportmittel, der Frage von Eigen- oder Fremdtransporten o. Ä. – auch das so genannte Klassische Transportproblem. Dabei sind Transporte zwischen Lieferorten (z. B. Produktionsstätten oder Auslieferungslägern), die auch oft als Angebotsorte bezeichnet werden, und Bedarfsstellen (z. B. Filialen eines Handelsunternehmens oder weiterverarbeitenden Fertigungsstätten) zu planen, wenn für ein produzierendes Unternehmen beide Seiten (Angebots- und Bedarfsstellen) in seinem Entscheidungsbereich liegen (wie es z. B. bei Produktionsstätten und Regionallägern der Fall sein kann) oder ein Logistikdienstleister die Transportflüsse in einem Liefernetzwerk zu gestalten hat. Das Ziel besteht in diesem Zusammenhang häufig darin, einen möglichst kostengünstigen Transportplan zu entwerfen, bei dem die Mengenvorgaben, in Form von verfügbaren Mengen auf der Angebots- und nachgefragten auf der Bedarfsseite, eingehalten werden.

In seiner Grundform beschränkt sich das Klassische Transportproblem auf eine solche einstufige Struktur, ist ausgeglichen (d. h. die gesamte Angebotsmenge entspricht der insgesamt nachgefragten Menge), greift nur auf vorgegebene Verkehrsträger und Transportmittel zu und lässt zeitliche oder kapazitative Aspekte (z. B. Zeitfenster für die Auslieferung oder maximale Zuladegewichte für LKW) zunächst unberücksichtigt. Erweiterungen des Planungsmodells (z. B. die Einbeziehung von Umladevorgängen im Rahmen eines zweistufigen Transportproblems oder die Ungleichheit von Angebots- und Bedarfsmenge) sind aber innerhalb des Planungsrahmens möglich.

Abbilden lässt sich das Grundmodell des Transportproblems am übersichtlichsten anhand eines gerichteten Graphen (vgl. Abbildung 15.1), dessen Knoten auf der einen Seite die Angebotsorte A_i (mit den verfügbaren Mengen a_i) und auf der anderen die Bedarfsorte B_j (mit den Nachfragemengen b_j) repräsentieren. Verbunden sind die Knoten der beiden Gruppen durch Pfeile, deren Orientierung die Transportrichtung deutlich macht, d. h. jeder Pfeil zeigt von einem Angebots- zu einem Bedarfsort (Transporte innerhalb einer der beiden Gruppen sind nicht vorgesehen). Die Kosten, die pro zu transportierender Mengeneinheit auf einer bestimmten Strecke (von Ort A_i zu Ort B_j) anfallen, werden dann als Bewertung (c_{ij}) dem entsprechenden Pfeil zugeordnet; sind bestimmte Transportverbindungen nicht realisierbar (oder nicht gewünscht), existiert kein Pfeil zwischen den entsprechenden Orten.

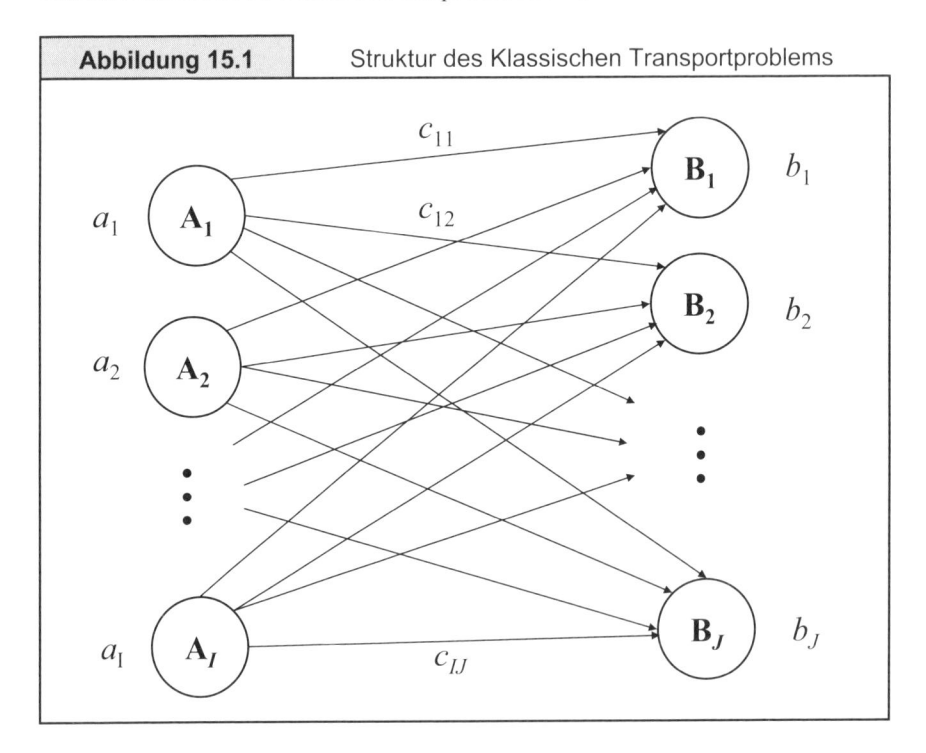

Abbildung 15.1 Struktur des Klassischen Transportproblems

15.3 Modellformulierung für das Transportproblem

Das Planungsproblem, wie es oben beschrieben und graphisch dargestellt ist, lässt sich in einem **linearen Optimierungsmodell** abbilden, das typischerweise aus den drei Komponenten „Zielfunktion", „Nebenbedingungen" und „Variablen" besteht. Zur Aufstellung eines solchen Modells ist es sinnvoll, zunächst die Variablen zu definieren, da sie die Basis für die Formulierung der beiden anderen Bestandteile bilden.

Im Transportmodell wird mit der Festlegung der Werte für die **Variablen** x_{ij} darüber entschieden, welche Menge auf der zugehörigen Transportstrecke (von Angebotsort A_i zu Bedarfsort B_j) transportiert werden soll. Bei den Mengenangaben kann es sich – je nach Planungssituation – um Stückzahlen, Paletten, Container, Tonnen o. Ä. handeln. Da diese Variablen naturgemäß nicht negativ werden können bzw. sollen, ist ihr Definitionsbereich durch Nichtnegativitätsbedingungen zu beschränken. Die weiteren **Nebenbedingungen** ergeben sich aus den Liefer- und Bedarfsvorgaben, indem sichergestellt werden muss, dass einerseits die Angebotsorte genau die bei ihnen verfügbaren Mengen (a_i) ausliefern und andererseits die Bedarfsorte genau die von ihnen nachgefragten Mengen (b_j) erhalten. Schließlich wird in der **Zielfunktion** die Minimierung der Transportkosten angestrebt; sie ergeben sich aus den mit den Transportkostensätzen c_{ij} multiplizierten Mengen, die auf der zugehörigen Strecke ausgeliefert werden. In diesem für die entsprechende Verbindung geltenden Kostensatz sind die Entfernung zwischen den beiden Orten A_i und B_j sowie der (einheitliche oder spezifische) Transporttarif (pro Entfernungs- und Mengeneinheit) enthalten.

Insgesamt stellt sich das lineare Optimierungsmodell für das Klassische Transportproblem folgendermaßen dar:

Zielfunktion:

$$K = \sum_{i=1}^{I} \sum_{j=1}^{J} c_{ij} \cdot x_{ij} \Rightarrow \text{Min!} \tag{1}$$

(Minimierung der anfallenden Transportkosten)

Nebenbedingungen:

$$\sum_{j=1}^{J} x_{ij} = a_i \quad \forall \, i \tag{2}$$

(Auslieferung der gesamten Angebotsmenge des Ortes i)

$$\sum_{i=1}^{I} x_{ij} = b_j \quad \forall \, j \tag{3}$$

(Erfüllung des gesamten Bedarfs des Ortes j)

$$x_{ij} \geq 0 \quad \forall \, i, j \tag{4}$$

(Nicht-Negativität der Transportmengen)

Lösungsverfahren für das Transportproblem

Dieses Modell, in dem über ($I \cdot J$) Variablenwerte unter Berücksichtigung von ($I+J$) Nebenbedingungen (zuzüglich der Nichtnegativitätsbedingungen) zu entscheiden ist, weist zwar – in Abhängigkeit von der Zahl der Angebots- und Bedarfsorte – eine nicht unerhebliche Variablen- und Restriktionenzahl auf, zeigt sich in seiner Struktur aber sehr übersichtlich (beispielsweise haben alle Koeffizienten in den Nebenbedingungen den Wert 1). Aus diesem Grund kommen zur Ermittlung guter oder sogar optimaler Lösungen in der vorliegenden Planungssituation i. d. R. weniger die klassischen Algorithmen der linearen Optimierung zum Einsatz (wie die Simplexmethode, die effizient auf Produktionsprogrammplanungsprobleme angewendet werden kann) als vielmehr Verfahren, die auf die spezielle Modellstruktur ausgerichtet sind. Eingebettet sind diese in einen zweiphasigen Lösungsansatz, dessen erste Phase in der Ermittlung einer Ausgangslösung mit Hilfe eines so genannten Eröffnungsverfahrens besteht, die dann als Basis für ein Verbesserungs- oder Optimierungsverfahren in der zweiten Phase dient.

Dargestellt werden die einzelnen Ausgangs-, Zwischen- und Optimallösungen in einem **Transportplan**, der die Transportmengen für die genutzten Verbindungen enthält. Er hat für den Fall von 3 Angebots- und 5 Bedarfsorten allgemein z. B. folgendes Aussehen:

Tabelle 15.3				Transportplan		
	B_1	B_2	B_3	B_4	B_5	a_i
A_1			x_{13}	x_{14}		a_1
A_2		x_{22}			x_{25}	a_2
A_3	x_{31}	x_{32}		x_{34}		a_3
b_j	b_1	b_2	b_3	b_4	b_5	$\sum a_i = \sum b_j$

Hierin bedeutet beispielsweise das Element x_{25} (bzw. die entsprechende Variable im Modell), dass diese Menge vom Angebotsort 2 zum Nachfrageort 5 geliefert wird. Die Summe der Mengen in einer Zeile entspricht dann jeweils genau der in der letzten Spalte aufgeführten Angebotsmenge a_i, die Spaltensumme jeweils der Bedarfsmenge b_j.

Das Ziel der **Eröffnungsverfahren** besteht darin, eine zulässige erste Lösung zu finden; d. h. die Lösungswerte sind so zu wählen, dass die Nebenbedingungen, wie sie im Modell oben formuliert wurden, sämtlich erfüllt sind. Es existiert eine Vielzahl von Eröffnungsverfahren, die sich in drei Gruppen klassifizieren lassen:

- *Eröffnungsverfahren, die die Transportkostensätze nicht berücksichtigen*: ein Beispiel ist die Nord-West-Ecken-Methode, bei der der Transportplan in der Reihenfolge von Nordwesten (linkes oberes Element) nach Südosten (rechtes unteres Element) belegt wird, wobei – wie bei all diesen Verfahren – den ausgewählten Elementen jeweils die maximal mögliche Transportmenge zugewiesen und die Einhaltung der Beschränkungen auf der Angebots- und der Bedarfsseite sichergestellt wird.
- *Eröffnungsverfahren, die auf die absoluten Kostenwerte Bezug nehmen*: Als eines von vielen Beispielen ist das Zeilen-Spalten-Sukzessionsverfahren zu nennen, bei dem der Transportplan, beginnend mit dem günstigsten Feld in der Matrix der Transportkostensätze, schrittweise so belegt wird, dass wiederholt jeweils entweder die noch verfügbare Angebotsmenge oder, falls diese bereits ausgeschöpft ist, die noch fehlende Bedarfsmenge möglichst kostengünstig „aufgefüllt" wird. Zu weiteren Verfahren (z. B. Zeilenminimum-Methode, Matrixminimum-Methode, Frequenzmethode) sei auf die Literatur verwiesen.
- *Eröffnungsverfahren, die die relativen Kostenvorteile berücksichtigen*: Die Vogelsche Approximationsmethode als die bekannteste Vertreterin dieser Gruppe bezieht – neben der Höhe des einzelnen Transportkostensatzes – auch die Auswirkungen einer Nicht-Belegung eines jeden Elements in die Betrachtung ein. So wird derjenigen Transportstrecke als erstes eine Menge zugeordnet, bei der alternative Wege sowohl auf der Angebots- als auch auf der Bedarfsseite im Vergleich zu den Ausweichmöglichkeiten bei anderen Strecken teurer sind.

Bei den Eröffnungsverfahren handelt es sich um **heuristische Ansätze**, die unter anderem dadurch gekennzeichnet sind, dass die Ermittlung des Lösungsvorschlags nach einfachen, mehr oder weniger begründeten Regeln abläuft (bei der ersten Gruppe liegt beispielsweise kein Bezug zur Zielfunktion vor), ohne dass eine Optimalitätsgarantie gegeben werden kann. Ihre Güte korrespondiert in der Tendenz mit dem Lösungsaufwand. Zwar haben die Verfahren der ersten Gruppe den Vorteil, dass sie sich sehr einfach und schnell durchführen lassen, i. d. R. sind aber relativ schlechte Lösungen zu erwarten. Demgegenüber wird die Lösungsqualität der Verfahren der dritten Gruppe sehr gut sein (gegebenenfalls wird sogar bereits die Optimallösung erreicht), wobei dies allerdings mit einem deutlich höheren Lösungsaufwand einhergeht.

Liegt eine zulässige Ausgangslösung vor, so wird auf dieser Grundlage mit Hilfe von Verbesserungs- oder **Optimierungsmethoden** nach Möglichkeiten der Kostenreduzierung gesucht, wenn diese überhaupt bestehen. Dazu müssen im vorliegenden Transportplan $I+J-1$ Felder belegt sein (sind es weniger, ist die Zahl der Belegungen durch eine Zuordnung von Null-Elementen zu erhöhen, die bestimmten Anforderungen genügen muss), und der Plan ist dann auf Optimalität zu überprüfen. Dabei ist für jede Transportstrecke, die nach diesem Plan nicht genutzt wird, zu klären, ob sich die Kosten bei Berücksichtigung dieser Strecke verringern lassen. Die Vorteilhaftigkeit der Einbeziehung einer anderen Strecke machen die so genannten **Opportunitätskosten** deutlich, die dieser Strecke zuzuordnen sind. Sie stellen hier die Kostenerhöhung dar, die entsteht, wenn *eine* Einheit des Transportgutes auf der betrachteten Verbindung ausgeliefert wird (und entsprechende Mengentransformationen bei den anderen Transporten vorgenommen werden) und werden auch im Methodenteil im Zusammenhang mit dem Simplexverfahren erläutert. Weist ein bestimmtes Element negative Opportunitätskosten auf, so bedeutet dies, dass eine Nutzung der zugehörigen Strecke pro Einheit zu einer entsprechenden (negativen) Kostenerhöhung, also zur Reduzierung der Transportkosten führt. Zeigen mehrere Elemente solche Verbesserungspotenziale an, so wird von diesen i. d. R. diejenige Strecke ausgewählt, bei der die *Einsparung pro Einheit* am größten ist. Es ist allerdings nicht sicher, dass dies gleichzeitig auch zur größtmöglichen (Gesamt-)Kosteneinsparung, die durch eine Verschiebung zu erreichen ist, führt, da hierfür ebenfalls entscheidend ist, welche Menge auf die gewünschte Verbindung verschoben werden kann.

Diese Mengentransformation ergibt sich aus den Mengenvorgaben auf der Angebots- und der Bedarfsseite: Wird eine bestimmte Menge auf der ausgewählten Strecke transportiert, so muss dieses – angesichts der begrenzt verfügbaren Angebotsmenge – eine Reduzierung der Auslieferungsmenge auf einer anderen Strecke nach sich ziehen (das Gleiche gilt für die Bedarfsseite). Diese Reduktionen erfordern wiederum entsprechende Anpassungen in Bezug auf die Angebots- und Bedarfsmengen, so dass sich eine Kette von (betragsmäßig gleichen) Mengenerhöhungen und -verringerungen auf anderen Strecken (in Form eines so genannten Polygonzuges) ergibt, die sich schließlich aufheben. In dem nachfolgenden Transportplan ist ein solcher Polygonzug angedeutet, indem die bisher genutzten Verbindungen durch ein „X" gekennzeichnet sind, die neu einzubeziehende Strecke durch ein „⊗" und „+"- bzw. „–"-Zeichen die (positiven bzw. negativen) Mengenveränderungen verdeutlichen.

Tabelle15.4		Mengenveränderungen im Polygonzug			
	B_1	B_2	B_3	B_4	B_5	a_i
A_1			X (–)	X (+)		a_1
A_2		X (–)	⊗		X	a_2
A_3	X	X (+)		X (–)		a_3
b_j	b_1	b_2	b_3	b_4	b_5	

Welche konkrete Menge in diesem Schritt auf die gewählte Verbindung transferiert werden kann, hängt von den bisherigen Mengenzuordnungen ab. Die kleinste mit einem „–" markierte Menge determiniert den möglichen Umfang der Verschiebungen, weil eine Reduzierung um mehr als diesen Betrag zu (mindestens) einer (nicht zulässigen) negativen Transportmenge führen würde.

Für den neu entstandenen Transportplan sind wiederum die Opportunitätskosten zu bestimmen, um ihn auf Optimalität zu prüfen. Sobald alle nicht genutzten Transportverbindungen einen Opportunitätskostenwert ≥ 0 aufweisen, liegt eine Optimallösung vor.

Zur Berechnung der Opportunitätskosten selbst können mit dem Stepping-Stone-Verfahren und der Modifizierten Distributionsmethode zwei Algorithmen eingesetzt werden, von denen der erste hier beschrieben wird. Das Vorgehen des **Stepping-Stone-Verfahrens** nimmt Bezug auf den oben beschriebenen Polygonzug, indem es parallel zu den Mengenveränderungen die Kostenveränderungen erfasst, die entstünden, wenn für eine Einheit diese Verschiebungen vorgenommen würden. Über die Addition und Subtraktion der betroffenen Transportkostensätze lässt sich die Kostenwirkung insgesamt bezogen auf eine Einheit ermitteln (Opportunitätskostenwert d_{ij}) und als Grundlage für die Entscheidung verwenden, ob und – wenn ja – welche Transportstrecke (im Austausch für eine andere) genutzt werden sollte.

Erweiterungen

Das Klassische Transportproblem in seiner einfachsten Form, wie es hier dargestellt wurde, lässt sich in verschiedener Hinsicht erweitern, so dass auch Planungshilfen für veränderte Entscheidungssituationen gegeben werden können. So kann es beispielsweise zwar das Ergebnis von Verhandlungen sein, dass sich die gesamte Angebotsmenge und der Gesamtbedarf gerade entsprechen, in der Realität liegt aber oft auch der Fall vor, dass das Angebot größer ist als die Nachfrage oder umgekehrt. Auch dieses **Unausgeglichene Transportproblem** kann mit Hilfe des vorgestellten Ansatzes abgebildet und gelöst werden, es ist lediglich ein fiktiver Angebotsort (bei einem Nachfrageüberhang) bzw. ein Nachfragedummy (bei einem Angebotsüberhang) zu ergänzen, dessen Kapazität gerade der Überschussmenge entspricht und zu/von dem die Transportverbindungen mit einem Kostensatz von 0 bewertet werden, um das Ergebnis nicht zu verfälschen. Der optimale Transportplan ist dann entsprechend zu interpretieren, indem alle Lieferungen von bzw. zu dem Dummy-Ort als Bedarfsunterdeckung des zugehörigen Nachfrageortes bzw. als Lagerbestand des betroffenen Angebotsortes anzusehen sind.

Liegt die Problemstruktur eines **zweistufigen Transportproblems** oder eines **Umladeproblems** vor, so müssen oder können die Güter von den Angebotsorten zunächst zu Umladeorten (z. B. Häfen, Warenverteilzentren) geliefert werden, bevor dann die Transporte zu den eigentlichen Nachfrageorten erfolgen. In diesem Fall kann zwar das beschriebene zweiphasige Lösungsverfahren zum Einsatz kommen, die Struktur des Transportplans ist aber zu modifizieren: Die Umladeorte werden als zusätzliche Angebots- und auch als zusätzliche Nachfrageorte mit aufgenommen (beim zweistufigen Transportproblem) oder es fungieren sogar alle Orte (Liefer-, Umlade- und Bedarfsorte) als Angebots- und als Nachfragestellen. Der Transportplan wird dann entsprechend komplexer, und die Zahl der Lösungsschritte nimmt zu.

Andere mögliche Modellerweiterungen wie Variationen im Hinblick auf Kapazitätsbeschränkungen der Transportmittel oder die Einbeziehung unterschiedlicher Transportmittel mit verschiedenen Transportkostensätzen lassen sich hier ebenso aufführen wie nach Gewichtsklassen differenzierte Transporttarife oder transportmengenunabhängige Straßennutzungsgebühren.

15.4 Lösung des Fallbeispiels

Aufgabe 1
Bei der Aufstellung des linearen Optimierungsmodells für die vorliegende Planungssituation sind zunächst die Vorgaben für die Transportkostensätze zu überprüfen:

- Der Geltungsbereich für Strecken unter 100 km stellt keine wirksame Einschränkung dar, da alle Entfernungen entsprechend kurz sind.
- Ein Transportgewicht unter 2000 kg liegt ebenfalls vor (, wenn davon ausgegangen wird, dass keine gebündelten Transporte stattfinden), denn keine Bedarfsmenge an einer der Baustellen erreicht diesen Umfang.
- Da die Transportkostensätze jeweils auf ein Transportgewicht von 100 kg bezogen sind, werden die Angebots- und Nachfragemengen in einer entsprechenden Dimension ausgedrückt.
- Die Summe der lieferbaren Mengen ist mit 5.600 kg genauso groß wie die gesamte Nachfrage an den Baustellen, so dass ein ausgeglichenes Transportproblem vorliegt.

Zielfunktion und Nebenbedingungen lassen sich dann folgendermaßen formulieren, wobei die Transportkostensätze in der Matrix C sich jeweils aus der Multiplikation der Entfernung mit dem angegebenen Tarif von 0,4 € pro km ergeben:

Lösung des Fallbeispiels

Zielfunktion:

$$K = \sum_{i=1}^{3}\sum_{j=1}^{5} c_{ij} \cdot x_{ij} \Rightarrow \text{Min!} \quad \text{mit } C = \begin{pmatrix} 25 & 28 & 24 & 25 & 10 \\ 30 & 22 & 25 & 20 & 10 \\ 21 & 15 & 23 & 18 & 22 \end{pmatrix}$$

(*Matrix der Transportkostensätze pro 100 kg*)

Nebenbedingungen:

$x_{11} + x_{12} + x_{13} + x_{14} + x_{15} = 18$

$x_{21} + x_{22} + x_{23} + x_{24} + x_{25} = 23$

$x_{31} + x_{32} + x_{33} + x_{34} + x_{35} = 15$

$x_{11} + x_{21} + x_{31} = 9$

$x_{12} + x_{22} + x_{32} = 14$

$x_{13} + x_{23} + x_{33} = 9$

$x_{14} + x_{24} + x_{34} = 12$

$x_{15} + x_{25} + x_{35} = 12$

$x_{11}, x_{12}, ..., x_{34}, x_{35} \geq 0$

Variablen:

x_{ij} = Menge (gemessen in 100 kg), die von Lieferstandort *i* zu Baustelle *j* transportiert wird

Aufgabe 2

Bei Anwendung der Zeilen-Spalten-Sukzessionsmethode wird im Transportplan als erstes das Feld, dem der kleinste Transportkostensatz zugeordnet ist (hier: die Verbindung von Lieferort 1 zu Baustelle 5), mit der maximal möglichen Menge (hier: 12 Mengeneinheiten bzw. 1.200 kg) belegt (alternativ könnte auch die Verbindung zwischen A_2 und B_5 gewählt werden). Mit diesem Transport wird der Bedarf der Baustelle 5 vollständig gedeckt, und es ist nach der nächsten günstigsten Zuordnung der restlichen Angebotsmenge des ersten Lieferstandortes zu suchen. Sie liegt auf der Transportstrecke zu Baustelle 3, die allerdings mit lediglich 6 verfügbaren Mengeneinheiten nur einen Teil ihres Bedarfs erhält; die noch ausstehende Menge wird dann auf dem günstigsten Weg (hier: von Lieferstandort 3) transportiert.

Die weiteren Zuordnungen erfolgen entsprechend, und es ergibt sich der nachstehende Transportplan, in dem der Ablauf des Verfahrens anhand der hochgestellten Ziffern, die die Belegungsreihenfolge verdeutlichen, nachvollzogen werden kann.

Tabelle 15.5	Ausgangslösung nach der Zeilen-Spalten-Sukzessionsmethode					
	B_1	B_2	B_3	B_4	B_5	a_i
A_1			$6^{(2)}$		$12^{(1)}$	18
A_2	$9^{(7)}$	$2^{(5)}$		$12^{(6)}$		23
A_3		$12^{(4)}$	$3^{(3)}$			15
b_j	9	14	9	12	12	56

Der Logistikdienstleister bekäme folgenden Auftrag:
- 600 kg wären von Lieferort 1 zur Baustelle 3 und 1.200 kg zur Baustelle 5 zu transportieren.
- Die in Ort 2 verfügbare Menge von 2.300 kg müsste an die Baustellen 1 (900 kg), 2 (200 kg) und 4 (1.200 kg) geliefert werden.
- Angebotsort 3 würde die (Rest-)Mengen für Baustelle 2 (1.200 kg) und Baustelle 3 (300 kg) zur Verfügung stellen.

Die Kosten für die Transporte beliefen sich dann auf

$K = 24 \cdot 6 + 10 \cdot 12 + 30 \cdot 9 + 22 \cdot 2 + 20 \cdot 12 + 15 \cdot 12 + 23 \cdot 3 = 1.067$ €

Aufgabe 3
Der Vorschlag des Praktikanten wird durch den nachstehenden Transportplan abgebildet:

Tabelle 15.6	Transportplan des Praktikanten					
	B_1	B_2	B_3	B_4	B_5	a_i
A_1			9		9	18
A_2		8		12	3	23
A_3	9	6				15
b_j	9	14	9	12	12	56

Dieser Plan verursacht Transportkosten in Höhe von

$K = 24 \cdot 9 + 10 \cdot 9 + 22 \cdot 8 + 20 \cdot 12 + 10 \cdot 3 + 21 \cdot 9 + 15 \cdot 6 = 1.031$ €

und ist im Vergleich zu dem, der sich bei Anwendung der Zeilen-Spalten-Sukzessionsmethode ergeben hat, deutlich günstiger.

Ob er die beste Möglichkeit darstellt, lässt sich anhand der Opportunitätskostenmatrix überprüfen, die mit Hilfe des Stepping-Stone-Verfahrens erstellt werden kann. Für die nicht genutzten Transportverbindungen sind dazu über

Polygonzüge die Kostenveränderungen zu ermitteln. Derjenige für den Opportunitätkostenwert d_{11} ist direkt in der Kostenmatrix, in der ausschließlich die Transportkostensätze der genutzten Verbindungen aufgeführt sind, durch „+" und „–" kenntlich gemacht. Für alle anderen d_{ij} wird die Zusammensetzung lediglich algebraisch notiert.

$$C = \begin{pmatrix} + & & 24 & 10^{(-)} & \\ & 22^{(-)} & & 20 & 10^{(+)} \\ 21^{(-)} & 15^{(+)} & & & \end{pmatrix} \quad (\textit{Kostenveränderungen für } x_{11})$$

$d_{11} = 25 - 10 + 10 - 22 + 15 - 21 = -3$
$d_{12} = 28 - 10 + 10 - 22 = +6$
$d_{14} = 25 - 10 + 10 - 20 = +5$
$d_{21} = 30 - 22 + 15 - 21 = +2$
$d_{23} = 25 - 24 + 10 - 10 = +1$
$d_{33} = 23 - 15 + 22 - 10 + 10 - 24 = +6$
$d_{34} = 18 - 15 + 22 - 20 = +5$
$d_{35} = 22 - 15 + 22 - 10 = +19$

Die Opportunitätskostenmatrix D lautet somit:

$$D = \begin{pmatrix} -3 & 6 & X & 5 & X \\ 2 & X & 1 & X & X \\ X & X & 6 & 5 & 19 \end{pmatrix}$$

Für die genutzten Transportverbindungen, die hier mit einem „X" gekennzeichnet sind, ist immer ein Opportunitätskostenwert von 0 anzusetzen, da sie die Basisvariablen der aktuellen Lösung darstellen (vgl. in diesem Zusammenhang auch die Ausführungen zu den Opportunitätskosten im Methodenteil).

Es lässt sich erkennen, dass eine Reduzierung der Transportkosten realisiert werden kann, wenn die Strecke zwischen Lieferort 1 und Baustelle 1 genutzt wird. Pro 100 kg, die auf diese Verbindung verschoben werden, lassen sich Kosten in Höhe von 3 € einsparen. Daher besteht das Interesse, entsprechende Mengenveränderungen in möglichst großem Umfang vorzunehmen. Dies wird allerdings begrenzt durch die Kapazitäten (in Verbindung mit den bisherigen Zuordnungen), so dass sich die tatsächlich disponible Menge aus dem zugehörigen Polygonzug ergibt:

Tabelle 15.7		Polygonzug				
	B_1	B_2	B_3	B_4	B_5	a_i
A_1	⊗		9		9 (–)	18
A_2		8 (–)		12	3 (+)	23
A_3	9 (–)	6 (+)				15
b_j	9	14	9	12	12	56

Die kleinste mit einem „–" gekennzeichnete Menge (hier: 800 kg auf der Strecke von A_2 zu B_2) legt fest, bis zu welchem Umfang Verschiebungen vorgenommen werden können. Da sich mit jeder Mengeneinheit (von 100 kg), die auf dieser Strecke transportiert wird, die Kosten um 3 € reduzieren lassen, wird die Obergrenze ausgeschöpft, und durch Erhöhung der Menge auf den mit einem „+" markierten Feldern und Reduzierung im Fall eines „–" ergibt sich der nachstehende neue Transportplan:

Tabelle 15.8		Verbesserter Transportplan				
	B_1	B_2	B_3	B_4	B_5	a_i
A_1	8		9		1	18
A_2				12	11	23
A_3	1	14				15
b_j	9	14	9	12	12	56

Die Transportkosten dieser Lösung betragen 1.007 € und liegen damit um genau den Betrag unter den Kosten des vorhergehenden Transportplans, der sich aus der Multiplikation der Opportunitätskosten mit der verschobenen Menge ergibt ($\Delta K = -3 \cdot 8 = -24$).

Eine erneute Optimalitätsprüfung führt zu der Opportunitätskostenmatrix

$$D = \begin{pmatrix} X & 9 & X & 5 & X \\ 5 & 3 & 1 & X & X \\ X & X & 3 & 2 & 16 \end{pmatrix}$$

und zeigt, dass sich keine weitere Kostenreduzierung erreichen lässt (alle d_{ij} sind ≥ 0).

Der Transportauftrag für den Logistikdienstleister lautet demnach:

- 800 kg sind von Lieferort 1 zur Baustelle 1, 900 kg zur Baustelle 3 und 100 kg zur Baustelle 5 zu transportieren.

- Die in Ort 2 verfügbare Menge wird an die Baustellen 4 (1.200 kg) und 5 (1.100 kg) geliefert.
- Angebotsort 3 stellt die (Rest-)Menge für Baustelle 1 (100 kg) und den Gesamtbedarf von Baustelle 2 (1.400 kg) zur Verfügung.

In der Kalkulation ist für diesen Transportauftrag dann ein Kostenbetrag von 1.007 € anzusetzen.

Zusatzaufgabe

a) Die Änderungen der Planungssituation haben Auswirkungen auf die Zielfunktion. In der Kostenmatrix ist zunächst der Wert 25 durch den neuen Transportkostensatz in Höhe von (45 · 0,4 =) 18 € zu ersetzen. Darüber hinaus ist die Brückennutzungsgebühr zu berücksichtigen, die allerdings nur anfällt, wenn die Transportverbindung auch gewählt wird. Schwierigkeiten entstehen bei ihrer Einbeziehung einerseits wegen dieser Bedingung, andererseits aber auch, weil die Gebühr nicht mengenabhängig (und nicht entfernungsabhängig) ist und daher nicht einfach zu dem ermittelten Transportkostensatz addiert werden kann.

b) Um eine Entscheidung über die Nutzung der Strecke zwischen Lieferort 1 und Baustelle 4 zu treffen, ist als erstes zu überprüfen, ob die in Aufgabe 3 ermittelte Optimallösung auch bei dem neuen Transportkostensatz (zunächst unter Vernachlässigung der Brückennutzungsgebühr) Bestand hat. Die entsprechenden Opportunitätskosten in Höhe von

$$d_{14} = 18 - 10 + 10 - 20 = -2$$

zeigen aber, dass sich eine Verschiebung auf die betrachtete Transportstrecke lohnt, und es ergibt sich folgender neuer Transportplan:

Tabelle 15.9 Transportplan bei veränderter Datenlage

	B_1	B_2	B_3	B_4	B_5	a_i
A_1	8		9	1		18
A_2				11	12	23
A_3	1	14				15
b_i	9	14	9	12	12	56

Auch er ist noch nicht optimal, wie an dem negativen Element d_{23} zu sehen ist:

$$D = \begin{pmatrix} X & 9 & X & X & 2 \\ 3 & 1 & -1 & X & X \\ X & X & 3 & 4 & 18 \end{pmatrix}$$

Die zweite Verbesserung

Tabelle 15.10		Optimallösung für die veränderte Datenlage			
	B_1	B_2	B_3	B_4	B_5	a_i
A_1	8			10		18
A_2			9	2	12	23
A_3	1	14				15
b_j	9	14	9	12	12	56

mit der Opportunitätskostenmatrix

$$D = \begin{pmatrix} X & 9 & 1 & X & 2 \\ 3 & 1 & X & X & X \\ X & X & 4 & 4 & 18 \end{pmatrix}$$

stellt dann die Optimallösung dar, wenn keine Gebühr zu berücksichtigen wäre. Vergleicht man nun die Transportkosten dieses Vorschlags in Höhe von

$$K = 25 \cdot 8 + 18 \cdot 10 + 25 \cdot 9 + 20 \cdot 2 + 10 \cdot 12 + 21 \cdot 1 + 15 \cdot 14 = 996 \text{ €}$$

mit denen des ursprünglichen Transportauftrags (1.007 €), so zeigt sich, dass die Kostenersparnis von 11 € höher ist als die noch einzubeziehende Gebühr (8 €), so dass sich (bei Gesamtkosten von 1.004 €) ein um 3 € günstigerer Transport ergibt und die in der Tabelle abzulesenden Transporte in Auftrag gegeben werden sollten.

c) Dieses Ergebnis ändert sich nicht, wenn sich die Nutzungsgebühr reduziert oder sie nicht über 11 € steigt. Sollte sie allerdings stärker zunehmen, wird die Nutzung der Strecke und der Brücke unvorteilhaft.

Literaturhinweise

BLOECH, J.; IHDE, G.-B.: Betriebliche Distributionsplanung, Würzburg, Wien 1972.

DOMSCHKE, W.: Logistik: Transport, 4. Aufl., Berlin, Heidelberg 1995.

DOMSCHKE, W.; Drexl, A.: Einführung in das Operations Research, 7. Aufl., Berlin, Heidelberg 2007.

ELLINGER, T.; BEUERMANN, G.; LEISTEN, R.: Operations Research – Eine Einführung, 6. Aufl., Berlin u. a. 2003.

RUNZHEIMER, B.; CLEFF, T.; SCHÄFER, W.: Operations Research 1, 8. Aufl., Wiesbaden 2005.

16 Kosten- und Erlösrechnung

16.1 Fallbeispiel

Die AZ-GmbH ist ein mittelständisches Unternehmen der Automobilzulieferindustrie, in dem 80 Mitarbeiter beschäftigt sind. Für das nahe gelegene Werk eines Fahrzeugherstellers fertigt das Unternehmen zwei unterschiedliche Arten von Motorgehäusen (M1 und M2), die für verschiedene Fahrzeugtypen bestimmt sind. Die Bearbeitung der Einzelteile im Produktionsprozess erfolgt auf hochwertigen Maschinen (flexible Fertigungszentren), und zwar im Wesentlichen in zwei Fertigungsabschnitten, für die jeweils eine Fertigungskostenstelle gebildet worden ist. In der Fertigungsstelle 1 (F1) werden Tätigkeiten wie Schleifen und Bohren ausgeführt, in der Fertigungsstelle 2 (F2) erfolgt die Oberflächenbeschichtung. Neben diesen Kostenstellen sind eine Instandhaltungsstelle, eine Kostenstelle für den Sozialbereich (Kantine etc.), eine Materialstelle, eine Verwaltungsstelle (mit Geschäftsführung, Rechnungswesen, Personalabrechnung und -betreuung sowie allgemeinen Diensten wie Pförtner etc.) und eine Vertriebsstelle gebildet worden. Letztere ist auch für die Belieferung des Fahrzeugherstellers verantwortlich, die weitgehend just-in-time erfolgt.

Die Instandhaltungsstelle und die Kostenstelle für den Sozialbereich werden im Abrechnungsgang der Kostenrechnung als Vorkostenstellen behandelt. Die in ihnen im vergangenen Monat (März) angefallenen Kosten sind bereits – unter Orientierung am Verursachungsprinzip – den anderen Kostenstellen zugeordnet worden, die Leistungen von diesen Kostenstellen empfangen haben. Einschließlich dieser zugerechneten Kosten sind im März in den Endkostenstellen die folgenden nicht den Produkten (bzw. Kostenträgern) zurechenbaren Kosten (Gemeinkosten) entstanden:

Materialstelle 1:	24.500 €
Fertigungsstelle 1:	108.360 €
Fertigungsstelle 2:	36.740 €
Verwaltungsstelle:	57.855 €
Vertriebsstelle:	69.426 €

Im März wurden jeweils 1.000 Mengeneinheiten (ME) von M1 und M2 hergestellt und auch ausgeliefert. Dabei fielen die folgenden direkt den Produkten zuordenbaren Kosten (Einzelkosten) an:

- Materialeinzelkosten (für die eingesetzten Rohstoffe):
  52,- €/ME bei M1 und 70,50 €/ME bei M2

- Fertigungseinzelkosten (Fertigungslöhne) in Fertigungskostenstelle 1:
  27,- €/ME bei M1 und 33,20 €/ME bei M2
- Fertigungseinzelkosten (Fertigungslöhne) in Fertigungskostenstelle 2:
  18,20 €/ME bei M1 und 15,20 €/ME bei M2

Ausgehend von diesen Werten sowie den oben angegebenen Gemeinkosten wurde für die beiden verschiedenen Motorgehäuse M1 und M2 eine differenzierende Zuschlagskalkulation durchgeführt, um deren Herstellkosten und Selbstkosten pro Stück zu ermitteln. Die Resultate der Kalkulation zeigt die nachfolgende Tabelle.

	M1	M2
Materialeinzelkosten [€/ME]	52,00	70,50
Materialgemeinkosten [€/ME] (20 % der Materialeinzelkosten)	10,40	14,10
Materialkosten [€/ME]	62,40	84,60
Fertigungseinzelkosten F1 [€/ME]	27,00	33,20
Fertigungsgemeinkosten F1 [€/ME] (180 % der Fertigungseinzelkosten F1)	48,60	59,76
Fertigungseinzelkosten F2 [€/ME]	18,20	15,20
Fertigungsgemeinkosten F2 [€/ME] (110 % der Fertigungseinzelkosten F2)	20,02	16,72
Fertigungskosten [€/ME]	113,82	124,88
Herstellkosten [€/ME]	**176,22**	**209,48**
Verwaltungsgemeinkosten [€/ME] (15 % der Herstellkosten)	26,43	31,42
Vertriebsgemeinkosten [€/ME] (18 % der Herstellkosten)	31,72	37,71
Selbstkosten [€/ME]	**234,37**	**278,61**

Aufgabe 1
a) Erläutern Sie das Zustandekommen der bei der Kalkulation verwendeten Zuschlagsätze am Beispiel der Materialgemeinkosten sowie der Verwaltungsgemeinkosten.

b) Beurteilen Sie die Aussagekraft der Ergebnisse einer Zuschlagskalkulation.

Die Auseinandersetzung mit der Aussagekraft der Resultate einer Zuschlagskalkulation hat die daran bestehenden Zweifel verstärkt. Deshalb soll nun die Kalkulation der Kosten der Fertigungsstelle 1 überdacht werden. Gerade dort werden hochwertige Maschinen zur Fertigung eingesetzt, worauf die insgesamt im Verhältnis zu den Einzelkosten sehr hohen Gemeinkosten zurückzuführen sind. Um den Maschineneinsatz als wesentliche Determinante der Kos-

tenentstehung angemessen zu berücksichtigen, wird nun zunächst untersucht, welche Kosten direkt im Zusammenhang mit der Anschaffung und Nutzung der Maschinen entstehen. Gemäß der entsprechenden Untersuchung belief sich der entsprechende Betrag im März auf 92.106 €.
Danach wird analysiert, in welchem Ausmaß die beiden Kostenträger die Maschinen beanspruchen. Dabei erfolgt eine vereinfachende Zusammenfassung der Kapazität der verschiedenen Maschinen und ihrer Nutzung. Es zeigt sich, dass bei einer Gesamtmaschinenlaufzeit von 340 Stunden das Produkt M1 die Maschinen mit 11,2 Minuten/ME beansprucht, M2 mit 9,2 Minuten/ME.

Aufgabe 2
Führen Sie nun eine erneute Kalkulation der Produkte M1 und M2 durch. Verrechnen Sie dabei die maschinenabhängigen Gemeinkosten der Fertigungskostenstelle 1 über eine Maschinenstundensatzrechnung und die restlichen Gemeinkosten dieser Kostenstelle über eine Zuschlagskalkulation. Vergleichen Sie die Ergebnisse mit denen der oben dargestellten Kalkulation und erläutern Sie die Unterschiede.

Nachdem die tiefer gehende Analyse und die veränderte Verrechnung der Gemeinkosten im Fertigungsbereich aufschlussreiche Erkenntnisse erbracht haben, sollen nun auch logistische Vorgänge näher betrachtet werden. Deren Untersuchung führt zu Veränderungen in der Kostenstellen- und der Kostenträgerrechnung.

In der Kostenstellenrechnung wird erstens in der Materialstelle die Bezugsgröße „Anzahl der Warenannahmen/Einlagerungen" eingeführt und für diesen Vorgang ein Kostensatz von 49,- €/Vorgang bei insgesamt 100 Warenannahmen/Einlagerungen ermittelt. Zweitens wird die Fertigungsstelle F2 in eine Logistikkostenstelle (für innerbetriebliche Transporte) sowie eine Fertigungskostenstelle (weiter mit F2 bezeichnet) aufgespalten. In der Logistikkostenstelle wird ein Verrechnungssatz für die logistische Leistung „Innerbetriebliches Transportieren" von 20 €/h bestimmt, es sind insgesamt 300 Transportstunden angefallen. Drittens werden im Vertriebsbereich Kosten für Fremdtransporte gesondert erfasst, die bisher in den Vertriebsgemeinkosten einbezogen waren, sich aber den Produkten doch – als logistische Einzelkosten – direkt zurechnen lassen. Ausgehend von diesen Veränderungen werden folgende produktbezogene Informationen gesammelt:

- Der Bedarf an Warenannahmen/Einlagerungen betrug 60 bei M1 und 40 bei M2.
- Innerbetriebliche Transportleistungen werden im Umfang von 0,2 h/ME bei M1 und 0,1 h/ME bei M2 benötigt.
- Die Kosten für Fremdtransporte betragen 8 €/ME bei Produkt M1 sowie 6 €/ME bei M2.

Aufgabe 3
Führen Sie nun wiederum eine Kalkulation durch, in der Sie auch die zusätzlichen Informationen zu den logistischen Vorgängen berücksichtigen und jeweils nur noch die verbleibenden restlichen Gemeinkosten über Zuschlagsätze verrechnen. Interpretieren Sie die Resultate kurz.

16.2 Kosten- und Erlösrechnung als Instrument des Produktions- und Logistikcontrolling

Die Kosten- und Erlösrechnung stellt eine kurzfristige und regelmäßig ausgeführte Rechnung dar, mit der im Rahmen des Controlling Informationen über das betriebliche Geschehen bereitgestellt werden sollen, die einen fundierten Einblick in dieses ermöglichen und dessen Steuerung unterstützen. Im Einzelnen dient dieser Zweig des internen Rechnungswesens der Abbildung und Dokumentation des Betriebsprozesses, der Bereitstellung von Informationen zur Planung, Realisation und Kontrolle des Betriebsprozesses, der Steuerung des Verhaltens der Entscheidungsträger und Mitarbeiter sowie der Bewertung von fertigen und halbfertigen Erzeugnissen.

Durch die Kosten- und Erlösrechnung werden insbesondere Informationen über die Entwicklung einzelner Kostenarten, die in einzelnen Kostenstellen von Produktions- und Logistikbereichen verursachten Kosten (bestimmter Kategorien), die Kosten der in Kostenstellen von Produktions- und Logistikbereichen erbrachten und/oder verzehrten Leistungen, die Kosten von Halb- oder Fertigfabrikaten, die Deckungsbeiträge bzw. Erfolge von Produkten und Produktgruppen sowie die Abweichungen zwischen geplanten und angefallenen Kosten erzeugt. Diese lassen sich unter anderem als Grundlage von Wirtschaftlichkeitsvergleichen, Entscheidungen über alternative Wege der Leistungserbringung (Verfahrenswahl), solchen über das für das Produktionsprogramm maßgebliche Absatzprogramm sowie Make or Buy-Entscheidungen nutzen.

Allerdings ist darauf hinzuweisen, dass es sich bei der Kostenrechnung um ein Modellsystem handelt, dessen Ergebnisse damit stets Einschränkungen hinsichtlich der Aussagekraft unterliegen. Als typische mögliche Quellen von Abweichungen zwischen den Kostenrechnungsdaten und der Realität seien der Vergangenheitsbezug von Ist- und die Unsicherheit von Plankosten, die Verrechnung von Fix- und/oder Gemeinkosten auf Produkte oder andere Kalkulationsobjekte, die Annahme linearer Kostenverläufe und die Beschränkung auf eine Bezugsgröße bei Existenz mehrerer Leistungsarten genannt. Auch sind die von einer Kostenrechnung typischerweise bereitgestellten Daten über Kostenarten, Kostenstellen, Kostenträger und ggf. auch Prozesse nicht (direkt) zur Vorbereitung mancher produktionswirtschaftlicher bzw. logistikbezogener Entscheidungen geeignet; es sind dann entweder weitere Analysen erforderlich (z. B. zur Ermittlung der für Losgrößenentscheidungen relevanten Rüst-, Lagerhaltungs- und Fehlmengenkosten) oder aber ein Verzicht auf die explizite Einbeziehung von Kosten verbunden mit einem Ausweichen auf andere Zielgrößen (wie oftmals in der Ablaufplanung).

16.3 Bereiche der Kosten- und Erlösrechnung

Nach dem jeweils verfolgten Informationsziel wird die Kostenrechnung üblicherweise in die drei Bereiche Kostenarten-, Kostenstellen- und Kostenträgerrechnung untergliedert. Abbildung 16.1 zeigt diese Bereiche der Kostenrechnung sowie die Verbindungen zwischen ihnen.

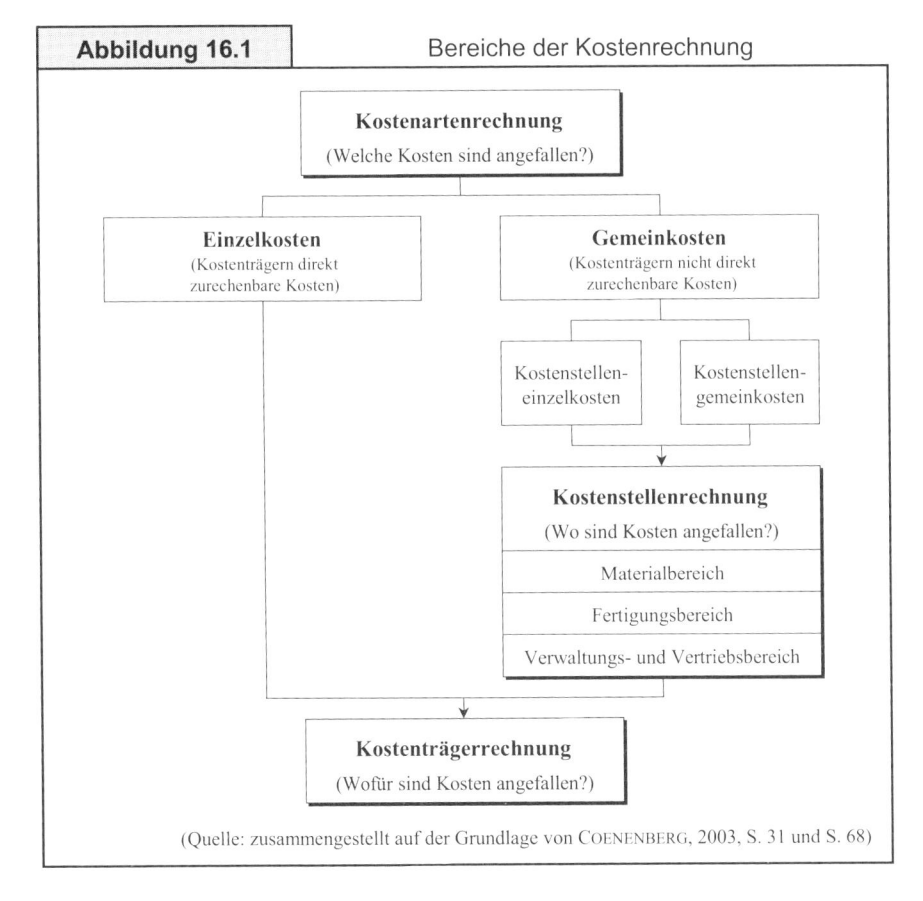

Abbildung 16.1 — Bereiche der Kostenrechnung

Kostenartenrechnung
(Welche Kosten sind angefallen?)

- **Einzelkosten** (Kostenträgern direkt zurechenbare Kosten)
- **Gemeinkosten** (Kostenträgern nicht direkt zurechenbare Kosten)
  - Kostenstelleneinzelkosten
  - Kostenstellengemeinkosten

Kostenstellenrechnung
(Wo sind Kosten angefallen?)
- Materialbereich
- Fertigungsbereich
- Verwaltungs- und Vertriebsbereich

Kostenträgerrechnung
(Wofür sind Kosten angefallen?)

(Quelle: zusammengestellt auf der Grundlage von COENENBERG, 2003, S. 31 und S. 68)

In der **Kostenartenrechnung** soll demgemäß die Frage beantwortet werden, **welche** Kosten angefallen sind bzw. anfallen werden. Dazu werden sämtliche in einer Abrechnungsperiode angefallenen oder für diese erwarteten Kosten

– zumeist zunächst getrennt nach Mengen- und Wertkomponente(n) – erfasst und nach bestimmten Kriterien gegliedert. Dabei ist eine Unterscheidung nach den verbrauchten oder eingesetzten Produktionsfaktoren üblich, die zur Differenzierung von Materialkosten, Personalkosten, kalkulatorischen Abschreibungen, kalkulatorischen Zinsen, Kosten für Fremdleistungen, Wagniskosten, Kosten für Rechtsgüter sowie Abgaben führt.

Der **Kostenstellenrechnung** liegt die Frage zugrunde, **wo**, d. h. in welchen Bereichen eines Betriebes, Kosten entstehen bzw. entstanden sind. Diese Frage bezieht sich vor allem auf die – Kostenträgern nicht direkt nach geeigneten Prinzipien (wie dem Verursachungsprinzip) zuordenbaren – Gemeinkosten des Betriebes. Zur Beantwortung der Frage werden Kostenstellen gebildet und diesen die in der Kostenartenrechnung erfassten Gemeinkosten zugewiesen. Kostenstellen sind Betriebsabteilungen oder betriebliche Teilbereiche, die in der Kostenrechnung als selbstständige Abrechnungseinheiten behandelt werden, d. h. für sie werden Kosten erfasst, ausgewiesen sowie in der Regel auch geplant und kontrolliert. Die Kostenstellenrechnung soll einerseits eine relativ genaue, da bereichsspezifische Zurechnung der Gemeinkosten auf die Kostenträger ermöglichen. Andererseits dient sie der Überwachung der betrieblichen Aktivitäten in den einzelnen Kostenstellen hinsichtlich ihrer Wirtschaftlichkeit und der Einhaltung von Kostenbudgets. Zur Erfüllung dieser Zwecke werden vier Schritte durchlaufen:

1. Zuordnung der in der Kostenartenrechnung erfassten Gemeinkosten zu Kostenstellen,
2. Verrechnung innerbetrieblicher Leistungen und der durch diese verursachten Kosten von Vorkostenstellen (die Leistungen für andere Kostenstellen erbringen) auf Endkostenstellen (die unmittelbar an der Erstellung der Kostenträger beteiligt sind und deren Kosten daher direkt den Kostenträgern zugerechnet werden können),
3. Bildung von Zuschlag- oder Verrechnungssätzen für die Kostenträgerrechnung und
4. Wirtschaftlichkeitskontrolle.

In der **Kostenträgerrechnung** werden Informationen bezüglich der Kostenträger zusammengestellt, um die Frage zu beantworten, **wofür** Kosten angefallen sind bzw. anfallen werden. Kostenträger sind erzeugte Güter und andere betriebliche Leistungen, die einen Wertverzehr ausgelöst haben bzw. auslösen werden und daher Kosten „tragen" sollen. Allgemeine Beispiele sind Aufträge bei Einzelfertigung (z. B. Anlagen- oder Schiffbau), Produkteinheiten oder Lose bei Sorten-, Serien- oder Massenfertigung, Beratungs-, Forschungs-, Transport- und andere Dienstleistungen für Unternehmensexterne sowie innerbetriebliche Leistungen (z. B. selbst erstellte Anlagegüter, ggf. aber auch logistische Leistungen).

Die Kostenträgerrechnung besteht aus zwei Bereichen, der **Kostenträgerzeitrechnung**, in der ein kurzfristiges Betriebsergebnis ermittelt wird, und der für die Produktion und die Logistik relevanteren **Kostenträgerstückrechnung** (Kalkulation). In dieser werden die Kosten einzelner Leistungseinheiten bestimmt, und zwar oftmals als stück-, los- oder auftragsbezogene Herstellkosten (Einzel- und Gemeinkosten des Material- und des Fertigungsbereichs) und/oder Selbstkosten (Herstellkosten zuzüglich Verwaltungs- und Vertriebskosten). Dies dient vor allem der Vorbereitung von Entscheidungen, beispielsweise über das Produktionsprogramm, die Absatzpreise sowie die Fertigungsverfahren. Die gewonnenen Informationen ermöglichen zudem die Beurteilung der Ertragskraft der Kostenträger, Kostenvergleiche und Kontrollen, die Bildung von internen Verrechnungspreisen sowie die Bewertung von Erzeugnisbeständen und sonstigen Leistungen.

Zur Kostenträgerstückrechnung können eine Reihe unterschiedlicher Methoden genutzt werden, zu denen die nachfolgend genannten zählen:

- Divisionskalkulation: Die gesamten Kosten einer Periode werden gleichmäßig – durch Division – auf die einzelnen Einheiten des (einzigen!) Kostenträgers verteilt.
- Äquivalenzziffernkalkulation: Es werden die Kosten von in Sortenfertigung hergestellten und einander in Bezug auf die Produktmerkmale und die verwendete Fertigungstechnik stark ähnelnden Produkten kalkuliert und zwar, indem deren Mengen durch Multiplikation mit einer das Stückkostenverhältnis ausdrückenden Äquivalenzziffer vergleichbar gemacht werden.
- Zuschlagskalkulation: Ausgehend von der Trennung der Kosten in Einzel- und Gemeinkosten werden die Einzelkosten den Kostenträgern direkt zugeordnet und die Gemeinkosten diesen mit Hilfe von in der Kostenstellenrechnung bestimmten Kalkulationssätzen „zugeschlagen".

In industriellen Betrieben hat vor allem die **Zuschlagskalkulation** hohe Bedeutung und Verbreitung erlangt. Die Zuschlagskalkulation existiert in einer summarischen und einer differenzierenden Form, wobei allein die Letztgenannte zu einer aussagekräftigen Kalkulation nutzbar ist. Bei der differenzierenden Zuschlagskalkulation werden die Gemeinkosten nach Betriebsbereichen bzw. Kostenstellen differenziert zugeschlagen. Sie setzt daher die Durchführung einer Kostenstellenrechnung voraus. In deren drittem Schritt werden insbesondere die Zuschlagsätze für die Material-, Fertigungs-, Verwaltungs- und Vertriebskostenstellen in der nachfolgend angegebenen Weise berechnet:

$$\text{Materialgemeinkostenzuschlagsatz [\%]} = \frac{\text{Materialgemeinkosten}}{\text{Materialeinzelkosten}} \cdot 100$$

$$\text{Fertigungsgemeinkostenzuschlagsatz [\%]} = \frac{\text{Fertigungsgemeinkosten}}{\text{Fertigungseinzelkosten}} \cdot 100$$

$$\text{Verwaltungsgemeinkostenzuschlagsatz [\%]} = \frac{\text{Verwaltungskosten}}{\text{Herstellkosten}} \cdot 100$$

$$\text{Vertriebsgemeinkostenzuschlagsatz [\%]} = \frac{\text{Vertriebskosten}}{\text{Herstellkosten}} \cdot 100$$

Die jeweils für eine Periode ermittelten Zuschlagsätze werden nun für die Kalkulation der einzelnen in der Periode hergestellten bzw. abgesetzten Kostenträger genutzt, indem sie jeweils mit der kostenträgerspezifischen Zuschlagsgrundlage (Einzelkosten bzw. Herstellkosten) multipliziert werden, um die dem Kostenträger zuzurechnenden Gemeinkosten zu berechnen. Für die differenzierende Zuschlagskalkulation hat sich das nachfolgend dargestellte allgemeine Kalkulationsschema herausgebildet (in dem Sondereinzelkosten der Fertigung und des Vertriebs eine Position zwischen Einzel- und Gemeinkosten einnehmen; sie lassen sich zwar nicht einzelnen Mengeneinheiten von Produktion, aber einzelnen Losen oder Aufträgen zuordnen).

| Abbildung 16.2 | Kalkulationsschema der Zuschlagskalkulation |

Materialeinzelkosten	Material-kosten		
Materialgemeinkosten			
Fertigungseinzelkosten	Fertigungskosten	Herstellkosten	Selbstkosten
Fertigungsgemeinkosten			
Sondereinzelkosten der Fertigung			
Verwaltungsgemeinkosten	Verwaltungs- und Vertriebskosten		
Vertriebsgemeinkosten			
Sondereinzelkosten des Vertriebs			

(Quelle: leicht modifiziert übernommen von SCHWEITZER/KÜPPER, 2008, S. 170)

Die Aussagekraft der Resultate einer Zuschlagskalkulation kann durch die in Abschnitt 16.2 angesprochenen allgemeinen Aspekte beeinträchtigt werden. Ein spezifischer Nachteil des Verfahrens besteht darin, dass die Existenz eines proportionalen Verhältnisses zwischen den jeweiligen Gemeinkosten und ihren Zuschlagsgrundlagen unterstellt wird, obwohl keine ursächliche Beziehung zwischen Gemeinkosten und den Zuschlagsbasen existiert. Besonders gravierend ist dieses Problem bei den Fertigungsgemeinkosten, da diese aufgrund des hohen Mechanisierungs- und Automatisierungsgrades in vielen Fertigungsbereichen bedeutend höher sind als die Fertigungseinzelkosten und dementsprechend Zuschlagsätze von weit mehr als 100 % keine Seltenheit sind. Eine Änderung der Fertigungseinzelkosten, z. B. durch Überstundenzuschläge oder neue Lohntarife, führt dann zu einer überproportionalen Änderung der kalkulierten Fertigungsgemeinkosten. Erfassungsfehler bei den Einzelkosten und deren Komponenten bewirken gravierende Abweichungen von den exakten Werten. In Abschnitt 16.4 und in dem Fallbeispiel wird daher auf Verfeinerungen der Kalkulation eingegangen, mit denen eine Verbesserung der Aussagekraft angestrebt wird.

Vorher ist jedoch darauf hinzuweisen, dass die Rechnungen in den einzelnen Bereichen der Kostenrechnung unter Verwendung unterschiedlicher „Kategorien" von Kosten durchgeführt werden können. So können den Kostenträgern sämtliche Kosten (Vollkosten) oder nur variable Kosten (Teilkosten) zugerechnet werden. Letzteres ist vor allem zur Vorbereitung kurzfristig wirkender Entscheidungen sinnvoll, da sich die Fixkosten in den entsprechenden Zeiträumen nicht abbauen lassen und ihre Einbeziehung in die Entscheidungsfindung zu Fehlentscheidungen führen kann (zur Produktionsprogrammplanung auf der Basis variabler Stückkosten vgl. Kapitel 6).

Des Weiteren lassen sich die Rechnungen auf der Basis von in einer Periode tatsächlich angefallenen Kosten und Erlösen (Istkosten und -erlöse) und/oder von zukünftig erwarteten Kosten und Erlösen (Plankosten und -erlöse) vornehmen. Die Verwendung von zu erwartenden bzw. geplanten Kosten und Erlösen ist einerseits für die Vorbereitung von Entscheidungen sinnvoll. Andererseits ist sie die Grundlage für eine aussagekräftige Kosten- und Erlöskontrolle mit einer Gegenüberstellung von Plan- und Istwerten. Die Durchführung einer Plankostenrechnung stellt daher eine sinnvolle Ergänzung zu einer Istkostenrechnung dar. Den Verzicht auf eine Istkostenrechnung ermöglicht sie nicht, da für die Kostenkontrolle und die Erfüllung weiterer Rechnungsziele (Bestandsbewertung etc.) auch Istdaten benötigt werden.

16.4 Weiterführende Verfahren und Systeme der Kostenrechnung

Bezugsgrößenkalkulation

Ansatzpunkt für die Entwicklung der Bezugsgrößenkalkulation war die oben angesprochene Problematik der Zuschlagskalkulation: Es gibt keine ursächlichen Beziehungen zwischen den Zuschlagsgrundlagen sowie den Gemeinkosten, daher ist die Annahme einer proportionalen Relation zwischen Zuschlagsgrundlagen und Gemeinkosten in der Regel nicht realitätsgerecht. Bei der Bezugsgrößenkalkulation werden nun bei Kostenstellen des Fertigungsbereiches die Gemeinkosten nicht über Zuschlagsätze, sondern über „direkte" Bezugsgrößen wie Fertigungs-, Arbeits- oder Rüstzeiten den Kostenträgern zugeordnet. Für diese Bezugsgrößen sollte gelten, dass zwischen ihren Ausprägungen und den zu verrechnenden Gemeinkosten ein (annähernd) proportionales Verhältnis besteht.

Oftmals werden die Fertigungsgemeinkosten über die Bezugsgröße Maschinenstunden verrechnet, das entsprechende Vorgehen wird dann auch als **Maschinenstundensatzrechnung** bezeichnet. Bei dieser werden zunächst in der Kostenstellenrechnung periodenbezogen die Kosten ermittelt, die direkt mit der jeweiligen Maschine verbunden sind, wobei es sich typischerweise um Abschreibungen, Zinsen, Instandhaltungskosten, Energiekosten, Betriebsstoffkosten, Kosten für Reinigung und Einstellung etc. handelt. Die Summe dieser direkt maschinenabhängigen Kosten wird dann durch die Maschinenlaufzeit der Periode dividiert, die grundsätzlich als Gesamtzeit (inkl. Leerlauf, Hoch-/Runterfahren) oder aber als gesamte produktive Zeit prognostiziert bzw. ermittelt werden kann. Das Ergebnis stellt einen Maschinenstundensatz dar:

$$\text{Maschinenstundensatz} = \frac{\text{Direkt maschinenabhängige Kosten}}{\text{Maschinenlaufzeit}}$$

Dieser wird bei der Kalkulation eines Kostenträgers mit der von diesem beanspruchten Maschinenlaufzeit (die analog zur periodenbezogenen Maschinenlaufzeit zu ermitteln ist) multipliziert. Das Ergebnis sind die dem Kostenträger, bezogen auf eine Kostenstelle, zuzurechnenden Gemeinkosten:

$$\text{Zuzurechnende Gemeinkosten} = \text{Maschinenstundensatz} \cdot \text{Maschinenlaufzeit des Kostenträgers}$$

Die restlichen Gemeinkosten der betreffenden Fertigungskostenstelle werden ebenso wie die anderer Kostenstellen in der Regel weiterhin über Zuschlagsätze verrechnet, so dass eine kombinierte Zuschlags- und Bezugsgrößenkalkulation entsteht.

Logistikkostenrechnung

In der traditionellen Kostenrechnung, so wie sie in Abschnitt 16.3 skizziert wurde, wird auf die Belange der Logistik wenig Bezug genommen. So erfolgt in der Kostenartenrechnung keine separate Erfassung logistisch bedingter Kosten. Zudem werden logistische Leistungen in diversen Kostenstellen erbracht und dies oftmals neben anderen Leistungen (z. B. Fertigungsleistungen). Die durch die Erbringung der logistischen Leistungen verursachten Kosten werden dann gemeinsam mit den Kosten anderer Leistungen in den Kostenstellenkosten erfasst und oftmals über Gemeinkostenzuschläge auf die Kostenträger verrechnet. Damit stehen differenzierte Informationen für die Vorbereitung logistischer Entscheidungen, z. B. für die kostenorientierte Wahl zwischen unternehmensintern und -extern erbrachten logistischen Leistungen, für die Wahl zwischen verschiedenen unternehmensinternen logistischen Handlungsalternativen oder die Preisfestlegung für logistische (Zusatz-) Leistungen kaum zur Verfügung. Auch kann nicht herausgearbeitet werden, welche Logistikkosten bei der Versorgung verschiedener Absatzgebiete mit bestimmten Produkten entstehen. Bei unterschiedlich hohen Logistikkosten, die angesichts der Marktsituation nicht vollständig an die Kunden weitergegeben werden können, ist dies aber notwendig, um beurteilen zu können, welches der Absatzgebiete wirtschaftlich, d. h. mit einem positiven Ergebnisbeitrag, beliefert werden kann. Schließlich sind die Möglichkeiten der Kontrolle von Logistikkosten bzw. der Wirtschaftlichkeit der logistischen Leistungserstellung stark eingeschränkt. Zur Behebung dieser Defizite sind Ansätze einer spezifischen Logistikkostenrechnung entwickelt worden, auf die nachfolgend mit Blick auf die Logistik von Industrie- und Handelsunternehmen – und nicht auf die Besonderheiten von Logistikunternehmen – kurz eingegangen wird.

Die Logistikkostenrechnung dient – neben der Wirtschaftlichkeitskontrolle und Verhaltenssteuerung – der Deckung des kostenbezogenen Informationsbedarfs logistischer Entscheidungsträger. Im Rahmen der Logistikkostenrechnung sollten zunächst die zu erbringenden logistischen Leistungen strukturiert werden, um für diese überhaupt differenziert Kosten ermitteln und diese entsprechend auf Produkte weiter verrechnen zu können. Darauf basierend sollten dann

- in der **Kostenartenrechnung** die Kosten für logistische Fremd- und Eigenleistungen differenziert ausgewiesen werden,
- in der **Kostenstellenrechnung** spezielle logistische Kostenstellen eingeführt werden,
- ebenfalls in der **Kostenstellenrechnung** die Kosten für logistische Leistungen separat bestimmt und verrechnet werden sowie
- in der **Kostenträgerrechnung** diese Kosten über produktbezogene Pläne für logistische Leistungsbedarfe gesondert bei der Kalkulation von Produkten berücksichtigt werden.

Bei einer entsprechenden Logistikkostenrechnung erfolgt also eine Differenzierung der (traditionellen) Kostenrechnung zur besseren Erfassung und Verrechnung von Wertverzehren für logistische Leistungen in der Kostenarten-, Kostenstellen- und Kostenträgerrechnung, wie dies auch in der nachfolgenden Abbildung dargestellt ist.

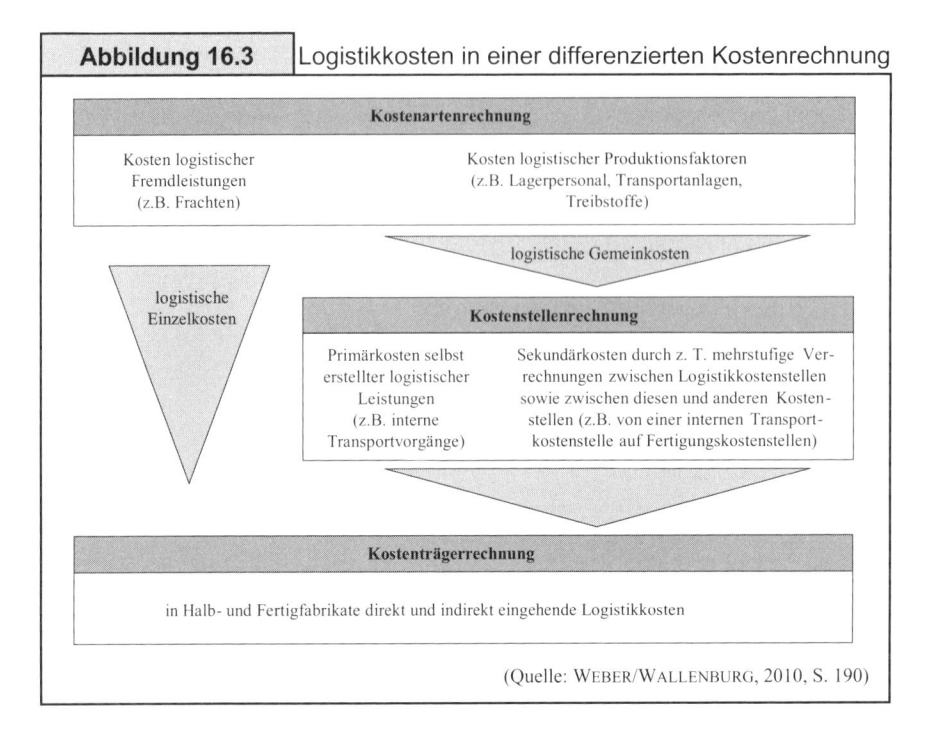

Abbildung 16.3 — Logistikkosten in einer differenzierten Kostenrechnung

Kostenartenrechnung

| Kosten logistischer Fremdleistungen (z.B. Frachten) | Kosten logistischer Produktionsfaktoren (z.B. Lagerpersonal, Transportanlagen, Treibstoffe) |

logistische Gemeinkosten

logistische Einzelkosten

Kostenstellenrechnung

| Primärkosten selbst erstellter logistischer Leistungen (z.B. interne Transportvorgänge) | Sekundärkosten durch z. T. mehrstufige Verrechnungen zwischen Logistikkostenstellen sowie zwischen diesen und anderen Kostenstellen (z.B. von einer internen Transportkostenstelle auf Fertigungskostenstellen) |

Kostenträgerrechnung

in Halb- und Fertigfabrikate direkt und indirekt eingehende Logistikkosten

(Quelle: WEBER/WALLENBURG, 2010, S. 190)

In der Kalkulation von Kostenträgern können die Kosten logistischer Aktivitäten also auf zwei Wegen separat berücksichtigt werden: Einerseits als den Kostenträgern direkt zuordenbare Einzelkosten und andererseits als Gemeinkosten, die entweder in spezifischen Logistikkostenstellen oder differenziert in „gemischten" Kostenstellen ausgewiesen werden. Die entsprechende Kalkulation erfolgt dann – analog zu einer Bezugsgrößenkalkulation –, indem zunächst ein Kostensatz je logistischer Leistungseinheit ermittelt und dieser dann mit der Anzahl von einem Kostenträger in Anspruch genommener Leistungen multipliziert wird:

Zuzurechnende Gemeinkosten = Logistikkostensatz · Anzahl logistischer Leistungseinheiten des Kostenträgers

Auf diese oder ähnliche – in der Unternehmenspraxis zu spezifizierende – Weise kann eine Kostenrechnung in Teilbereichen zu einer Logistikkostenrechnung weiterentwickelt und damit das Potenzial zur Unterstützung des Logistikmanagements erhöht werden.

Prozesskostenrechnung

Dem kann auch eine Prozesskostenrechnung dienen, die sich als eigenständiges Kostenrechnungssystem, aber auch Bestandteil einer Logistikkostenrechnung interpretieren lässt. Dies ergibt sich daraus, dass logistische Leistungen als Prozesse oder als Prozessergebnisse interpretierbar sind und zu einem erheblichen Anteil in den indirekten Unternehmensbereichen, dem Anwendungsbereich der Prozesskostenrechnung, erbracht werden. Die Betrachtungsobjekte von Logistik- und Prozesskostenrechnung überlappen sich demgemäß, und es ist möglich, bei der Ausgestaltung der Logistikkostenrechnung auf Ansätze der Prozesskostenrechnung zurückzugreifen. Diese sollen hier nicht ausführlich erläutert werden, es sollen wenige Hinweise genügen: Bei einer Prozesskostenrechnung werden mehrere Prozesse (z. B. Einlagerung, Lagerung, Auslagerung und Lagerverwaltung in einer Lagerkostenstelle) und prozessbezogene Bezugsgrößen je Kostenstelle definiert, diesen jeweils Kosten zugeordnet und für sie Prozesskostensätze ermittelt. Dies sind Kosten pro Prozessdurchführung, die mit den oben angesprochenen Logistikkostensätzen korrespondieren. Die Verrechnung der Gemeinkosten auf Kostenträger erfolgt analog zur Bezugsgrößenkalkulation und zu der Verrechnung von Gemeinkosten bei einer Logistikkostenrechnung, indem die Prozesskostensätze mit der Anzahl der Inanspruchnahmen des jeweiligen Prozesses durch den Kostenträger (dem sog. Prozesskoeffizienten) multipliziert werden:

Zuzurechnende Gemeinkosten = Prozesskostensatz · Prozesskoeffizient des Kostenträgers

Charakteristisch ist des Weiteren die Einbeziehung kostenstellenübergreifender Prozesse (z. B. eines „Hauptprozesses" Materialbeschaffung, der sich aus den Prozessen Material einkaufen, Materiallieferung entgegennehmen, Eingangsprüfung und Material lagern zusammensetzt). Insgesamt erlaubt auch die Prozesskostenrechnung eine im Vergleich zur klassischen Kostenrechnung (repräsentiert vor allem durch die Zuschlagskalkulation) differenziertere Kostenzuordnung und -verrechnung.

16.5 Lösung des Fallbeispiels

Aufgabe 1

a) Die Zuschlagsätze werden bestimmt, indem die Gemeinkosten einer Periode durch die Zuschlagsbasis dividiert werden. Bei der Zuschlagsbasis handelt es sich entweder um Einzelkosten (bei Material- und Fertigungsstellen) oder um Herstellkosten (bei Verwaltungs- und Vertriebsstellen). Die Zuschlagsätze für Materialgemeinkosten sowie Verwaltungsgemeinkosten ergeben sich damit wie folgt:

Materialgemeinkosten:

$$\frac{\text{Materialgemeinkosten}}{\text{Materialeinzelkosten}}, \text{ hier: } \frac{24.500}{122.500} = 20\,\%$$

Verwaltungsgemeinkosten:

$$\frac{\text{Verwaltungsgemeinkosten}}{\text{Herstellkosten}}, \text{ hier: } \frac{57.855}{385.700} = 15\,\%$$

b) Die dargestellte Form einer Zuschlagskalkulation erlaubt die differenzierte Zuordnung von Gemeinkosten verschiedener Kostenstellen zu den Produkten. Dennoch werden die Resultate einer derartigen Kalkulation nur in Ausnahmefällen exakt den entstehenden Wertverzehr angeben, sie sind eher als Näherungswerte zu interpretieren. Ursachen für Abweichungen von den exakten Werten können zum einen Vereinfachungen in der Kostenarten- und Kostenstellenrechnung, die Verrechnung vergangenheitsorientierter Istwerte, die mit Unsicherheiten behaftete Prognose von Planwerten sowie die Einbeziehung nicht veränderlicher Fixkosten darstellen. Zum anderen wird bei der Zuschlagskalkulation vereinfachend ein bestimmtes, für alle Kostenträger und Kostenträgereinheiten identisches Verhältnis zwischen Gemeinkosten und Zuschlagsgrundlage unterstellt. Dieses wird häufig nicht gegeben sein, was insbesondere daran liegt, dass keine ursächliche Beziehung zwischen den Gemeinkosten und den zu ihrer Zuordnung dienenden Zuschlagsbasen besteht. So können unter anderem Kostendegressionseffekte dazu führen, dass die Stückkosten mit zunehmender Auftragsmenge oder Losgröße sinken. Auch hängt das Ausmaß, in dem verschiedene Produkte die Leistungen einer Kostenstelle beanspruchen, oftmals stärker von Aspekten wie der Komplexität der Produkte und der mit ihnen verbundenen Prozesse ab als von den entstehenden Einzel- oder Herstellkosten.

Aufgabe 2
Als Basis der Kalkulation sind zunächst der Maschinenstundensatz sowie der Zuschlagsatz für die restlichen Gemeinkosten der Fertigungsstelle 1 zu berechnen:

$$\text{Maschinenstundensatz: } \frac{92.106}{340} = 270{,}90\ \text{€/h}$$

$$\text{Zuschlagsatz für die Rest-Gemeinkosten: } \frac{108.360 - 92.106}{60.200} = 27\,\%$$

Es ergeben sich dann die folgenden Zwischen- und Endergebnisse einer kombinierten Zuschlags- und Bezugsgrößenkalkulation:

	M1	M2
Materialeinzelkosten [€/ME]	52,00	70,50
Materialgemeinkosten [€/ME]	10,40	14,10
Materialkosten [€/ME]	62,40	84,60
Fertigungseinzelkosten F1 [€/ME]	27,00	33,20
Masch.abh. Gemeinkosten F1 [€/ME] (11,2/60 bzw. 9,2/60 mal Maschinenstundensatz von 270,90 €/h)	50,57	41,54
Rest-Fert.gemeinkosten F1 [€/ME] (27 % der Fertigungseinzelkosten F1)	7,29	8,96
Fertigungseinzelkosten F2 [€/ME]	18,20	15,20
Fertigungsgemeinkosten F2 [€/ME]	20,02	16,72
Fertigungskosten [€/ME]	123,08	115,62
Herstellkosten [€/ME]	**185,48**	**200,22**
Verwaltungsgemeinkosten [€/ME] (15 % der Herstellkosten)	27,82	30,03
Vertriebsgemeinkosten [€/ME] (18 % der Herstellkosten)	33,39	36,04
Selbstkosten [€/ME]	**246,69**	**266,29**

Die Stückherstell- und -selbstkosten haben sich nun im Vergleich zur Ausgangskalkulation beträchtlich verändert: Die Stückselbstkosten von M1 sind um mehr als 12 € gestiegen, die von M2 entsprechend gesunken. Dies ist darauf zurückzuführen, dass bei der Ausgangskalkulation die Gemeinkosten der Stelle F1 allein auf Basis der Fertigungslöhne verrechnet worden sind und diese bei M2 höher ausfallen als bei M1. Nun erfolgt die Verrechnung überwiegend auf Basis der Inanspruchnahme der Maschinen und diese ist bei M1 stärker ausgeprägt als bei M2.

Bemerkenswert ist auch, dass nicht nur für die Fertigungskostenstelle 1 andere Werte verrechnet werden, sondern aufgrund der geänderten Fertigungskosten und der daraus resultierenden Veränderung der Herstellkosten auch die zugeordneten Verwaltungs- und Vertriebsgemeinkosten andere Werte annehmen. Diese Tatsache, dass aufgrund eines modifizierten Berechnungsmodus bei den Fertigungskosten andere Kosten des Verwaltungs- und Vertriebsbereichs verrechnet werden, ist ein weiterer Beleg für die Problematik einer Zuschlagskalkulation.

Aufgabe 3

Als Kalkulationsgrundlage sind die veränderten Zuschlagssätze für die Materialgemeinkosten, die Gemeinkosten der Fertigungsstelle 2 sowie die Vertriebsgemeinkosten zu ermitteln:

Materialgemeinkosten: $\dfrac{24.500 - 4.900}{122.500} = 16\,\%$

Gemeinkosten Fertigungsstelle 2: $\dfrac{36.740 - 6.000}{33.400} = 92{,}04\,\%$

Vertriebsgemeinkosten: $\dfrac{69.426 - 14.000}{385.700} = 14{,}37\,\%$

Die Ergebnisse der modifizierten Kalkulation sind nachfolgend dargestellt:

	M1	M2
Materialeinzelkosten [€/ME]	52,00	70,50
Kosten „Warenannahme/Einlagerung" [€/ME] (60 bzw. 40 mal 49 €/Vorgang, jeweils dividiert durch 1.000)	2,94	1,96
Rest-Materialgemeinkosten [€/ME] (16 % der Materialeinzelkosten)	8,32	11,28
Materialkosten [€/ME]	63,26	83,74
Fertigungseinzelkosten F1 [€/ME]	27,00	33,20
Masch.abh. Gemeinkosten F1 [€/ME]	50,57	41,54
Rest-Fert.gemeinkosten F1 [€/ME]	7,29	8,96
Fertigungseinzelkosten F2 [€/ME]	18,20	15,20
Fertigungsgemeinkosten F2 [€/ME] (92,04 % der Fertigungseinzelkosten F2)	16,75	13,99
Kosten „Innerbetriebliche Transporte" [€/ME] (0,2 bzw. 0,1 mal 20 €/h)	4,00	2,00
Fertigungskosten [€/ME]	123,81	114,89
Herstellkosten [€/ME]	**187,07**	**198,63**
Verwaltungsgemeinkosten [€/ME]	28,06	29,79
Kosten für Fremdtransporte [€/ME]	8,00	6,00
Vertriebsgemeinkosten [€/ME] (14,37 % der Herstellkosten)	26,88	28,54
Selbstkosten [€/ME]	**250,01**	**262,96**

Die Stückherstell- und -selbstkosten haben sich wiederum verändert und zwar erneut mit einer Erhöhung bei M1 und Abnahme bei M2. Dies ist hier dadurch begründet, dass M1 in allen untersuchten Bereichen in höherem Maße logistische Leistungen in Anspruch nimmt als M2. Durch die Verfeinerung der Kalkulation kann dies einbezogen werden, während es bei der klassischen Zuschlagskalkulation unberücksichtigt bliebe.

Literaturhinweise

COENENBERG, A.G.: Kostenrechnung und Kostenanalyse, 5. Aufl., Stuttgart 2003.

FREIDANK, C.-C.: Kostenrechnung, 8. Aufl., München 2007.

GÖTZE, U.: Kostenrechnung und Kostenmanagement, 5. Aufl., Berlin u. a. 2010.

HORVÁTH, P.; MAYER, R.: Prozeßkostenrechnung – Konzeption und Entwicklungen, in: krp, Sonderheft 2, 1993, S. 15-28.

SCHWEITZER, M.; KÜPPER, H.-U.: Systeme der Kosten- und Erlösrechnung, 9. Aufl., München 2008.

WEBER, J.; WALLENBURG, C.M.: Logistik- und Supply Chain Controlling, 6. Aufl., Stuttgart 2010.

WEBER, J.: Logistikkostenrechnung, 2. Aufl., Berlin u. a. 2002.

17 Kennzahlen und Kennzahlensysteme

17.1 Fallbeispiel

Die KRÜMEL KG ist ein mittelständisches Unternehmen in der Feinen Backwarenindustrie, das sich auf die Produktion von Dauerbackwaren spezialisiert hat. Aufgrund des verschärften Wettbewerbs der Süßwarenhersteller vertreibt die KRÜMEL KG ihre Produkte nicht mehr direkt an den Endverbraucher. Stattdessen hat sie sich als Zulieferer für zahlreiche Markenunternehmen etabliert, die von dem Fremdbezug bei einem spezialisierten Hersteller kostengünstigere und/oder qualitativ höherwertige Produkte als bei einer Eigenfertigung erwarten.

Zu Dauerbackwaren zählen Kekse und Riegel, Kräcker, Laugendauergebäcke, Lebkuchen, Waffeldauergebäcke, Zwieback, Makronen etc. Überzüge geben den meisten dieser Backwaren ein typisches Aussehen und tragen zur Geschmacksgebung bei; die häufigste Verwendung finden Kuvertüren aus Schokolade. Die Kompetenz der KRÜMEL KG liegt in der Keks- und Riegelfertigung. Die Bandbreite ihrer Produkte erstreckt sich von Ausstechkeksen und Spritzgebäcken über Cookies, gefüllte Kekse, schokolierte Kekse und Riegel bis hin zu Saisongebäck wie Lebkuchen.

Das Unternehmen verfügt in seinen zwei Produktionshallen über fünf Backstraßen, auf denen täglich bis zu 45 Tonnen Dauerbackwaren in der für die Süßwarenindustrie typischen Fließbandfertigung hergestellt werden können. Es handelt sich hier um eine serienweise Mehrprodukt-Fließbandfertigung, bei der bei einem Produktwechsel ein Umrüsten erforderlich ist.

Um ein Bild von den Fertigungsabläufen zu vermitteln, wird nachfolgend kurz der Produktionsprozess beschrieben. Nachdem der Teig angerührt ist, gelangt er aus einem Trichter in die Vertiefungen einer Formwalze. Die sich in den Vertiefungen befindenden Formstücke werden dann bei einer weiteren Walzendrehung auf das Fließband gedrückt. Anschließend kommen die Teigstücke in den Ofen und werden gebacken. Nach erfolgter Kühlung wird durch eine Dosiermaschine die Füllung (z. B. Milchcreme, Nusscreme, Marmelade oder Karamell) auf das Gebäck gespritzt; Menge und Positionierung der Füllung sind dabei von der Gebäckart abhängig. Daraufhin wird das Gebäck über das Fließband in einen Kühlkanal geführt und dann in eine Überziehmaschine, in der es mit Kuvertüre überzogen wird. Das Gebäck wird nun auf dem Fließband durch einen Luftstrom aus einem Gebläse, das sich in der Maschine befindet, geleitet. Je nach Stärke des Luftstromes wird dabei mehr oder weniger der noch flüssigen Kuvertüre vom überzogenen Gebäck abgeblasen. Zusätzlich sorgt ein in die Maschine integriertes Rüttelwerk für die Entfernung überschüssiger Kuvertüre. Das schokolierte Gebäck wird ggf. noch mit Crispies bestreut und in einer weiteren Überziehanlage mit einer zweiten Schicht Kuvertüre überzogen. In einem Kühlkanal wird das fertige Gebäck dann gehärtet.

Nach der Kühlung gelangen die Gebäcke durch das Fließband in den Verpackungsbereich. Sie werden zunächst einer Qualitätskontrolle in Bezug auf Gewicht und Aussehen unterzogen, bevor die einwandfreien Gebäckstücke dann in Folien und Kartons verpackt werden. Angesichts der engen räumlichen Anbindung von Qualitätskontrolle und Verpackung an die Fertigung ist der Leiter des Produktionsbereichs, Herr BECKER, auch für diese Tätigkeiten verantwortlich.

Derzeit sieht sich Herr BECKER mit einem gravierenden Problem konfrontiert: Dadurch, dass die aufgetragene Kuvertüre durch das Gebläse sehr ungleichmäßig abgeblasen wird, sind viele Gebäckstücke nicht verwertbar. Es wird also relativ viel Ausschuss produziert und deutlich mehr Kuvertüre verbraucht als dies bei einem stabilen Prozess erforderlich wäre.

Zugleich fordert der Inhaber und Geschäftsführer, Herr KRÜMEL, im Rahmen seines permanenten Strebens nach Wirtschaftlichkeit von seinen Abteilungsleitern jeweils eine Reihe von Kennzahlen zur Arbeitsweise und zu den Ergebnissen ihrer Bereiche. Konkret verlangt er nach den folgenden, von ihm der Produktion und der Logistik zugeordneten Kennzahlen:

Produktionskennzahlen
- Anteil der Fertigungslöhne an den Gesamtkosten
- Anteil der Materialkosten an den Gesamtkosten
- Kapazitätsauslastung
- Ausschussrate
- „Kuvertüre-Produktivität" als spezifische Materialproduktivität
- Mitarbeiterproduktivität
- Anlagenproduktivität

Logistikkennzahlen
- Lieferbereitschaftsgrad
- Reklamationsquote
- Kapitalbindungskosten (bei 10% Verzinsung p. a.)
- Umschlagshäufigkeit
- Lagerreichweite

Aufgabe 1
a) Unterstützen Sie den Produktionsleiter, indem Sie für ihn die Werte dieser Kennzahlen (bezogen auf das vergangene Geschäftsjahr) berechnen, und zwar – sofern möglich – produktspezifisch. Um die Berechnungen zu ermöglichen, hat der Produktionsleiter die folgenden Daten gesammelt bzw. vom Unternehmenscontroller angefordert:

Fallbeispiel 271

Allgemeine Unternehmensdaten:
- Mitarbeiter: 320, davon 235 im Produktionsbereich
- Umsatz: 37.300.000 €
- Gesamtkosten: 35.880.000 €
- Fertigungslöhne: 9.306.000 €
- Materialkosten: 18.700.000 €
- Kapazität: 45 t pro Tag bei 250 Arbeitstagen im Jahr und unter der Annahme einer kontinuierlichen (d. h. nicht durch Rüstzeiten aufgrund von Produkt-/Serienwechseln oder anderweitig bedingte Stillstände unterbrochenen) Fertigung von 8 Stunden täglich
- Produktionsmenge: durchschnittlich werden 40 t täglich hergestellt, davon sind allerdings durchschnittlich 10 % Ausschuss

Produktbezogene Daten für die drei umsatzstärksten Produkte:

Angaben pro Jahr	Keksriegel mit Karamell und Kuvertüre (P1)	Keksriegel mit Nusscreme, Reiscrispies und Kuvertüre (P2)	Spritzgebäck (P3)
Produktionsmenge (einwandfreier Qualität)	1.275.000 kg	770.000 kg	760.000 kg
Ausschussmenge	225.000 kg	230.000 kg	40.000 kg
Ausgelieferte Menge	1.275.000 kg	770.000 kg	740.000 kg
Kuvertüreverbrauch	450.000 kg (Kuvertüreanteil am Produkt: 30%)	460.000 kg (Kuvertüreanteil am Produkt: 46%)	--
Herstellkosten	2,35 €/kg	2,85 €/kg	1,20 €/kg
∅ Lagerbestand	12.750 kg	9.625 kg	19.500 kg
Anzahl Bedarfsanforderungen (Aufträge des Vertriebs) davon	300	450	750
- termingerecht ausgeliefert	270	400	730
- mit Reklamationen	60	85	40
Anzahl Rüstvorgänge	50	40	40
Losgröße	30.000 kg	25.000 kg	20.000 kg

b) Welche Erkenntnisse gewinnen Sie aus den Werten der Kennzahlen? Inwiefern ist die Aussagekraft der Ergebnisse begrenzt?

Aufgabe 2
Um die derzeitigen Probleme im Produktionsbereich zu lösen und erzielte technische Fortschritte zu nutzen, schlägt Herr BECKER vor, eine technisch verbesserte Backstraße zu installieren. Von dieser Investition erhofft er sich eine Verringerung der Ausschussquote, da sich bei der neuen Anlage in der Überziehmaschine ein besseres Gebläse befindet, das sich über die gesamte

Breite des Fließbandes erstreckt und damit eine gleichmäßigere Regulierung der Kuvertüre auf den Gebäcken ermöglicht als bei den alten Backstraßen. Zur Ausnutzung dieses Vorteils würde die neue Backstraße nur für Gebäck mit besonders hohem Kuvertüreanteil genutzt werden; so sollen die Riegel P1 und P2 nur noch auf dieser Anlage gefertigt werden. Für diese Rationalisierungsinvestition wurden folgende Daten ermittelt:

- Die Kapazität beträgt 10 t Gebäck täglich (bei 250 Arbeitstagen im Jahr und 8 Stunden kontinuierlicher Fertigung pro Tag).
- Die Ausschussrate kann bei den Riegeln P1 und P2 jeweils um die Hälfte reduziert werden; die Herstellkosten pro kg sinken dadurch um 5% bei P1 und um 8 % bei P2.
- Es wird eine Abnahme der Reklamationsquote um 20% unterstellt.
- Aufgrund der höheren Kundenzufriedenheit und intensiverer Marketingbemühungen können die Absatzmengen gesteigert werden; das genaue Ausmaß lässt sich aber nur schwer prognostizieren. Daher wird vereinfachend davon ausgegangen, dass die Absatzmengensteigerung mit der – bei gleich bleibenden Materialeinsätzen – durch die Verringerung des Ausschusses bewirkten Erhöhung des Outputs an Mengen einwandfreier Qualität korrespondiert.
- Die Anzahl der Rüstvorgänge wird bei den beiden Keksriegelarten P1 und P2 auf jeweils 25 verringert. (Diesen vorläufigen Planwert hat eine im Rahmen der Investitionsplanung durchgeführte Grobplanung des Fertigungsablaufs ergeben.)
- Die Fertigung auf der neuen Backstraße kann durch Personalverlagerungen gewährleistet werden, d. h. es sind keine zusätzlichen Mitarbeiter notwendig. Sie führt aber auch nicht zu Personaleinsparungen.

a) Beschreiben Sie verbal, welche positiven und negativen Effekte diese Investition im Hinblick auf wichtige Zielgrößen bzw. Kennzahlen von Produktion und Logistik mit sich bringt.

b) Berechnen Sie ausgehend von den obigen Daten die Ausprägungen der folgenden Kennzahlen, die bei Durchführung der Investition erwartet werden: Kapazitätsauslastung sowie produktbezogen Ausschussrate und Ausschussmenge, Kuvertüre-Produktivität, Reklamationsquote, Kapitalbindungskosten, Umschlagshäufigkeit und durchschnittlicher Lagerbestand (unter der Annahme, dass der durchschnittliche Lagerbestand der Hälfte der in einem Los gefertigten Gebäckmenge mit einwandfreier Qualität entspricht).

c) Die Kennzahlen liefern erste Informationen zur Vorbereitung der Investitionsentscheidung und können als Basis für die Beurteilung der technisch weiter entwickelten Backstraße dienen. Für eine fundierte wirtschaftliche Entscheidung reichen diese Kennzahlenangaben allerdings noch nicht aus. Welche weiteren Informationen würden Sie für die Beurteilung der Wirtschaftlichkeit der Investition benötigen?

Aufgabe 3
a) Herrn KRÜMEL ist es ein Dorn im Auge, dass die Kennzahlen im Produktionsbereich relativ unverbunden nebeneinander stehen. Er regt daher an, eine Balanced Scorecard (BSC) für den Produktionsbereich zu konzipieren. Übernehmen Sie diese Aufgabe. Berücksichtigen Sie dabei die in Abschnitt 17.3 genannten originären Perspektiven von BSCs, und geben Sie je Perspektive mindestens fünf Ihnen relevant erscheinende Kennzahlen an. Beziehen Sie dabei auch die zu Aufgabe 1 berechneten Kennzahlen ein.

b) Gehen Sie davon aus, dass es Ihnen gelingt, die Mitarbeiterzufriedenheit im Produktionsbereich zu erhöhen. Zeigen Sie unter Einbeziehung von Kennzahlen aus den anderen Perspektiven eine davon ausgehende potenzielle Ursache-Wirkungs-Kette auf.

17.2 Kennzahlen

Begriff und Aufgabe von Kennzahlen

Betriebswirtschaftliche Kennzahlen stellen allgemein Zahlen dar, die prägnante und komprimierte Informationen über quantitativ erfassbare Sachverhalte und Entwicklungen liefern. Als Wesensmerkmale von Kennzahlen werden demgemäß der Informationscharakter, die quantitative Form sowie die spezifische, verdichtete Art der Information angesehen.

Diese Merkmale machen Kennzahlen zu einem klassischen Instrument des Controlling; bezogen auf die Bereiche Produktion und Logistik werden sie daher auch im Rahmen eines entsprechenden Produktions- und Logistikcontrolling eingesetzt.

Mit Kennzahlen kann in vielfältiger Weise zur **Informationsversorgung** in der Produktion und der Logistik – und daneben zur Steuerung und Koordination dieser Bereiche – beigetragen werden. So können mit ihrer Hilfe

- *Entscheidungsprämissen* in Form von entscheidungsrelevanten Größen erfasst werden, die als Nebenbedingungen die Handlungsmöglichkeiten begrenzen oder die Zielerreichung von Alternativen bedingen (z. B. beschränkte Anlagenkapazitäten oder die Nachfrage nach Produkten),
- *Zusammenhänge* zwischen verschiedenen Größen aufgezeigt werden, um die Ursachen für bestimmte Entwicklungen oder Probleme zu identifizieren (z. B. indem untersucht wird, welche Kostenpositionen besonders zu einer Erhöhung der Herstellkosten beigetragen haben),

- *Messungen* vorgenommen oder *Prognosen* abgegeben werden, indem Kennzahlen als Indikatoren für schwer messbare oder schwer prognostizierbare Größen dienen (z. B. die Anzahl der Beschwerden oder Nachfragen als Indikator für die Liefertermintreue oder die Produktqualität),
- die *Relevanz oder Güte von Sachverhalten oder Entwicklungen* beurteilt werden. Im Hinblick auf die Relevanz sind vor allem Gliederungszahlen wichtig, die Rückschlüsse auf die Bedeutung einer Größe zulassen (z. B. Anteile bestimmter Kostenarten an den Logistikkosten). Die Güte lässt sich durch Vergleiche, z. B. mit den Kennzahlenausprägungen anderer Unternehmen oder Unternehmensbereiche einschätzen. In diesem Zusammenhang ist darauf hinzuweisen, dass Kennzahlen auch im Rahmen des Benchmarking zur Informationsgewinnung genutzt werden.

Der zweite Einsatzbereich von Kennzahlen ist die **Zielvorgabe**. Kennzahlen können einerseits als Zielgröße bei der Lösung einzelner Entscheidungsprobleme dienen (z. B. wenn die entscheidungsrelevanten Kosten bei der Losgrößenplanung minimiert werden). Andererseits werden sie einzelnen Unternehmenseinheiten vorgegeben, entweder in Form eines zu erfüllenden Anspruchsniveaus (z. B. Kostenbudget für einzelne Fertigungs- oder Logistikabteilungen) oder als zu maximierende bzw. zu minimierende Größe. Sie bilden dann einen Beurteilungsmaßstab für die Leistung der jeweiligen Einheit und sollen unter anderem die Motivation der Entscheidungsträger und Mitarbeiter fördern. Dadurch und in ihrer Funktion als Frühwarnindikator tragen sie zur Kontrolle und Steuerung des Produktions- und Logistikbereichs bei.

Kennzahlen für Produktion und Logistik

In den Unternehmensbereichen Produktion und Logistik können grundsätzlich eine Vielzahl von Kennzahlen zum Einsatz gelangen, die sich vornehmlich auf die unterschiedlichen in diesen Bereichen verfolgten Ziele (vgl. Kapitel 2) beziehen. So existieren für den Produktionsbereich einige Maßgrößen für ökonomische, technische, ökologische und soziale Ziele der Fertigung. Sie lassen sich sowohl in absoluter als auch in relativer Form, bei der zwei Größen zueinander in Verhältnis gesetzt werden, ausdrücken. Einige solcher Kennzahlen bzw. Maße zur Beurteilung der jeweiligen Ergiebigkeit, die Informationen zum gesamten Produktionsbereich oder auch zu einzelnen Fertigungsabteilungen vermitteln können, sind in der Abbildung 17.1 zusammengefasst.

Abbildung 17.1   Kennzahlen für die Produktion

	Ausgewählte absolute Ergiebigkeitsmaße	Ausgewählte relative Ergiebigkeitsmaße
Ökonomische Ergiebigkeit	Produktbezogene Herstellkosten und Deckungsbeiträge, Kosten bestimmter Fertigungsbereiche, gebundenes Kapital	Wirtschaftlichkeit (= wertmäßiger Output/wertmäßiger Input), relativer Deckungsbeitrag pro Engpasseinheit, Anteil Fertigungskosten an Gesamtkosten
Technische Ergiebigkeit	Menge der produzierten Güter, Menge der verbrauchten Güter, Qualität der Produkte, Ausschussmenge, Kapazität	Mitarbeiter-, Anlagen-, Materialproduktivität (= Outputmenge/jeweilige Inputmenge), Kapazitätsauslastung, Ausschussrate, Anlagenintensität (= Anlage-/Gesamtvermögen)
Ökologische Ergiebigkeit	Schadstoffmenge, Wasser-, Energieverbrauch, Menge wieder eingesetzter Abfallstoffe, Lautstärke	Schadstoffmenge pro Produkteinheit, CO_2-Ausstoß pro m^3 Luft, Energieverbrauch pro Produkteinheit, Recyclingrate
Soziale Ergiebigkeit	Mitarbeiterzufriedenheit, Anzahl Krankheitstage, Gesamtzahl der Mitarbeiter aus bestimmten sozialen Gruppen (z. B. Behinderte)	Sozialleistungen pro Mitarbeiter, Verhältnis von Krankheits- zu Arbeitstagen, Fluktuationsrate, Anteile bestimmter sozialer Gruppen an der Gesamtmitarbeiterzahl

(Quelle: modifiziert übernommen von SCHWEITZER, 2009, S. 60)

Ebenso haben sich typische Kennzahlen herauskristallisiert, die besonders geeignet sind, die logistischen Leistungsprozesse und den bei ihnen erfolgenden Ressourceneinsatz und die erzielten Ergebnisse abzubilden. Sie dienen vorrangig der Beurteilung der Effizienz materialflussbezogener Aktivitäten und sind daher einerseits auf die Zielgröße Logistikkosten sowie andererseits auf die Serviceziele der Logistik – vor allem bezogen auf die Kriterien Zeit, Qualität und Flexibilität – ausgerichtet, wobei sie auch Einflussgrößen für die Erreichung der entsprechenden Ziele umfassen (bei der Kennzahlenbildung erfolgt üblicherweise eine Konzentration auf die ersten beiden Entwicklungsstufen der Logistik, vgl. Kapitel 2). Im Folgenden sind beispielhaft einige häufig verwendete absolute und relative Logistikkennzahlen (letztere mit ihren Berechnungsvorschriften) aufgeführt, die sich auf das logistische Subsystem der Produktionslogistik beziehen und damit in diesem Schnittstellenbereich sowohl für die Produktion als auch für die Logistik relevant sind.

Zu den **absoluten Produktionslogistik-Kennzahlen** zählen periodenbezogene Lagerbestände und Lagerkosten (u. a. Kapitalbindungskosten), innerbetriebliche perioden- oder produktbezogene Transportkosten, Fehlmengenkosten, Durchlaufzeiten, Wartezeiten, die Anzahl und Kapazität von Lagerplätzen, die Anzahl der in einer Periode bearbeiteten Aufträge, die Mitarbeiterzahl in Produktionslägern sowie die Anzahl, Kapazität und Leistungsfähigkeit von Transport- und Ladehilfsmitteln im Rahmen des Fertigungsablaufs. Zu den **relativen Kennzahlen der Produktionslogistik** gehören:

- *durchschnittliche Logistikkosten* je Auftrag, Verpackungseinheit oder Produkteinheit (Logistikkosten/Gesamtzahl der Aufträge, Verpackungs- oder Produkteinheiten)
- *Lieferbereitschaftsgrad* (Anzahl termingerecht bearbeiteter Aufträge/Gesamtzahl zu erfüllender Aufträge)
- durchschnittliche *Auftragsabwicklungszeit* (Summe der Auftragsabwicklungszeiten/Anzahl bearbeiteter Aufträge)
- *Umschlagshäufigkeit* (mengen- oder wertmäßiger Verbrauch der Periode/ durchschnittlicher Lagerbestand),
- *Lagerreichweite* (durchschnittlicher Lagerbestand/Bedarf pro Zeiteinheit oder Zeiteinheiten je Periode/Umschlagshäufigkeit),
- *Beanstandungs-* oder *Reklamationsquote* (Anzahl der beanstandeten Lieferungen (aus der Produktion)/Anzahl ausgelieferter Aufträge)
- *Lieferflexibilität* (Anzahl erfüllter Sonderwünsche/Anzahl Sonderwünsche gesamt)
- *Auslastungsgrad* eines Zwischenlagers (belegte Stellplätze/Lagerkapazität) oder von Transportmitteln (Ist-Einsatzstunden/mögliche Einsatzstunden)
- durchschnittliche Anzahl von bearbeiteten Aufträgen oder Auftragspositionen je Mitarbeiter als spezifische *Mitarbeiterproduktivität* in der Logistik (Anzahl bearbeiteter Aufträge oder Auftragspositionen/Mitarbeiterzahl im betreffenden Logistikbereich).

In analoger Weise lassen sich auch Logistikkennzahlen für die anderen Teilsysteme der Logistik oder die Gesamtlogistik bestimmen. Weitere Kennzahlen sind zudem in dem im nächsten Abschnitt abgebildeten Logistik-Kennzahlensystem (Abb. 17.3) enthalten.

17.3 Kennzahlensysteme

Mit einer isolierten Betrachtung einzelner Kennzahlen lässt sich häufig nur eine geringe Aussagekraft erzielen: Das damit gewonnene Bild ist wenig vollständig, Zusammenhänge und Ursachen können kaum aufgezeigt werden, und aus einer Kennzahl abgeleitete Beurteilungen können falsch sein, da sie relevante Einflussgrößen vernachlässigen. Diesem Problem soll durch die Bildung und Auswertung von Kennzahlensystemen begegnet werden. Ein Kennzahlensystem ist eine „Zusammenstellung von quantitativen Variablen ..., wobei die einzelnen Kennzahlen in einer sachlich sinnvollen Beziehung zueinander stehen, einander ergänzen oder erklären und insgesamt auf ein gemeinsames übergeordnetes Ziel ausgerichtet sind" (REICHMANN, 2006, S. 22). Mit Kennzahlensystemen werden grundsätzlich dieselben Zwecke verfolgt wie mit Kennzahlen, also die oben angesprochene Informationsversorgung sowie Zielvorgabe.

In der Vergangenheit ist eine Reihe von Kennzahlensystemen entwickelt worden, bei denen es sich entweder um Rechensysteme oder um Ordnungssysteme handelt. Während bei Rechensystemen die einzelnen Kennzahlen über mathematische Beziehungen miteinander verbunden sind, wird bei Ordnungssystemen ohne Nutzung derartiger Verbindungen eine Strukturierung vorgenommen. Bezogen auf Produktion und Logistik dominieren Ordnungssysteme.

Für den **Produktionsbereich** wurden zahlreiche Kennzahlensysteme konzipiert, die unterschiedlichen Zwecken dienen sollen und in Verbindung damit unterschiedlich stark aggregierte Größen enthalten. Einige von ihnen erfassen stark verdichtete und primär der Vorbereitung von Entscheidungen auf höheren Führungsebenen dienende Daten, andere orientieren sich stärker an „operativen" Daten und eignen sich daher eher zur Vorbereitung operativer Entscheidungen auf unteren Ebenen. Außerdem enthalten die Kennzahlensysteme für die Produktion nicht nur inhaltlich unterschiedliche Kennzahlen, sondern sind auch nach verschiedenen Gesichtspunkten auf der obersten Ebene in „Kennzahlenbereiche" strukturiert. So können diese Bereiche und die ihnen zugeordneten Kennzahlen u. a. nach produktionswirtschaftlichen Zielen, nach Produktionsfaktoren (menschliche Arbeit, Werkstoffe, Betriebsmittel) oder nach dem Prozessablauf (Input/Throughput/Output/Output-Input-Relationen) geordnet werden. Die folgende Abbildung zeigt eine mögliche Systematik, die der konkreten Kennzahlenauswahl zugrunde gelegt werden kann. Gleichzeitig wird angedeutet, dass neben der inhaltlichen auch eine zeitliche und eine hierarchische Strukturierung sinnvoll ist, um den Zeitbezug sowie die Verantwortlichkeit und Beeinflussbarkeit der Kennzahlen zu regeln.

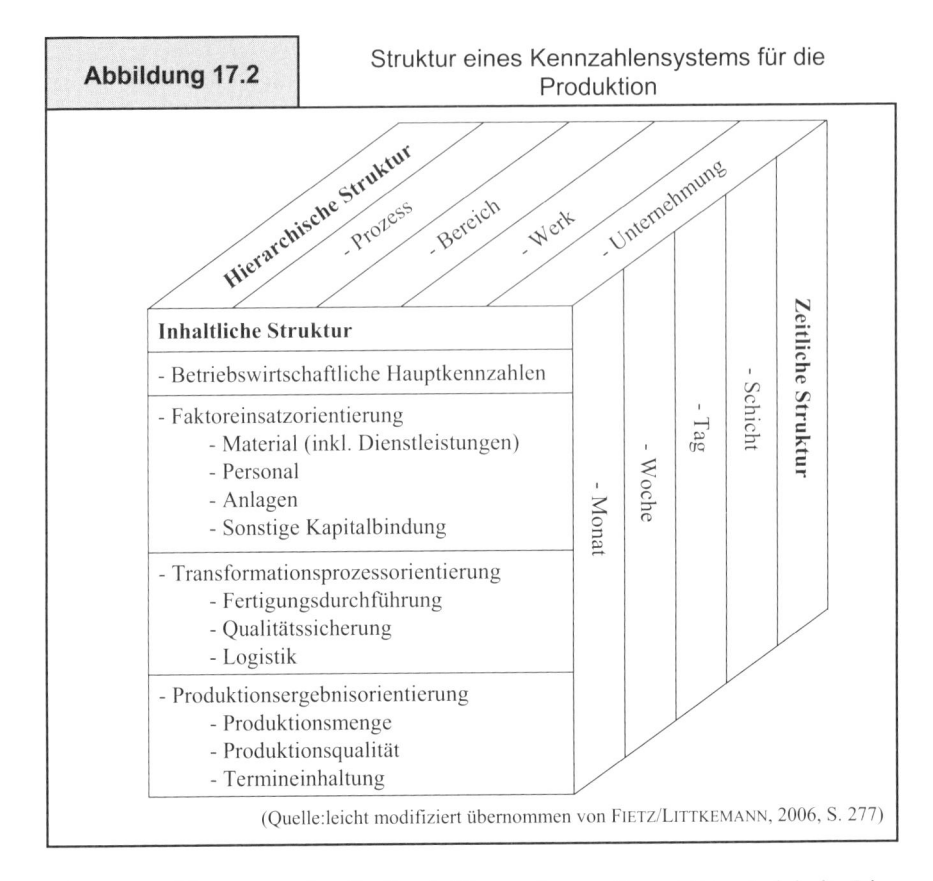

Abbildung 17.2: Struktur eines Kennzahlensystems für die Produktion

Hierarchische Struktur
- Prozess
- Bereich
- Werk
- Unternehmung

Zeitliche Struktur
- Monat
- Woche
- Tag
- Schicht

Inhaltliche Struktur
- Betriebswirtschaftliche Hauptkennzahlen
- Faktoreinsatzorientierung
  - Material (inkl. Dienstleistungen)
  - Personal
  - Anlagen
  - Sonstige Kapitalbindung
- Transformationsprozessorientierung
  - Fertigungsdurchführung
  - Qualitätssicherung
  - Logistik
- Produktionsergebnisorientierung
  - Produktionsmenge
  - Produktionsqualität
  - Termineinhaltung

(Quelle: leicht modifiziert übernommen von FIETZ/LITTKEMANN, 2006, S. 277)

Ein Kennzahlensystem für die **Logistik** wurde von SCHULTE entwickelt. Dieses umfasst

- *Struktur- und Rahmenkennzahlen*, die insbesondere Informationen zu Aufgabenumfang sowie Anzahl und Kapazität der Aufgabenträger (Mitarbeiter, Sachmittel) liefern,
- *Produktivitätskennzahlen* zur Messung der Produktivität von Mitarbeitern und technischen Einrichtungen,
- *Wirtschaftlichkeitskennzahlen* zur Erfassung einzelner verursachter Logistikkostenarten für bestimmte Leistungseinheiten sowie
- *Qualitätskennzahlen* zur Beurteilung des Zielerreichungsgrades verschiedener Ausprägungen von Logistikservice und -qualität

in geordneter Form für die Teilbereiche Beschaffung, Materialfluss/Transport, Lager/Kommissionierung, Produktionsplanung und -steuerung sowie Distribution (vgl. SCHULTE, 2005, S. 644 f.).

Beispielhaft sei ein anderes, von REICHMANN für die Logistik entwickeltes Kennzahlensystem dargestellt, das die Spitzenkennzahlen Umschlagshäufigkeit aller Bestände, Gesamtlogistikkosten pro Umsatzeinheit sowie Lieferbereitschaftsgrad aufweist und sich in Teilsysteme für die Materialwirtschaft (bzw. Beschaffungslogistik), Produktions- sowie Distributionslogistik untergliedert.

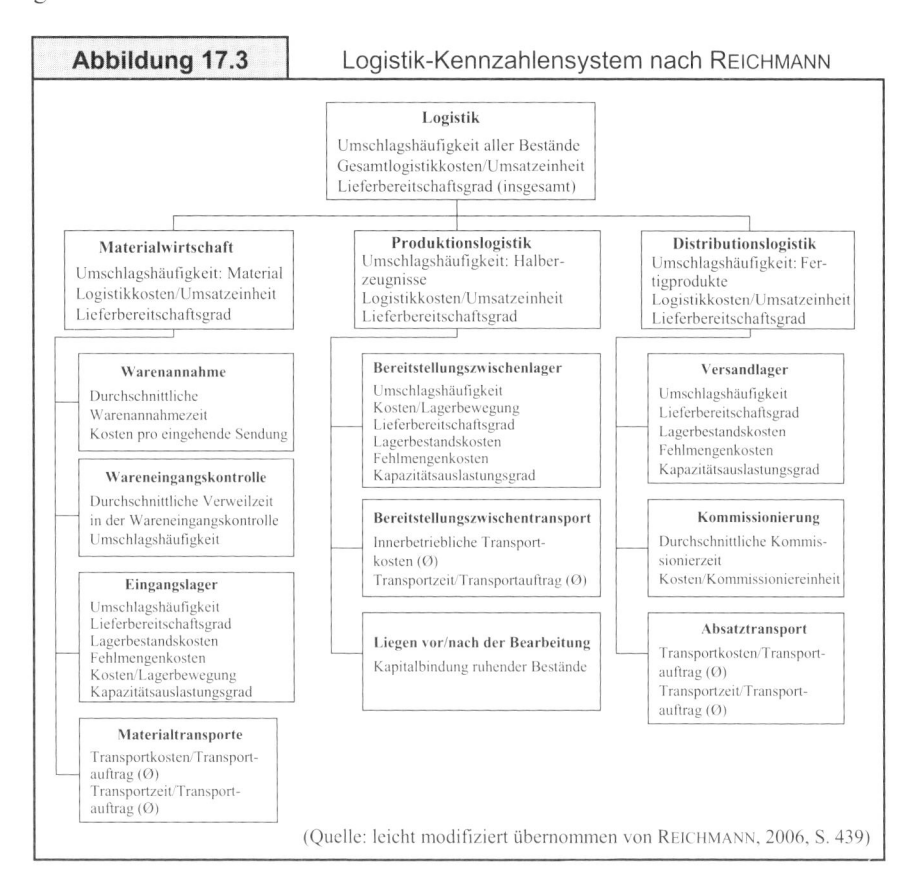

Abbildung 17.3 Logistik-Kennzahlensystem nach REICHMANN

Logistik
Umschlagshäufigkeit aller Bestände
Gesamtlogistikkosten/Umsatzeinheit
Lieferbereitschaftsgrad (insgesamt)

Materialwirtschaft
Umschlagshäufigkeit: Material
Logistikkosten/Umsatzeinheit
Lieferbereitschaftsgrad

Produktionslogistik
Umschlagshäufigkeit: Halberzeugnisse
Logistikkosten/Umsatzeinheit
Lieferbereitschaftsgrad

Distributionslogistik
Umschlagshäufigkeit: Fertigprodukte
Logistikkosten/Umsatzeinheit
Lieferbereitschaftsgrad

Warenannahme
Durchschnittliche Warenannahmezeit
Kosten pro eingehende Sendung

Wareneingangskontrolle
Durchschnittliche Verweilzeit in der Wareneingangskontrolle
Umschlagshäufigkeit

Eingangslager
Umschlagshäufigkeit
Lieferbereitschaftsgrad
Lagerbestandskosten
Fehlmengenkosten
Kosten/Lagerbewegung
Kapazitätsauslastungsgrad

Materialtransporte
Transportkosten/Transportauftrag (Ø)
Transportzeit/Transportauftrag (Ø)

Bereitstellungszwischenlager
Umschlagshäufigkeit
Kosten/Lagerbewegung
Lieferbereitschaftsgrad
Lagerbestandskosten
Fehlmengenkosten
Kapazitätsauslastungsgrad

Bereitstellungszwischentransport
Innerbetriebliche Transportkosten (Ø)
Transportzeit/Transportauftrag (Ø)

Liegen vor/nach der Bearbeitung
Kapitalbindung ruhender Bestände

Versandlager
Umschlagshäufigkeit
Lieferbereitschaftsgrad
Lagerbestandskosten
Fehlmengenkosten
Kapazitätsauslastungsgrad

Kommissionierung
Durchschnittliche Kommissionierzeit
Kosten/Kommissioniereinheit

Absatztransport
Transportkosten/Transportauftrag (Ø)
Transportzeit/Transportauftrag (Ø)

(Quelle: leicht modifiziert übernommen von REICHMANN, 2006, S. 439)

WEBER verzichtet auf den Vorschlag eines konkreten Kennzahlensystems. Ausgehend von der Individualität der Unternehmen(-slogistik) propagiert er das Konzept der Selektiven (Logistik-)Kennzahlen. Dieses sieht vor, dass fünf bis zehn Kennzahlen situativ, an der verfolgten Strategie und den vorliegenden operativen Engpässen ausgerichtet, ausgewählt und analysiert werden. Die Kennzahlen sollen dann in Berichte eingehen, die sowohl zur dezentralen als auch zur zentralen Steuerung der Logistik dienen (vgl. WEBER, 2002, S. 40 f. und S. 117 ff.).

Aktuell besteht in der Literatur wie in der Unternehmenspraxis ein Trend zur Anwendung mehrdimensionaler, auch nicht-monetäre Größen umfassender Kennzahlensysteme; besondere Beachtung hat dabei das Konzept der

Balanced Scorecard gefunden. Dieses Konzept wurde Anfang der neunziger Jahre von KAPLAN und NORTON entwickelt; es handelt sich bei der BSC um ein integriertes Kennzahlensystem, mit dem die Leistungen und Leistungspotenziale in einem Unternehmen multikriteriell erfasst werden können. Der Begriff „Balanced", übersetzt ausgewogen, steht für den Anspruch, die Leistung des Unternehmens von mehreren Perspektiven aus paritätisch zu beurteilen, wobei sowohl externe Anforderungen (von Kapitalgebern, Kunden etc.) als auch interne Anforderungen (z. B. von Mitarbeitern) beachtet werden. Die Ausgewogenheit bezieht sich des Weiteren auf die gleichzeitige Berücksichtigung von kurz- und langfristigen Zielen, auf die koordinierte Erfassung von Zielen und ihren Einflussgrößen und auf die Einbeziehung von objektiven und subjektiven Indikatoren sowie monetären und nicht-monetären Kennzahlen. Auf einer Scorecard, einer Punktetafel, wird die Leistungsentwicklung des Unternehmens transparent gemacht. Charakteristisch ist weiterhin, dass Kennzahlen aus einer und/oder verschiedenen Perspektiven durch Ursache-Wirkungs-Beziehungen miteinander verknüpft werden. Außerdem sollen verschiedene BSCs für alle Ebenen des Unternehmens (im Idealfall bis hin zum einzelnen Mitarbeiter) aufgestellt werden. Ein wichtiger Einsatzbereich des Konzepts wird in der Verknüpfung von strategischen und taktisch/operativen Führungsprozessen gesehen. Es dient dem Herunterbrechen von Vision und Strategie sowie der Kommunikation und Verknüpfung von strategischen Zielen und Maßnahmen.

Als Basis bzw. im Rahmen des Einsatzes des Balanced Scorecard-Konzeptes ist also zunächst festzulegen, welche Strategien jeweils umgesetzt und welche strategischen Ziele damit verfolgt werden sollen. Anschließend ist zu bestimmen, welche Kennzahlen zur Abbildung der jeweiligen Ziele genutzt, welche Zielwerte angestrebt und welche Maßnahmen zu deren Erreichen ergriffen werden sollen. Dabei erfolgt in der originären BSC von KAPLAN/NORTON eine Unterteilung in die vier Perspektiven Finanzen, Kunden, interne Prozesse sowie Lernen und Wachstum. Ein Beispiel einer **BSC für die Gesamtunternehmensebene eines Logistikdienstleisters**, in der neben den Perspektiven auch Ziele und angestrebte Zielwerte sowie Maßnahmen zu deren Umsetzung aufgeführt sind, ist nachfolgend dargestellt.

Kennzahlensysteme

Abbildung 17.4 | Balanced Scorecard eines Logistikdienstleisters

Perspektive	Strategische Absichten	Kennzahlen / Zielinhalt und -ausmaß	Maßnahmen und Zeitraum
FINANZEN	- Umsatzerlöse steigern - Deckungsbeiträge erhöhen	- Umsatz um 10 % steigern - Umsatz um 10 % steigern - Variable Kosten um 5 % senken	- Für jede regelmäßig befahrene Strecke in den nächsten 6 Monaten mind. 2 Neuverlader gewinnen - Besuchsquoten der Akquisiteure ab sofort erhöhen - Kraftstoffpreise durch gebündelten Einkauf in 3 Monaten senken
KUNDEN	- Bestellservice verbessern - Lieferservice verbessern	- Bearbeitungszeit je Auftrag um 10 % senken - Lieferbereitschaftsgrad um 10 % erhöhen - Reklamationen um 10 % senken	- Lagerhaltung mit SAP in 6 Monaten einführen - Lagerfläche im nächsten Jahr ausbauen - Reklamationshotline in 3 Monaten einführen
Interne PROZESSE	- Fuhrpark effizienter einsetzen - Lagerabläufe verbessern	- Anzahl der Leerfahrten um 15 % senken - Umlagerungskosten um 8 % senken - Durchlaufzeiten um 5 % senken	- Rückfrachten im eigenen Niederlassungsnetz in 2 Monaten durchsetzen - Alle Fahrer in 3 Monaten mit Handy ausstatten - ABC-Analyse nach Anzahl der Umlagermengen in 2 Monaten durchführen - Transportwege in 3 Monaten optimieren
LERNEN und WACHSEN	- Marktforschung intensivieren - Mitarbeiterzufriedenheit pflegen	- Verhältnis Marktforschungsbudget zu Umsatz auf 1 % ausbauen - Fehlstunden je Mitarbeiter auf durchschnittlich 6 pro Monat senken	- Marktforschungsuntersuchung in Asien in 3 Monaten durchführen - Marktforschungsplan für die nächsten 3 Jahre im nächsten Monat entwerfen - Regelmäßige Mitarbeitergespräche (1x/Monat) ab sofort einführen

(Quelle: leicht modifiziert übernommen von CZENSKOWSKY/PIONTEK, 2007, S. 240)

In Industrieunternehmen erfordert die konsequente Umsetzung des Balanced Scorecard-Konzeptes die Erstellung einer Scorecard oder eines Scorecard-Teilsystems für den Produktions- und den Logistikbereich. Eine **BSC für den Produktionsbereich** könnte ebenfalls die vier originären Perspektiven umfassen, wobei aber zu beachten ist, dass der unmittelbare Kunde der Produktion der Vertrieb bzw. die Distributionslogistik ist. Alternativ ließe sich eine produktionsspezifische BSC z. B. auch mit den Perspektiven Finanzen, Produktionsprogramm, Produktionsprozess und Produktionsfaktoren sowie entsprechenden zugehörigen Kennzahlen und den Verknüpfungen zwischen diesen aufbauen.

Während in der Unternehmenspraxis die Grundgedanken des Balanced Scorecard-Konzeptes schon relativ häufig Eingang in das Instrumentarium zur

Informationsversorgung des Produktionsmanagements und zur Steuerung des Produktionsbereichs gefunden haben, sind in der Theorie bisher wenig konkrete Vorschläge für den Einsatz der BSC im Produktionsbereich unterbreitet worden.

Hingegen existieren einige Ansätze für **logistikbezogene BSC-Systeme**. So kann ein Scorecard-System gebildet werden, das sich aus einer BSC für die Gesamtlogistik und weiteren für die logistischen Subsysteme der Beschaffungs-, Produktions-, Distributions- und ggf. Entsorgungslogistik zusammensetzt. Für die einzelnen Scorecards sind dann jeweils Festlegungen hinsichtlich der einzubeziehenden Perspektiven und Kennzahlen zu treffen.

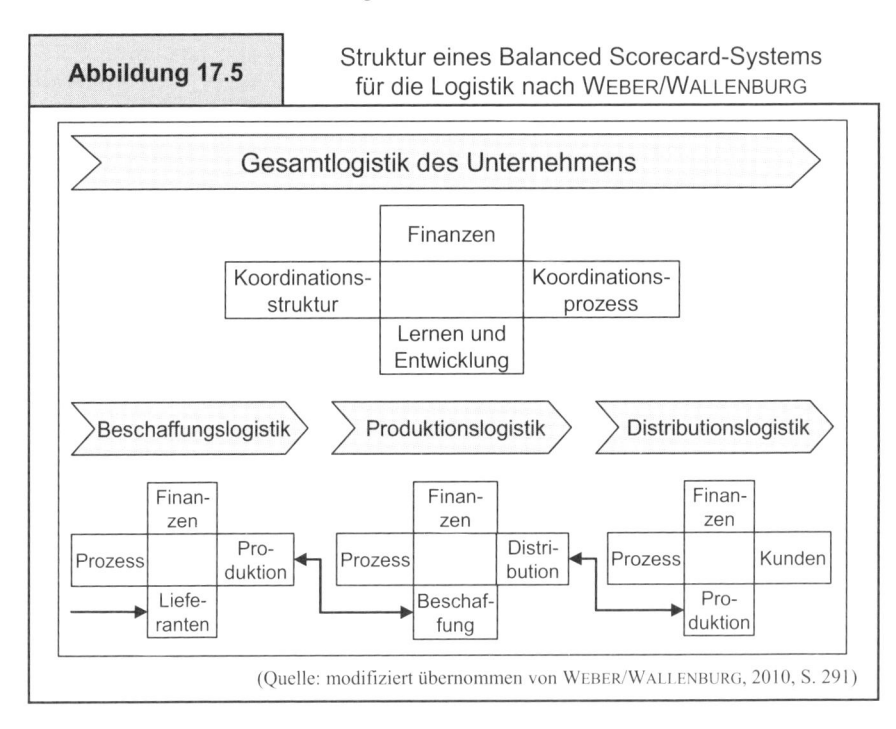

Abbildung 17.5 — Struktur eines Balanced Scorecard-Systems für die Logistik nach WEBER/WALLENBURG

Gesamtlogistik des Unternehmens
- Finanzen
- Koordinationsstruktur
- Koordinationsprozess
- Lernen und Entwicklung

Beschaffungslogistik / Produktionslogistik / Distributionslogistik

Beschaffungslogistik: Prozess, Produktion, Lieferanten, Finanzen
Produktionslogistik: Prozess, Distribution, Beschaffung, Finanzen
Distributionslogistik: Prozess, Kunden, Produktion, Finanzen

(Quelle: modifiziert übernommen von WEBER/WALLENBURG, 2010, S. 291)

Dabei können die Perspektiven durchaus von den vier Standardperspektiven abweichend gestaltet werden (wie auch in der in Abb. 17.5 dargestellten Grundstruktur), um insbesondere dem Querschnittscharakter der Logistik sowie der hohen Bedeutung der Quellen und Senken der Güterflüsse für die einzelnen Logistikbereiche Rechnung zu tragen. So wird in der BSC für die Beschaffungslogistik eine Lieferantenperspektive eingeführt und die Kundenperspektive auf die Produktion als internen Kunden ausgerichtet. Analog werden bei den BSCs für die Produktions- und die Distributionslogistik die jeweiligen „Lieferanten" und „Kunden" erfasst. Auf der Ebene der Gesamtlogistik hingegen wird auf eine Lieferanten- und eine Kundenperspektive verzichtet, da bei diesen spezielle Anforderungen der jeweiligen Funktionsbereiche bestehen können. An ihre Stelle treten eine Koordinationsstruktur- sowie eine Koordinationsprozessperspektive. Mit diesen sollen die strukturbildenden Aktivitäten (z. B. die Einführung eines Just-in-time-Konzepts oder die Kompetenzverteilung in der Logistik) sowie die laufenden Maßnahmen (wie die Nutzung eines bereichsübergreifenden Auftragsabwicklungssystems) erfasst werden, die auf der Gesamtlogistikebene für die material- und warenflussbezogene Koordination erforderlich sind.

Ein weiterer Trend bei Kennzahlen(-systemen) für Produktion und Logistik resultiert aus der Entwicklung des Supply Chain Managements: Es sind auch Kennzahlen bereitzustellen, die sich auf unternehmensübergreifende Wertschöpfungsketten (wie aggregierte Kosten oder Durchlaufzeiten) sowie die Beziehungen zwischen den beteiligten Unternehmen (z. B. zur Intensität der Kooperation oder zum Vertrauen) beziehen. Außerdem können auf einzelne Unternehmen bezogene Scorecard-Systeme als Bestandteile in eine Hierarchie von BSCs für unternehmensübergreifende Supply Chains eingebettet werden.

17.4 Beurteilung von Kennzahlen(-systemen)

Die Potenziale einer Nutzung von Kennzahlen und Kennzahlensystemen sind bereits in den Abschnitten 17.2 und 17.3 angesprochen worden. So kann das mit ihnen gewonnene Wissen unter anderem zum besseren Verständnis der Abläufe in Produktion und Logistik, zur Aufdeckung möglicher Rationalisierungspotenziale und zur Entscheidungsunterstützung und Kontrolle beitragen. Auch über Kontrollen hinaus lässt sich das Verhalten von Entscheidungsträgern und Mitarbeitern mittels Kennzahlen beeinflussen.

Gleichwohl sind mit ihrer Anwendung auch einige Probleme verbunden. Neben dem bereits oben genannten Nachteil einer beschränkten Aussagefähigkeit bei isolierter Verwendung einzelner Kennzahlen bestehen weitere Grenzen bzw. mögliche Fehlerquellen unter anderem in

- der Schwierigkeit, für jede Planungssituation die richtigen Kennzahlen auszuwählen und der Gefahr, dass zu viele Kennzahlen erzeugt werden, deren Bestimmungsaufwand unter Umständen größer ist als der zusätzlich gewonnene Aussagewert,
- möglichen Fehlern bei der Kennzahlenberechnung, z. B. durch falsche oder uneinheitlich verwendete Daten,
- der Auswahl und Analyse von Kennzahlen, deren Beeinflussbarkeit nicht gegeben oder geregelt ist (insb. bezüglich des Umgangs mit Abweichungen),

- der generellen Interpretation von Kennzahlen und der Ableitung plausibler Konsequenzen bis hin zu der Gefahr einer Fehlsteuerung
- der mangelnden Konsistenz und Verknüpfung der Kennzahlen in Kennzahlensystemen sowie
- mit Kennzahlen vermittelten Impulsen für ein unerwünschtes Mitarbeiterverhalten und damit einer Fehlsteuerung.

Verstärkt werden diese Gefahren durch die Notwendigkeit einer auf das jeweilige Produktions- oder Logistiksystem zugeschnittenen Ausgestaltung von Kennzahlen(-systemen).

17.5 Lösung des Fallbeispiels

Aufgabe 1
Die Berechnung der Kennzahlen führte zu folgenden Ergebnissen:

a) - **Anteil der Fertigungslöhne an den Gesamtkosten**: 25,94 %
   - **Anteil der Materialkosten an den Gesamtkosten**: 52,12 %
   - **Kapazitätsauslastung** der Backstraßen (genutzte Kapazität/verfügbare Kapazität): 88,89 %
   - **Ausschussrate** (Ausschussmenge/gesamte Produktionsmenge):
     15 % (P1), 23 % (P2), 5 % (P3)
   - **Kuvertüre-Produktivität** (Produktionsmenge/Kuvertüreverbrauch):
     1.275.000/450.000 = 2,83 kg Keksriegel pro kg Kuvertüre (P1) und
     770.000/460.000 = 1,67 (P2)
   - **Mitarbeiterproduktivität** in der Produktion (Produktionsmenge/Mitarbeiteranzahl):
     Die hier zu berücksichtigende Produktionsmenge einwandfreier Qualität beträgt bei der Ausschussrate von 10 % 36.000 kg täglich (40 t · 0,9) bzw. 9.000 t im Jahr (40 t · 0,9 · 250). Die Produktivität ist somit 36.000/235 = 153,19 kg pro Mitarbeiter täglich bzw. ca. 38,3 t im Jahr
   - **Anlagenproduktivität** (Produktionsmenge/Anlagenanzahl):
     36.000/5 = 7.200 kg pro Backstraße täglich bzw. 1.800 t im Jahr
   - **Lieferbereitschaftsgrad** (Anzahl termingerecht bearbeiteter Aufträge/ Gesamtzahl der Aufträge):
     90 % (P1), 88,89 % (P2), 97,33 % (P3)
   - **Reklamationsquote** (Anzahl Reklamationen/Gesamtzahl der Aufträge):
     20 % (P1), 18,89 % (P2), 5,33 % (P3)
   - Durchschnittlich im Lager gebundenes Kapital ($\varnothing$ Lagerbestand x Herstellkosten je kg):
     29.962,50 € (P1), 27.431,25 € (P2), 23.400 € (P3) und damit
     Kapitalbindungskosten ($\varnothing$ gebundenes Kapital x Zinssatz):
     2.996,25 € (P1), 2.743,13 € (P2), 2.340 € (P3)

- **Umschlagshäufigkeit** (Ausgelieferte Menge/∅ Lagerbestand):
  100 (P1), 80 (P2), 37,95 (P3)
- **Lagerreichweite** (∅ Lagerbestand/Bedarf pro Zeiteinheit oder Anzahl Zeiteinheiten je Periode/Umschlagshäufigkeit):
  12.750/5.100 oder 250/100 = 2,50 Arbeitstage (P1),
  3,13 Arbeitstage (P2), 6,59 Arbeitstage (P3)

b) Die berechneten Kennzahlenwerte machen deutlich, dass die vorhandenen Kapazitäten nicht gut ausgelastet werden. Diesbezüglich sollten weiter gehende Analysen angestellt und Verbesserungsvorschläge zur Erhöhung der Kapazitätsauslastung erarbeitet werden.

Außerdem wird ersichtlich, dass die produktspezifischen Ausschussraten bei den Riegeln mit Schokoladenkuvertüre sehr hoch sind. Diese Werte sollten dazu Anlass geben, den Produktionsablauf und das Mitarbeiterverhalten zu überprüfen, insbesondere weil gerade diese Produkte hohe Herstellkosten verursachen.

Des Weiteren fällt auf, dass die Materialkosten eine wesentlich höhere Bedeutung haben als die Fertigungslöhne und über 50 % der Gesamtkosten ausmachen. Diese Information sollte bei der Materialbeschaffung und -disposition beachtet und mögliche Kostensenkungspotenziale ausgeschöpft werden.

Als positiv erscheinen bei allen Produkten die hohe Umschlagshäufigkeit und die geringen Kapitalbindungskosten bedingt durch sehr niedrige Lagerbestände. Etwas zu relativieren ist diese Aussage hinsichtlich des Produktes P3. Bei diesem werden insgesamt 20.000 kg weniger abgesetzt als hergestellt. Dies führt dazu, dass der durchschnittliche Lagerbestand und die daraus resultierenden Kapitalbindungskosten in Relation zur Losgröße wie zur Jahresproduktionsmenge deutlich höher sind als bei den beiden anderen Produkten.

Die Aussagekraft der aus den Kennzahlen ableitbaren Erkenntnisse ist allerdings begrenzt, sofern nur die Werte eines Jahres bekannt sind. Mit diesen können keine Zeitvergleiche bzw. Analysen zur Entwicklung bestimmter Werte im Zeitablauf angestellt werden. Aufschlussreicher werden die Werte auch dann, wenn ein Kennzahlenvergleich mit Wettbewerbern in der Branche – z. B. im Rahmen eines Benchmarking – möglich ist. (Ist die hohe Ausschussrate vielleicht völlig üblich?).

Zudem beschränkt sich die Untersuchung auf die umsatzstärksten Produkte, Informationen zu den anderen Produkten des Sortiments fehlen. Schließlich werden bei der Analyse einzelner Kennzahlen keine Zusammenhänge und Ursache-Wirkungs-Beziehungen erfasst.

Aufgabe 2

a) Durch die Errichtung der zusätzlichen Backstraße sind folgende Effekte hinsichtlich der Kennzahlen zu erwarten:

Positive Effekte:
- Weniger Umrüstvorgänge führen zu geringeren **Rüstkosten** und kürzeren **Durchlaufzeiten** (bezogen auf die Jahresproduktionsmenge),
- durch die Verringerung des Ausschusses bzw. den zunehmenden Output (bei gleichem Einsatz aller anderen Faktoren) ergeben sich weiterhin sinkende **Materialkosten je Stück**, sinkende **Fertigungslöhne je Stück** sowie eine zunehmende **Kuvertüre-Produktivität** und eine steigende **Mitarbeiterproduktivität**,
- es wird infolge größerer Absatzmengen ein höherer **Umsatz** erzielt und
- der **Lieferbereitschaftsgrad** wird aufgrund des höheren Lagerbestandes tendenziell verbessert.

Negative Effekte:
- Es fallen zusätzliche **Kosten** – u. a. für Abschreibungen und Zinsen für die neue Anlage – an,
- die **Kapazitätsauslastung** sinkt, da trotz zusätzlicher Kapazität die gesamte Produktionsmenge (inkl. Ausschuss) als konstant angenommen wird (und über die Stilllegung einer der alten Backstraßen wird nichts ausgesagt),
- weniger Rüstvorgänge führen zu größeren Losen und diese wiederum zu größeren **Lagerbeständen** mit entsprechend höheren **Kapitalbindungskosten** und einer geringeren **Umschlagshäufigkeit** – sofern dies nicht durch Mehrabsatz ausgeglichen wird.

b) - **Kapazitätsauslastung**:
   Die Produktionsmenge (inkl. Ausschuss) bleibt bei 40 t pro Tag, die Kapazität steigt um 10 t auf 55 t pro Tag, daher: 40/55 = 72,73 %
   - **Ausschussrate** und **Ausschussmenge** pro Jahr:
   7,5 % bzw. 112.500 kg (P1) und 11,5 % bzw. 115.000 kg (P2)
   - **Kuvertüre-Produktivität**:
   Die Produktionsmengen mit einwandfreier Qualität steigen durch die Halbierung der Ausschussrate auf 1.500.000 – 112.500 = 1.387.500 kg (P1) bzw. auf 1.000.000 – 115.000 = 885.000 kg (P2).
   1.387.500/450.000 = 3,083 (P1) und
   885.000/460.000 = 1,92 (P2)
   - **Reklamationsquote**:
   16 % (P1) und 15,11 % (P2)
   - **Durchschnittlicher Lagerbestand**:
   Losgröße bei 25 Losen: 60.000 kg (P1) und 40.000 kg (P2)
   davon einwandfrei: 92,5% = 55.500 kg bzw. 88,5% = 35.400 kg
   Durchschnittlicher Lagerbestand:
   55.500/2 = 27.750 kg (P1) und 35.400/2 = 17.700 kg (P2)

- Durchschnittlich gebundenes Kapital:
  27.750 kg x 2,23 €/kg = 61.882,50 € (P1)
  17.700 kg x 2,62 €/kg = 46.374 € (P2)
  Kapitalbindungskosten:
  6.188,25 € (P1) und 4.637,40 € (P2)
- **Umschlagshäufigkeit**:
  1.387.500/27.750 = 50 (P1) und 885.000/17.700 = 50 (P2)

c) Die berechneten Kennzahlen beziehen sich zum einen nur auf ein Jahr und können daher eher zur Vorbereitung und Steuerung kurzfristiger Entscheidungen genutzt werden. Zum anderen überwiegen die auf technische Ziele ausgerichteten Kennzahlen. Für die wirtschaftliche Investitionsbeurteilung bietet es sich an, auf Methoden der dynamischen Investitionsrechnung, z. B. die Kapitalwertmethode, zurückzugreifen. Für ihre Anwendung wäre eine Vielzahl weiterer Daten erforderlich, insbesondere die mit der Investition verbundene Anschaffungsauszahlung, der Kalkulationszinssatz, die laufenden Auszahlungen für die Backstraße (Energie, Wartung etc.), die Faktorpreise (für Kuvertüre und weitere Materialien, um die Einsparungen durch den verminderten Ausschuss quantifizieren zu können), die Absatzpreise der Produkte (um die Mehreinzahlungen bestimmen zu können) sowie ggf. kosten- und mengenmäßige Veränderungen bei anderen Produkten. Diese Daten müssten für die geplante Nutzungsdauer der Backstraße prognostiziert werden.

Aufgabe 3
a) Eine Balanced Scorecard für den Produktionsbereich könnte beispielsweise die folgenden Perspektiven und Kennzahlen enthalten:

Finanzperspektive
Deckungsbeitrag, Materialkosten(-anteil), Fertigungskosten(-anteil), Personalkosten, Kapital(-bindung)

Kundenperspektive
Lieferbereitschaftsgrad, Reklamationsquote, Lieferzeit, Lieferflexibilität, Kundenzufriedenheit

Prozessperspektive
Ausschussrate, Kapazitätsauslastung, Umschlagshäufigkeit, Produktivitäten, durchschnittlicher Lagerbestand, Durchlaufzeit, Rüstkosten/-zeiten

Lern- und Wachstumsperspektive
Anzahl Verbesserungsvorschläge, Mitarbeiterzufriedenheit, Krankheitsrate, Fluktuationsrate, Anzahl der Mitarbeiter mit abgeschlossener Ausbildung, Alter der Betriebsmittel, Höhe der Investitionen in Betriebsmittel pro Jahr (ggf. in Relation zu Abschreibungen hierauf), Standortqualität

b)

Deckungsbeitrag ↑ Kosten (Herstell-, Kapitalbindungs-, etc.) ↓	Finanzperspektive

⇑

Kundenzufriedenheit ↑ Reklamationsquote ↓ Lieferbereitschaftsgrad ↑	Kundenperspektive

⇑

Produktivitäten ↑ Ausschussrate ↓	Prozessperspektive

⇑

Mitarbeiterzufriedenheit↑	Lern- und Entwicklungsperspektive

Literaturhinweise

CZENSKOWSKY, T.; PIONTEK, J.: Logistikcontrolling - marktorientiertes Controlling der Logistik und der Supply Chain, Gernsbach, 2007.

FIETZ, A.; LITTKEMANN, J.: Produktionscontrolling, in: LITTKEMANN, J. (Hrsg.): Unternehmenscontrolling, Herne, Berlin 2006, S. 203-279.

KAPLAN, R.S.; NORTON, D.P.: Balanced Scorecard: Strategien erfolgreich umsetzen, übersetzt von HORVÁTH, P. u. a., Stuttgart 1997.

REICHMANN, T.: Controlling mit Kennzahlen und Management-Tools, 7. Aufl., München 2006.

SCHULTE, C.: Logistik: Wege zur Optimierung der Supply Chain, 5. Aufl., München 2009.

SCHWEITZER, M.: Gegenstand und Methoden der Betriebswirtschaftslehre, in: BEA, F.X.; FRIEDL, B.; SCHWEITZER, M.: Allgemeine Betriebswirtschaftslehre, Bd. 1, 10. Aufl., Stuttgart 2009, S. 23-82.

TROßMANN, E.: Kennzahlen als Instrument des Produktionscontrolling, in: CORSTEN, H. (Hrsg.): Handbuch Produktionsmanagement, Wiesbaden 1994, S. 517-536.

WEBER, J.; WALLENBURG, C.M.: Logistik- und Supply Chain Controlling, 6. Aufl., Stuttgart 2010.

18 Konzept des Supply Chain Management

18.1 Fallbeispiel

Das in der Photovoltaik-Branche tätige Unternehmen SOLARIS AG hat sich auf die weitgehend automatisierte Herstellung von Solarzellen spezialisiert. Die Stellung der Solarzellenfertigung in der **Wertschöpfungskette der Photovoltaik** ist in der Abbildung 18.1 wiedergegeben. Zunächst wird das Ausgangsmaterial Silizium in eine blockartige Form, die sogenannten Ingots, gebracht. Die für die Solarzellenherstellung benötigten Ingots weisen zumeist eine quadratische Form auf. Diese Blöcke werden dann in Maschinen eingespannt und in einem aufwändigen Prozess in Scheiben (Wafer) gesägt. Die Herstellung von Solarzellen, auf die die SOLARIS AG spezialisiert ist, wird auch als Waferprozessierung bezeichnet. Nach chemischen Bädern werden auf die Wafer Strukturen aufgebracht, die für den besseren Abgriff des generierten elektrischen Stroms sorgen. Anschließend werden sie noch beschichtet. Den letzten Schritt der Prozessierung stellt das Sortieren nach optischen und elektrischen Merkmalen dar.

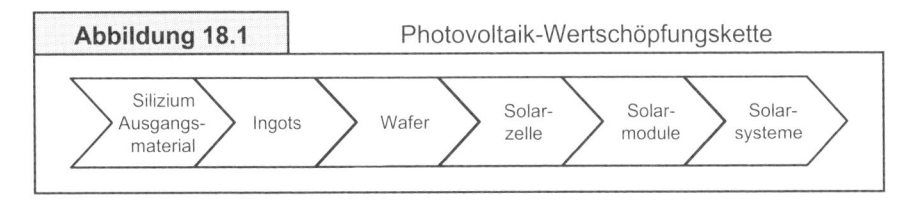

Abbildung 18.1 Photovoltaik-Wertschöpfungskette

Silizium Ausgangsmaterial › Ingots › Wafer › Solarzelle › Solarmodule › Solarsysteme

In der Solarmodulfertigung werden die Solarzellen mittels Lötbändchen zu einzelnen Strängen verbunden und auf einer speziell behandelten Glasscheibe positioniert. Anschließend gilt es die einzelnen Stränge querzuverbinden, Folien aufzubringen und das Modul zu laminieren. Die Modulfertigung endet damit, die Anschlussdose anzubringen und das Modul zu Rahmen. Die Solarmodule stellen eine wesentliche Komponente für verschiedene Solarsysteme dar.

Die Produktpalette der SOLARIS AG umfasst sowohl multi- als auch monokristalline Solarzellen. Die gefertigten Solarzellen werden an Abnehmer verkauft, die komplette Solarmodule herstellen. Wie oben beschrieben spielen die Wafer für den Produktionsprozess der SOLARIS AG eine zentrale Rolle, so dass die Auswahl und die anschließende Zusammenarbeit mit den selektierten Waferlieferanten einen hohen Stellwert haben. Das Lieferantenmanagement obliegt der Abteilung Supply Chain Management (SCM), die sich zusätzlich auch der Schnittstellkoordination zwischen den angrenzenden Bereichen der Produktion und der Logistik widmet.

Aktuell realisiert die Abteilung SCM ein Single Sourcing, das vorsieht, die Wafer ausschließlich von der SILPRO GmbH zu beziehen. Der SCM-Abteilungsleiter MÜLLER sieht die Fokussierung auf die SILPRO GmbH kritisch, weil dort auftretende Produktionsprobleme automatisch in Gänze die SOLARIS AG treffen würden. Lieferausfälle würden sich besonders negativ auswirken, weil damit die maximale Ausnutzung der teuren Produktionsanlagen gefährdet wäre, weshalb bereits jetzt an sieben Tagen in der Woche im Dreischichtsystem gearbeitet wird. Diesen Risikoabwägungen folgend bittet MÜLLER den jungen Kollegen MÜHLBACH darum, die bisherige Lieferantenauswahl zu überprüfen.

Zunächst versucht sich MÜHLBACH einen Überblick zu verschaffen. Hierbei stellt er fest, dass lediglich die drei Lieferanten SILPRO GmbH, SILA Cop. und SELECTA AG den allgemeinen Anforderungen von SOLARIS genügen. Hierzu gehört, dass sich die Lieferanten technologisch auf dem aktuellen Stand befinden, flexibel und innovationsfähig sind sowie keine wirtschaftlichen Probleme haben. Mithin konzentriert er seine Aufmerksamkeit im Folgenden auf diese drei Lieferanten.

Aus der sehr erfreulichen Absatzprognose lässt sich ableiten, dass mit einem starken Nachfragezuwachs im nächsten Quartal zu rechnen ist, so dass 400.000 multikristalline und 350.000 monokristalline Wafer benötigt werden. In ersten Gesprächen sicherten die Lieferanten die folgenden in Tabelle 18.1 angegebenen Lieferkapazitäten zu.

Tabelle 18.1	Waferlieferkapazitäten der Lieferanten	
	Waferlieferkapazität für multikristalline Solarzellen	Waferlieferkapazität für monokristalline Solarzellen
SILPRO	300.000 ME	250.000 ME
SILA	100.000 ME	120.000 ME
SELECTA	250.000 ME	200.000 ME

Der hohen Qualitätssicherung folgend wird aus der Produktionsabteilung gefordert, dass die durchschnittliche Ausschussrate bei den Wafern für die multikristallinen Solarzellen 0,05 % und für die monokristallinen Solarzellen 0,045 % nicht übersteigen darf. Während für den Lieferanten SILPRO bereits Erfahrungswerte vorliegen, wurden die Ausschussraten bei den beiden anderen potentiellen Lieferanten mit Hilfe von Analysen von Probelieferungen abgeschätzt. In der nachfolgenden Tabelle 18.2 sind die Ausschussraten der Lieferanten produktbezogen zusammengestellt.

Tabelle 18.2	Ausschussraten der Lieferanten	
	Ausschussrate für multikristalline Solarzellen	Ausschussrate für monokristalline Solarzellen
SILPRO	0,05 %	0,04 %
SILA	0,04 %	0,05 %
SELECTA	0,06 %	0,05 %

Im Hinblick auf die Lieferzeit strebt die SOLARIS AG an, dass im Durchschnitt über alle Lieferungen eine Lieferzeit für multikristalline (monokristalline) Wafer von 5 (7) Tagen nicht überschritten wird. Die Selbstauskunft der Lieferanten ergibt, dass die SILPRO GmbH eine Lieferzeit von 4 Tagen für multi- und 7 Tagen für monokristalline Wafer zusichert. Während die SILA Cop. die Lieferzeit mit 7 Tagen für multikristalline Wafer und 8 Tagen für monokristalline Wafer angibt, verspricht die SELECTA AG für beide Wafertypen eine Lieferzeit von 6 Tagen.

Selbstverständlich dürfen bei der Lieferantenauswahl auch die Einkaufspreise für die Wafer nicht vernachlässigt werden. Die Waferpreise je Stück sind in der Tabelle 18.3 wiedergegeben.

Tabelle 18.3	Waferstückpreise der Lieferanten	
	Waferstückpreise für multikristalline Solarzellen	Waferstückpreise für monokristalline Solarzellen
SILPRO	8,5 GE	9,5 GE
SILA	9,0 GE	9,0 GE
SELECTA	8,0 GE	9,2 GE

Der kostenbewusste MÜHLBACH steht nun vor der Aufgabe, dem Einkaufsleiter MÜLLER einen Vorschlag für die Lieferantenauswahl zu unterbreiten. Als Ziel setzt er sich, bei den gegebenen Rahmenbedingungen die kostengünstigste Lieferantenkonstellation zu finden.

18.2 Begriff des Supply Chain Managements

Die aktuelle Wettbewerbsposition vieler Unternehmen zeichnet sich durch einen hohen Konkurrenzdruck aus, der häufig zu einem wesentlichen Teil auf die Globalisierung und Liberalisierung der Märkte zurückzuführen ist. Unterstützt wird diese Entwicklung durch ständig leistungsfähiger werdende Informations- und Kommunikationstechnologien, die ortsungebunden eine schnelle und kostengünstige Informationsbeschaffung ermöglichen. Auch die Kunden tragen dazu bei, den Kosten- und Leistungsdruck auf die Unternehmen zu erhöhen, indem sie produktartenspezifisch entweder kostengünstige Produkte mit einem festgelegten Leistungsumfang oder stark individualisierte Produkte in hoher Qualität fordern. Grundsätzlich hat jedes Unternehmen darauf zu achten, dass die gesetzten Zeit-, Flexibilität-, Kosten- und Qualitätsziele gleichzeitig erfüllt werden. Da die internen Verbesserungspotentiale bereits weitgehend realisiert sind, konzentrieren sich die Unternehmen seit geraumer Zeit darauf, Kooperationen mit anderen Unternehmen zu initiieren. Mit dem Supply Chain Management steht ein Konzept zur Verfügung, das darauf abzielt, die Unternehmen beim Erreichen der anvisierten Ziele zu unterstützen.

Aufgrund der umfassenden Anlage des SCM ist es wenig erstaunlich, dass sich seine Ursprünge nicht mit letzter Sicherheit abgrenzen lassen. Weitgehende Einigkeit besteht jedoch darüber, dass die Ursprünge des SCM in einer Vielzahl verschiedener betriebswirtschaftlicher Teildisziplinen zu suchen sind. In diesem Zusammenhang sind vornehmlich die Bereiche Logistik, Produktion, Marketing, Operations Research, Organisation und Unternehmensführung zu nennen, die je nach gewähltem Blickwinkel einen mehr oder minder großen Einfluss auf die Entwicklung des SCM genommen haben. Entsprechend dieses vielschichtigen Hintergrundes existiert eine Vielzahl verschiedener Definitionen zum SCM. Die hier gewählte Definition des SCM lautet wie folgt:

Definition	Supply Chain Management
Unter SCM wird die Planung, Steuerung und Kontrolle der entlang der Wertschöpfungskette auftretenden Geschäftsprozesse verstanden, mit dem Ziel durch partnerschaftliche Zusammenarbeit einerseits Effektivitäts- und Effizienzsteigerungen und andererseits höchstmögliche Endkundenzufriedenheit zu erreichen.	

Um das Konzept des SCM zu erläutern, wird im Folgenden zunächst auf die in der Supply Chain zu gestaltenden Strukturen und Prozesse eingegangen. Es schließen sich Ausführungen zu den in der Supply Chain einsetzbaren Informations- und Kommunikationssystemen an, bevor auf ausgewählte Instrumente des SCM eingegangen wird.

18.3 Strukturen und Prozesse im SCM

Wird der Bedeutung des Begriffes direkt gefolgt, so liegt dem Supply *Chain* Management die Vorstellung einer Versorgungs*kette* zugrunde. Allerdings ist es unstrittig, dass bereits ein einzelnes Unternehmen – selbst produkt- bzw. produktgruppenbezogen – in der Regel nicht nur einen Lieferanten und einen Abnehmer aufweist, sondern vielfältige Beziehungen zu mehreren in der Wertschöpfungskette vor- und nachgelagerten Unternehmen pflegt. Dementsprechend lässt sich der produktbezogene Wertschöpfungsverbund wohl eher als Netzwerk denn als Kette abbilden (vgl. Abbildung 18.2). Im Sprachgebrauch hat sich dennoch der Begriff des SCM etabliert, obwohl derjenige des Supply *Network* Managements treffender wäre.

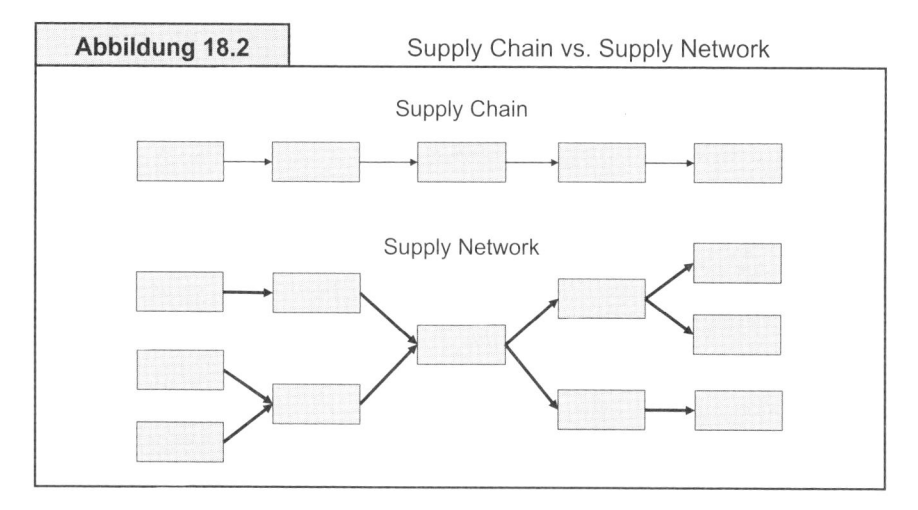

Abbildung 18.2 Supply Chain vs. Supply Network

Supply Chain

Supply Network

Aus organisationstheoretischer Sicht stellt ein Versorgungsnetzwerk (Supply Network) eine Organisations- und Koordinationsform dar, die zwischen den beiden Extremen „Markt" und „Hierarchie" angesiedelt ist. Aufgrund ihrer Stellung zwischen diesen klassischen Koordinationsformen wird sie als hybrid bezeichnet. Das nicht nur von Netzwerken, sondern auch von einer Vielzahl von bilateralen Formen der Zusammenarbeit verfolgte Ziel besteht darin, gegenüber Konkurrenten, die außerhalb des Unternehmensverbundes stehen, Wettbewerbsvorteile zu erlangen. Da die effiziente und effektive Zusammenarbeit der Netzwerkpartner als zentraler Erfolgsfaktor angesehen wird, gilt es, die Beziehungen zwischen den rechtlich selbständigen, wirtschaftlich jedoch zumeist abhängigen Unternehmen so auszugestalten, dass sie sich eher durch kooperative als durch kompetitive Elemente auszeichnen. Gleichwohl können in einem Unternehmensnetzwerk kooperative und wettbewerbliche Koordinationsprinzipien gleichzeitig eingesetzt werden.

Die im Netzwerk aufgrund der arbeitsteilig durchgeführten gemeinsamen Leistungserstellung notwendige **Koordination** kann entweder hierarchisch oder polyzentrisch geprägt sein. Bei hierarchischer Koordination dominiert ein sogenanntes fokales Unternehmen das Netzwerk, das aufgrund seiner Größe, seines Zugangs zu Absatzmärkten und/oder aufgrund seiner finanziellen Ressourcen den Entscheidungs- und Weisungsschwerpunkt des Netzwerkes bildet. Während sich damit Überordnungs- und Unterstellungsverhältnisse zwischen den Netzwerkunternehmen herausbilden, zeichnet sich polyzentrische Koordination durch gleichberechtigte Beziehungen im Netzwerk aus. Gelegentlich wird anstatt des Begriffes „polyzentrische Koordination" auch der Begriff „heterarchische Koordination" verwendet.

In der Entstehungsphase eines Unternehmensnetzwerkes ist dem Aufbau der Netzwerkstruktur erhöhte Aufmerksamkeit zu schenken, während es bei gegebener Netzwerkstruktur vornehmlich darauf ankommt, die Netzwerkstruktur effizient und effektiv zu managen. Aus der Sicht eines einzelnen Unternehmens muss zunächst die Motivation bzw. die Notwendigkeit vorhanden sein, um in eine Kooperation mit anderen Unternehmen einzuwilligen. Der **Prozess der Partnersuche und -auswahl** hängt wesentlich davon ab, ob die Zusammenarbeit kurz- oder längerfristig ausgelegt sein soll.

Bei **kurzfristig** angelegten Verbindungen steht die Ausnutzung befristeter Synergien im Vordergrund; häufig geht es sogar nur um die Erfüllung einer einmaligen Aufgabe. Der Anstoß für die Zusammenarbeit erfolgt oft erst dann, wenn ein Unternehmen von einem Kunden einen konkreten Auftrag erhalten bzw. es eine Marktchance für ein neues Produkt entdeckt hat. Die Erfüllung des Kundenauftrages bzw. die schnelle Markteinführung eines neuen Produktes setzt eine schnelle Konfiguration des Netzwerkes voraus. Allerdings kann nicht davon ausgegangen werden, dass sich die Kernkompetenzen sämtlicher potentieller Netzwerkmitglieder beliebig kombinieren lassen. Der zusätzlich auf dem Konfigurationsprozess lastende Zeitdruck lässt keine Zeit, die Leistungs- und Netzwerkfähigkeit einzelner Unternehmen im Hinblick auf die konkrete Aufgabenstellung zu prüfen. Vielmehr muss möglichst im Vorfeld sichergestellt werden, dass sämtliche als Netzwerkmitglieder in Frage kommenden Unternehmen geforderte Beiträge auch grundsätzlich leisten können.

Längerfristig ausgerichtete Netzwerke, die i.d.R. durch intensivere Beziehungen gekennzeichnet sind, zielen hingegen meist auf die wiederholte Durchführung bestimmter Aufgabenstellungen ab. Entsprechend aufwändiger gestaltet sich die Partnersuche und -integration. Die Absicht eine Kooperation einzugehen erwächst zumeist nicht spontan, sondern stellt häufig den Umsetzungsbeginn einer aus den unternehmensspezifischen Zielen abgeleiteten Strategie dar.

Offensichtlich spielt die **Lieferantenauswahl** eine wichtige Rolle für die strukturelle Gestaltung der Supply Chain. Ausgangspunkt für die Festlegung der **Auswahlkriterien** sollte die gewählte Wettbewerbsstrategie sein. Unabhängig hiervon werden von vielen Firmen die Kriterien **Preis**, Qualität und Lieferzeit als wesentlich erachtet. Aufgrund des zumeist beträchtlichen Anteils der Beschaffungskosten an den Gesamtkosten ist es kein Wunder, dass dem Preis eine herausragende Stellung zukommt. Auch das Kriterium **Qualität** darf nicht unterschätzt werden. Versteckte Kosten resultieren, wenn Produkte, deren mangelhafte Qualität erst spät im eigenen Produktionsprozess entdeckt wird, aufwändig nachbearbeitet werden müssen. Schließlich ermöglichen kurze **Lieferzeiten** einen guten Lieferservice bei vergleichsweise geringer Lagerhaltung.

Im Folgenden wird ein einfaches Planungsmodell vorgestellt, dessen Ziel darin besteht, aus einer gegebenen Menge an potentiellen Lieferanten diejenigen Lieferanten samt zugehörigen Liefermengen zu bestimmen, die eine kostenminimale Nachfragebefriedigung ermöglichen. Dies setzt voraus, dass zuvor bereits eine Vorselektion erfolgt ist, in der solche Lieferanten aussortiert wurden, die bspw. technologische Defizite aufweisen, die wenig flexibel und innovationsfähig sowie eventuell finanziell angeschlagen sind. Die nachfolgenden Ausführungen konzentrieren sich auf ein einfaches **Grundmodell zur Lieferantenselektion**, das für konkrete Planungsprobleme einfach erweitert werden kann. Die für das Modell verwendete Notation kann der Tabelle 18.4 entnommen werden.

Tabelle 18.4 Notation des Modells zur Lieferantenselektion

i	Produktindex
j	Lieferantenindex
c_{ij}	Preis, der dem Lieferanten j für eine ME des Produktes i gezahlt werden muss [GE/ME]
d_i	Nachfrage des Abnehmers nach dem Produkt i im Planungszeitraum [ME/Planungszeitraum]
a_{ij}	Ausschussrate des Lieferanten j für Produkt i
AG_i	Maximale Ausschussrate, die der Abnehmer im Durchschnitt für Produkt i akzeptiert
K_{ij}	Maximale Lieferkapazität des Lieferanten j für Produkt i im Planungszeitraum [ME/Planungszeitraum]
l_{ij}	Lieferzeit, die der Lieferant j für das Produkt i zusichert [ZE/ME]
L_i	Maximale (durchschnittliche) Lieferzeit, die der Abnehmer für die Lieferung des Produktes i akzeptiert [ZE]
x_{ij}	Quote der Nachfrage des Abnehmers nach Produkt i, die vom Lieferanten j befriedigt wird (Entscheidungsvariable)

Das verfolgte Ziel der Kostenminimierung lässt sich erreichen, indem die mit den Preisen gewichteten Nachfragemengen über alle Produkte und über alle Lieferanten aufsummiert werden:

$$\sum_{i=1}^{I}\sum_{j=1}^{J} c_{ij} \cdot x_{ij} \cdot d_i \to Min \qquad (1)$$

Damit die Lieferanten den gewünschten Nachfragemengen entsprechen können, dürfen die Lieferkapazitäten der Lieferanten nicht überschritten werden:

$$x_{ij} \cdot d_i \leq K_{ij} \qquad \forall i,j \qquad (2)$$

Zudem ist sicherzustellen, dass die produktspezifisch vorgegebenen Ausschussgrenzen im Durchschnitt nicht überschritten werden:

$$\sum_{j=1}^{J} a_{ij} \cdot x_{ij} \leq AG_i \qquad \forall i \qquad (3)$$

Auch die Anforderungen bezüglich der Lieferzeit sind zu berücksichtigen:

$$\sum_{j=1}^{J} l_{ij} \cdot x_{ij} \leq L_i \qquad \forall i \qquad (4)$$

Schließlich ist zu gewährleisten, dass die Nachfragequoten zwischen null und eins liegen sowie die aufsummierten Werte dem Wert Eins entsprechen:

$$\sum_{j=1}^{J} x_{ij} = 1 \qquad \forall i \qquad (5)$$

$$0 \leq x_{ij} \leq 1 \qquad \forall i,j \qquad (6)$$

Damit ist das vorliegende Lieferantenselektionsproblem mit Bestellmengenaufteilung formal in einem Modell abgebildet. Da sowohl eine lineare Zielfunktion als auch lineare Nebenbedingungen vorliegen und zudem keine Ganzzahligkeitsanforderungen an die Entscheidungsvariablen gestellt werden, liegt ein **lineares Planungsproblem** vor, das mit einem Verfahren der linearen Optimierung (z. B. der Simplexmethode) einfach gelöst werden kann.

Eng verwoben mit der strukturellen Gestaltung ist die **prozessuale Gestaltung** von Unternehmensnetzwerken. Ausgangspunkt der Überlegungen ist, dass das Geschehen in Unternehmen als Ganzes und in seinen Teilbereichen als Prozess interpretiert wird. Die unternehmensinternen Prozesse können dann weiter als Glieder unternehmensübergreifender Prozesse angesehen werden. Ein wesentliches Ziel besteht in Unternehmensnetzwerken darin, diese Prozesse möglichst **effektiv** zu gestalten, d.h. sämtliche Aktivitäten so auszurichten, dass die Kundennachfrage erfüllt wird. Eine besondere Schwierigkeit bei der Prozessgestaltung besteht darin, die im Netzwerk auftretenden unternehmensspezifischen Prozesse zu weitgehend friktionsfreien unternehmensübergreifenden Prozessen zusammenzuführen. Der Erfolg des Unternehmensnetzwerkes wird zudem dadurch bestimmt, ob es gleichzeitig gelingt, die unternehmensübergreifenden Prozesse **effizient** d.h. möglichst zu minimalen Kosten abzuwickeln. Einen Überblick über wichtige logistische Netzwerkprozesse gibt Abbildung 18.3.

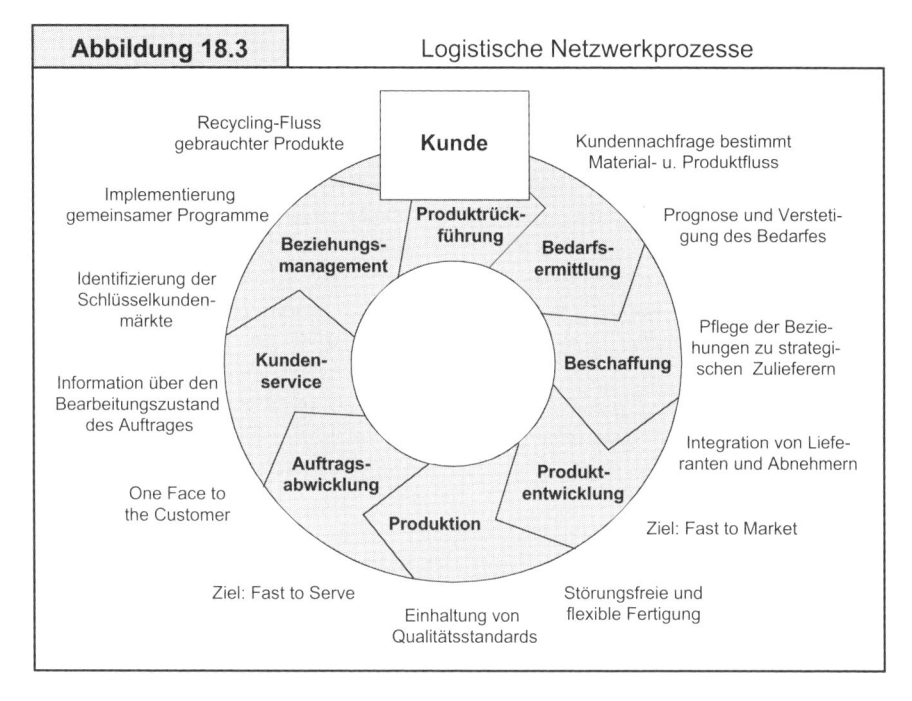

Abbildung 18.3 — Logistische Netzwerkprozesse

- Recycling-Fluss gebrauchter Produkte
- Kunde
- Kundennachfrage bestimmt Material- u. Produktfluss
- Implementierung gemeinsamer Programme
- Produktrückführung
- Prognose und Verstetigung des Bedarfes
- Beziehungsmanagement
- Bedarfsermittlung
- Identifizierung der Schlüsselkundenmärkte
- Pflege der Beziehungen zu strategischen Zulieferern
- Kundenservice
- Beschaffung
- Information über den Bearbeitungszustand des Auftrages
- Integration von Lieferanten und Abnehmern
- One Face to the Customer
- Auftragsabwicklung
- Produktentwicklung
- Produktion
- Ziel: Fast to Market
- Ziel: Fast to Serve
- Einhaltung von Qualitätsstandards
- Störungsfreie und flexible Fertigung

Zudem spielt bei der Frage, ob das Versorgungsnetzwerk effizient oder flexibel gestaltet werden soll, auch die Stellung der Produktion zum Absatzmarkt (Marktbezug) eine wichtige Rolle. Idealtypisch lassen sich hierbei Auftrags- und **Marktproduktion** unterscheiden. Bei letzterer werden Güter auf Lager produziert, die für einen anonymen Markt bestimmt sind. Der Produktionsumfang dieser auch als Make to Stock (MTS) bezeichneten Fertigungsart orientiert sich zumeist an der mit Hilfe von Prognosemethoden geschätzten Marktnachfrage. Bei den produzierten Gütern handelt es sich zumeist um Standardprodukte, die kaum kundenindividuelle Merkmale aufweisen.

Im Gegensatz zur Marktproduktion startet die Produktion bei der **Auftragsfertigung** erst, wenn ein Kundenauftrag vorliegt, der die herzustellenden Produkte art- und mengenmäßig festlegt und gleichzeitig die anvisierten Liefertermine spezifiziert. Im Rahmen der Auftragsfertigung kann eine weitere Differenzierung hinsichtlich des Ausmaßes der kundenindividuell zu erbringenden Leistungen vorgenommen werden. Die Differenzierung richtet sich im Wesentlichen danach, zu welchem Zeitpunkt die Produktindividualisierung im Wertschöpfungsprozess erfolgt. Dieser Zeitpunkt wird häufig als Order Decoupling Point oder als **Order Penetration Point (OP)** bezeichnet.

18.4 Supply-Chain-Strategie und ausgewählte SCM-Konzepte

Bei der Ausgestaltung eines Unternehmensnetzwerkes kommen die beteiligten Partner nicht umhin, eine strategische Ausrichtung des Netzwerkes vorzunehmen. Naturgemäß dürfte die Festlegung einer Wettbewerbsstrategie in längerfristig ausgelegten Netzwerken eine größere Rolle spielen als in auf kurze bzw. begrenzte Zeit angelegten. Dennoch bedarf es auch in letzteren zumindest einer in groben Zügen festgelegten Strategie, um bei der Konfiguration des Netzwerkes eine sinnvolle unternehmensbezogene Aufgabenzuweisung vornehmen zu können. Wird bei der Ableitung der Wettbewerbsstrategie ein **kundenorientierter Ansatz** gewählt, so besteht die Aufgabe zunächst darin, sich Klarheit über die Kundenbedürfnisse zu verschaffen. Da sich eine Bedürfnisbefriedigung nur dann einstellt, wenn das vom Kunden gekaufte Produkt den von ihm gewünschten Nutzen stiftet, führte eine Nichtbeachtung der Kundenbedürfnisse dazu, dass Produkte gefertigt würden, die keinen Absatz fänden.

Für das Unternehmensnetzwerk erweist es sich als unerlässlich, die produktspezifischen Kundenanforderungen bei der Ableitung der Wettbewerbsstrategie und damit bei der Gewichtung seiner strategischen Wettbewerbsfaktoren zu berücksichtigen. Solche **strategischen Wettbewerbsfaktoren** sind die Kosten, die Zeit, die Qualität und die Flexibilität. Eine Überlegenheit im Hinblick auf den strategischen Erfolgsfaktor **Kosten** liegt gegenüber der Konkurrenz vor, wenn entweder der Mitteleinsatz bei gegebenem Kundennutzen niedriger bzw. der Kundennutzen bei gegebenem Mitteleinsatz höher als der der Konkurrenz ausfällt. Der Erfolgsfaktor **Qualität** stellt auf die objektiv technisch-funktionalen Produkteigenschaften ab und umfasst zusätzlich Serviceleistungen, die dem Kunden wahrgenommenen Zusatznutzen stiften.

Im Hinblick auf den dritten strategischen Wettbewerbsfaktor **Zeit** gilt es, die beiden Zeitspannen Time to Market und Time to Serve möglichst kurz zu halten. Unter Time to Market wird die Zeitspanne verstanden, Trends zu erkennen, entsprechende neue Produkte zu entwickeln und diese auf den Markt zu bringen. Time to Serve bezeichnet hingegen die Zeitspanne vom Auftragseingang bis zur Produktauslieferung (Auftragsabwicklungsprozess). Unter **Flexibilität** wird hier die Fähigkeit verstanden, sich veränderten Umfeldbedingungen oder Markterfordernissen schnell anpassen zu können. Die Dimensionen „Ausmaß der Anpassungsfähigkeit" und „Anpassungsgeschwindigkeit" geben gemeinsam Auskunft über den Flexibilitätsgrad. Sowohl in quantitativer als auch in qualitativer Hinsicht bedarf es der Flexibilität. Während **quantitative** Flexibilität sich in der Fähigkeit widerspiegelt auf unterschiedliche Nachfragenmengen eines Produktes zu reagieren, besteht **qualitative** Flexibilität darin, unterschiedliche Produkte bzw. Produktvarianten zu erzeugen. Die Fähigkeit zu organisatorischen und technologischen Änderungen stellt eine weitere Determinante des Erfolgsfaktors Flexibilität dar. Bei der Ableitung einer geeigneten Wettbewerbsstrategie kommt es nun darauf an, die strategischen Wettbewerbsfaktoren so zu gewichten, dass den produktspezifischen Kundenanforderungen möglichst weitgehend entsprochen wird.

Bei der Gewichtung der strategischen Wettbewerbsfaktoren können idealtypisch zwei **Produktkategorien** voneinander abgegrenzt werden. Als Unterscheidungskriterium dient das Nachfragemuster der Produkte, weil sich hierdurch unterschiedliche Anforderungen an die Gestaltung und Steuerung des Versorgungsnetzwerkes ergeben. Eine stabile Nachfrage ist für **funktionale Produkte** mit einem langen Produktlebenszyklus charakteristisch, die über eine längere Zeit unverändert verkauft werden und der Befriedigung grundlegender Bedürfnisse dienen. Hierzu gehören bspw. viele Lebensmittel und Kraftstoffe, die in flächendeckenden Verkaufseinrichtungen vertrieben werden. **Innovative Produkte** weisen dagegen einen kaum vorherzusagenden Nachfrageverlauf auf. Kurze Lebenszyklen sowie eine große Variantenvielfalt dieser Produkte erschweren zusätzlich die Vorhersagbarkeit der Nachfrage. Schnellem technologischen Wandel unterliegende Produkte wie Computer sowie Lifestyle-Artikel der Modebranche können hierzu gerechnet werden. Eine idealtypische Gegenüberstellung weiterer Merkmale von funktionalen und innovativen Produkten findet sich in Tabelle 18.5.

Tabelle 18.5	Gegenüberstellung der Merkmale funktionaler und innovativer Produkte
Funktionale Produkte	**Innovative Produkte**
• stabile Nachfrage	• stark schwankende Nachfrage
• langer Lebenszyklus	• kurzer Lebenszyklus
• wenige Produktvarianten	• Variantenvielfalt
• geringe Handelsspanne	• hohe Handelsspanne
• sehr geringe Fehlbestandsrate	• nicht zu vernachlässigende Fehlbestandsrate
• nur selten notwendige Ausverkäufe	• Gefahr von Preisabschlägen bei Ausverkäufen

Die Kriterien, die für die Kunden bei funktionalen und innovativen Produkten als kaufausschlaggebend angesehen werden (**Order Winners**) sind grundverschieden. Während bei funktionalen Produkten insbesondere ein günstiger Preis als Order Winner anzusehen ist, führt bei innovativen Produkten eher eine hohe tatsächliche Verfügbarkeit zur Kaufentscheidung. Die jeweils anderen Kaufkriterien stellen unabhängig von dem Produkttyp lediglich notwendige Voraussetzungen (**Order Qualifiers**) für die Kaufentscheidung dar.

Auf Basis dieser Überlegungen können in Abhängigkeit von der vorliegenden Produktart nun erste begründete Aussagen im Hinblick auf die **Gewichtung der strategischen Wettbewerbsfaktoren** gemacht werden. Bei funktionalen Produkten muss das Hauptaugenmerk auf den Kosten liegen, weil erst niedrige Kosten bei gegebenem Kundennutzen einen Wettbewerbsvorteil gegenüber der Konkurrenz erwarten lassen. Bei innovativen Produkten kommt es hingegen auf eine hohe Flexibilität an, um den bei diesen Produkten typischen starken Nachfrageschwankungen zu begegnen.

Die **Gestaltung von Versorgungsnetzwerken** hat demnach auf die Art des Produktes (funktional oder innovativ) Rücksicht zu nehmen. Die gute Vorhersagbarkeit des Bedarfes der funktionalen Produkte führt dazu, dass der Übereinstimmung mit den Kundenwünschen weniger Bedeutung zukommt, und es damit hauptsächlich darauf ankommt, das Versorgungsnetzwerk **effizient** zu gestalten. Die schlechte Prognostizierbarkeit der Nachfrage innovativer Produkte verlangt dagegen danach, das Versorgungsnetzwerk möglichst **flexibel** auszurichten, um schnell auf veränderte Kundenwünsche eingehen zu können.

Seit geraumer Zeit gewinnen Risikomanagementüberlegungen auch im SCM an Bedeutung. Eine bedeutende Rolle spielen hierbei **Beschaffungsrisiken**, auf die bei der Ableitung von Gestaltungsempfehlungen bisher noch nicht eingegangen wurde. Funktionale Produkte zeichnen sich häufig durch einen vergleichsweise stabilen Beschaffungsprozess aus. Hingegen ist bei innovativen Produkten eher eine andere Tendenz zu erkennen. Der Beschaffungsprozess hat häufiger mit Qualitätsproblemen, Prozessänderungen, Kapazitätsrestriktionen, unzuverlässigen Lieferzeiten und einer kleinen Lieferantenbasis zu kämpfen. Diesen Aspekten ist bereits bei den Lieferantenauswahlentscheidungen Rechnung zu tragen. So können beispielsweise beim Single Sourcing Kostenvorteile ausgenutzt werden, jedoch mindert die Konzentration auf einen Lieferanten zumeist die Flexibilität kurzfristig auf andere Lieferanten auszuweichen.

Zur Umsetzung der in der Supply Chain gewählten Strategie stellt das SCM einige Konzepte zur Verfügung. Im Folgenden sollen ausgewählte **SCM-Konzepte** vorgestellt werden. Der Einsatz moderner Informations- und Kommunikationstechniken bspw. in Form des Electronic Data Interchange ermöglicht es, vorgelagerten Knoten des Versorgungsnetzwerkes die tatsächlichen Abverkaufsdaten des Endproduktes schnell zur Verfügung zu stellen. Die Zulieferer können damit ihre Produktionsaktivitäten besser auf die Nachfrage abstimmen. Für den Abnehmer hat dies den Vorteil, dass seine Wiederbeschaffungszeit verkürzt wird. Eine Weiterentwicklung dieser als **Quick-Response-Systeme** bezeichneten Zusammenarbeit innerhalb des Versorgungsnetzwerkes stellen Systeme des **Continuous Replenishment** dar. Letztere zeichnen sich dadurch aus, dass die Lieferanten beim Kunden für ein kontinuierliches Auffüllen der Lagerbestände sorgen, ohne dass hierfür eine explizite Auftragserteilung notwendig ist. Die Einführung eines solchen Systems setzt allerdings voraus, dass zum einen Verkaufs- und Transportdaten kontinuierlich übermittelt werden und zum anderen ein ausreichend großes Verkaufsvolumen vorliegt.

Im Rahmen des sogenannten **Vendor Managed Inventory** (VMI) übernimmt der Lieferant die Lagerdisposition beim Kunden. Die Verantwortlichkeit für die Warenversorgung wird damit vom Kunden auf den Lieferanten verlagert. Dies bedeutet, dass der Zulieferer allein über die Liefermengen und -zeitpunkte entscheidet. Damit der Zulieferer diese Aufgabe zielsetzungsgerecht erfüllen kann, verpflichtet sich der Kunde die Daten und Informationen weiterzuleiten, die über den aktuellen Lagerbestand und die aktuelle und prognostizierte Kundennachfrage Auskunft geben. Zu letzteren zählen bspw. Point-of-Sale-Daten, Absatzprognosen, geplante Sonderaktionen sowie Marktanalysen.

Häufig wird das VMI zusammen mit dem **Konsignationsprinzip** umgesetzt. Dies bedeutet, dass die Ware solange Eigentum des Zulieferers bleibt, bis eine vertraglich fixierte Grenze (z. B. Verbauort) überschritten wird. Neben der Tatsache, dass der Zulieferer nunmehr sowohl seine eigenen als auch die Bestände des Abnehmers zu steuern hat, verschiebt sich für den Zulieferer zusätzlich der Zahlungseingang. Gleichwohl bietet die bessere Informationsversorgung die Chance, die Produktion und die Distribution besser aufeinander abzustimmen. Beim Abnehmer stehen dem späteren Eigentumsübergang und den verringerten Planungs- und Dispositionsaufgaben eine stärkere Abhängigkeit vom Zulieferer und ein Verlust der Prozesskontrolle gegenüber.

Das Konzept des **Collaborative Planning, Forecasting and Replenishment** (CPFR) unterscheidet sich vom VMI insbesondere dadurch, dass in der Planungsphase die Rahmenbedingungen der Zusammenarbeit abgesteckt werden und anschließend die Prognose der Nachfrage nicht mehr alleine durch den Abnehmer, sondern nunmehr durch den Zulieferer und Abnehmer gemeinsam vorgenommen wird.

Im Hinblick auf die Fertigungsorganisation wird das **Manufacturing Postponement** propagiert, das eine Technik des Verzögerns darstellt, die darauf ausgerichtet ist, Produkte bzw. deren Komponenten möglichst lange in einem neutralen Zustand zu halten, um die eigentliche Produktdifferenzierung möglichst spät vorzunehmen. Diese im Idealfall erst beim Eintreffen des Kundenauftrages vorzunehmende Produktdifferenzierung setzt allerdings voraus, dass es sich um modular aufgebaute Produkte handelt. Der Vorteil des Postponement liegt darin, dass die in neutralem Zustand befindlichen Produkte für eine Vielzahl von Endprodukten eingesetzt werden und dass damit deren Nachfrage wesentlich stabiler verläuft als die der Endprodukte selbst. Eine Variante des Postponement stellt das **Channel Assembly** dar. Im Rahmen des Channel Assembly werden von verschiedenen Produzenten anstelle von Endprodukten Komponenten und Module direkt zur Distributionsstufe gesendet. Die Distributionsstufe setzt die Komponenten und Module entsprechend den Kundenwünschen zusammen und übernimmt zusätzlich zu der Distribution explizit auch Fertigungsaufgaben.

Zur Realisierung geringerer Lagerbestände wird häufig eine **Losgrößenreduktion** propagiert. Ansätze (wirtschaftliche) Losgrößen zu verringern können darin bestehen, die Prozesskosten der Beschaffung bspw. durch standardisierte/automatisierte Bestellauslösungen oder durch diverse Formen des Electronic Purchasing zu senken. Auch das Aufgreifen intelligenter logistischer Konzepte, die das Befördern von kleinen Losen wirtschaftlich ermöglichen sowie die Gewährung von Rabatten auf Jahresliefermengen anstatt auf Einzellieferungen können dazu beitragen, kleine Losgrößen vorteilhaft werden zu lassen.

Eine von Händlern zu wählende Möglichkeit besteht darin, die von den Endkunden bestellte Ware direkt vom Hersteller bzw. Großhändler zum Kunden schicken zu lassen (**Drop Shipping**). Damit kann sich der Händler auf die Vermarktung seiner Produkte konzentrieren, während der Aufwand für die Lagerung der Waren und für den Versand entfällt. Um die Geschäftsidee nicht zu gefährden, darf der Großhändler beim Versenden der Ware nicht durch Logo, Lieferschein, Rechnung oder Versandaufkleber selbst in Erscheinung treten. Dies ist für den Händler wichtig, damit der Kunde sich das nächste Mal wieder an den Händler und nicht direkt an den Großhändler wendet.

Ein in der Distribution sinnvoll einzusetzendes Konzept kann das **Cross-Docking** sein. Hierbei werden Waren zumeist artikelrein auf großen Ladehilfsmitteln (Paletten, Gitterboxen) angeliefert und an einem bestandslosen Umschlagspunkt sortiert, auf kleinere Ladehilfsmittel (Behälter) aufgeteilt und schließlich tourbezogen neu zusammengestellt. Es ist offensichtlich, dass der Erfolg dieses Konzeptes von der guten Abstimmung der Prozesse abhängt.

18.5 Informations- und Kommunikationstechnologien im SCM

Die bereits betonte Notwendigkeit einer unternehmensübergreifenden Prozesskoordination setzt eine Daten- und Planintegration der im Versorgungsnetzwerk beteiligten Akteure voraus. Die rasante technologische Entwicklung wirkt sich hierbei insofern als vorteilhaft aus, als dass der notwendige intensive Informationsaustausch zwischen den Partnern begünstigt bzw. zum Teil erst ermöglicht wird. Das grundsätzliche Ziel bei der Implementierung von Informations- und Kommunikationssystemen (IuK-Systemen) besteht darin, einen möglichst **nahtlosen Informationsfluss** zwischen den im Versorgungsnetzwerk verbundenen Akteuren zu erzielen. Der Informationsfluss sollte sich dabei an den im Logistiksystem vorherrschenden Material- und Güterfluss anlehnen, damit u.a. sämtliche Akteure die Möglichkeit haben, sich über den aktuellen Produktstatus und Produktaufenthaltsort zu informieren.

Um einen möglichst nahtlosen Informationsfluss zu gewährleisten, sollten die zum Einsatz kommenden Informations- und Kommunikationssysteme (IuK-Systeme) im Idealfall ein Datenmanagement ermöglichen, das sich über das gesamte Versorgungsnetzwerk erstreckt. Allerdings dürfte ein umfassendes Datenmanagement in unternehmensübergreifenden Unternehmensverbünden eher selten in Gänze realisiert sein. Vielmehr sind in der betrieblichen Praxis seit geraumer Zeit sogenannte **Enterprise-Resource-Planning-Systeme** (ERP-Systeme) im Einsatz, die computerbasiert Module zur Unterstützung verschiedenster betrieblicher Funktionsbereiche bereitstellen. Es handelt sich hierbei um direkte Weiterentwicklungen von operativen Systemen zur Produktionsplanung und -steuerung (PPS-Systemen), die im angelsächsischen Sprachraum dem Begriff MRP II (Material Resource Planning) subsumiert werden. Die MRP II-Systeme sind ihrerseits aus Anwendungen zur Materialbedarfsplanung (MRP I für Material Requirements Planning) hervorgegangen.

Ein wesentlicher **Vorteil der ERP-Systeme** besteht darin, dass die im Unternehmen ablaufenden belegorientierten Geschäftsprozesse automatisiert und damit häufig effizienter und weniger fehleranfällig abgewickelt werden können. Allerdings ist darauf hinzuweisen, dass den Unternehmen natürlich nicht geholfen ist, wenn bestehende schwerfällige Prozesse automatisiert werden. Vielmehr sollte die Implementierung eines ERP-Systems den Anstoß dazu geben, die Geschäftsprozesse vorher effizienter zu gestalten. Leider ist aber festzustellen, dass ERP-Systeme nicht immer in der Lage sind, die neu entworfenen Prozesse adäquat abzubilden. Prinzipiell können mit ERP-Systemen Daten und Informationen über Unternehmensgrenzen hinweg ausgetauscht werden. Ein solcher Austausch fällt jedoch immer dann schwer, wenn Unternehmen unterschiedliche ERP-Systeme nutzen, die aufgrund mangelnder Standardisierung nur ungenügend interagieren können.

Neben den genannten Vorteilen weisen die ERP-Systeme jedoch auch eine Reihe von **Nachteilen** auf. Diese Nachteile betreffen insbesondere die Datenanalyse und die darauf aufbauende Planungsunterstützung. Aufgrund des direkten Aufbaus der ERP-Systeme auf der in den PPS-Modulen verwendeten MRP-Logik schlagen sich die dort auftretenden Unzulänglichkeiten naturgemäß auch in den ERP-Systemen nieder. Im Mittelpunkt der Kritik steht dabei das der MRP-Logik zugrunde liegende Sukzessivplanungskonzept, das eine hierarchisch integrierte, kapazitätsorientierte Produktionsplanung und -steuerung verhindert. Da typischerweise die Automatisierung von Bearbeitungsabläufen im Vordergrund steht, stellen ERP-Systeme Ausführungs- und Durchsetzungssysteme dar, die dem Anspruch einer echten Planungsunterstützung nicht gerecht werden können.

Die mangelnde Verfügbarkeit von analytischen Modulen zur Planungsunterstützung hat in den letzten Jahren zur Entwicklung sogenannter **Advanced Planning Systems** (APS) geführt, mit deren Hilfe den konzeptionellen Schwächen der ERP-Systeme – vor allem im Bereich der unternehmensübergreifenden Produktions- und Logistikplanung – begegnet werden soll. Dabei ersetzen die APS nicht die vorhandenen ERP-Systeme, sondern letztere liefern den für die APS notwendigen Dateninput. Um sich einen Überblick über die in verschiedene Module aufgeteilten Funktionalitäten von APS zu machen, kann auf eine sogenannte **Supply-Chain-Planning-Matrix** (SCP-Matrix) zurückgegriffen werden (vgl. Abbildung 18.4). Während auf der vertikalen Achse der SCP-Matrix die Länge des Planungshorizontes bzw. die Planungsebene abgetragen wird, erfolgt auf der horizontalen Achse eine Einteilung nach betrieblichen Funktionsbereichen.

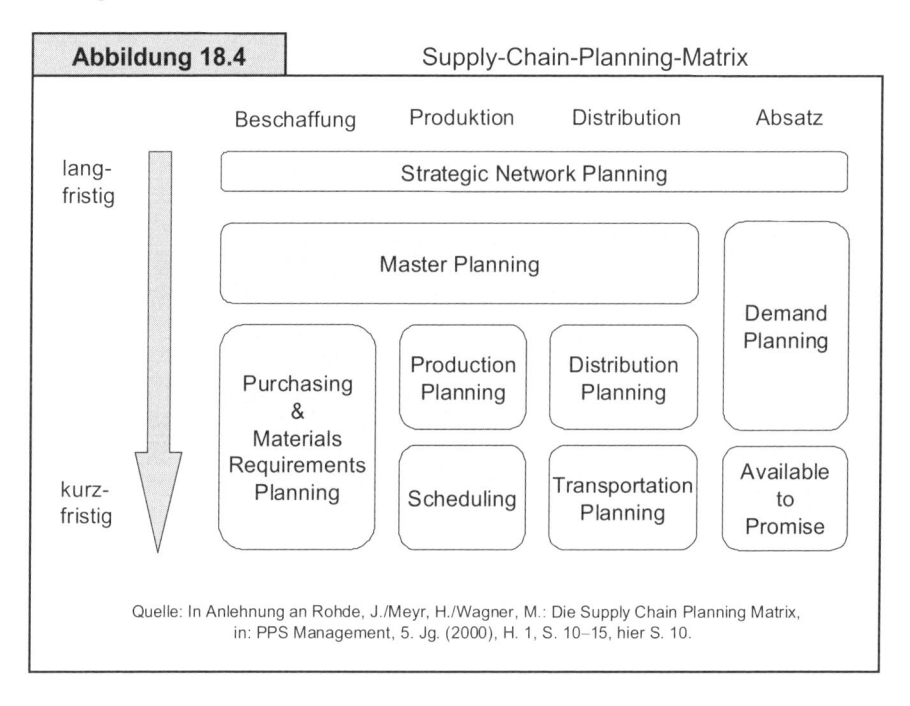

| Abbildung 18.4 | Supply-Chain-Planning-Matrix |

	Beschaffung	Produktion	Distribution	Absatz
langfristig	Strategic Network Planning			
	Master Planning			
				Demand Planning
	Purchasing & Materials Requirements Planning	Production Planning	Distribution Planning	
kurzfristig		Scheduling	Transportation Planning	Available to Promise

Quelle: In Anlehnung an Rohde, J./Meyr, H./Wagner, M.: Die Supply Chain Planning Matrix, in: PPS Management, 5. Jg. (2000), H. 1, S. 10–15, hier S. 10.

Auf der strategischen Ebene bietet das Modul **Strategic Network Planning** (SNP) Planungsunterstützung bei der Konfiguration des Versorgungsnetzwerkes. Gegenstand der Planung sind u.a. der Auf- und Abbau von Lager- und Produktionskapazitäten sowie die Auswahl von Lieferanten sowie von Produktions-, Lager- und Distributionsstandorten. Der SCP-Matrix folgend, können die Module **Demand Planning** und Master Planning der taktischen Ebene zugeordnet werden. Allerdings ist diese Zuordnung keineswegs zwingend, weil die Aufgabe des ersten Moduls vornehmlich darin besteht, die Absatzmengen des Versorgungsnetzwerkes zu prognostizieren. Eine Planung im engeren Sinne ist damit nicht Gegenstand des Bausteins Demand Planning. Da er vielmehr den Dateninput für andere Module liefert, wird vorgeschlagen, ihn besser außerhalb der SCP-Matrix zu platzieren. Beim zweiten Modul, dem **Master Planning**, handelt es sich um eine Hauptproduktionsplanung auf der Ebene des gesamten Versorgungsnetzwerkes mit einem etwa einjährigen Planungshorizont. Mit Hilfe eines linearen Planungsansatzes werden – unter Einhaltung von Restriktionen – Beschaffungs-, Produktions- und Transportmengen aufeinander abgestimmt.

Der operativen Ebene lassen sich sämtliche noch nicht angesprochenen Module der SCP-Matrix zurechnen. Das Modul **Purchasing & Material Requirements Planning** (MRP) widmet sich der Materialbedarfsplanung. Die ausschließliche Zuordnung des Moduls zu der Beschaffungsfunktion gibt allerdings Anlass daran zu zweifeln, ob die bestehenden Interdependenzen zwischen Bedarfs- und Losgrößenplanung in den Softwarepaketen zum APS adäquat berücksichtigt werden. Dem Modul **Production Planning** obliegt es, detaillierte Pläne für die einzelnen Knoten des Versorgungsnetzwerkes zu ermitteln, indem die durch das Master Planning mengen- und terminbezogen spezifizierten Aufträge konkreten Arbeitssystemen zugewiesen werden. Die Auftragszuordnung erfolgt dabei meist tages- bzw. schichtgenau mit einem Planungshorizont von ca. ein bis acht Wochen. Im Rahmen des **Scheduling** erfolgt schließlich die minutengenaue Bestimmung der Auftragsreihenfolge. Zum Einsatz gelangen hierbei vornehmlich Meta-Heuristiken wie genetische Algorithmen, die sich zum einen durch einen breiten Anwendungsbereich und zum anderen durch eine schnelle Lösungsfindung auszeichnen. Fraglich ist aber, ob im Rahmen der APS genügend Flexibilität besteht, um auf die Besonderheiten einzelner Produktionssegmente (Werkstattfertigung, Fließproduktion usw.) einzugehen. Das Modul **Distribution Planning** verfolgt das Ziel, bei gegebenen Produktionsmengen und unter Berücksichtigung der verfügbaren Kapazitäten die Transporte und Bestände so zu bestimmen, dass die Kundenbedarfe möglichst kostengünstig erfüllt werden. Die von diesem Modul erzeugten tagesgenauen Pläne können mit Hilfe des Moduls **Transportation Planning** durch eine Tourenplanung sowie eine Ladungsplanung weiter konkretisiert werden.

Der Funktionsumfang der meisten APS wird zumeist durch eine netzwerkweite Verfügbarkeitsprüfung **(Available to Promise)** abgerundet. Dieses Modul hilft bei eingehenden Kundenaufträgen dabei, die Frage nach konkreten Lieferterminen besser zu beantworten. Dies soll ermöglicht werden, indem online auf den zu einem bestimmten Zeitpunkt verfügbaren Lagerbestand eines Produktes über sämtliche Lagerstandorte des Netzwerkes hinweg zurückgegriffen werden kann. Diese Funktionalität wird teilweise noch ergänzt, indem nicht nur der verfügbare Lagerbestand, sondern noch zusätzlich freie Produktionskapazitäten oder sogar externe Lieferanten bei der Zusage von Lieferterminen berücksichtigt werden **(Capable to Promise)**.

Während ERP-Systeme vornehmlich der Automatisierung von belegorientierten Prozessen dienen, vermögen APS aufgrund von Datenanalysen, der Einbeziehung von Rückkopplungen zwischen den Planungsebenen und der Berücksichtigung von Engpässen eine Planungsunterstützung zu leisten und stellen damit einen beträchtlichen Fortschritt dar. Da die Datenhaltung in APS zumeist im Hauptspeicher in einem objektorientierten Modell erfolgt, lassen sich während des Planungsprozesses zudem langwierige Zugriffs- und Antwortzeiten vermeiden. Dem Anspruch, eine die rechtlichen Unternehmensgrenzen überwindende Abstimmung des gesamten Versorgungsnetzwerkes zu erreichen, werden die APS zurzeit hingegen nur selten gerecht. Vielmehr stellen die innerbetriebliche Koordination von mehreren Standorten eines Unternehmens bzw. eines Konzerns und die Planungsunterstützung an den einzelnen Standorten das **Haupteinsatzgebiet der APS** dar. Zum einen mag dies an den potentiellen Interessenkonflikten in unternehmensübergreifenden Versorgungsnetzwerken liegen und zum anderen könnte hierfür aber auch die mangelhafte Standardisierung der den APS zugrunde liegenden ERP-Systeme verantwortlich sein, die einen intensiven unternehmensübergreifenden Daten- und Informationsaustausch verhindert. Um insbesondere letzteren Missstand zu beheben, wird eine direkte Verknüpfung der APS einzelner Unternehmen über das Internet empfohlen. Das Problem, unterschiedliche Systeme miteinander verbinden zu müssen, verschiebt sich damit auf die APS.

18.6 Lösung des Fallbeispiels

Obwohl MÜHLBACH die Lieferantenauswahl für die SOLARIS AG mit der Zielsetzung durchführen möchte, die Kosten zu minimieren, ist ihm auch bewusst, dass den Qualitätsansprüchen des eigenen Unternehmens entsprochen werden muss. Zudem müssen die Lieferanten auch in der Lage sein, die gewünschten Mengen zu liefern sowie die Anforderungen an die Lieferzeiten zu erfüllen. MÜHLBACH beschließt, ein Modell aufzustellen, das ihn bei der Auswahl der Waferlieferanten unterstützt. Zur eindeutigen Kennzeichnung der Entscheidungsvariablen legt er fest, dass Produkt 1 die multikristallinen und Produkt 2 die monokristallinen Wafer sind. Die Lieferanten werden nachfolgend beginnend mit eins aufsteigend nummeriert: SILPRO GmbH, SILA

Cop., SELECTA AG. Damit bezeichnet bspw. x_{22} die Bestellmengenquote für monokristalline Wafer, die für die SILA Cop. vorgesehen ist.

Für die konkrete Planungssituation der SOLARIS AG ergibt sich folgendes Ziel- und Restriktionssystem:

$$3.400.000 \cdot x_{11} + 3.600.000 \cdot x_{12} + 3.200.000 \cdot x_{13} +$$
$$3.325.000 \cdot x_{21} + 3.150.000 \cdot x_{22} + 3.220.000 \cdot x_{23} \to Min!$$

$$400.000 \cdot x_{11} \leq 300.000$$
$$400.000 \cdot x_{12} \leq 100.000$$
$$400.000 \cdot x_{13} \leq 250.000$$
$$350.000 \cdot x_{21} \leq 250.000$$
$$350.000 \cdot x_{22} \leq 120.000$$
$$350.000 \cdot x_{23} \leq 200.000$$

$$0,05 \cdot x_{11} + 0,04 \cdot x_{12} + 0,06 \cdot x_{13} \leq 0,05$$
$$0,04 \cdot x_{21} + 0,05 \cdot x_{22} + 0,05 \cdot x_{23} \leq 0,045$$

$$4 \cdot x_{11} + 7 \cdot x_{12} + 6 \cdot x_{13} \leq 5$$
$$7 \cdot x_{21} + 8 \cdot x_{22} + 6 \cdot x_{23} \leq 7$$

$$x_{11} + x_{12} + x_{13} = 1$$
$$x_{21} + x_{22} + x_{23} = 1$$

$$0 \leq x_{11} \leq 1; \quad 0 \leq x_{12} \leq 1; \quad 0 \leq x_{13} \leq 1$$
$$0 \leq x_{21} \leq 1; \quad 0 \leq x_{22} \leq 1; \quad 0 \leq x_{23} \leq 1$$

Die konkrete Aufgabenstellung wurde mit dem Softwarepaket LINGO 9.0 gelöst. Für die Entscheidungsvariablen x_{ij} ergeben sich die folgenden Optimalwerte: $x_{11} = 0{,}75$; $x_{12} = 0{,}125$; $x_{13} = 0{,}125$; $x_{21} = 0{,}5$; $x_{22} = 0{,}25$ und $x_{23} = 0{,}25$. Die von den Lieferanten zu befriedigenden Nachfragemengen können der Tabelle 18.6 entnommen werden.

Es lässt sich erkennen, dass die Optimallösung eine Beschaffung von allen drei Lieferanten vorsieht. Die SILPRO GmbH muss für multikristalline Wafer sogar bis an ihre maximale Lieferkapazität herangehen. Dies liegt insbesondere daran, dass lediglich dieses Unternehmen in der Lage ist, die von der SOLARIS AG im Durchschnitt geforderte Lieferzeit von 5 Tagen zu erfüllen. Der günstige Preis für multikristalline Wafer nützt der SELECTA AG nur wenig, weil der Ausschussanteil vergleichsweise hoch ist. Die SILA Cop. findet trotz des guten Preises für monokristalline Wafer nicht den erhofften Absatz, weil die Lieferzeit mit 8 Tagen über der von der SOLARIS AG gewünschten Lieferzeit von 7 Tagen liegt.

Tabelle 18.6 — Waferliefermengen der Lieferanten

	Waferliefermenge für multikristalline Solarzellen	Waferliefermenge für monokristalline Solarzellen
SILPRO	300.000 ME	175.000 ME
SILA	50.000 ME	87.500 ME
SELECTA	50.000 ME	87.500 ME

Bei der Vorstellung der Ergebnisse erklärt MÜHLBACH, dass die mit seinem Vorschlag verbundenen Kosten von 6.655.000 GE nicht unterschritten werden können. Zudem versichert er MÜLLER, dass sowohl den Qualitätsanforderungen als auch den Lieferzeitrestriktionen im Durchschnitt entsprochen wird. MÜLLER bedankt sich bei MÜHLBACH für die gute Entscheidungsvorbereitung.

Literaturhinweise

BUSCHER, U.: Konzept und Gestaltungsfelder des Supply Network Management, in: BOGASCHEWSKY, R. (Hrsg.): Integrated Supply Management, München/Neuwied/Köln 2003, S. 55-86.

CORSTEN, H./GÖSSINGER, R.: Einführung in das Supply Chain Management, 2. Aufl., München/Wien 2008.

FISHER, M.L.: What Is the Right Supply Chain for Your Product?, in: Harvard Business Review, Vol. 75 (1997), March-April, S. 105-116.

JAYARAMAN, V./SRIVASTAVA, R./BENTON, W.C.: Supplier Selection and Order Quantity Allocation: A Comprehensive Model, in: The Journal of Supply Chain Management, Vol. 35 (1999), Issue 2, S. 50-58.

KRÜGER, R./STEVEN, M.: Supply Chain Management im Spannungsfeld von Logistik und Management, in: Wirtschaftswissenschaftliches Studium, 29. Jg. (2000), H. 9, S. 501-507.

ROHDE, J./MEYR, H./WAGNER, M.: Die Supply Chain Planning Matrix, in: PPS Management, 5. Jg. (2000), H. 1, S. 10-15.

STADTLER, H./KLIGER, C. (Hrsg.), Supply Chain Management and Advanced Planning, 4. Aufl., Berlin u.a. 2008.

19 Joint Economic Lot Size Model

19.1 Fallbeispiel

Im Einkaufsbereich des Automobilherstellers NOBELCAR AG gilt es eine Entscheidung über die Bestell- und Anlieferungsstrategie für das Cockpitmodul zu treffen, welches in das gehobene Mittelklassemodell Prince eingebaut wird.

Der Lieferant SEC GMBH liefert bereits verlässlich Cockpitmodule für andere Modelle und ist für ausgezeichnete Qualität bekannt. Für die SEC GMBH spricht neben der langjährigen guten Zusammenarbeit vor allem die Tatsache, dass sie in einem Nachbarort angesiedelt ist. Aufgrund der damit zu vernachlässigenden Transportzeit brauchen auch keine diesbezüglichen Lieferzeitabweichungen befürchtet zu werden. Die NOBELCAR AG beabsichtigt, mit diesem Lieferanten einen längerfristigen Rahmenvertrag zu schließen, der vorsieht, den Bedarf von 700 Cockpits pro Monat zu decken. Die im Vertrag zu fixierende Bestell- bzw. Liefermenge soll nach Kostengesichtspunkten festgelegt werden. Aus Erfahrungswerten weiß die Einkaufsabteilung der NOBELCAR AG, dass die Lagerhaltung eines gelieferten Cockpits im Monat Kosten in Höhe von 5 GE verursacht. Vor der eigentlichen Bestellung, die via Electronic Data Interchange (EDI) abgewickelt wird, hat der Disponent noch einige Abstimmungen mit dem Wareneingang und der Fertigung vorzunehmen. Die Kosten für den gesamten Prozess der Bestellauslösung werden auf 100 GE geschätzt.

Die SEC GMBH verfolgt die Produktionsstrategie, bei jeder eingehenden Bestellung bzw. bei jedem Abruf des Abnehmers die bestellte Menge zu produzieren und direkt auszuliefern. Unabhängig von der Bestellmenge wird der NOBELCAR AG je Auslieferung eine Transportkostenpauschale in Höhe von 50 GE in Rechnung gestellt. Aus beladungstechnischen Gründen ist die SEC GMBH nur bereit, Vielfache von zehn Cockpits auszuliefern.

Aufgabe 1
Aufgrund der ausgezeichneten Auftragslage sieht sich die SEC GMBH in der Lage, selbst die Liefermenge und die Lieferzeitintervalle zu bestimmen. Dabei wird aber garantiert, dass die NOBELCAR AG ihre eigene Cockpit-Nachfrage kontinuierlich befriedigen kann. Die SEC GMBH bietet eine Liefermenge von 350 Cockpits an. Wie oft wird im Monat geliefert? Welche monatlichen Kosten fallen bei der gewählten Lösung beim Abnehmer an?

Aufgabe 2
Welche Bestellmenge bzw. Liefermenge würde die NOBELCAR AG wählen, wenn sie in der Lage wäre, die Bestell- und damit die Liefermenge zu diktieren? Bestimmen Sie die monatliche Kostendifferenz für die NOBELCAR AG im Vergleich zu der Aufgabe 1. Stellen Sie zudem den Gesamtkostenverlauf des Abnehmers in Abhängigkeit der Bestellmenge graphisch dar.

Aufgabe 3
Im Rahmen einer Supply-Chain-Management-Initiative versucht die Einkaufsabteilung der NOBELCAR AG im Rahmenvertrag eine gemeinsame Abstimmung der Bestell- und Liefermenge mit dem Lieferanten zu vereinbaren. Voraussetzung für eine solche gemeinsame Planung ist ein Mindestmaß an gegenseitigem Vertrauen. Die SEC GMBH hat sich im Rahmen von Sondierungsgesprächen zu einer solchen Zusammenarbeit bereit erklärt und legt– unter der Voraussetzung, dass ihre Planungsdaten vertraulich behandelt werden – ihre planungsrelevanten Daten offen: Die Produktionsrate für das Cockpitmodul beträgt 900 ME im Monat, wobei davon auszugehen ist, dass je Rüstvorgang Kosten in Höhe von 300 GE verursacht werden. Zudem ist bekannt, dass für die Lagerung eines produzierten Cockpits 4,5 GE im Monat anfallen. Durch die Informationen wird deutlich, dass mit der Liefermenge von 350 Cockpits das Kostenminimum der SEC GMBH näherungsweise realisiert wird. Auf welche Planungslösung müssten sich die Parteien einigen, wenn die Kosten des Gesamtsystems minimiert werden sollen? Bestimmen Sie die monatlichen entscheidungsrelevanten Kosten beim Lieferanten, beim Abnehmer und im System insgesamt bei

- der Liefermenge von 350 Cockpits
- der ermittelten optimalen Bestellmenge der NOBELCAR AG
- der Losgröße, die zu den minimalen Kosten im Gesamtsystem führt

als gemeinsam realisierte Losgröße. Welche Kostenerhöhung tritt beim Abnehmer im Vergleich zu der Lösung aus Aufgabe 2 auf?

Aufgabe 4
Beurteilen Sie das Joint Economic Lot Size (JELS-)Modell kritisch und nennen Sie Erweiterungsmöglichkeiten.

19.2 Planungssituation

Im Rahmen des Supply Chain Managements (SCM) wird eine Abstimmung der Geschäftsprozesse entlang der Wertschöpfungskette gefordert. Besondere Aufmerksamkeit kommt dabei den unternehmensübergreifenden Prozessen zu. Die folgenden Ausführungen konzentrieren sich auf die kleinste unternehmensübergreifende Supply Chain, die aus einem Lieferanten und einem Abnehmer besteht. Eine hierfür typische **Beschaffungssituation** zeichnet sich dadurch aus, dass der Abnehmer ein bestimmtes Produkt in regelmäßigen Abständen bestellt, woraufhin der Lieferant die bestellte Menge des Produktes produziert und anschließend zum Abnehmer transportiert (vgl. hier und im Folgenden auch Abbildung 19.1).

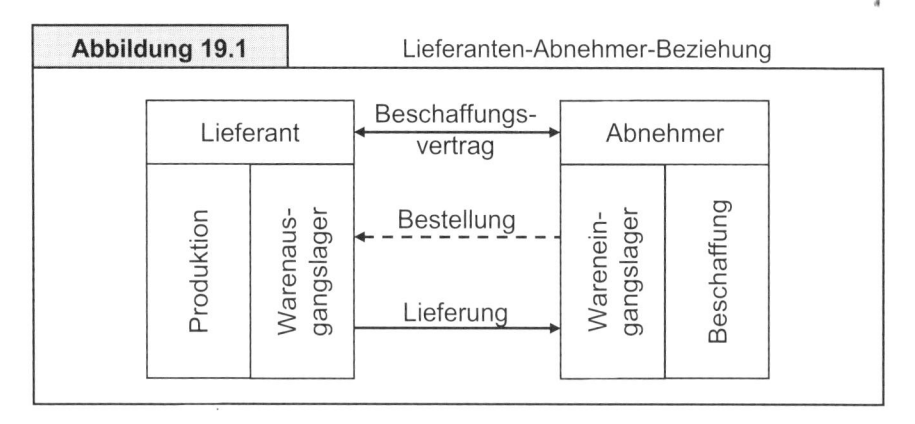

Abbildung 19.1 — Lieferanten-Abnehmer-Beziehung

Die Konditionen des Beschaffungsvertrages werden dabei zumeist zwischen den beiden beteiligten Akteuren ausgehandelt, wobei die jeweilige Marktmacht eine entscheidende Rolle spielt. Neben dem Einkaufspreis spielt beim Abnehmer insbesondere die Wahl einer geeigneten Bestellmenge eine wichtige Rolle. Hierbei orientiert sich der Abnehmer häufig an dem **klassischen Bestellmengenmodell** (vgl. Kapitel 11). Es ist offensichtlich, dass bei der so ermittelten „optimalen Losgröße" ausschließlich die Kostensituation des Abnehmers einbezogen wird, ohne auf die Interessen des Lieferanten Rücksicht zu nehmen. Dies widerspricht jedoch dem Idealbild des SCM, das vielmehr auf eine gemeinsame Abstimmung setzt.

Diesen Gedanken aufnehmend, verfolgt das Joint Economic Lot Size-Modell das Ziel, aus einer **kostenorientierten Perspektive** die produktbezogene Bestellpolitik des Abnehmers mit der Fertigung des Zulieferers aufeinander abzustimmen. Der betrachtete Ausschnitt aus der Supply Chain soll jetzt näher beschrieben werden (vgl. hier und im Folgenden auch Abbildung 19.2).

Ein Abnehmer bestellt periodisch wiederkehrend ein Produkt in der Menge x [ME]. Nach dem Eingang der Bestellung produziert der Lieferant diese Menge ohne Unterbrechung mit der Rate x_p [ME/ZE] (zur Planung von Fertigungslosgrößen vgl. Kapitel 12). Direkt nach der $t_p = x/x_p$ Zeiteinheiten in Anspruch nehmenden Herstellung des gesamten Loses wird das komplette Los zum Abnehmer transportiert (geschlossene Fertigung). Nach t_t Zeiteinheiten (Transportzeit) trifft das Los beim Abnehmer ein und steht sofort in Gänze zur Verfügung. Der Verbrauch des Loses erfolgt beim Abnehmer im Zeitraum $t_v = x/x_v$ mit einer Rate x_v, so dass nach $t_v - t_p - t_t$ Zeiteinheiten eine erneute Bestellung ausgelöst werden muss, um einen kontinuierlichen Verbrauch sicherzustellen.

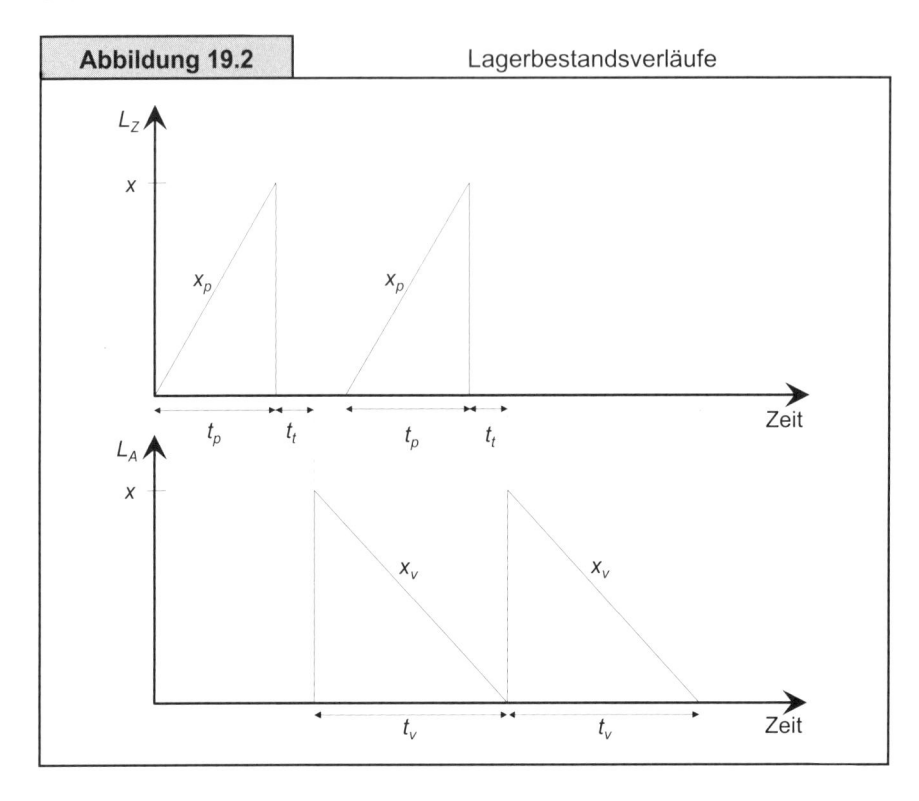

Abbildung 19.2 Lagerbestandsverläufe

Um die Modellbeschreibung zu komplettieren, sind die weiteren zugrunde liegenden **Annahmen** explizit zu benennen. Wie den bisherigen Ausführungen bereits entnommen werden kann, entspricht die Bestelllosgröße der Fertigungslosgröße und diese gleicht wiederum der Transportlosgröße. Hohe Rüstkostensätze können für den Lieferanten allerdings einen Anreiz darstellen, mehrere Bestellungen in einem Fertigungslos zusammenzufassen und diese in mehreren Teilsendungen auszuliefern. Hiervon wird im Folgenden allerdings abgesehen.

Grundsätzlich gilt, dass alle **Planungsparameter** bekannt und konstant über die Zeit sind, obwohl insbesondere Lieferzeiten und Nachfragerate stochastischen Einflüssen unterliegen können. Weiter muss gewährleistet sein, dass die Produktionsrate x_p größer als die Nachfragerate x_v ausfällt, um eine kontinuierliche Nachfragerfüllung sicherzustellen. Da die Produkte stromabwärts der Supply Chain immer werthaltiger werden und die Kapitalbindungskosten einen wesentlichen Bestandteil der Lagerhaltungskosten ausmachen, erscheint die Annahme plausibel, dass der Lagerhaltungskostensatz k_{LA} des Abnehmers größer ausfällt als der Lagerhaltungskostensatz k_{LZ} des Lieferanten. Schließlich wird davon ausgegangen, dass keine Kapazitätsbeschränkungen existieren und die Produkteinheiten beliebig geteilt werden können. Die Tabelle 19.1 gibt die für die Modellierung relevanten Parameter wieder.

Tabelle 19.1   Notation des JELS-Modells

x_V	Verbrauchsrate des Abnehmers [ME/ZE]
x_P	Produktionsrate des Zulieferers [ME/ZE]
k_B	Bestellkostensatz des Abnehmers [GE]
k_R	Rüstkostensatz des Zulieferers [GE]
k_{LA}	Lagerhaltungskostensatz des Abnehmers [GE/(ME·ZE)]
k_{LZ}	Lagerhaltungskostensatz des Zulieferers [GE/(ME·ZE)]
x	Bestell-, Transport- und Produktionslosgröße [ME] (Entscheidungsvariable)

19.3 Individuelle Optimierung der Akteure

Isolierte Optimierung beim Lieferanten

Zunächst soll die Situation betrachtet werden, wenn der Lieferant in der Lage ist, die für ihn optimale Fertigungslosgröße dem Abnehmer zu diktieren. Der Zulieferer ist bestrebt die bei ihm anfallenden Kosten zu minimieren. Die von der Wahl der Fertigungslosgröße abhängigen Kosten des Zulieferers bestehen zunächst aus seinen **Rüstkosten**, die beim Wechsel von einer Produktart zur anderen durch Umrüst- und Vorbereitungsprozesse entstehen. Beim JELS-Modell könnte der Lieferant in der Zeit, die nicht für die Fertigung der betrachteten Produktart benötigt wird, andere Produkte herstellen. Da die Rüstkosten unabhängig von der Produktionsmenge anfallen, werden sie als losabhängige Kosten bezeichnet. Je weniger Rüstvorgänge beim Lieferanten stattfinden, desto geringer fallen die gesamten Rüstkosten im Planungszeitraum aus. Allerdings implizieren wenige Rüstvorgänge vergleichsweise große Fertigungslose, die ihrerseits zu hohen Lagerbeständen und damit zu hohen bestandsabhängigen **Lagerhaltungskosten** führen. Letztere setzen sich im Wesentlichen aus den Kapitalbindungskosten sowie den bestandsabhängigen Kosten für Handling, Pflege und Versicherungen zusammen.

Der Lieferant ist nun daran interessiert, durch die Wahl der Fertigungslosgröße die dadurch zu beeinflussenden Kosten möglichst gering zu halten.

Entsprechend gilt es, die Summe aus Lagerhaltungs- und Rüstkosten zu minimieren. Hierbei ist zu beachten, dass Kosten immer einen Zeitbezug aufweisen. Der **Zeitbezug** der in Tabelle 19.1 aufgeführten Parameter wird allgemein durch die Angabe Zeiteinheit [ZE] hergestellt. Wird bspw. als Planungsperiode ein Monat gewählt ($T = 1$), so entspricht ein Monat einer Zeiteinheit und die Werte aller betroffenen Parameter müssten sich hierauf beziehen. Selbstverständlich sind auch andere Planungsperioden (bspw. Woche, Quartal, Jahr usw.) denkbar. In diesem Fall wären die Parameterwerte entsprechend anzupassen.

Die im Planungszeitraum anfallenden Lagerhaltungskosten ergeben sich, indem der zeitgewichtete Lagerbestand mit dem Lagerhaltungskostensatz k_{LZ} multipliziert wird. Der zeitgewichtete Lagerbestand lässt sich bestimmen, indem der aus einer Losauflage resultierende zeitgewichtete Lagerbestand ($0{,}5 \cdot t_p \cdot x$) mit der Anzahl der Losauflagen (x_v/x) im Planungszeitraum multipliziert wird. Da je Losauflage der Rüstkostensatz k_R anfällt, so lautet die Kostenfunktion des Lieferanten wie folgt:

$$K_Z(x) = \underbrace{k_R \cdot \frac{x_v}{x}}_{\substack{\text{im Planungszeit-}\\ \text{raum anfallende}\\ \text{Rüstkosten}}} + \underbrace{\frac{x}{2} \cdot \frac{x}{x_p} \cdot k_{LZ} \cdot \frac{x_v}{x}}_{\substack{\text{im Planungszeitraum}\\ \text{anfallende Lagerhal-}\\ \text{tungskosten}}} \Rightarrow \text{Min!} \qquad (1)$$

$$K_Z(x) = k_R \cdot \frac{x_v}{x} + \frac{x}{2} \cdot \frac{x_v}{x_p} \cdot k_{LZ} \Rightarrow \text{Min!}$$

Die optimale Fertigungslosgröße des Zulieferers ($x_{opt,Z}$) ergibt sich, indem die konvexe Kostenfunktion (1) nach x abgeleitet und gleich null gesetzt sowie nach x umgestellt wird:

$$x_{opt,Z} = \sqrt{\frac{2 \cdot k_R \cdot x_p}{k_{LZ}}} \qquad (2)$$

Der Ausdruck für die minimalen Kosten des Zulieferers $K_{Min,Z}$ resultiert, wenn die optimale Fertigungslosgröße (2) in die Kostenfunktion (1) eingesetzt wird:

$$K_{Min,Z} = \sqrt{\frac{k_{LZ} \cdot k_R^2}{2 \cdot k_R \cdot x_p}} \cdot x_v + \sqrt{\frac{2 \cdot k_R \cdot x_p \cdot k_{LZ}^2}{4 \cdot k_{LZ} \cdot x_p^2}} \cdot x_v = 2 \cdot x_v \cdot \sqrt{\frac{k_R \cdot k_{LZ}}{2 \cdot x_p}} \qquad (3)$$

Isolierte Optimierung beim Abnehmer

Im Folgenden wird die Situation betrachtet, in der der Abnehmer seine Bestelllosgröße dem Lieferanten gegenüber durchsetzen kann. Ähnlich wie der

Lieferant im vorherigen Abschnitt wird der Abnehmer daran interessiert sein, seine eigenen Kosten zu minimieren. Die Kosten K_A, die beim Abnehmer durch die Wahl der Bestelllosgröße beeinflusst werden, setzen sich aus den (bestandsabhängigen) Lagerhaltungskosten und den Bestellkosten zusammen:

$$K_A(x) = \underbrace{k_B \cdot \frac{x_v}{x}}_{\substack{\text{im Planungszeit-}\\\text{raum anfallende}\\\text{Bestellkosten}}} + \underbrace{\frac{x}{2} \cdot \frac{x}{x_v} \cdot k_{LA} \cdot \frac{x_v}{x}}_{\substack{\text{im Planungszeitraum}\\\text{anfallende Lagerhal-}\\\text{tungskosten}}} \Rightarrow \text{Min!} \qquad (4)$$

$$K_A(x) = k_B \cdot \frac{x_v}{x} + \frac{x}{2} \cdot k_{LA} \Rightarrow \text{Min!}$$

Die optimale Bestelllosgröße des Abnehmers $x_{opt,A}$ entspricht der klassischen ANDLERschen Formel:

$$x_{opt,A} = \sqrt{\frac{2 \cdot k_B \cdot x_v}{k_{LA}}} \qquad (5)$$

Die minimalen Kosten des Abnehmers $K_{Min,A}$ lauten:

$$K_{Min,A} = \sqrt{2 \cdot k_B \cdot x_v \cdot k_{LA}} \qquad (6)$$

Es ist festzustellen, dass die von den Akteuren ermittelten individuellen Optimalwerte $x_{opt,Z}$ und $x_{opt,A}$ nur zufällig übereinstimmen werden. Da aber nur eine einheitliche Losgröße realisiert werden kann, muss mindestens ein Akteur von seiner kostenminimalen Losgröße abweichen. Im Folgenden soll zuerst der Fall analysiert werden, in dem der Abnehmer in der Lage ist, seine Losgröße $x_{opt,A}$ durchzusetzen. Hierzu bietet es sich an, zunächst den Zusammenhang zwischen der optimalen Fertigungslosgröße (2) des Lieferanten und der optimalen Bestellmenge (5) des Abnehmers herzustellen. Die Vereinfachungen $\alpha = k_R/k_B$ und $\beta = (x_v \cdot k_{LZ})/(x_p \cdot k_{LA})$ gestatten es, (5) wie folgt darzustellen:

$$x_{opt,A} = \sqrt{\frac{2 \cdot k_R \cdot x_p \cdot \beta}{k_{LZ} \cdot \alpha}} = x_{opt,Z} \cdot \sqrt{\frac{\beta}{\alpha}} \qquad (7)$$

Um die Kostendifferenz abzuschätzen, die sich für den Lieferanten im Vergleich zu seinen minimalen Kosten ergibt, ist der Ausdruck (7) in die Kostenfunktion (1) einzusetzen:

$$K_Z(x_{opt,A}) = x_v \cdot \sqrt{\frac{k_R^2 \cdot k_{LZ} \cdot \alpha}{2 \cdot k_R \cdot x_p \cdot \beta}} + x_v \cdot \sqrt{\frac{2 \cdot k_R \cdot x_p \cdot \beta \cdot k_{LZ}^2}{4 \cdot k_{LZ} \cdot \alpha \cdot x_p^2}} \qquad (8)$$

$$K_Z(x_{opt,A}) = x_v \cdot \sqrt{\frac{k_R \cdot k_{LZ}}{2 \cdot x_p}} \cdot \left(\sqrt{\frac{\alpha}{\beta}} + \sqrt{\frac{\beta}{\alpha}} \right)$$

$$K_Z(x_{opt,A}) = \underbrace{2 \cdot x_v \cdot \sqrt{\frac{k_R \cdot k_{LZ}}{2 \cdot x_p}}}_{K_{Min,Z}} \cdot \underbrace{\frac{1}{2} \cdot \left(\sqrt{\frac{\alpha}{\beta}} + \sqrt{\frac{\beta}{\alpha}} \right)}_{\lambda}$$

Entspricht die Bestellmenge $x_{opt,A}$ des Abnehmers der Fertigungslosgröße, so erhöhen sich die Kosten des Lieferanten im Vergleich zu seinen minimalen Kosten um das λ-fache. Für den entgegengesetzten Fall, in dem der Lieferant sich in der Lage sieht, seine optimale Fertigungslosgröße $x_{opt,Z}$ dem Abnehmer zu diktieren, so lässt sich zeigen, dass sich dessen Kosten im Vergleich zu seinen minimalen Kosten ebenfalls um das λ-fache erhöhen.

19.4 Gemeinsame Optimierung

Den Gedanken des SCM aufgreifend liegt es nahe, die systemweiten Kosten zu minimieren. Planen Lieferant und Abnehmer die Losgröße gemeinsam, so setzen sich die systemweiten entscheidungsrelevanten Kosten $K_G(x)$ aus den individuellen Kostenfunktionen (1) und (4) zusammen:

$$K_G(x) = (k_R + k_B) \cdot \frac{x_v}{x} + \left(\frac{k_{LZ}}{x_p} + \frac{k_{LA}}{x_v} \right) \cdot \frac{x \cdot x_v}{2} \Rightarrow \text{Min!} \qquad (9)$$

Zur Ermittlung der optimalen gemeinsamen Losgröße $x_{opt,G}$ ist die Kostenfunktion (9) bzgl. x zu differenzieren und anschließend gleich null zu setzen. Ein Umformen nach x ergibt:

$$x_{opt,G} = \sqrt{\frac{2 \cdot (k_R + k_B)}{\left(\frac{k_{LZ}}{x_p} + \frac{k_{LA}}{x_v} \right)}} \qquad (10)$$

Es lässt sich zeigen, dass die Relation der eingeführten Größen α und β die Relation der ermittelten Losgrößen bestimmt. Folgende Zusammenhänge können festgestellt werden:

Für $\alpha > \beta$ gilt : $x_{opt,Z} > x_{opt,G} > x_{opt,A}$ (11)
Für $\alpha < \beta$ gilt : $x_{opt,Z} < x_{opt,G} < x_{opt,A}$

Die minimalen Kosten des Gesamtsystems $K_{Min,G}$ lassen sich wiederum bestimmen, indem der Ausdruck (10) der optimalen gemeinsamen Losgröße $x_{opt,G}$ in die Kostenfunktion (9) eingesetzt wird. Vereinfacht man den Ausdruck, führt dies zu:

$$K_G(x_{opt,G}) = K_{Min,G} = x_v \cdot \sqrt{2 \cdot (k_R + k_B) \cdot \left(\frac{k_{LZ}}{x_p} + \frac{k_{LA}}{x_v} \right)} \quad (12)$$

Die Realisierung der systemweiten optimalen Losgröße $x_{opt,G}$ bewirkt i. d. R., dass beide Akteure von ihrer jeweiligen optimalen Losgröße Abstand nehmen müssen. Die Kostenerhöhung, der sich bspw. der Abnehmer gegenübersieht, wenn die gemeinsame Losgröße $x_{opt,G}$ realisiert wird, lässt sich bestimmen, indem $x_{opt,G}$ aus (10) in die Kostenfunktion (4) des Abnehmers eingesetzt wird sowie anschließend die Größen α und β verwendet werden. Ein Umformen ergibt schließlich:

$$K_A\left(x_{opt,G}\right) = \underbrace{\sqrt{2 \cdot k_B \cdot x_v \cdot k_{LA}}}_{K_{Min,A}} \cdot \underbrace{\frac{1}{2} \cdot \left(\sqrt{\frac{(1+\beta)}{(1+\alpha)}} + \sqrt{\frac{(1+\alpha)}{(1+\beta)}} \right)}_{\mu} \quad (13)$$

Bei Verwendung der systemweiten optimalen Losgröße $x_{opt,G}$ erhöhen sich die Kosten des Abnehmers im Vergleich zu seinen minimalen Kosten um das μ-fache.

19.5 Lösung des Fallbeispiels

Aufgabe 1
Bei einer Liefermenge von $x = 350$ müssen im Monat $x_v/x = 700/350 = 2$ Lieferungen erfolgen, um den Bedarf der NOBELCAR AG zu decken. Die bei der NOBELCAR AG anfallenden Kosten setzen sich aus den Lagerhaltungskosten, den Bestellkosten und den Transportkosten zusammen. Da die Transportkosten unabhängig von der Bestellmenge in Höhe von 50 GE je Bestellung bzw. Anlieferung anfallen, bietet es sich für eine einfache Berechnung an, den Bestellkostensatz, der in der vorliegenden Situation 100 GE beträgt, um die Transportkostenpauschale zu erhöhen. Verwendet man den modifizierten Wert für den Bestellkostensatz ($k_B = 150$ GE) in (4), führt dies für den Abnehmer zu monatlichen Kosten in Höhe von $K_A (x = 350) = 1.175$ GE.

Aufgabe 2
Die zu minimalen Kosten bei der NOBELCAR AG führende Bestell- bzw. Liefermenge kann mit Hilfe von (5) bestimmt werden. Verwendet man den modifizierten Bestellkostensatz k_B = 150 GE, so führt dies zu der optimalen Bestellmenge $x_{opt,A}$ = 204,94 ME (vgl. hier und im Folgenden auch die graphische Darstellung des Gesamtkostenverlaufs des Abnehmers in Abbildung 19.3). Da von der SEC GMBH nur Vielfache von Zehn als Liefermengen erlaubt sind, kommen damit 200 oder 210 ME als Liefermenge in Frage. Unabhängig davon, welche Menge die NOBELCAR AG wählt, entstehen bei ihr monatliche Kosten in Höhe von K_A (x = 200) = K_A (x = 210) = 1.025 GE (vgl. (4)). Im Vergleich zu Aufgabe 1 könnte damit eine Kosteneinsparung von 150 GE im Monat realisiert werden.

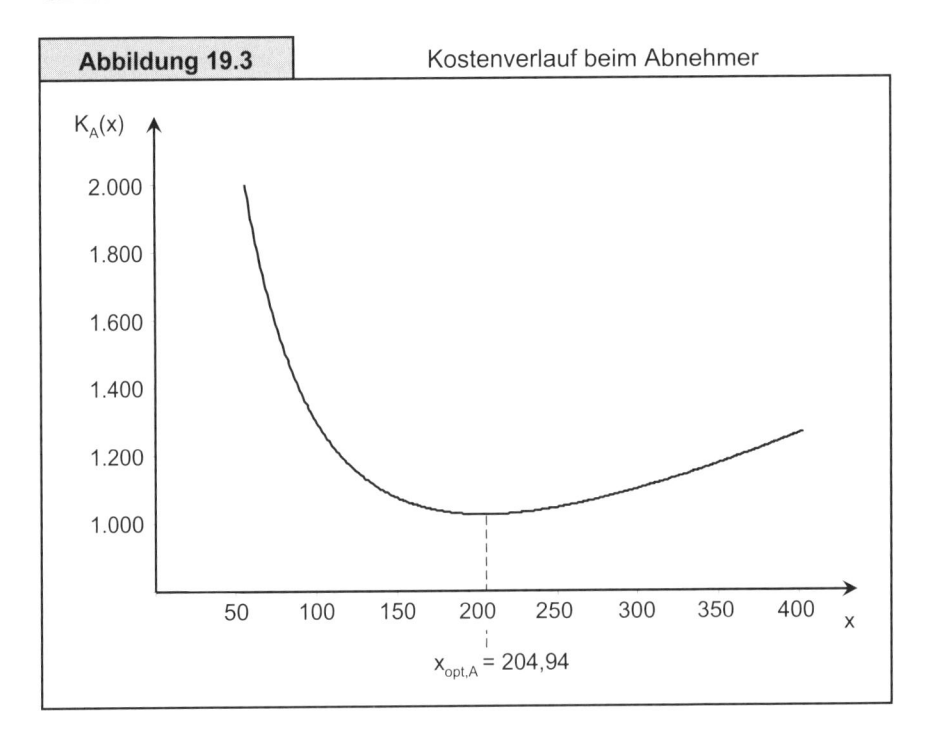

Abbildung 19.3   Kostenverlauf beim Abnehmer

Aufgabe 3
Das Ziel der Minimierung der systemweiten Kosten lässt sich erreichen, indem mit (10) die optimale Bestell- bzw. Liefermenge bestimmt wird. Im vorliegenden Fall führt das Einsetzen der gegebenen Parameter zu einer optimalen gemeinsamen Losgröße von $x_{opt,G}$ = 272,25 ME. Ein Vergleich der Kosten der möglichen Liefermengen von 270 und 280 ME führt zur Wahl von x = 270, mit der monatliche Gesamtkosten in Höhe von K_G (x = 270) = 2.314,17 GE (vgl. (9)) einhergehen. Für die SEC GMBH fallen monatlich Kosten in

Höhe von K_Z $(x = 270)$ = 1.250,28 GE (vgl. (1)) an. Die Kosten der NOBEL-CAR AG lassen sich entweder durch einfache Differenzbildung zwischen den systemweiten Kosten und den Kosten der SEC GMBH (2.314,17 − 1.250,28 = 1.063,89 GE) bestimmen oder durch Einsetzen der Parameterwerte in (4). Die Kosten beim Zulieferer, beim Abnehmer und im System insgesamt in Abhängigkeit von der realisierten Losgröße zeigt Tabelle 19.2.

Tabelle 19.2	Kosten bei unterschiedlichen Losgrößen		
	Kosten des Zulieferers (K_Z)	Kosten des Abnehmers (K_A)	Kosten des Gesamtsystems (K_G)
$x = 350$	1.212,50	1.175,00	2.387,50
$x = 200$	1.400,00	1.025,00	2.425,00
$x = 270$	1.250,28	1.063,89	2.314,17

An dieser Stelle sei darauf hingewiesen, dass die Kostenerhöhung bei der NOBELCAR AG nur näherungsweise mit der Hilfsgröße µ (vgl. (13)) berechnet werden kann, weil es sowohl bei der individuellen Optimierung beim Abnehmer als auch bei der gemeinsamen Optimierung in der vorliegenden Situation zu einer Abweichung zwischen der optimalen Bestellmenge und der tatsächlich realisierten Liefermenge kommt.

Aufgabe 4
Ein wesentlicher Nutzen des JELS-Modells besteht darin, dass auf einfache Art und Weise fundamentale Planungsfragen des SCM aufgeworfen und diskutiert sowie situationsspezifische Lösungen offeriert werden können. Gleichwohl ist zu beachten, dass ausschließlich die Kosten betrachtet werden, die sich durch die Losgrößenentscheidung beeinflussen lassen. Weitere annahmebedingte Grenzen des JELS-Modells sollen im Folgenden kurz beleuchtet werden.

Die Minimierung der systemweiten Kosten, die bei der Losgrößenentscheidung relevant sind, gelingt mit dem JELS-Modell nur, wenn die beiden beteiligten Akteure ihre für die Optimierung relevanten Firmendaten (hier: die notwendigen Parameterwerte) wahrheitsgemäß angeben. Offensichtlich besteht für die Akteure ein Anreiz, die Parameterwerte so zu verzerren, dass sich die dann gemeinsam zu ermittelnde Losgröße möglichst in der Nähe der wahren individuell optimalen Lösung einstellt. Damit wird aber das Ziel verfehlt, die minimalen Kosten im Gesamtsystem zu erreichen. Um sich hiervon nicht unnötig weit zu entfernen, bietet es sich an, Anreizsysteme zur wahrheitsgemäßen Angabe der Planungsparameter zu installieren.

Im vorgestellten Grundmodell wird zudem davon ausgegangen, dass die Bestellmenge des Abnehmers der Fertigungslosgröße des Lieferanten und der

Liefermenge (Transportlosgröße) entspricht. Insbesondere in dem häufig anzutreffenden Fall, dass die Rüstkosten beim Lieferanten im Vergleich zu den Bestellkosten des Abnehmers besonders hoch ausfallen, besteht eine Erweiterungsmöglichkeit darin, die Fertigungslosgröße des Lieferanten als ein ganzzahliges Vielfaches der Bestell- bzw. Transportlosgröße zu wählen. Damit lassen sich mehrere Bestelllose mit einem Rüstvorgang produzieren, die dann mit dem Eingang einer Bestellung sukzessive zum Abnehmer befördert werden.

Andere Erweiterungen betreffen bspw. die Berücksichtigung zusätzlicher Akteure. Denkbar sind in diesem Zusammenhang mehrere Lieferanten und/oder mehrere Abnehmer sowie auch mehrstufige Wertschöpfungsketten bzw. -netze. Zusätzlich führt die Tatsache, dass es sich bei dem vorliegenden Modell um einen statisch deterministischen Ansatz handelt, zwangsläufig dazu, dass sich im Zeitablauf ergebende Parameteränderungen sowie stochastische Unsicherheiten unberücksichtigt bleiben.

Literaturhinweise

BANERJEE, A.: A Joint Economic-Lot-Size Model for Purchaser and Vendor, in: Decision Sciences, Bd. 17 (1986), S. 292-311.

BOGASCHEWSKY, R.; MÜLLER, H.; ROLLBERG, R.: Kostenorientierte Optimierung logistischer Zulieferer-Abnehmersysteme, in: Logistik Management, 1. Jg. (1999), S. 133-145.

BUSCHER, U.: Zulieferer-Abnehmer-Koordination mit dem JELS-Modell, in: Rollberg, R.; Hering, Th.; Burchert, H. (Hrsg.): Produktionswirtschaft, 2. Aufl., München 2010, S. 246-254.

BUSCHER, U.: Kostenorientiertes Logistikmanagement in Metalogistiksystemen, Wiesbaden 2003.

TOPOROWSKI, W.: Unternehmensübergreifende Optimierung der Bestellpolitik – Das JELS-Modell mit einem Intermediär, in: Schmalenbachs Zeitschrift für betriebswirtschaftliche Forschung, 51. Jg. (1999), S. 963-989.

20 Ausgewählte Analyse- und Optimierungsmethoden

20.1 Simplexmethode

Einführung

Die von DANTZIG entwickelte Simplexmethode eignet sich zur Bestimmung der optimalen Lösung von linearen Optimierungsproblemen, wie sie beispielsweise bei dem in Abschnitt 6.4 dargestellten Grundmodell der Produktionsprogrammplanung vorliegen. Die grundsätzliche Vorgehensweise und die Tableauberechnungen der Simplexmethode in ihrer Grundform sollen daher nachfolgend auch ausgehend von der Modellstruktur des Grundmodells der Produktionsprogrammplanung und anhand des dort präsentierten Fallbeispiels dargestellt werden. Es ist aber darauf hinzuweisen, dass die Simplexmethode – ggf. in modifizierter Form – auch für anders strukturierte Problemstellungen (Größer-Gleich-Bedingungen, Gleichheitsbedingungen, Minimierungszielsetzung) anwendbar ist.

Das Modell, das als Basis für die folgenden Erörterungen dient, soll hier in allgemeiner Form und mit den konkreten Beispielwerten noch einmal aufgeführt werden:

Allgemein:

Zielfunktion: (1)
$$DB = (p_1 - k_{v1}) \cdot x_1 + (p_2 - k_{v2}) \cdot x_2 \Rightarrow \text{Max!}$$

Nebenbedingungen:
$$\sum_{i=1}^{I} a_{ji} \cdot x_i \leq T_j \text{ für } j = 1,...,J \qquad (2)$$
$$x_i \geq 0 \text{ für } i = 1,...,I \qquad (3)$$

Beispiel:

Zielfunktion:
$DB = 80\, x_S + 200\, x_W \Rightarrow \text{Max!}$

Nebenbedingungen:
I: $250\, x_S + 700\, x_W \leq 39.000$ (Kapazität Drehmaschine)
II: $6\, x_S + 8\, x_W \leq 560$ (Kapazität „Bemalen")

III: $x_S \leq 60$ (Absatzhöchstmenge Schwibbögen)
IV: $x_W \leq 40$ (Absatzhöchstmenge Weihnachtspyramiden)
V: $x_S \geq 0, x_W \geq 0$ (Nichtnegativitätsbedingungen)

Im Rahmen der Darstellung der Simplexmethode soll zunächst auf deren grundsätzliche Vorgehensweise eingegangen werden, bevor die Tableauberechnungen und dann auch die Interpretation der Optimallösung zu erörtern sind.

Grundsätzliche Vorgehensweise der Simplexmethode

Charakteristisch für das Vorgehen der Simplexmethode sind vor allem die **Einführung von Schlupfvariablen** zur Darstellung der Nebenbedingungen als Gleichheitsrestriktionen sowie die **sukzessive Untersuchung benachbarter Eckpunkte** des Beschränkungspolyeders bis zur Identifikation der Optimallösung.

Die Rechenschritte der Simplexmethode werden in einem Gleichungssystem vollzogen. Das Beschränkungssystem aus Ungleichungen, hier Kleiner-Gleich-Bedingungen, die sich auf zeitbezogene Restriktionen beziehen sollen, muss daher in ein Gleichungssystem umgewandelt werden. Für diese Umwandlung werden so genannte **Schlupfvariablen** eingeführt, deren Wert jeweils so hoch ist, dass die ursprünglichen Kleiner-Gleich-Bedingungen als Gleichungen erfüllt sind. Die Schlupfvariablen geben damit im vorliegenden Modell die in Zeiteinheiten gemessene Differenz zwischen der vorhandenen Kapazität und der Kapazitätsbeanspruchung durch die jeweiligen Produktionsmengen an, die durch die Problemvariablen x_S und x_W repräsentiert werden. In der ersten Beschränkung beschreibt demgemäß die Schlupfvariable y_1 die zeitliche Differenz zwischen der Kapazität des ersten Aggregats und der Auslastung durch die Fertigung der Produkte. Die Schlupfvariable y_1 stellt also die Leerzeit, d. h. die nicht genutzte Kapazität, der Drehmaschine dar. Es gilt:

$$250\, x_S + 700\, x_W + y_1 = 39.000$$

In entsprechender Weise wird für jedes Aggregat j eine Schlupfvariable y_j eingeführt, so dass sich generell und im Beispiel die folgenden Gleichungssysteme für die Kapazitätsrestriktionen ergeben:

Allgemein:

$$\sum_{i=1}^{I} a_{ji} \cdot x_i + y_j = T_j \text{ für } j = 1,...,J \qquad (4)$$

Beispiel:

I $250\, x_S + 700\, x_W + y_1 = 39.000$
II $6\, x_S + 8\, x_W + y_2 = 560$
III $x_S + y_3 = 60$
IV $x_W + y_4 = 40$

Zusätzlich zu den Nichtnegativitätsbedingungen für die Produktionsmengen sind nun auch Nichtnegativitätsbedingungen für die Schlupfvariablen einzuführen:

$$y_j \geq 0 \quad \text{für } j = 1,...,J$$

Dies ist erforderlich, da ein negativer Wert der Schlupfvariablen bedeuten würde, dass die beanspruchte Kapazität höher ist als die vorhandene. Die ursprünglichen Kleiner-Gleich-Bedingungen sind also nur bei Nichtnegativität der Schlupfvariablen erfüllt. Die Simplexmethode geht von nichtnegativen Variablen aus und gewährleistet in ihren Rechenschritten die Nichtnegativität aller Variablen.

Die Schlupfvariablen sind nicht direkt mit Umsätzen oder Kosten verbunden, so dass sie in der Zielfunktion „Gewinnmaximierung" mit dem Wert Null berücksichtigt werden müssen. Die um die Schlupfvariablen erweiterte Zielfunktion lautet nun im Beispiel:

$$DB = 80\, x_S + 200\, x_W + 0\, y_1 + 0\, y_2 + 0\, y_3 + 0\, y_4 \Rightarrow \text{Max!}$$

Nach Einführung der Schlupfvariablen stellen die Kapazitätsrestriktionen wie erwähnt ein Gleichungssystem dar. Die Zahl der Gleichungen entspricht der der Kapazitätsrestriktionen (und damit auch der der Schlupfvariablen): allgemein J, im Beispiel 4.

Die Anzahl der Unbekannten ist die Summe aus der Anzahl der Kapazitätsrestriktionen und der der Problemvariablen: allgemein $J + I$, im Beispiel 6. Die Zahl der Unbekannten übersteigt die der Gleichungen, es handelt sich daher um ein unterbestimmtes Gleichungssystem. Für dieses Gleichungssystem existiert keine eindeutige Lösung, es sind vielmehr verschiedene Lösungen zulässig. Neben anderen Punkten stellen die Eckpunkte des Beschränkungspolyeders derartige zulässige Lösungen dar.

Bei den Berechnungen der Simplexmethode wird ausgenutzt, dass bei einem linearen Beschränkungspolyeder und einer linearen Zielfunktion der Optimalpunkt (oder einer von mehreren optimalen Punkten) in einem Eckpunkt liegen muss. Die Berechnungen der Simplexmethode beginnen immer in einem Eckpunkt bei einer zulässigen Ausgangslösung. Bei einer Problemstellung mit lediglich Kleiner-Gleich-Bedingungen ist dies im Normalfall der Nullpunkt eines Koordinatensystems. Er repräsentiert die Situation eines Produktionsstillstands, wenn die Achsen Produktionsmengen darstellen. Positive

Werte nehmen hingegen die Schlupfvariablen an und zwar jeweils in Höhe der vorhandenen Kapazität. Die Werte der Schlupfvariablen lassen sich daher im Nullpunkt direkt aus den Beschränkungen ableiten. Im Beispiel betragen sie:

$y_1 = 39.000, y_2 = 560, y_3 = 60, y_4 = 40$.

Variablen, die bei einer Lösung einen positiven Wert annehmen, werden im Rahmen der Simplexmethode als Basisvariablen bezeichnet. Variablen mit dem Wert Null hingegen sind Nichtbasisvariablen (im Ausnahmefall der Degeneration weisen allerdings auch Basisvariablen den Wert Null auf). Im Nullpunkt stellen demgemäß die Schlupfvariablen Basisvariablen dar; die Problemvariablen sind Nichtbasisvariablen. Die Anzahl der Nichtbasisvariablen bleibt ebenso wie die der Basisvariablen während der Simplexberechnungen unverändert. Die Anzahl der Basisvariablen entspricht der Zahl der Kapazitätsrestriktionen, die der Nichtbasisvariablen der Zahl der Problemvariablen.

Die zulässige Ausgangslösung, die durch einen Eckpunkt des Beschränkungspolyeders repräsentiert wird, ist nun auf Optimalität zu überprüfen. Liegt Optimalität vor, kann die Rechnung beendet werden. Bei Nicht-Optimalität erfolgt ein Wechsel zu einem benachbarten Eckpunkt, der einen höheren Zielfunktionswert aufweist. Die Bewegung von einem Eckpunkt zu einem benachbarten Eckpunkt des Beschränkungspolyeders wird vollzogen, indem eine Basisvariable in eine Nichtbasisvariable und eine Nichtbasisvariable in eine Basisvariable umgewandelt (so genannter Basistausch) und eine damit einhergehende veränderte Lösung für das Gleichungssystem bestimmt wird.

Im vorliegenden Beispiel, dessen Beschränkungspolyeder in Abbildung 20.1 noch einmal dargestellt ist, ist eine Bewegung zu den Eckpunkten A oder D möglich. Im Folgenden wird davon ausgegangen, dass der Eckpunkt D ausgewählt wird. Hier liegt eine andere Lösung des Gleichungssystems vor als im Nullpunkt, denn nun sind y_1, y_2, y_3 und x_W Basisvariable und weisen positive Werte auf, während y_3 und x_S Nichtbasisvariablen sind. Es ist also bei diesem Schritt vom Nullpunkt zum Punkt D die Nichtbasisvariable x_W in eine Basisvariable, die Basisvariable y_4 in eine Nichtbasisvariable transformiert worden.

Der neu bestimmte Punkt (hier D) wird wiederum auf Optimalität überprüft. Falls Optimalität vorliegt, können die Rechnungen beendet werden; bei Nicht-Optimalität ist das beschriebene Vorgehen – Bestimmung eines benachbarten Eckpunkts mit höherem Zielfunktionswert, Prüfung auf Optimalität – fortzusetzen, bis der Optimalpunkt erreicht ist. Im Beispiel ist D nicht der Optimalpunkt, es erfolgt daher eine Bewegung zum Punkt C, dem benachbarten Eckpunkt mit höherem Zielfunktionswert. Diese Bewegung impliziert einen Basistausch zwischen x_S und y_2, so dass nun y_1, y_3, x_S und x_W Basisvariablen, y_2 und y_4 dagegen Nichtbasisvariablen darstellen.

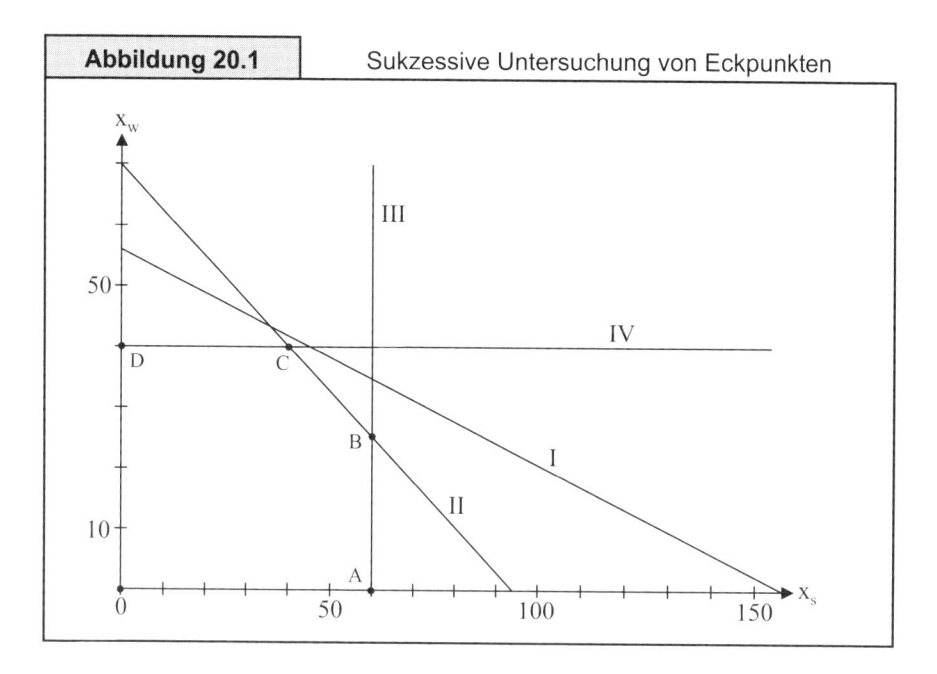

Simplexmethode

| Abbildung 20.1 | Sukzessive Untersuchung von Eckpunkten |

[Diagramm: Koordinatensystem mit x_w-Achse und x_s-Achse, Eckpunkte A, B, C, D und Geraden I, II, III, IV]

Wie in Abschnitt 6.5 auf graphischem Wege ermittelt wurde, liegt in C die optimale Lösung vor, es ist keine Zielfunktionswerterhöhung mehr möglich. Die Berechnungen können daher abgebrochen werden. Hervorzuheben ist, dass im Rahmen der Berechnungen bei der Grundform der Simplexmethode nur zulässige Punkte analysiert werden.

Zusammenfassend lässt sich feststellen, dass mittels der Simplexmethode von einer zulässigen Anfangslösung ausgehend in Richtung besserer Zielfunktionswerte so lange benachbarte Eckpunkte des Beschränkungspolyeders untersucht werden, bis der Optimalpunkt erreicht ist. Dies kann mit Hilfe von Tableauberechnungen erfolgen, bei denen für jeden untersuchten Eckpunkt ein Tableau ermittelt wird. Bestimmte Rechenregeln gewährleisten die Einhaltung aller Beschränkungen, die Bewegung in Richtung besserer Zielfunktionswerte sowie die Identifikation der optimalen Lösung.

Tableauberechnungen mit der Simplexmethode

Simplextableaus weisen eine spezifische Struktur auf, wie sie in Abbildung 20.2 dargestellt ist. Die erste Zeile eines Simplextableaus enthält Bezeichnungen für die in den einzelnen Spalten aufgeführten Werte bzw. Variablen. Das restliche Tableau ist in zwei Abschnitte gegliedert.

| Abbildung 20.2 | Struktur von Simplextableaus |

g_i	BV	Problemvariablen/Schlupfvariablen	T	
Stückdeckungsbeiträge	Basisvariablen	Koeffizienten	Lösungswerte der BV	1. Tableauabschnitt
	k_i	Gewinnverdrängungswerte	Bruttogewinn	
	g_i	Stückdeckungsbeiträge	Null	2. Tableauabschnitt
	$k_i - g_i$	Zielfunktionswertverringerungen bzw. Opportunitätskosten	Bruttogewinn	

Der erste Tableauabschnitt enthält:

- in der ersten Spalte unter dem Symbol „g_i" die Stückdeckungsbeiträge der Basisvariablen,
- in der zweiten Spalte unter der Bezeichnung „BV" die aktuellen Basisvariablen,
- in der dritten bis vorletzten Spalte unter jeweils einer Problem- oder Schlupfvariablen „Verdrängungskoeffizienten" in Bezug auf die Kapazität, die ihren Ursprung in der linken Seite von Kapazitätsrestriktionen haben,
- in der letzten Spalte unter der Bezeichnung „T" die Lösungswerte der Basisvariablen, die gleichzeitig die – ggf. modifizierte – rechte Seite einer Kapazitätsrestriktion darstellen.

In jeder Zeile ist von der dritten bis zur letzten Spalte eine Kapazitätsrestriktion in Gleichungsform abgebildet. Die Anzahl der Zeilen entspricht der Zahl der Basisvariablen und damit auch der Zahl der Kapazitätsrestriktionen. Die Koeffizienten, die in der dritten bis vorletzten Spalte aufgeführt sind, lassen sich als „Verdrängungswerte" interpretieren. Die Werte, die in der Spalte einer Nichtbasisvariablen aufgeführt sind, geben die mengenmäßige Verdrängung der Basisvariablen, die der jeweiligen Zeile zugeordnet ist, durch eine Einheit dieser Nichtbasisvariablen an.

Der zweite Tableauabschnitt enthält

- in der Zeile „k_i" in der dritten bis vorletzten Spalte Gewinnverdrängungswerte und in der letzten Spalte den Bruttogewinn,

- in der Zeile „g_i" in der dritten bis vorletzten Spalte Stückdeckungsbeiträge und in der letzten Spalte den Wert Null,
- in der Zeile „$k_i - g_i$" in der dritten bis vorletzten Spalte die Differenz aus Gewinnverdrängungswert und Stückdeckungsbeitrag, die einen Hinweis auf mögliche Zielfunktionswertverbesserungen gibt, und in der letzten Spalte den Bruttogewinn.

Die in der Zeile „k_i" erfassten Werte geben jeweils die durch die mengenmäßige Verdrängung bewirkte Gewinnveränderung an. Diese lässt sich berechnen, indem die mengenmäßigen Verdrängungen mit den Stückdeckungsbeiträgen der jeweiligen Basisvariablen multipliziert werden und die Summe der Produkte gebildet wird. Die entsprechenden Summen lassen sich als Gewinnverdrängung durch die Hereinnahme einer Einheit der entsprechenden Nichtbasisvariablen in die Lösung interpretieren. Die Differenzen „$k_i - g_i$" stellen eine Zielfunktionswertverringerung pro Einheit dieser Variablen dar, die auch als Opportunitätskostenwert interpretiert werden kann. Sie ermöglichen die Optimalitätsprüfung bei der Simplexmethode. Eine Lösung ist dann optimal, wenn alle „$k_i - g_i$"-Werte nichtnegativ sind. Die erste Spalte „g_i" sowie die Zeilen „k_i" und „g_i" im zweiten Tableauabschnitt können bei Tableauberechnungen auch vernachlässigt werden. Ihre Kenntnis ist vor allem zum Verständnis des Verfahrens erforderlich.

Im Rahmen der Simplextableauberechnungen ist der zulässigen Ausgangslösung ein **Ausgangstableau** zugeordnet. Hier wird wie oben erläutert davon ausgegangen, dass der Nullpunkt die Ausgangslösung darstellt. Das zugehörige Ausgangstableau ist – unter Vernachlässigung der Spalte „g_i"– nachfolgend dargestellt.

Tabelle 20.1			Ausgangstableau				
BV	x_S	x_W	y_1	y_2	y_3	y_4	T
y_1	250	700	1	0	0	0	39.000
y_2	6	8	0	1	0	0	560
y_3	1	0	0	0	1	0	60
y_4	0	1	0	0	0	1	40
k_i	0	0	0	0	0	0	0
g_i	80	200	0	0	0	0	0
$k_i - g_i$	-80	-200	0	0	0	0	0

Das Ausgangstableau ist entsprechend der oben erläuterten Struktur von Simplextableaus aufgestellt worden. So lässt sich nachvollziehen, dass in den Zeilen der Basisvariablen jeweils eine Kapazitätsrestriktion abgebildet wird. Für die Basisvariable y_1 beispielsweise ergeben sich die Koeffizienten unter x_S

(250), x_W (700), y_1 (1), y_2 (0), y_3 (0) und y_4 (0) sowie der Wert unter T (39.000) aus der zugehörigen ersten Restriktion.

Im Ausgangstableau stehen in der „$k_i - g_i$"-Zeile die negativen Stückdeckungsbeiträge der Variablen (sowie eine Null in der letzten Spalte), so dass auf die Zeilen „k_i" und „g_i" verzichtet werden kann.

Falls sich bei einer Optimalitätsprüfung herausstellt, dass die optimale Lösung noch nicht vorliegt, ist die Bestimmung eines weiteren Tableaus erforderlich. Dies gilt hier für die Ausgangslösung, da diese negative Werte in der „$k_i - g_i$"-Zeile aufweist. Die Bestimmung eines weiteren Tableaus läuft jeweils in der Form ab, dass zunächst eine Auswahlspalte und eine Auswahlzeile bestimmt werden. Dann erfolgt eine Tableauumformung und schließlich eine erneute Optimalitätsprüfung.

Die **Ermittlung eines neuen Tableaus** beginnt mit der Bestimmung einer Auswahlspalte. Als Auswahlspalte können alle Spalten dienen, die in der „$k_i - g_i$"-Zeile einen negativen Wert aufweisen, da eine entsprechende Wahl zu einer Zielfunktionswerterhöhung führt. Die **Bestimmung der Auswahlspalte** kann gemäß der Regel „steepest unit ascent" erfolgen, bei der diejenige Spalte ausgewählt wird, die den negativen „$k_i - g_i$"-Wert mit dem höchsten absoluten Betrag aufweist (hier x_W). Dies entspricht der Auswahl der Nichtbasisvariablen zur Umwandlung in eine Basisvariable, deren Aufnahme die größte Zielfunktionswerterhöhung pro Einheit mit sich bringt. Graphisch betrachtet erfolgt damit im Rahmen der Bestimmung eines neuen Tableaus eine Bewegung vom Nullpunkt in Richtung höherer x_W-Werte.

Die **Festlegung einer Auswahlzeile**, die anschließend erfolgt, korrespondiert mit der Auswahl derjenigen Basisvariablen, die in eine Nichtbasisvariable transformiert werden soll. Hier erhält eine Schlupfvariable den Wert Null; es wird damit eine Beschränkung voll ausgeschöpft, und zwar diejenige, die bei der Ausweitung von x_W als erste begrenzend wirkt. Die Auswahlzeile ist zu ermitteln, indem zunächst für jede Zeile mit einem positiven Wert in der Auswahlspalte die folgende Division durchgeführt wird:

Wert in der T-Spalte : Wert in der Auswahlspalte

Der kleinste dieser Quotienten, hier 40, gibt die Auswahlzeile an (y_4). Dies sagt aus, dass die vierte Restriktion bei einer Ausweitung von x_W als erste begrenzend wirkt. Die Auswahlspalte und -zeile werden auch als Pivotspalte und -zeile bezeichnet; ihr Kreuzungselement ist das so genannte Pivotelement.

Das Ausgangstableau wird nun in ein zweites Simplextableau transformiert. Diese **Tableauumformung** ist so durchzuführen, dass in der Spalte der neuen Basisvariablen x_W ein Einheitsvektor erzeugt und das Gleichungssystem nicht substantiell verändert wird. Dazu lassen sich zwei Rechenoperationen verwenden, die auf GAUSS zurückgehen. Zunächst wird die Auswahlzeile derart mit einer Zahl multipliziert bzw. durch eine Zahl dividiert, dass das

Pivotelement den Wert Eins annimmt. Hier ist keine Division nötig, da bereits der erforderliche Wert Eins vorliegt (bzw. eine Division durch Eins). Es ergibt sich als neue Zeile $(x_W)^*$:

	x_S	x_W	y_1	y_2	y_3	y_4	T	
(y_4)	0	1	0	0	0	1	40	:1
$(x_W)^*$	0	1	0	0	0	1	40	

Jede weitere Zeile des neuen Tableaus wird berechnet, indem jeweils von der entsprechenden Zeile des alten Tableaus ein Vielfaches der neu ermittelten Auswahlzeile (hier $(x_W)^*$) subtrahiert wird. Der Faktor, mit dem die neue Zeile $(x_W)^*$ multipliziert wird, ist so zu wählen, dass als Ergebnis der Subtraktion in der Auswahlspalte eine Null erscheint. Da die neue Zeile $(x_W)^*$ in der Auswahlspalte immer eine Eins aufweist, entspricht der Faktor dem Kreuzungselement der zu transformierenden Zeile und der Auswahlspalte im alten Tableau. Von der Zeile (y_1) muss hier demgemäß das 700-fache der neuen Auswahlzeile $(x_2)^*$ subtrahiert werden. Es ergibt sich als neue Zeile $(y_1)^*$:

	x_S	x_W	y_1	y_2	y_3	y_4	T	
(y_1)	250	700	1	0	0	0	39.000	
$700 (x_W)^*$	0	700	0	0	0	700	28.000	-
$(y_1)^*$	250	0	1	0	0	-700	11.000	

Analog lassen sich die weiteren Zeilen des nachfolgend dargestellten neuen Tableaus berechnen.

BV	x_S	x_W	y_1	y_2	y_3	y_4	T
y_1	250	0	1	0	0	−700	11.000
y_2	6	0	0	1	0	−8	240
y_3	1	0	0	0	1	0	60
x_W	0	1	0	0	0	1	40
$k_i - g_i$	−80	0	0	0	0	200	8.000

Das neue Simplextableau enthält in der T-Spalte die aktuelle Lösung, d. h. die Werte der Basisvariablen: $y_1 = 11.000$; $y_2 = 240$; $y_3 = 60$ $x_W = 40$. Diese Lösung korrespondiert mit dem Eckpunkt D des Beschränkungspolyeders, wie Abbildung 20.1 zeigt. Für die Lösung im zweiten Simplextableau ist nun eine **Optimalitätsprüfung** vorzunehmen. Da ein negatives Element in der „$k_i - g_i$"-Zeile vorliegt, lässt sich die Lösung noch verbessern, und es muss ein weiteres Tableau bestimmt werden.

Auswahlspalte ist nun die Spalte (x_S), Auswahlzeile die Zeile (y_2). Nach Durchführung der Tableauumformungen ergibt sich das nachfolgend dargestellte dritte Simplextableau. Da dieses Tableau in der „$k_i - g_i$"-Zeile keine negativen Werte aufweist, handelt es sich um das Optimaltableau.

Tabelle 20.2				Optimaltableau			
BV	x_S	x_W	y_1	y_2	y_3	y_4	T
y_1	0	0	1	$-125/3$ [5]	0	$-1.100/3$ [5]	1.000 [2]
x_S	1	0	0	$1/6$ [5]	0	$-4/3$ [5]	40 [1]
y_3	0	0	0	$-1/6$ [5]	1	$4/3$ [5]	20 [2]
x_W	0	1	0	0	0	1 [5]	40 [1]
$k_i - g_i$	0	0	0	$40/3$ [4]	0	$280/3$ [4]	11.200 [3]

Interpretation des Optimaltableaus

Die T-Spalte des Optimaltableaus enthält zum einen die Werte der Variablen mit von Null verschiedenen Werten und zwar (1) die bereits mittels graphischer Lösung bestimmten optimalen Produktionsmengen von Schwibbögen (40, Variable x_S) und Weihnachtspyramiden (40, Variable x_W) sowie (2) die durch entsprechende Werte der Schlupfvariablen dokumentierten freien Kapazitäten von Restriktionen, hier 1.000 Minuten bei der Drehmaschine (Nebenbedingung 1, Variable y_1) und 20 Mengeneinheiten bei der Absatzhöchstmenge der Schwibbögen (Nebenbedingung 3, Variable y_3). Zum anderen wird (3) in der letzten Zeile der maximale Deckungsbeitrag in Höhe von 11.200 € ausgewiesen.

Die mit (4) gekennzeichneten Elemente der „$k_i - g_i$"-Zeile stellen so genannte Opportunitätskostenwerte (Schattenpreise) dar. Durch diese Werte wird die Höhe der Gewinneinbuße angegeben, die entstünde, wenn eine Einheit der zugehörigen Variablen in die Lösung aufgenommen würde. Daher bedeutet beispielsweise 40/3 in der y_2-Spalte, dass jede Nichtnutzung einer Einheit der knappen Kapazität der zweiten Restriktion („Bemalen") zu einer Gewinneinbuße von 40/3 € führen würde. Eine zusätzlich für die Produktion nutzbare Einheit der Kapazität hingegen, die zum Beispiel durch Überstunden verfügbar gemacht werden könnte, würde den Deckungsbeitrag des Produktionsprogramms um 40/3 € erhöhen. Diese Opportunitätskostenwerte lassen sich als Grundlage für wirtschaftliche Entscheidungen nutzen. So gibt der Wert 40/3 an,

- wie viel € pro Einheit für Kapazitätserweiterungen maximal bezahlt werden sollten und
- wie viel € pro Einheit eine anderweitige Verwendung der Kapazität mindestens erbringen sollte.

Diese Interpretationen der Opportunitätskostenwerte sind allerdings nur in dem Bereich gültig, in dem sich die Zusammensetzung der Gruppe der Basisvariablen gegenüber der Optimallösung nicht verändert. Bei nicht vollständig ausgenutzten Restriktionen (deren zugehörige Schlupfvariablen als Basisvariablen mit einem Wert größer Null in der Optimallösung enthalten sind) sind die entsprechenden Opportunitätskostenwerte schlüssiger Weise Null.

Der maximale Deckungsbeitrag setzt sich auch aus der Summe der mit den Opportunitätskosten bewerteten Kapazitäten zusammen:

$$DB = 0 \cdot 39.000 + 40/3 \cdot 560 + 0 \cdot 60 + 280/3 \cdot 40 = 11.200 \text{ €}$$

Die Werte (5) in den Spalten der Nichtbasisvariablen (hier y_2 und y_4) stellen mengenmäßige Verdrängungen dar. So bedeutet 1/6 als Kreuzungselement der Spalte y_2 und der Zeile x_S: Bei Nicht-Nutzung einer Stunde der Kapazität beim Bemalen (und damit korrespondierender Aufnahme einer Einheit der Variablen y_2 in die Lösung) wird die Menge der Schwibbögen (rechnerisch) um 1/6 Einheiten verringert. Dagegen sagt der Wert -4/3 in Spalte y_4 und Zeile x_S aus, dass sich – bedingt durch frei werdende Kapazitäten – die Menge der Schwibbögen um 4/3 Einheiten erhöhen würde, wenn die Absatzhöchstmenge von Weihnachtspyramiden um ein Stück unterschritten würde (abgebildet durch die Aufnahme einer Einheit von y_4 in die Lösung).

Die mengenmäßigen Verdrängungen bestimmen die Höhe der Opportunitätskosten, die auch als Summe der mit den Stückdeckungsbeiträgen bewerteten Verdrängungen interpretiert werden können. So ergibt sich der Wert 280/3 in der y_4-Spalte als Summe der entsprechend bewerteten Verdrängung von Schwibbögen (-4/3 · 80) und Weihnachtspyramiden (1 · 200).

Lineare Optimierung mit EXCEL

Die Simplexmethode stellt ein Verfahren dar, lineare Planungsprobleme zu lösen. Im Laufe der Zeit wurden viele leistungsfähige Programme (sogenannte Solver) auf der Grundlage der Simplexmethode entwickelt, die eine EDV-technische Unterstützung beim Problemlösen bieten. Da es sich hierbei zumeist um spezielle kommerzielle Produkte handelt, sind sie bei Weitem nicht so verbreitet wie Standardprogramme. Inzwischen offerieren aber Tabellenkalkulationsprogramme Funktionalitäten, mit denen kleinere bis mittlere lineare Problemstellungen gelöst werden können. Auch das zur Microsoft-Office-Suite gehörende und weit verbreitete Tabellenkalkulationsprogramm EXCEL bietet mit dem Solver-Add-In diese Möglichkeit. Der erstmalig im Februar 1991 eingeführte Solver ist im Funktionsumfang von EXCEL enthalten und kann benutzerspezifisch (nach-)installiert werden.

Grundsätzlich ist der Solver in der Lage nicht nur lineare, sondern auch gemischtganzzahlige und nichtlineare Problemstellungen zu lösen. Hierzu sind im Solver die Simplexmethode, Branch&Bound-Verfahren und die generalisierte Methode der reduzierten Gradienten implementiert. Während die

Funktionalität des Solvers im Hinblick auf die (einfache) lineare Programmierung überzeugt, bieten die vom Solver vorgeschlagenen Lösungen für die gemischtganzzahligen und nichtlinearen Probleme keine Optimalitätsgarantie. Ein großer Vorteil des Tabellenkalkulationsprogramms EXCEL liegt darin, dass eine intuitive Übertragung des Simplextableaus (vgl. Tabelle 20.1) in das EXCEL-Arbeitsblatt möglich ist (vgl. hier und im Folgenden Abbildung 20.3). So handelt es sich bspw. bei den grau hinterlegten Feldern um reine Eingabefelder, in die Beispieldaten einzutragen sind. Ein wesentlicher Unterschied zum Simplextableau besteht allerdings darin, dass die Entscheidungsvariablen x_S und x_W extra Zellen (hier C17 und D17) zugewiesen bekommen, die als **veränderliche Zellen** deklariert werden.

Eine Variation der Werte dieser Zellen wirkt sich zum einen auf die zu berücksichtigenden Restriktionen aus. Um die Modellformulierung möglichst übersichtlich zu halten, bietet es sich an, die Summe der mit den Restriktionskoeffizienten multiplizierten Entscheidungsvariablen in einer separaten Zelle zu erfassen. Für die erste Restriktion liefert die Zelle F12 die durch die veränderlichen Zellen in Anspruch genommene Kapazität der Drehmaschine. Zur Berechnung kann die folgende Formel verwendet werden: [= C12 · C17 + D12 · D17]. Insbesondere wenn es gilt, eine große Anzahl von Produkten zu bilden und anschließend zu summieren, dann bietet es sich an, stattdessen die Funktion

[=SUMMENPRODUKT(C12:D12;$C$17:$D$17)]

zu verwenden.

Die maximal zur Verfügung stehende Kapazität der Drehmaschine wird in der Zelle G12 erfasst. Da sie die rechte Seite der Kapazitätsrestriktion repräsentiert, wird die Spalte G als „Rechte Hand Seite" (RHS) bezeichnet. Durch einen Vergleich der in der „Linke Hand Seite" (LHS) stehenden Zelle F12 mit G12 lässt sich die Einhaltung der Drehmaschinenkapazität überprüfen. Die übrigen Restriktionen werden analog erfasst.

Eine Variation der veränderlichen Zellen C17 und D17 wirkt sich zum anderen aber auch auf den Zielfunktionswert (ZFW) aus, der im Beispiel in der Zelle G17 angezeigt wird. Vergleichbar mit der Berechnung der Zellen in der LHS-Spalte lautet der Zelleninhalt:

[=SUMMENPRODUKT(C9:D9;$C$17:$D$17)].

Damit sind die Grundlagen für die Anwendung des EXCEL-Solvers gelegt. Er lässt sich unter dem Menüpunkt „Extras" durch einen Klick auf „Solver" aufrufen (vgl. hier und im Folgenden Abbildung 20.4). Steht unter „Extras" kein Menüpunkt „Solver", so muss er zunächst installiert werden, indem unter „Extras/Add-Ins-Manager" die Option „Solver" angekreuzt sowie mit „OK" bestätigt wird.

Simplexmethode

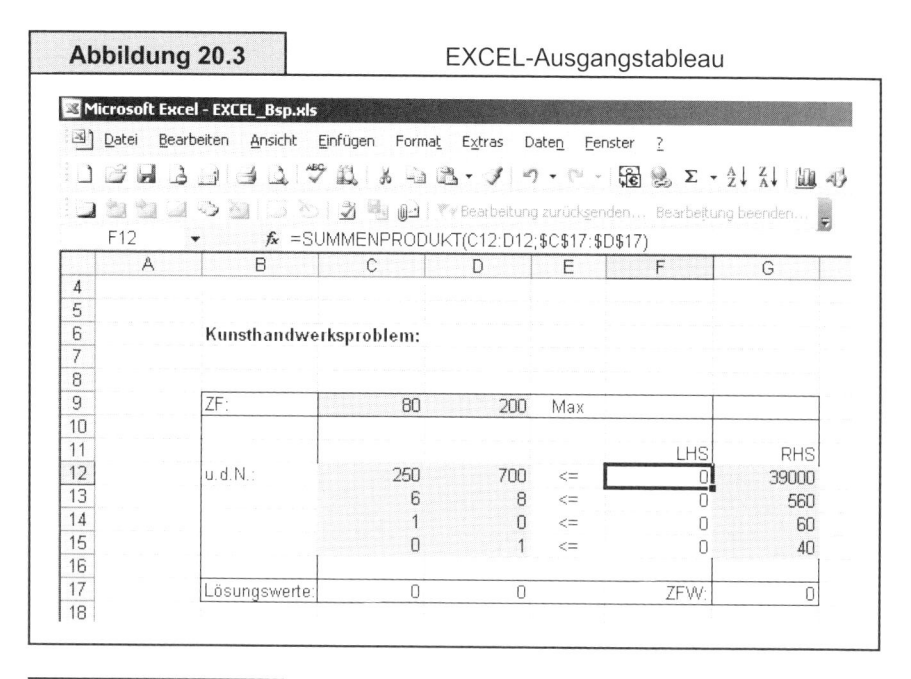

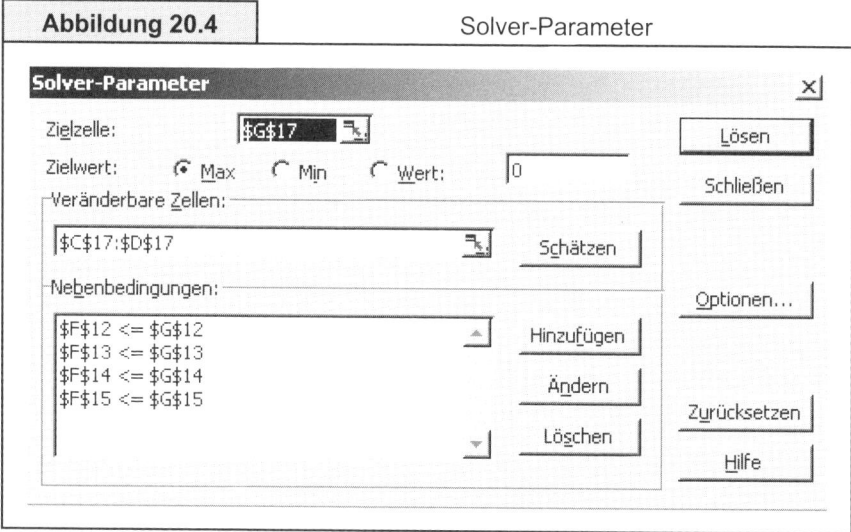

Abbildung 20.3   EXCEL-Ausgangstableau

Microsoft Excel - EXCEL_Bsp.xls

F12   =SUMMENPRODUKT(C12:D12;$C$17:$D$17)

	A	B	C	D	E	F	G
4							
5							
6		Kunsthandwerksproblem:					
7							
8							
9		ZF:	80	200	Max		
10							
11						LHS	RHS
12		u.d.N.:	250	700	<=	0	39000
13			6	8	<=	0	560
14			1	0	<=	0	60
15			0	1	<=	0	40
16							
17		Lösungswerte:	0	0		ZFW:	0
18							

Abbildung 20.4   Solver-Parameter

Solver-Parameter

Zielzelle: $G$17

Zielwert: ⦿ Max   ○ Min   ○ Wert: 0

Veränderbare Zellen:
$C$17:$D$17

Nebenbedingungen:
$F$12 <= $G$12
$F$13 <= $G$13
$F$14 <= $G$14
$F$15 <= $G$15

Lösen | Schließen | Schätzen | Optionen... | Hinzufügen | Ändern | Löschen | Zurücksetzen | Hilfe

In der auftretenden Dialogbox wird zunächst die Zielzelle (hier G17) in dem dafür vorgesehenen Feld spezifiziert und anschließend die gewünschte Zielrichtung (hier Maximierung) gewählt. Nach der Angabe der veränderbaren Zellen (hier C17 und D17) gilt es, die Restriktionen zu bestimmen. Hierzu wird auf die Schaltfläche „Hinzufügen" geklickt. Danach öffnet sich die in Abbildung 20.5 wiedergegebene Dialogbox.

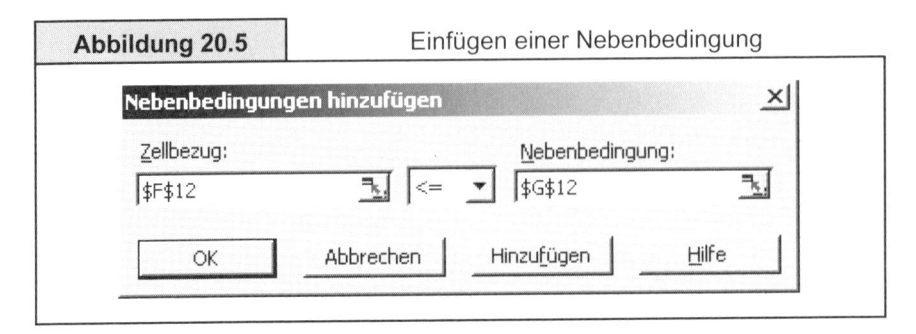

Abbildung 20.5   Einfügen einer Nebenbedingung

Während in dem Feld „Zellbezug" die linke Seite der Restriktion, d.h. die Inanspruchnahme der Restriktion, eingetragen wird (für die erste Restriktion spiegelt das Feld F12 die Inanspruchnahme wider), nimmt das Feld „Nebenbedingung" die Maximalkapazität auf, die für die erste Restriktion im Feld G12 eingetragen ist. Nach der Auswahl des Relationszeichens wird die Aufnahme der Restriktion durch einen Klick auf die Schaltfläche „OK" abgeschlossen. Für alle anderen zu berücksichtigenden Restriktionen ist analog zu verfahren.

Vor dem Starten des Solvers sollte die Schaltfläche „Optionen" gewählt werden (vgl. hier und im Folgenden Abbildung 20.6). Die sich öffnende Dialogbox ermöglicht es, die Solver-Parameter zu justieren. Zum Lösen von einfachen, linearen Programmen kann die in Abbildung 20.6 wiedergegebene Standardeinstellung verwendet werden. Lediglich die Häkchen bei den Optionen „Lineares Modell voraussetzen" und „Nicht-Negativ voraussetzen" sollten zusätzlich gesetzt werden, um einerseits die Rechenzeit nicht unnötig zu verlängern und um andererseits den Nichtnegativitätsanforderungen an die Entscheidungsvariablen bzw. veränderbaren Zellen zu entsprechen. Eine Bestätigung mit „OK" führt zu der Dialogbox „Solver-Parameter" (vgl. Abbildung 20.4) zurück, in der nunmehr nur noch auf die Schaltfläche „Lösen" zu klicken ist.

Nach den Berechnungen des Solvers erscheint erneut eine Dialogbox (vgl. Abbildung 20.7), mit der mitgeteilt wird, ob eine Lösung gefunden werden konnte. In jedem Fall hat sich der Anwender zu entscheiden, ob die aktuellen Werte der veränderbaren Zellen übernommen oder die Ausgangslösung wieder hergestellt werden soll.

Konnte durch den Solver eine optimale Lösung ermittelt werden, so lässt sich das Ergebnis der Berechnungen in dem Tabellenblatt ablesen. Im vorliegenden Beispiel nehmen die Entscheidungsvariablen x_S und x_W im Optimaltableau jeweils den Wert 40 an (vgl. die Zellen C17 und D17 in Abbildung 20.8), so dass sich nach einer Multiplikation mit den jeweiligen Stückdeckungsbeiträgen und anschließendem Summieren ein maximaler Deckungsbeitrag bzw. Zielfunktionswert (ZFW) von (80 · 40 + 200 · 40) = 11.200 € einstellt.

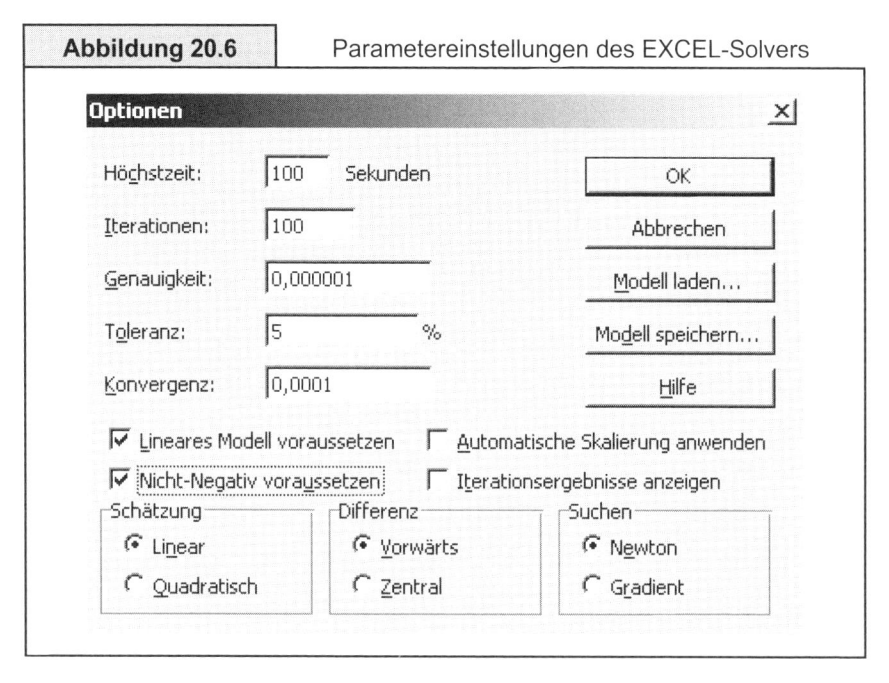

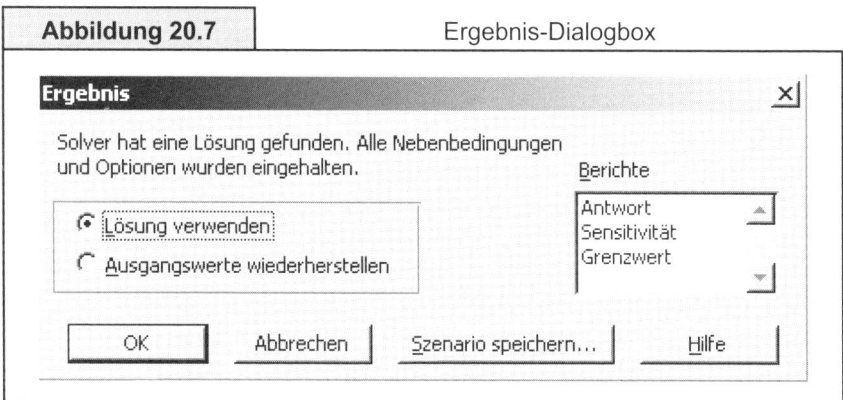

Abbildung 20.6 Parametereinstellungen des EXCEL-Solvers

Abbildung 20.7 Ergebnis-Dialogbox

Im Hinblick auf die Restriktionen lässt sich feststellen, dass lediglich die zweite (Kapazität des Bemalens) und vierte Beschränkung (Absatzhöchstmenge Weihnachtspyramiden) in Gänze ausgeschöpft werden, während die Kapazitäten der ersten (Drehmaschinenkapazität) und der dritten Restriktion (Absatzhöchstmenge Schwibbögen) nicht begrenzend wirken.

Abbildung 20.8 — Optimaltableau des Fallbeispiels

	G17		f_x =SUMMENPRODUKT(C9:D9;$C$17:$D$17)			
	A	B	Bearbeitungsleiste D	E	F	G
4						
5						
6		Kunsthandwerksproblem:				
7						
8						
9		ZF:	80	200	Max	
10						
11						LHS	RHS
12		u.d.N.:	250	700	<=	38000	39000
13			6	8	<=	560	560
14			1	0	<=	40	60
15			0	1	<=	40	40
16							
17		Lösungswerte:	40	40		ZFW:	11200
18							

Opportunitätskostenwerte erscheinen nicht direkt im Tabellenblatt, sondern müssen erst über die in der Fußzeile befindliche Registerkarte „Sensitivitätsbericht" aufgerufen werden. Dort können unter dem Begriff „Schattenpreis" die Opportunitätskostenwerte für die Nichtnutzung der jeweiligen Kapazitäten abgelesen werden. Die mengenmäßigen Verdrängungen können hingegen weder dem Sensitivitäts- noch dem Grenzwert- und auch nicht dem Antwortbericht entnommen werden.

20.2 Einfache lineare Regression mit EXCEL

Auch die Durchführung einer einfachen linearen Regression wird von EXCEL unterstützt. Die Regression mit EXCEL soll anhand der in Kapitel 8 eingeführten Fallbeispieldaten des Früchteverbrauchs illustriert werden. Zunächst sind die Daten im Arbeitsblatt zu erfassen (vgl. hierzu Abbildung 20.9).

Unter dem Menüpunkt „Extras" wird die Option „Analyse-Funktionen" gewählt und die Funktion „Regression" aufgerufen. Es erscheint eine gleichnamige Dialogbox (vgl. Abbildung 20.10), mit der der zu analysierende Datenbereich festgelegt wird. Der im Arbeitsblatt in den Zellen D8 bis D31 erfasste Früchteverbrauch wird in das Feld „Y-Eingabebereich" eingetragen. Der „X-Eingabebereich" nimmt nur solche Bezüge auf Zellen auf, die im Zahlenformat vorliegen, so dass hier nicht die Daten der Spalte C, sondern diejenigen der Spalte B (B8 bis B31) aufgenommen werden.

Abbildung 20.9 Daten des Früchteverbrauchs

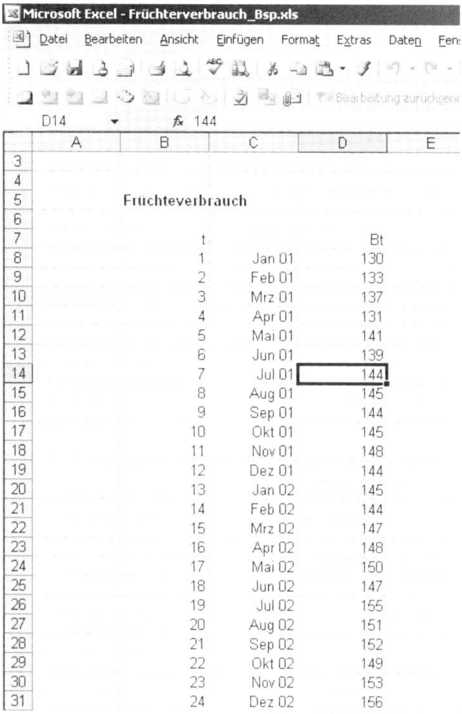
Microsoft Excel - Früchterverbrauch_Bsp.xls

Datei Bearbeiten Ansicht Einfügen Format Extras Daten Fen

D14 144

	A	B	C	D	E
3					
4					
5		Früchteverbrauch			
6					
7		t		Bt	
8		1	Jan 01	130	
9		2	Feb 01	133	
10		3	Mrz 01	137	
11		4	Apr 01	131	
12		5	Mai 01	141	
13		6	Jun 01	139	
14		7	Jul 01	144	
15		8	Aug 01	145	
16		9	Sep 01	144	
17		10	Okt 01	145	
18		11	Nov 01	148	
19		12	Dez 01	144	
20		13	Jan 02	145	
21		14	Feb 02	144	
22		15	Mrz 02	147	
23		16	Apr 02	148	
24		17	Mai 02	150	
25		18	Jun 02	147	
26		19	Jul 02	155	
27		20	Aug 02	151	
28		21	Sep 02	152	
29		22	Okt 02	149	
30		23	Nov 02	153	
31		24	Dez 02	156	

Vor dem Beginn der Regression muss in jedem Fall noch bestimmt werden, wie die Ausgabe zu erfolgen hat. Soll die Ausgabe auf demselben Tabellenblatt erfolgen, so ist die Option „Ausgabebereich“ zu wählen und dieser anzugeben. Der besseren Übersichtlichkeit halber wird häufig die Option „Neues Tabellenblatt“ gewählt. Denkbar ist aber auch, dass die Ergebnisse in eine neue (separate) Arbeitsmappe geschrieben werden.

Die Ergebnisse der Regressionsanalyse sind im Wesentlichen in der Abbildung 20.11 wiedergegeben und sind selbstverständlich unabhängig davon, an welcher Stelle die Ausgabe erfolgt. Die Felder B17 und B18 enthalten den Achsenabschnitt und den Steigungsparameter der Regressionsgeraden, die in der Abbildung 20.11 als Schnittpunkt bzw. X Variable 1 bezeichnet werden. Der Regressionsstatistik kann das Bestimmtheitsmaß $R^2 = 0{,}827$ entnommen werden. Die für seine Berechnung notwendigen Größen *SQGA* (summierte quadratische Gesamtabweichung) und *SQEA* (summierte quadratische erklärte Abweichung) befinden sich in der ANOVA-Auswertung der Abbildung 20.11 unter den Begriffen „Gesamt“ bzw. „Regression“ (vgl. die Zellen C14 und C12).

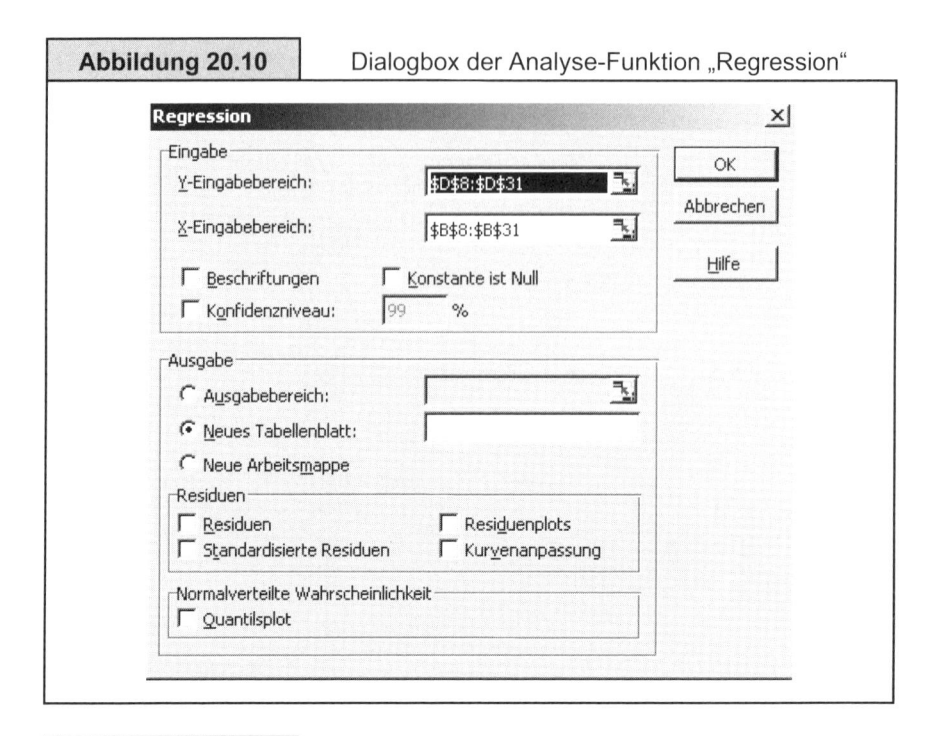

Abbildung 20.10 Dialogbox der Analyse-Funktion „Regression"

```
Regression                                              x
─Eingabe─────────────────────────────────
  Y-Eingabebereich:      $D$8:$D$31                    OK
  X-Eingabebereich:      $B$8:$B$31                 Abbrechen

  □ Beschriftungen    □ Konstante ist Null            Hilfe
  □ Konfidenzniveau:    99  %

─Ausgabe─────────────────────────────────
  ○ Ausgabebereich:
  ● Neues Tabellenblatt:
  ○ Neue Arbeitsmappe
  ─Residuen─────────────────────────────
    □ Residuen          □ Residuenplots
    □ Standardisierte Residuen  □ Kurvenanpassung
  ─Normalverteilte Wahrscheinlichkeit────
    □ Quantilsplot
```

Abbildung 20.11 Auswertung der Regressionsanalyse

	A	B	C
1	AUSGABE: ZUSAMMENFASSUNG		
2			
3	*Regressions-Statistik*		
4	Multipler Korrelationskoeffizient	0,909467599	
5	Bestimmtheitsmaß	0,827131313	
6	Adjustiertes Bestimmtheitsmaß	0,819273646	
7	Standardfehler	2,969005458	
8	Beobachtungen	24	
9			
10	ANOVA		
11		*Freiheitsgrade (df)*	*Quadratsummen (SS)*
12	Regression	1	927,9034783
13	Residue	22	193,9298551
14	Gesamt	23	1121,833333
15			
16		*Koeffizienten*	*Standardfehler*
17	Schnittpunkt	133,6884058	1,250991892
18	X Variable 1	0,89826087	0,087551195

Eine andere einfache Möglichkeit die Regressionsgerade zu bestimmen besteht darin, den in Abbildung 20.9 aufgeführten Früchteverbrauch grafisch mit Hilfe des Diagrammassistenten darstellen zu lassen („Einfügen" – „Diagramm" – „Punkt (XY)"). Um die Regressionsgerade einzeichnen zu lassen, ist mit der rechten Maustaste auf einen der Datenpunkte zu klicken. Im Kontextmenü führt die Option **„Trendlinie hinzufügen"** zu einer Dialogbox, in der der „lineare Typ" ausgewählt wird. Anschließend ist zum Registerblatt „Optionen" zu wechseln und das Kästchen „Gleichung im Diagramm darstellen" zu aktivieren. Nach dem Betätigen der Schaltfläche „OK" werden die Regressionsgerade und die zugehörige Gleichung in die Abbildung eingezeichnet (vgl. hierzu auch Abbildung 20.12).

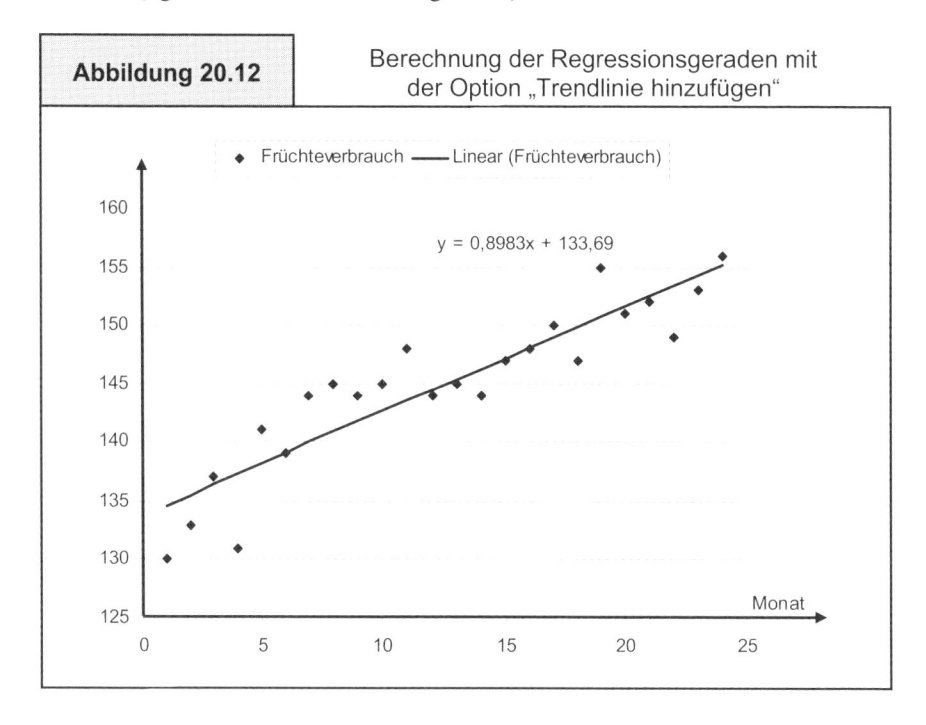

Abbildung 20.12 Berechnung der Regressionsgeraden mit der Option „Trendlinie hinzufügen"

$y = 0{,}8983x + 133{,}69$

20.3 Verfahren von VAZSONYI

Das Matrixverfahren von VAZSONYI ist eine Methode der programmorientierten Bedarfsermittlung und dient der Berechnung von Bruttogesamtbedarfen an Rohstoffen, Bauteilen und Zwischenprodukten für gegebene Primärbedarfe. Voraussetzung für die Anwendung des Verfahrens ist – wie bei Methoden der programmorientierten Bedarfsermittlung generell – das Vorhandensein einer zyklenfreien Erzeugnisstruktur sowie deren Kenntnis einschließlich der Bedarfsmengen sämtlicher Teilearten, die direkt pro Einheit in eine übergeordnete Teileart eingehen, der Direktbedarfskoeffizienten. Diese werden in einer **Direktbedarfsmatrix** D zusammengefasst, die den Ausgangspunkt für den Einsatz des Verfahrens von VAZSONYI bildet. Die Direktbedarfsmatrix enthält jeweils eine Zeile und eine Spalte für jede Teileart des betreffenden Erzeugnisses (und dieses selbst), die Matrixelemente stellen die Direktbedarfskoeffizienten d_{ij} (mit i=Zeile, j=Spalte) dar. Wenn die Matrix nach der Reihenfolge der Fertigungsstufen geordnet wird und keine Rückkopplungen im Produktionsprozess auftreten, ergibt sich eine obere Dreiecksmatrix, wie sie nachfolgend für das in Kapitel 9 beschriebene Beispiel abgebildet ist. (Die in den Spalten für A, B und E aufgeführten Werte entsprechen den Angaben der jeweiligen *Baukastenstückliste*, vgl. Kapitel 9.)

$D =$

	R1	R2	R3	R4	A	B	E
R1	0	0	0	0	0	3	0
R2	0	0	0	0	0	0	4
R3	0	0	0	0	4	6	0
R4	0	0	0	0	5	0	0
A	0	0	0	0	0	2	1
B	0	0	0	0	0	0	2
E	0	0	0	0	0	0	0

Der zu bestimmende **Bruttogesamtbedarf** setzt sich aus den für die Fertigung des Primärbedarfs insgesamt benötigten Mengen, dem Sekundärbedarf, sowie dem Primärbedarf zusammen. Er lässt sich ermitteln, indem die Direktbedarfsmatrix D mit dem Vektor des Bruttogesamtbedarfs R multipliziert und außerdem der Primärbedarf X, ebenfalls in Vektorschreibweise, addiert wird:

$$R = D \cdot R + X \tag{5}$$

Diese Gleichung kann nun in der folgenden Form unter Beachtung der Regeln für Matrizenrechnungen transformiert werden:

$$R - D \cdot R = X \tag{6}$$

$$(E - D) \cdot R = X$$

$$R = (E - D)^{-1} \cdot X$$

$$R = B \cdot X$$

Gemäß diesen Rechenschritten wird die Direktbedarfsmatrix von der Einheitsmatrix subtrahiert und die sich ergebende Matrix invertiert. Das Resultat stellt die **Bruttogesamtbedarfsmatrix** B dar. Sie gibt für jede Teileart die *gesamte* Bedarfsmenge an, die zur Produktion einer Einheit des Primärbedarfs

(Zwischen- oder Endprodukt) über alle Fertigungsstufen hinweg erforderlich ist. Die Bruttogesamtbedarfsmatrix braucht für eine Erzeugnisstruktur nur einmal aufgestellt zu werden, sie lässt sich dann für beliebige Primärbedarfe zur Bedarfsermittlung nutzen.

Mit dem Verfahren von VAZSONYI werden die Elemente (b_{ij}) der Bruttogesamtbedarfsmatrix B auf eine spezifische Weise bestimmt. Im Einzelnen gilt für die Matrixelemente:

$$b_{ij} = 0 \quad \text{für } i > j, \tag{7}$$

Da auf einer Stufe für vorgelagerte Arbeitsgänge kein Bedarf entstehen kann und außerdem eine Sortierung der Matrix in aufsteigender Reihenfolge unterstellt wird, müssen alle Elemente unterhalb der Hauptdiagonale den Wert Null aufweisen.

$$b_{ij} = 1 \quad \text{für } i = j, \tag{8}$$

Die Elemente der Hauptdiagonalen haben jeweils den Wert Eins. Dies gewährleistet die Einbeziehung des Primärbedarfs bei der Berechnung der Bedarfsmengen.

$$b_{ij} = \sum_{k=1}^{j-1} d_{kj} \cdot b_{ik} \quad \text{für } i < j \tag{9}$$

Der Bruttogesamtbedarf an Güterart i je Einheit der Güterart j stellt die über alle Güterarten k, die in j eingehen (können), gebildete Summe der Produkte aus dem Direktbedarf an k für j sowie dem Bruttogesamtbedarf an i für k dar. Die Berechnung eines Werts korrespondiert mit der Multiplikation eines aus Elementen der Spalte j der Direktbedarfsmatrix D gebildeten Vektors mit einem aus Werten der Zeile i der Bruttogesamtbedarfsmatrix B gebildeten Vektor. Die Summenbildung endet bei j-1, da die Werte d_{kj} für höhere j gleich Null sind.

Für die oben angegebene Direktbedarfsmatrix ergibt sich die nachstehende Bruttogesamtbedarfsmatrix:

$B =$

	R1	R2	R3	R4	A	B	E
R1	1	0	0	0	0	3	6
R2	0	1	0	0	0	0	4
R3	0	0	1	0	4	14	32
R4	0	0	0	1	5	10	25
A	0	0	0	0	1	2	5
B	0	0	0	0	0	1	2
E	0	0	0	0	0	0	1

Beispielhaft sei die Berechnung gemäß Formel (9) für einige Matrixelemente ausgeführt:

$b_{36} = 3 \cdot 0 + 0 \cdot 0 + 6 \cdot 1 + 0 \cdot 0 + 2 \cdot 4 = 14$
(Multiplikation der Spalte 6 der Direktbedarfsmatrix mit der Zeile 3 der Bruttogesamtbedarfsmatrix)

$b_{17} = 0 \cdot 1 + 4 \cdot 0 + 0 \cdot 0 + 0 \cdot 0 + 1 \cdot 0 + 2 \cdot 3 = 6$
(Multiplikation Spalte 7 von D mit Zeile 1 von B)

$b_{37} = 0 \cdot 0 + 4 \cdot 0 + 0 \cdot 1 + 0 \cdot 0 + 1 \cdot 4 + 2 \cdot 14 = 32$
(Multiplikation Spalte 7 von D mit Zeile 3 von B)

$b_{57} = 0 \cdot 0 + 4 \cdot 0 + 0 \cdot 0 + 0 \cdot 0 + 1 \cdot 1 + 2 \cdot 2 = 5$
(Multiplikation Spalte 7 von D mit Zeile 5 von B)

Die in der letzten Spalte für das Enderzeugnis E aufgeführten Werte korrespondieren im Übrigen mit den Daten der *Mengenstückliste*, vgl. Kapitel 9.

Im Beispiel wird nun wie in Kapitel 9 von einem Primärbedarf von 100 Stück für das Erzeugnis E und 50 Stück für das Bauteil A ausgegangen. Der gesuchte Gesamtbedarf (in der Form eines Spaltenvektors) ergibt sich dann durch Multiplikation der Matrix B mit dem Primärbedarfsvektor X, wie nachfolgend gezeigt wird:

$$\begin{pmatrix} 1 & 0 & 0 & 0 & 0 & 3 & 6 \\ 0 & 1 & 0 & 0 & 0 & 0 & 4 \\ 0 & 0 & 1 & 0 & 4 & 14 & 32 \\ 0 & 0 & 0 & 1 & 5 & 10 & 25 \\ 0 & 0 & 0 & 0 & 1 & 2 & 5 \\ 0 & 0 & 0 & 0 & 0 & 1 & 2 \\ 0 & 0 & 0 & 0 & 0 & 0 & 1 \end{pmatrix} \cdot \begin{pmatrix} 0 \\ 0 \\ 0 \\ 0 \\ 50 \\ 0 \\ 100 \end{pmatrix} = \begin{pmatrix} 600 \\ 400 \\ 3.400 \\ 2.750 \\ 550 \\ 200 \\ 100 \end{pmatrix}$$

Auch Matrizenoperationen werden von EXCEL unterstützt. Wie bereits gezeigt, lässt sich die Bruttogesamtbedarfsmatrix B berechnen, indem die Matrix $(E-D)$ invertiert wird. Um die Inversion mit EXCEL durchzuführen, gilt es zunächst die Matrix $(E-D)$ in das Arbeitsblatt einzutragen (vgl. die Felder C5:I11 in Abbildung 20.13). Da die Matrix $(E-D)$ eine 7 x 7 –Matrix ist, wird auch ihre Inverse eine 7 x 7 –Matrix sein. Im Arbeitsblatt wird nun ein entsprechender Platz für die zu berechnende Matrix markiert (hier K5:Q11) und unter dem Menüpunkt „Einfügen" die Option „Funktion" ausgewählt.

In der auftauchenden Dialogbox muss nun die Funktion „MINV" markiert und der Vorgang mit der Schaltfläche „OK" bestätigt.

Verfahren von VAZSONYI 343

| Abbildung 20.13 | Anwendung der EXCEL-Funktion „MINV" |

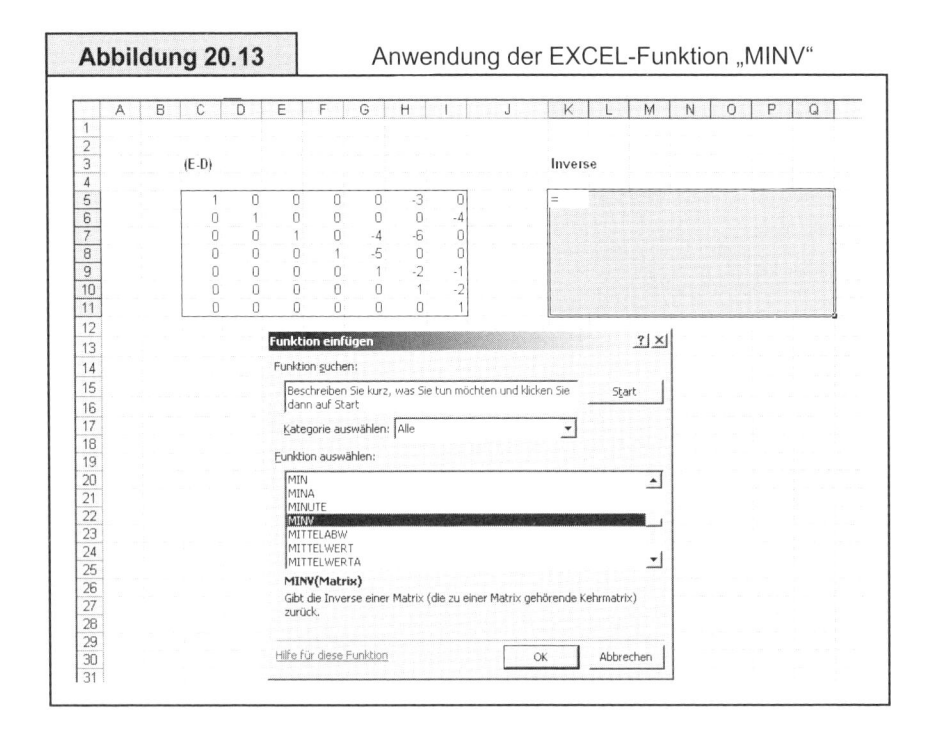

	A	B	C	D	E	F	G	H	I	J	K	L	M	N	O	P	Q
1																	
2																	
3			(E-D)									Inverse					
4																	
5			1	0	0	0	0	-3	0		=						
6			0	1	0	0	0	0	-4								
7			0	0	1	0	-4	-6	0								
8			0	0	0	1	-5	0	0								
9			0	0	0	0	1	-2	-1								
10			0	0	0	0	0	1	-2								
11			0	0	0	0	0	0	1								

Es öffnet sich erneut eine Dialogbox (vgl. Abbildung 20.14) in der die zu invertierende Matrix (C5:I11) einzutragen ist. Wesentlich ist nun, dass die Eingabe nicht mit dem Betätigen der Schaltfläche „OK", sondern durch das gleichzeitige Drücken der **Tastenkombination „Strg + Umschalt + Eingabe"** abgeschlossen wird. In dem zuvor markierten Bereich K5:Q11 erscheint nun die invertierte Matrix (vgl. Abbildung 20.15).

| Abbildung 20.14 | Argumente der Funktion „MINV" |

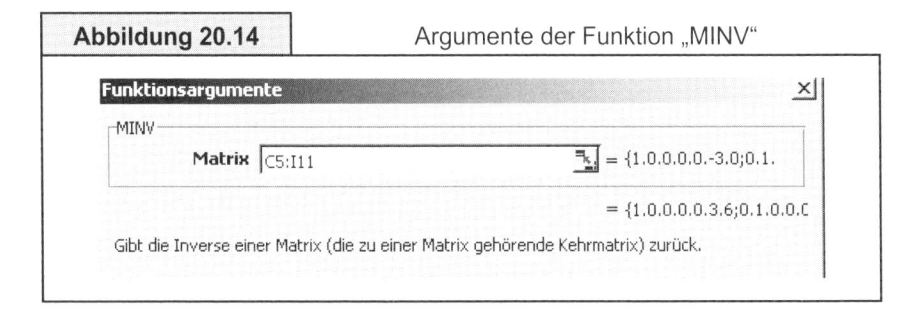

Abbildung 20.15 Ergebnis der Matrixinversion

	A	B	C	D	E	F	G	H	I	J	K	L	M	N	O	P	Q
1																	
2																	
3			(E-D)								Inverse						
4																	
5			1	0	0	0	0	-3	0		1	0	0	0	0	3	6
6			0	1	0	0	0	0	-4		0	1	0	0	0	0	4
7			0	0	1	0	-4	-6	0		0	0	1	0	4	14	32
8			0	0	0	1	-5	0	0		0	0	0	1	5	10	25
9			0	0	0	0	1	-2	-1		0	0	0	0	1	2	5
10			0	0	0	0	0	1	-2		0	0	0	0	0	1	2
11			0	0	0	0	0	0	1		0	0	0	0	0	0	1
12																	

Die für die Bestimmung des Bruttogesamtbedarfsvektors R notwendige Matrizenmultiplikation der Bruttogesamtbedarfsmatrix B mit dem Primärbedarfsvektor X kann auch mit EXCEL erfolgen. Sowohl die Matrix B als auch der Vektor X werden im Arbeitsblatt erfasst (vgl. die Felder C5:I11 und.K5:K11 in Abbildung 20.16). Da die Matrixmultiplikation von B und X zu einem (7 x 1)-Vektor führt, ist ein entsprechender Bereich zu markieren (vgl. die Felder M5:M11). Die dieses Mal einzufügende Funktion lautet „MMULT", und in die erscheinende Dialogbox werden die Bereiche der Matrix und des Vektors eingetragen. Wieder ist darauf zu achten, dass der Vorgang durch das gleichzeitige Drücken der Tastenkombination „Strg + Umschalt + Eingabe" abgeschlossen wird. In dem zuvor markierten Bereich M5:M11 erscheinen nun die Elemente des Bruttogesamtbedarfsvektors R (vgl. Abbildung 20.17).

Verfahren von VAZSONYI

Abbildung 20.16 Auswahl der EXCEL-Funktion „MMULT"

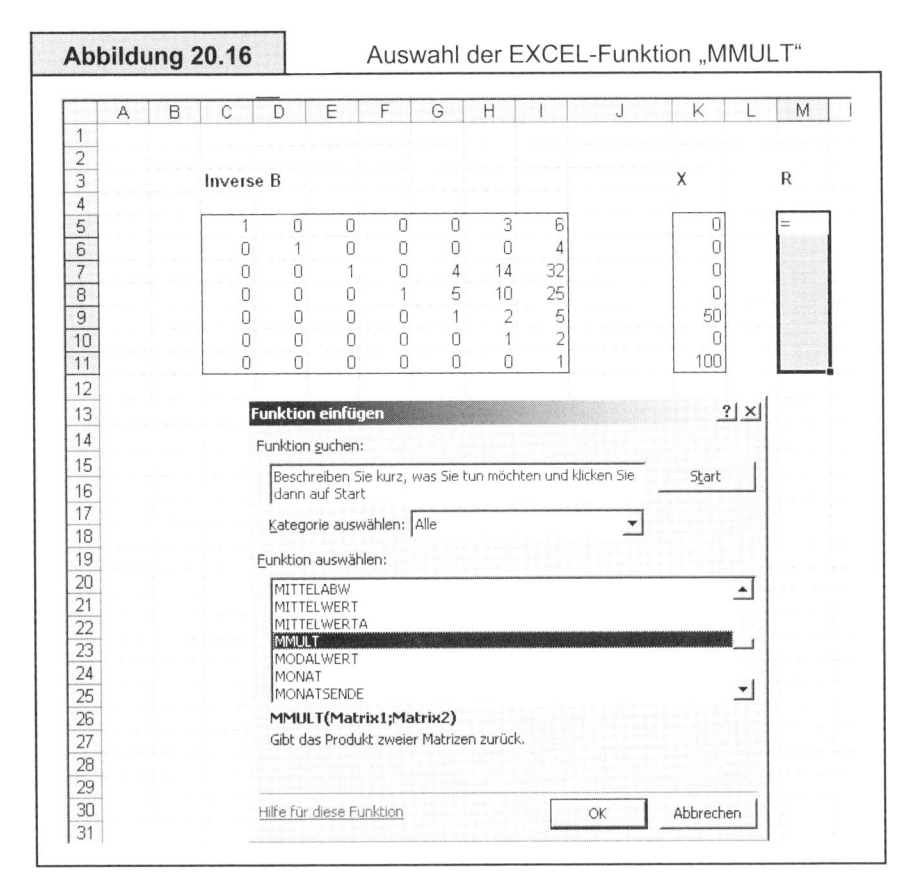

	A	B	C	D	E	F	G	H	I	J	K	L	M
1													
2													
3				Inverse B							X		R
4													
5				1	0	0	0	0	3	6	0		=
6				0	1	0	0	0	0	4	0		
7				0	0	1	0	4	14	32	0		
8				0	0	0	1	5	10	25	0		
9				0	0	0	0	1	2	5	50		
10				0	0	0	0	0	1	2	0		
11				0	0	0	0	0	0	1	100		

Funktion einfügen ? ×

Funktion suchen:

Beschreiben Sie kurz, was Sie tun möchten und klicken Sie dann auf Start   Start

Kategorie auswählen: Alle ▼

Funktion auswählen:

MITTELABW
MITTELWERT
MITTELWERTA
MMULT
MODALWERT
MONAT
MONATSENDE

MMULT(Matrix1;Matrix2)
Gibt das Produkt zweier Matrizen zurück.

Hilfe für diese Funktion   OK   Abbrechen

Abbildung 20.17 Argumente der Funktion „MMULT"

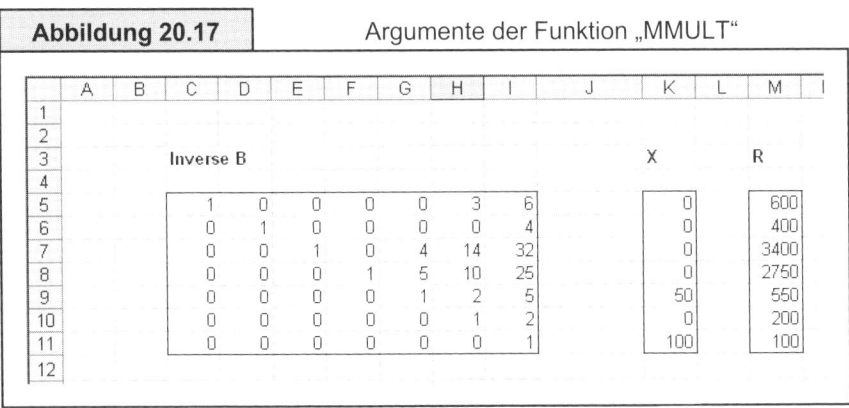

	A	B	C	D	E	F	G	H	I	J	K	L	M
1													
2													
3				Inverse B							X		R
4													
5				1	0	0	0	0	3	6	0		600
6				0	1	0	0	0	0	4	0		400
7				0	0	1	0	4	14	32	0		3400
8				0	0	0	1	5	10	25	0		2750
9				0	0	0	0	1	2	5	50		550
10				0	0	0	0	0	1	2	0		200
11				0	0	0	0	0	0	1	100		100
12													

20.4 Modifizierte Distributionsmethode (MoDi-Methode)

Die MoDi-Methode ist ein zur Lösung des Klassischen Transportproblems anwendbares Verbesserungs- bzw. Optimierungsverfahren und stellt – neben dem Stepping Stone-Verfahren – einen weiteren Weg zur Ermittlung der Opportunitätskostenmatrix für einen gegebenen Transportplan und damit zur Optimalitätsprüfung dar. In einer solchen zulässigen Lösung werden zunächst die belegten Elemente als Basisvariablen identifiziert und mit Bezug zu deren Kostenkoeffizienten so genannte Potentiale berechnet. Diese Potentiale u_i bzw. v_j sind den Angebotsrestriktionen ($i = 1,...,I$) bzw. den Nachfragerestriktionen ($j = 1,...,J$) zugeordnet und entsprechen – darauf soll hier aber nicht ausführlicher eingegangen werden – den Problemvariablen des mit dem Optimierungsmodell korrespondierenden Dualproblems. Für alle Basisvariablen gilt die folgende Gleichung:

$$d_{ij} = c_{ij} - u_i - v_j = 0 \tag{10}$$

Aus ihr können die Werte der Potentiale ermittelt werden:

$$u_i = c_{ij} - v_j \quad \text{bzw.} \quad v_j = c_{ij} - u_i \tag{11}$$

Dabei ist zu berücksichtigen, dass einer dieser Werte frei wählbar ist. Aus Gründen der Praktikabilität wird i. d. R. u_1 dann mit dem Wert 0 vorgegeben; die Zuweisung eines anderen Wertes oder die Auswahl eines anderen Potentials ist aber ebenso möglich.

Die Ermittlung der Potentiale soll für Aufgabe 3 des in Kapitel 15 vorgestellten Fallbeispiels exemplarisch durchgeführt werden. Der Transportplan aus Tabelle 15.8

Tabelle 20.3		Transportplan aus Tabelle 15.8				
	B_1	B_2	B_3	B_4	B_5	a_i
A_1	8	9			1	18
A_2				12	11	23
A_3	1	14				15
b_j	9	14	9	12	12	56

und die Matrix der Kostenkoeffizienten der belegten Felder

$$C = \begin{pmatrix} 25 & 24 & & & 10 \\ & & & 20 & 10 \\ 21 & 15 & & & \end{pmatrix}$$

Modifizierte Distributionsmethode (MoDi-Methode)

bilden die Grundlage, um die Werte der u_i und v_j zu bestimmen. Dabei gehen bereits ermittelte Werte in die weiteren Berechnungen ein:

$u_1 = 0$ (frei wählbar)
$v_1 = c_{11} - u_1 = 25 - 0 = 25$
$v_3 = c_{13} - u_1 = 24 - 0 = 24$
$v_5 = c_{15} - u_1 = 10 - 0 = 10$
$u_2 = c_{25} - v_5 = 10 - 10 = 0$
$u_3 = c_{31} - v_1 = 21 - 25 = -4$
$v_2 = c_{32} - u_3 = 15 - (-4) = 19$
$v_4 = c_{24} - u_2 = 20 - 0 = 20$

$$C = \begin{pmatrix} X & 28 & X & 25 & X \\ 30 & 22 & 25 & X & X \\ X & X & 23 & 18 & 22 \end{pmatrix} \begin{matrix} u_i \\ 0 \\ 0 \\ -4 \end{matrix}$$

v_j 25   19   24   20   10

Die belegten Felder (Basisvariablen) sind hier aus Gründen der Übersichtlichkeit durch Kreuze gekennzeichnet. Dadurch, dass ihre Opportunitätskosten mit einem Wert von Null festliegen, konnten die Potentiale ermittelt werden, die nun wiederum genutzt werden, um die Opportunitätskosten der nicht belegten Felder (Nichtbasisvariablen) zu berechnen. Mit Hilfe der oben bereits angegebenen Formel und unter Verwendung der aufgeführten Kostenkoeffizienten sowie der Werte der u_i und v_j ergeben sich diese Opportunitätskosten dann folgendermaßen:

$d_{ij} = c_{ij} - u_i - v_j$
$d_{12} = c_{12} - u_1 - v_2 = 28 - 0 - 19 = 9$
$d_{14} = c_{14} - u_1 - v_4 = 25 - 0 - 20 = 5$
$d_{21} = c_{21} - u_2 - v_1 = 30 - 0 - 25 = 5$
$d_{22} = c_{22} - u_2 - v_2 = 22 - 0 - 19 = 3$
$d_{23} = c_{23} - u_2 - v_3 = 25 - 0 - 24 = 1$
$d_{33} = c_{33} - u_3 - v_3 = 23 - (-4) - 24 = 3$
$d_{34} = c_{34} - u_3 - v_4 = 18 - (-4) - 20 = 2$
$d_{35} = c_{35} - u_3 - v_5 = 22 - (-4) - 10 = 16$

Die Opportunitätskostenmatrix D lautet somit:

$$D = \begin{pmatrix} X & 9 & X & 5 & X \\ 5 & 3 & 1 & X & X \\ X & X & 3 & 2 & 16 \end{pmatrix}$$

Sie stimmt zwangsläufig mit der Matrix, wie sie mit Hilfe des Stepping Stone-Verfahrens in Kapitel 15 ermittelt worden ist, überein.

In der Durchführung ist die MoDi-Methode, die in den anderen Iterationen zur Berechnung der Opportunitätskosten entsprechend hätte eingesetzt werden können, sicher effizienter als das Stepping Stone-Verfahren, dessen Vorteile wiederum in seiner Anschaulichkeit liegen. Denn hier lassen sich die Opportunitätskostenwerte direkt aus den Kostenveränderungen, die durch die Mengenverschiebungen verursacht werden, herleiten, während bei der MoDi-Methode das Wissen über Zusammenhänge in der Dualitätstheorie Voraussetzung dafür ist, das Verfahren und seine Hintergründe grundlegend zu verstehen.

Literaturhinweise

BLOECH, J.: Lineare Optimierung für Wirtschaftswissenschaftler, Opladen 1974.

BLOECH, J.; BOGASCHEWSKY, R.; BUSCHER, U.; DAUB, A.; GÖTZE, U.; ROLAND, F.: Einführung in die Produktion, 6. Aufl., Berlin, Heidelberg 2008.

DANTZIG, G.B.: Lineare Optimierung und Erweiterungen, Berlin u. a. 1966.

ELLINGER, T.; BEUERMANN, G.; LEISTEN, R.: Operations Research, 6. Aufl., Berlin u. a. 2003.

FYLSTRA, D.; LASDON, L.; WATSON, J.; WAREN, A.: Design and Use of the Microsoft Excel Solver, in: Interfaces, Vol. 28 (1998), No. 5, S. 29-55.

GÜNTHER, H.O.: Lösung linearer Optimierungsprobleme mit Hilfe von Tabellenkalkulationsprogrammen, in: Wirtschaftswissenschaftliches Studium (WIST), 28. Jg. (1999), Teil I: Einführung und Aufgabenstellung, S. 443-448, Teil II: Lösung, S.506-508.

KISTNER, K.-P.: Optimierungsmethoden, 3. Aufl., Heidelberg 2003.

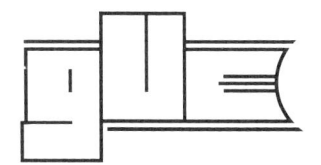

Im Verlag der GUC sind unter anderem erschienen:

- Lehrbuch: „Mikroökonomie - mit Aufgaben und Lösungen" (Klaus Müller), 594 S., 4. Aufl., 2009
  ISBN: 3-934235-14-X   22,90 €
- Lehr- und Übungsbuch: „Buchführung" (Klaus Müller), 425 S., 5. Aufl., 2009
  ISBN: 978-3-934235-83-0   22,90 €
- Lehr- und Übungsbuch: „Statistik I - deskriptive und explorative Statistik" (Frank Lammers), 150 S., 2. Aufl., 2005
  ISBN: 3-934235-32-8   12,95 €
- Lehr- und Übungsbuch: „Statistik II - Wahrscheinlichkeitsrechnung und Inferenzstatistik" (Frank Lammers), 192 S., 2. Aufl., 2006
  ISBN: 3-934235-27-1   12,95 €
- Lehr- und Übungsbuch: „Produktionswirtschaft - Band 1: Grundlagen, Produktionsplanung und -steuerung" (Joachim Käschel, Tobias Teich), 458 S., 2. Aufl., 2007
  ISBN: 978-3-934235-53-3   24,95 €
- Lehrbuch: „Grundlagen der Unternehmensfinanzierung - Finanzierungsformen und Finanzierungsderivate" (Ralf Kesten), 234 S., 2008
  ISBN: 978-3-934235-61-8   22,95 €
- Übungsbuch: „Produktionswirtschaft - Band 3: Eine integrierte betriebswirtschaftliche Fallstudie mit SAP®" (Joachim Käschel, Tobias Teich), 610 S., 2008
  ISBN: 978-3-934235-69-4   34,95 €

- Dissertation: „Produktionssteuerung mittels modularer Simulation" (G. Blazejewski), 270 S., 2000
  ISBN: 3-934235-04-2   39,90 €
- Dissertation: „Make-or-buy-Entscheidungen. Führungsprozesse, Risikomanagement und Modellanalysen" (Barbara Mikus), 348 S., 3. Aufl., 2008
  ISBN 978-3-934235-65-6   44,90 €
- Dissertation: „Strategische Beschaffungsplanung für Dienstleistungen als Input industrieller Produktionsprozesse" (Axel Wagner), 253 S., 2005
  ISBN 3-934235-40-9   42,90 €
- Dissertation: „Kostenbenchmarking - Konzeptionelle Weiterentwicklung und praktische Anwendung am Beispiel der Mobilfunkindustrie" (Marc Wagener), 262 S., 2006
  ISBN 3-934235-43-3   42,90 €
- Dissertation: „Konzeption eines wertorientierten Führungsinformationssystems Anforderungen, Aufbau, Instrumente und Implementierung" (Uwe Schmitz), 350 S., 2006
  ISBN 3-934235-45-X   49,90 €
- Dissertation: „Risikoorientierte Standortstrukturgestaltung mit einem Ansatz zur Modellierung von Risiken" (Dirk Hinkel), 230 S., 2006
  ISBN 3-934235-47-6   42,90 €

- Dissertation: „DIMA – Decentralized Integrated Modelling Approach" (Dmitry Ivanov), 268 S., 2007
  ISBN 978-3-934235-56-4   42,90 €
- Dissertation: „Risikocontrolling im Führungssystem aus funktionaler und instrumentaler Perspektive" (Harald Oetzel), 385 S., 2007
  ISBN 978-3-934235-59-5   49,95 €
- Dissertation: „Datenschutz im Informationszeitalter - Herausforderungen durch technische, politische und gesellschaftliche Entwicklungen" (Kerstin Orantek), 285 S., 2008
  ISBN 978-3-934235-63-2   44,90 €
- Dissertation: „Strategisches Risiko- und Diversifikationsmanagement" (Katja Fichtner), 326 S., 2008
  ISBN 978-3-934235-62-5   49,90 €
- Dissertation: „Interbankenzahlungsverkehrssysteme: Entwicklungsstand und Perspektiven für Deutschland und Europa" (Jan Manger), 208 S., 2008
  ISBN 978-3-934235-60-1   39,90 €
- Dissertation: „Auswirkungen des Erschließungsrechts auf Grundstückskaufverträge" (Hagen Wolff), 145 S., 2008
  ISBN 978-3-934235-64-9   35,90 €
- Dissertation: „Public Electronic Procurement kommunaler Einkaufsgemeinschaften" (Sven Schindler), 336 S., 2008
  ISBN 978-3-934235-67-0   49,90 €
- Dissertation: „Wissensbasiertes Beratungssystem zur Nutzung des impliziten Wissens im Geschäftsprozess der Anlageberatung" (Andreas Benz), 211 S., 2008
  ISBN 978-3-934235-70-0   39,90 €
- Dissertation: „Erfolgsfaktoren für das Management strategischer Investitionen" (Thilo Dückert), 278 S., 2009
  ISBN 978-3-934235-72-4   42,90 €
- Dissertation: „Bankenzusammenschlüsse im Fokus des Kernkompetenzansatzes" (Susanne Maurenbrecher), 418 S., 2009
  ISBN 978-3-934235-71-7   49,95 €
- Dissertation: „Public Electronic Procurement. Elektronische Vergabe und Beschaffung von Lieferungen und Leistungen der Kommunal-Verwaltung über Internet" (Andreas Ruff), 330 S., 2009
  ISBN 978-3-934235-75-5   46,95 €
- Dissertation: „Kooperationskompetenz als Metakompetenz - ein mehrdimensionaler Bezugsrahmen" (Nicole Landt), 276 S., 2009
  ISBN 978-3-934235-76-2   42,90 €
- Dissertation: „Umsetzung des Aktionsplanes Finanzdienstleistungen in der EU durch das „Lamfalussy-Modell" am Beispiel der Marktmissbrauchsrichtlinie - Ansätze zu einer europäischen Finanzmarktaufsicht?" (Jens Gampe), 289 S., 2009
  ISBN 978-3-934235-80-9   49,95 €
- Dissertation: „F&E-orientiertes Supply Chain Management" (Anja Schmidt), 389 S., 2009
  ISBN 978-3-934235-73-1   49,95 €
- Dissertation: „Unterstützung der auftragsinitiierten Finanzplanung durch Erfahrungswissen" (Martin Mihalovits), 209 S., 2009
  ISBN 978-3-934235-81-6   39,95 €

Bitte informieren Sie sich über das aktuelle Verlagsprogramm (Lehr- und Übungsbücher, Fachbücher, Belletristik) im Internet unter **www. guc-verlag.de** - dem Onlineauftritt der GUC m.b.H.